Environment and Society: A Critical Introduction

# 환경과 사회

이산화탄소에서 프렌치프라이까지

폴 로빈스 · 존 힌츠 · 세라 무어 지음
권상철 · 박경환 옮김

한울
아카데미

이 도서의 국립중앙도서관 출판예정도서목록(CIP)은 서지정보유통지원시스템 홈페이지(http://seoji.nl.go.kr)와 국가자료공동목록시스템(http://www.nl.go.kr/kolisnet)에서 이용하실 수 있습니다. (CIP제어번호 : CIP2014020602)

# Environment and Society

## A Critical Introduction

Paul Robbins, John Hintz, and Sarah A. Moore

WILEY-BLACKWELL

A John Wiley & Sons, Ltd., Publication

Environment and Society: A Critical Introduction
by Paul Robbins, John Hintz and Sarah A. Moore

엘리자베스 무어와

미셸에게

이 책을 바친다.

## 감사의 글

이 책의 출간은 와일리블랙웰 출판사의 편집자 저스틴 본의 지극히 정중한 재촉이 없었더라면 불가능했을 것이다. 저스틴의 단순한 편집을 넘어선 창의적인 개입 덕분에 이 책을 상상하고 집필하는 데 필요한 영감을 얻을 수 있었다. 그는 또한 보스턴에서 지내는 우리에게 저녁을 사주기도 했다.

폴 로빈스와 세라 무어는 이 책의 집필에 고무적 환경을 제공해준 애리조나 대학교의 지리·개발학부, 특히 존 폴 존스 3세, 샐리 마스턴, 마브 워터스톤에게 감사를 표했다. 또한 이 책에서 제시하고 있는 다양한 자료를 함께 공부하면서 도움을 주었던 '환경과 사회' 수강생들과 이 책이 제시하는 다양한 생각들을 구체화할 수 있도록 도움을 준 대학원생들에게도 감사를 전한다. 그리고 마티 로빈스, 비키 로빈스, 마리조 조이너에게도 감사를 표한다. 심오한 사회·환경적 문제 그 자체이기도 했던 그레이트데인종 강아지 애비에게도 특별한 감사를 전한다.

존 힌츠는 연구 휴가를 허가해 책을 집필하는 데 필요한 시간을 제공해준 블룸스버그 대학교에 감사를 표한다. '환경 이슈와 선택' 강좌를 수강했던 학생들에게도 감사를 전한다. 그들은 강의 내내 자연과 환경을 새로운 방식으로 사유하는 데에 열정적이었다. 또한 참치·돌고래 논쟁과 관련해 자료를 제공해주었던 동 콘스탄스에게도 감사를 전한다. 마지막으로 이 책은 집필하는 내내 인내심을 가지고 격려를 해준 미셸 힌츠에게 크게 빚지고 있음을 밝힌다.

# 차례

## 제2부 관심의 대상들

## 사진 차례



## 도표 차례

## 표 차례

# 글상자 차례

# 서론

## 클리프턴 다리 위에서 바라본 풍경
The View from Clifton Bridge

**영국 브리스틀 근처 에이번 협곡을 가로지르는 클리프턴 현수교**
자료: http://en.wikipedia.org/wiki/File:Clifton.bridge.arp.750pix.jpg.

**Keywords**
- 정치생태학
- 조화생태학

*

삼림, 들판, 강, 바다에 대한 뉴스의 헤드라인은 우리의 세상이 위기에 처해 있다고 경고한다. 지구상의 담수는 과도한 사용과 광범위한 오염으로 점차 귀해지고 있다. 미국의 콜로라도 강이나 프랑스의 론 강에서 복잡한 댐과 배수시설을 통해 관리되지 않거나, 도시 및 산업 폐기물의 영향을 받지 않는 물은 하류에 이르기까지 단 한 방울도 없다. 농업용 토양은 식량과 식품의 지속적 수요 증가에 따른 집약적 재배와 비료 및 살충제의 투입으로 고갈되었다. 인도 북부의 경우 수십 년에 걸친 밀과 쌀의 생산 증가가 이제 한계에 도달했다. 지구의 기온은 상승하는 중이고, 전체 생태계는 위험에 놓여 있다. 지구의 동식물 종은 회복할 수 없을 정도로 줄어들고 있다. 아마도 가장 지대하게 지구 시스템을 떠받치고 있다고 할 수 있는 바다마저도 절박한 붕괴의 조짐을 보인다. 이러한 심각한 문제들의 누적으로 인해, 누군가는 환경이 회복 불가능할 정도로 오염되었다거나 '자연의 종말'이 도달했다고 말하기도 한다(McKibben, 1990).

그러나 영국 브리스틀의 에이번 협곡을 가로지르는 200년 된 현수교와 구불구불한 하천의 하류가 바다로 이어지는 풍경을 내려다보면, 환상적인 환경에 대한 낭만을 버리기는 쉽지 않다. 송골매가 절벽에 보금자리를 만들고, 먹이로 삼을 비둘기와 갈매기를 찾아다니며, 오래된 강이 바다로 흘러들어가면서 만든 협곡에 부는 바람을 따라 선회하는 모습도 볼 수 있다. 관박쥐와 난초도 서식한다. 이곳은 엄청난 조석간만의 차이로 더욱 유명한데, 만조와 간조의 수위 차가 15m에 달한다. 전 세계적으로 중국의 양쯔 강 다음 가는 놀라운 수치이다. 현수교 아래 강물이 광활한 세번(Severn) 하구 근처의 에이번모스를 거쳐 대서양에 이르기까지, 바다와 강과 달의 힘은 뚜렷하게 나타난다.

그러나 모두 멋진 것만은 아니다. 이 엄청난 조류라는 축복으로 인해, 세번 하구는 가정과 기업에 전력을 공급하기 위한 조력 발전의 최적 후보지가 되었다. 이 조력 발전이 실행된다면 영국 전력 수요의 5%를 생산할 것이다. 조력 발전은 기후변화의 주범인 온실가스를 배출하지 않기 때문에 환경적으로 매력적인 계획이다. 그러나 조력 발전 역시 환경 비용을 지불하지 않고는 불가능하다. 즉 넓은 인공호수, 수면 밑의 거대한 둑, 조류 통제를 위한 관문의 건설이 필수적이며, 이들은 습지를 파괴하고, 철새를 쫓아내며, 어류 개체 수에 추정할 수도 없는 큰 피해를 줄 수 있다.

비록 클리프턴 다리 위에서 바라보는 풍경이 문제를 더 쉽게 해결하도록 도와주지는 않지만, 이를 통해 우리는 현재의 지구적 상황을 한층 수월하게 이해할 수 있다. 녹색 에너지를 얻기 위해 환경을 바꿀 수밖에 없는 위와 같은 시도는 우리가 역사적으로 형성해온 비인간세계와의 관계를 상징적으로 드러낸다. 클리프턴 다리 위에서 협곡 건너편을 내려다보면, 적어도 1,000년 이상 상당한 양의 납과 철을 채취해온 채석장을 볼 수 있다. 이 채석장 일대도 야생동물과 조류의 서식처였다. 모든 곳에 인간의 손길이 닿아 있다. 계곡에 걸쳐진 벽돌과 철근으로 만들어진 교량, 터널, 제방이 구불구불한 뱀처럼 계곡을 따라 이어진다. 그러나 이따금 울창한 삼림과 절벽이 이런 모습을 가리기도 한다. 따라서 세번 하구 개발 계획에 대한 판단은, 이 지역이 전적으로 '자연적'이라거나 전적으로 '사회적'이라는 전제 중 어느 하나에만 근거해서 이루어져서는 안 된다. 이 지역에는 깊은 만, 넓은 협곡, 광맥과 같은 환경 특성과 이를 이용한 인간의 부두, 교량, 광산과 같은 침범 행위가 두루 나타나고 있지만, 동시에 새로운 서식처와 환경 역시 만들어지고 있다. 이곳은 수 세기에 걸쳐 사람들의 손에 의해 변화를 거듭해오면서 완전한 사회적 환경이 되었지만, 송골매와 박쥐, 그 외 많은 생물 종이 둥지를 튼 자연적 공간이기도 하다는 사실 역시 부인할 수 없다.

만일 이것에 대한 판단을 내려야만 한다면, 그리고 자연 안에서의 삶이라는 거대하고 복잡한 문제를 풀어야만 한다면, 세계를 참신하게 바라보고 앞으로 벌어질 미래를 가늠할 수 있는 도구가 필요하다. 예를 들어 윤리적 문제의 관점에서는 하구의 개발을 어떻게 해야 윤리적으로 최선이며, 누구를 위해 이러한 주장을 하는지(가령, 전력 수요자를 위해서인지 아니면 강 자체를 위해서인지), 그리고 '좋은' 정책을 판정하기 위해 어떤 기준을 사용해야 하는지를 둘러싼 상충적 이해와 주장을 구별한다. 반면 정치경제학적 관점에서는 습지의 변화 과정에서 어떤 가치가 창조되고 파괴되는지,

전력 생산을 위해 구체적으로 어떤 기술이 선택되고 이 과정에서 누구의 주머니가 어떻게 채워지는지, 그리고 기업 권력과 국가기구가 의사결정의 과정을 어떻게 통제하고 감독하는지에 주목한다. 이러한 문제에 답하기 위한 방법은 많다. 시장 논리를 강조하는 관점에서 볼 수도 있고 이와 상충되는 인구 중심적 관점에서 볼 수도 있으며, 이 하천에 대한 낭만적인 사회적 구성 관점에서 목소리를 낼 수도 있고 이와 상충되는 공공 위험 인지의 관점에서 주장이 나올 수도 있다.

## 이 책의 내용에 대해

이 책은 위와 같은 다양한 해석 도구와 관점에 대해 설명하고, 이들의 적용 사례를 보여주고자 한다. 이 책은 우선 환경과 사회의 관계에 대한 주요 접근 방법을 제시한 후, 이를 우리 주변의 몇 가지 익숙한 대상에 적용시키는 전략을 택하고 있다. 환경이란 물, 땅, 대기를 포함한 비인간 세계 전체를 가리키는데, 이는 나무, 이산화탄소, 물과 같은 다양한 구체적 형태의 대상들뿐만 아니라, 이를 광합성, 포식자 - 먹잇감 관계, 토양 침식 등을 통해 연계·변형시키는 유기적·비유기적 체계와 과정까지를 일컫는다. 반면 사회는 지구상의 인간과 문화와 정치, 그리고 이들의 상호관계를 지배하는 경제적 교환을 포함한다.

환경과 사회라는 두 범주는 애당초 서로 얽혀 있기 때문에 분리하는 것이 불가능하다. 의심할 바 없이, 인간은 유기적 과정에 종속된 환경적 존재다. 마찬가지로, 환경적 과정 또한 인간을 연결시키고 인간관계에 영향을 준다는 면에서 근본적으로 사회적이다. 예를 들어 광합성은 농업의 기초를 이루며, 아마도 문명사에서 가장 중요한 환경적 과정일 것이다. 더 복잡하게 말한다면, 인간에 의한 대기 중 탄소 농도의 변화는 지구의 광합성 작용을 한층 극적으로 변화시켜 인간의 식량과 사회조직에도 영향을 끼칠 수 있다. 어디에서 환경이 멈추고 어디부터 사회가 시작되는지 말하기란 단연코 어려운 일이다. 또 다른 한편, 양자의 관계 및 연계가 정확히 어떻게 구성되어 있는지에 대한 보편적 합의도 없다. 이 책은 사회와 환경의 어떤 부분들이 연계되어 있고 어떤 상태에서 이들이 변화하는지, 그리고 어떤 행동이 최선인지에 대한 상이한 접근을 제시하고자 한다. 이는 생태계 내에서 우리의 위치에 대해 생각해보게 해줄 뿐만 아니라 지구온난화, 벌목, 어류의 감소와 같은 지구적 문제 해결을 위해서도 중요한 함의를 지닌다.

이 책의 제1부에서는 환경과 사회의 관계에 대한 주요한 해석 방식들을 제시한다. 제1장은 자연과학과 사회과학의 역사에서 그 근간을 이루는 인구 중심적 관점을 소개한다. 특히 인구가 어떻게 비인간 세계에 대한 점증적 위협으로 간주되어 왔는지를 알아보고, 이를 인구 성장이 세계의 자원을 소비하기만 하는 것이 아니라 잠재적으로는 생산하기도 한다고 보는 관점과 대비해 설명한다. 제2장은 환경에 대한 경제 중심적 관점을 다룬다. 이 관점은 경제적 교환 체계를 포괄하는 시장이라는 힘이 결핍에 대한 인간의 혁신적 반응을 일으킨다는 점을 강조한다. 제3장은 제도 중심적 관점을 다룬다. 제도란 자연 및 자원에 대한 인간의 상호작용을 통치하는 규칙과 규범을 일컫는다. 제도적 접근은 환경 문제를 '공공재'의 문제가 야기한 결과로 이해하며, 이러한 문제는 창의적 규칙 제정, 인센티브, 자기규제 등으로 처리할 수 있다고 본다. 제4장은 환경에 대한 윤리적 접근을 다루는데, 이는 때때로 생물과 무생물로 이루어진 이 세계 내에서 인간의 위치에 대한 급진적이고 새로운 사유를 포함하기도 한다. 제5장은 환경을 위험과 위해의 문제로 파악하는 관점을 설명한다. 이 관점은 환경 및 환경 문제를 본질적으로 불확실하고 매우 가변적인 것으로 보면서, 최선의 선택을 가능케 하는 일련의 형식적 절차를 강조한다. 제6장은 정치경제적 접근에 대해 다룬다. 이 접근은 인간과 자연의 관계가 경제에 뿌리를 둔다고 보지만, 경제는 권력 관계에 토대를 둘 뿐만 아니라 동시에 이에 중대한 영향을 끼친다는 점을 강조한다. 이는 곧 누가 무엇을 획득하는지, 누가 누구를 위해 일하는지, 누가 대가를 지불하는지와 같은 질문에 주목한다. 이는 시장 중심적 접근과는 반대로 시장 경제가 어떻게 환경을 침해하는지를 지적한다. 제1부의 마지막인 제7장은 환경 및 사회 문제에서 사회적 구성을 강조하는 관점을 다룬다. 이는 사람들이 환경 관련 논의나 과정을 이해·해석할 때 미디어, 정부, 교육, 산업 등의 체계 속에서 형성되고 전승된 언어, 이야기, 이미지가 미치는 영향력에 초점을 둔 관점이다. 이러한 이야기들은 실제적 행위, 영향, 행태를 조장하거나 간과하도록 만듦으로써 매우 중대한 환경적·사회적 결과를 야기할 수 있다.

당연하게도 어느 하나의 관점 안에는 다른 관점들이 포함되어 있다. 예를 들어 정치경제적 관점에서는, '어째서 유독 어떤 이들은 다른 이들보다 더 심각한 위험에 노출되는가?'라는 질문을 이해하기 위해 환경 정의의 문제를 필수적으로 다룬다. 이 책은 단순히 개념들을 나열·소개하는 정도에 그치지 않고, 어느 하나의 큰 사고의 범주 내에 다른 사고의 범주들을 중첩시키려고 노력했다. 그중 젠더와 관련된 논의는 특히 중요하다고 보았다. 그렇기 때문에 젠더와 관련된 부분은 별도의 장으로 구성하지 않고 인구와 정치경제학을 포함한 이 책의 주제 전체를 관통하도록 배치했다.

제2부에서는 이러한 다양한 접근 방법을 여섯 가지 중요한 대상에 적용해 검토해 본다. 각각의 장은 대상의 '간략한 역사'에 대해 개괄하고, 이 대상이 어떤 문제나 퍼즐을 제시하는지를 논의한 후, 이 대상에 대한 다양한 사고방식을 여러 상충적 관점을 통해 제시한다. 제8장에서 논의하는 이산화탄소는 지구상에서 역사적으로 복잡한 궤적을 보였던 흥미로운 기체로서, 생명체에 엄청난 영향을 끼쳐왔다. 더욱이 이산화탄소는 가장 중요한 온실가스 중 하나이기 때문에 이에 대한 통제, 조절, 순환 방식을 둘러싸고 상충적 관점들이 등장하면서 논쟁의 대상으로 부상했다. 제9장은 나무에 대해 논의한다. 나무는 인간 문명사의 초창기부터 함께한 인간의 벗으로, 오랜 기간에 걸쳐 인간과 극적인 흥망성쇠의 관계를 형성해왔다. 이 장에서는 벌목과 재삼림화에 대한 다양한 이론을 소개하고, 나무가 법적으로 스스로를 대변할 수 있어야 한다고 주장하는 놀라운 윤리적 제안을 제시한다. 제10장은 인간의 사랑의 대상이자 증오의 대상이기도 한 늑대에 대해 논의한다. 특히 북아메리카, 유럽, 아시아에서의 늑대의 복원은 인간과 동물의 관계가 얼마나 역동적인지를 보여준다. 이 장은 동물에 대한 다양한 문화적 이해를 소개하는데, 특히 인류와 삶터를 공유하는 많은 동물에 대한 윤리와 제도의 영향에 초점을 둔다. 제11장의 주제는 참치인데, 이를

통해 세계의 해양이 직면한 중대한 문제를 다룬다. 그리고 어류의 생산과 소비가 어떻게 조절·관리되어야 하는가에 대한 복잡한 논의에서 경제학과 윤리학이 상충한다는 점을 보여준다. 제12장은 세계에서 가장 빠르게 성장하는 상품인 생수를 다룬다. 생수는 한편에서 보면 일부 지역의 식수 공급 문제에 대한 해법이기도 하지만, 다른 한편에서 보면 환경 문제를 수반하는 것이 분명한 사치품이라는 점에서 보기 드문 이중적 역할을 보여준다. 제13장은 '감자튀김'이라고도 불리는 프렌치프라이를 다루는데, 이는 수백 년 전 대서양을 횡단했던 '콜럼버스적 교환'의 역사를 오늘날의 건강에 대한 논쟁 및 산업화된 식품 경제와 연결시킨다.

이 책이 문제보다는 대상에 초점을 두는 것은 다분히 의도적이다. 여기에는 두 가지 이유가 있다. 첫째, 나무가 벌목과 연결되어 있듯이 많은 대상들은 분명 문제와 연결되어 있지만, 모든 인간과 비인간 대상 간의 관계 자체가 문제인 것은 아니다. 둘째, 우리는 이러한 구조를 통해 독자들이 세계의 다양한 대상(가령 기린, 휴대폰, 촌충, 다이아몬드, 전기톱 등) 각각이 인간과 어떤 방식으로 고유의 독특한 관계를 형성하는지를 진지하게 생각하기를 바라고, 각각이 지닌 독특한 특징(예를 들어 어떤 것은 수영하고, 어떤 것은 녹아내리며, 어떤 것은 이동하고, 어떤 것은 먹으면 독이 되는)에 따른 구체적 문제를 제시하려고 한다. 이처럼 이 책은 환경을 일종의 무차별적인 포괄적 문제라고 생각하는 것에 반대한다. 우리는 사람들이 이 책을 통해 환경 문제를 긴급하고 특수한 위기로 특징짓는 일반적 인식으로부터 벗어나기를 바란다. 예컨대 글로벌 기후 변화는 중요한 문제이지만, 우리는 인간과 이산화탄소의 오래되고 복잡한 관계에서 논의를 출발함으로써 구체적 도전과 기회를 탐색할 수 있는 단초를 제시하고자 한다. 우리는 엄청난 환경 문제에 직면해 있음이 틀림없지만, 이에 대한 해결은 인간과 사물이 갖는 공통점뿐 아니라 차이점과 특이점에 대한 탐구에서 시작되어야 성공적일 수 있을 것이다.

당연하게도 이 책이 다루는 대상은 사회와 얽혀 있는 모든 환경 행위자를 포괄하지 않는다. 또한, 이 책은 중요한 문제와 이해를 포착하고 있지만, 사회·환경 간의 상황, 상호작용, 문제 모두를 낱낱이 열거하지는 않는다. 대신 우리는 이러한 몇몇 사례를 통해 대상에 대해 어떻게 생각하는지를 제시하고, 환경 문제에 대한 다양한 관점의 함의에 대해 논의하고자 한다.

이 책은 비록 환경과학을 진지하게 받아들이지만, 환경과학 분야의 교재는 아니라는 점도 중요하다. 이 책의 후반부에서는 환경과학에서 사용되는, 예를 들어 탄소격리(carbon sequestration), 생태적 천이, 그리고 포식자 - 먹잇감 관계와 같은 주요 개념 및 과정에 대해 설명한다. 이에 대한 설명을 통해, 인간의 사회적 과정이 비인간의 과정에 영향을 끼치거나 관계하는 방식을 충분히 이해할 수 있을 것이다. 또 이 책은 기후변화를 다루는 정부 간 위원단(Intergovernmental Panel on Climate Change)의 글로벌 기후변화에 관한 보고서와 같은 환경과학 분야에서의 현행 지식을 섭렵하고 있으면서도, 이러한 과학적 이론이나 자료에 대한 사전 지식 없이도 독자들이 책의 내용을 이해할 수 있도록 기술되었다. 이 책은 한층 엄밀한 환경과학 분야의 서적과 함께 읽힐 수 있으며, 생태학, 수문학, 보전 생물학 등의 주제를 다룰 때 환경윤리, 환경경제학, 환경 정책 분야 간의 가교 역할을 할 수도 있을 것이다.

## 저자들의 관점

우리는 직접적으로 상충되는 여러 관점들을 제시할 것이다. 이를테면, 모든 환경 문제는 지구상의 총인구에 그 원인이 있다는 주장과 인구 성장은 효율성을 제고해 환경에 대한 인간의 영향을 감소시킬 것이라는 주장은 동시에 받아들이기 힘든 주장일 것이다. 또한 제5장에서 다루는 위험 인지가 제7장에서 다루는 일종의 사회적 구성물로 해석될 수 있는 것처럼, 이런 사고방식들이 서로 모순되지 않는 경우라 할지라도 이들은 명백히 상이한 요소나 문제에 초점을 두고 있으며, 서로 다른 해결책을 제시한다.

그렇다면 이 책의 저자들은 어떤 관점을 가지고 있을까? 우리는 어느 편일까? 이에 대해 대답하기란 어려운 일이다. 이는 단지 이 책이 각자 뚜렷한 세계관을 지닌 세 저자들에 의해 저술되었기 때문만이 아니라, 우리가 연구자로서 연구 대상에 대해 상이한 관점과 이론을 적용함으로써 우리의 다원적 사고를 발전시켜보려고 했기 때문이다. 하지만 우리에게는 다음과 같은 공통의 관점이 있다. 먼저 우리는 세계의 자연 환경이 처한 현 상태에 대해 절박한 관심을 기울이고 있다. 각 저자의 연구는 다양한 환경 문제에 초점을 두는데, 힌츠 교수는 미국 서부에 서식하는 곰의 상태에 대해, 무어 교수는 멕시코의 고체 위험 폐기물 관리에 대해, 로빈스 교수는 인도의 삼림 보전에 대해 관심이 각별하다. 우리는 이러한 관심을 통해 자연과 사회란 인간과 비인간을 포괄하는 정치경제 안에서 함께 만들어진다고 주장하는, 이른바 정치생태학■이라는 접근을 공유하게 되었다. 이것은 무엇을 의미할까? 좀 더 직설적으로 말하면, 이는 사람과 사람, 사람과 환경 간의 관계가 비록 다양하고 역사적으로 변화하지만 지속적이고 지배적인 권력의 상호작용에 의해 통치된다고 보는 관점이다(Robbins, 2004). 달리 말해 우리는 정치경제학과 사회적 구성이라는 두 가지 주제에 특별히 공감하고 있다.

**정치생태학** 생태학적 관점과 광범위하게 정의된 정치경제학적 관점을 통합해 환경 문제에 접근하는 학문이다.

예를 들어 힌츠 교수는 옐로스톤(Yellowstone)의 야생 곰 보전을 연구하면서 사람들이 곰에 대해 어떻게 상상하고, 이 상상에 미디어, 속담, 이야기들이 어떤 영향을 미치는가를 검토하는 것이 중요하다고 생각한다. 이를 통해 사람들이 어떻게 행동(정책, 규제, 환경 관련 법규에 대한 지지 등)을 할지 미리 예측할 수 있기 때문이다. 무어 교수의 경우 멕시코의 고형 폐기물을 검토하면서 누가 쓰레기 더미에 대한 접근과 사용을 통제하는가가 중요하다고 생각한다. 이 질문은 곧 어떻게 쓰레기가 관리되고, 문제가 제기되거나 무시되며, 위험과 혜택이 어디로 향하는지를 결정하기 때문이다. 로빈스 교수는 인도의 삼림에 관해 연구할 때, 삼림의 벌목과 환경 변화의 속도 및 흐름을 결정하는 부패 사슬 내에서 지역 주민과 삼림 공무원들이 어떻게 서로를 강제하는지를 알아보고자 했다. 상대방에 대한 권력, 환경에 대한 권력, 사람들의 환경 인식에 대한 권력이야말로 우리가 선호하는 출발점이다.

또한 우리는 지속적 권력 체계가 대개 잘못된 결과로 이어지지만, 그것이 이따금 진보적 환경 행동의 가능성과 더 나은 인간 - 환경 관계를 향한 움직임을 일으킨다는 점에 공감한다. 달리 말해, 우리는 복잡하게 얽힌 거미줄에 갇혀 있지만, 바로 그렇기 때문에 우리는 여러 가닥의 줄을 끌어당김으로써 새로운 결과를 만들어낼 수도

**조화생태학** 인간이 사용하고, 여행하고, 살고 있는 땅에서 발생하는 서식지, 생산적 환경, 생물다양성을 상상하고, 창조하고, 유지하는 과학이다.

있다는 것이다.

따라서 우리는 일종의 조화생태학■을 우선적으로 강조한다. 생태학자인 로젠츠바이크(Rosenzweig, 2003)는 조화생태학을 인간이 이용하고, 여행하며, 거주하는 장소들이 지닌 서식 환경, 생산 환경, 생물다양성을 상상하고, 만들어내며, 지속시키는 과학이라고 설명한다. 이 관점에 따르면, 오래전부터 지속되어온 인간 행동이 복구 불가능한 수많은 환경 문제를 유발해왔지만, 이 문제에 대한 해결은 어쨌든 인간의 행동, 노동, 창조성, 기술이 배제된 세상에서 이루어질 수 없다. 조화생태학에서는 야생동물, 민감한 생물 종, 희귀한 생태계를 위해 보전 지역과 같은 특별한 장소를 만드는 것이 중요하다는 사실을 부인하지는 않는다. 그러나 '더 푸른' 세상을 만드는 중요한 작업은 '저기 바깥의' 어딘가에 있는 상상 속의 자연 세계에서 이루어지는 것이 아니라 도시, 마을, 실험실, 공장, 농장 등에 배어 있는 인간의 활동을 통해 이루어진다는 점을 강조한다.

그러면서도, 우리는 이 책이 기술하는 **모든** 접근이 설득력 있는 분석을 제시한다는 것을 의심치 않는다. 결국, 우리는 사회와 환경을 바라보는 다양한 방법들이 제시하는 설득력 있고 강력한 주장을 제시하고자 한다. 자연에 대한 많은 사고방식을 편견 없이 완벽히 제시하는 것은 불가능하지만, 다양한 관점들의 특징을 과장하지 않고 공정하게 제시하는 것은 가능하다. 다만 이러한 작업이 성공적이었는지에 대한 판가름은 오로지 독자의 몫이다.

■ **추천 문헌**

로빈스, 폴(Paul Robbins). 2008. 『정치생태학』. 권상철 옮김. 파주: 도서출판 한울.

McKibben, Bill. 1990. *The End of Nature*. New York: Anchor Books.

Rosenzweig, M. L. 2003. *Win-Win Ecology: How the Earth's Species Can Survive in the Midst of Human Enterprise*. Oxford: Oxford University Press.

무엇 때문에 벌목을 하는 것일까? 강은 왜 오염되는 것일까? 지구온난화에 대한 책임은 누구에게 있을까? 어느 식품점, 이발소, 술집, 인터넷 채팅방에 들어가든 이에 대해 끝없는 의견을 들을 수 있다. "인간이 너무 많다!" "우리는 소비 사회에 살고 있다!" "사람들이 윤리의식이 없다!" "정부의 음모다!" 누구나 환경 문제의 원인에 대해 저마다의 의견이 있고, 이를 제시하는 데 주저함이 없다. 다른 사람들의 인정을 받건 받지 못하건, 누구에게나 환경에 대한 의견이 있다. 사람들은 무엇이 환경 문제를 일으키는지에 대한 그 나름대로의 이론을 고수한다.

그러나 의견과 이론은 방법적 측면에서 결정적으로 다르다. 첫째, 의견은 그 저변에 있는 가정을 탐구하기 위한 엄밀한 검토를 받지 않는다. 사람들의 생각 저변에 어떤 관념과 증거가 깔려 있는가? 이런 관념과 증거는 과연 설득력과 개연성이 있는 것인가 아니면 단지 괴상한 것인가? 둘째, 의견은 그 함의에 대해 심각한 검토를 받지 않는다. 만일 우리가 모든 환경 문제가 과잉 인구로 인해 발생한다고 믿는다면 이것이 삼림 파괴를 방지하는 일에서 어떤 의미를 지닐까? 이는 긍정적 응용일까? 우리가 의견을 심각하게 받아들인다면 그 결과는 무엇일까? 따라서 어떤 의미에서 볼 때 이론이란 한층 엄밀하게 구성된 의견으로, 그 가치를 평가할 수 있도록 제시되어 있고, 행동을 불러일으킬 수 있는 것이다.

이 책의 전반부는 환경 문제를 다루기 위한 주요 접근방법으로 인구, 시장, 제도, 위험, 윤리, 정치경제, 사회적 구성을 탐구한다. 대부분 이들 각각의 방법은 여러 이론들이 합성된 결과이거나 어떻게 사건이 일어나는가에 대한 생각의 집합이다. 또한 각각의 방법은 논쟁을 통해 조정되어 의견 그 이상으로 적

# 제1부 접근방법과 관점

Approaches and Perspective

절하고 분명한 용어로 표현되었다. 이들 이론들은 모두 불가피하게 특정한 가정들에 의거하는데, 몇몇은 견고하지만 다수는 불안정한 가정에 기초한다. 무엇보다 중요한 점은 이러한 이론은 모두 함의를 지닌다는 것이다. 어떤 함의는 홍미롭지만, 어떤 것들은 많은 문제점을 내포하거나 때때로 두렵기까지 하다. 어떤 방법을 수용하는 것은, 불가피하게도 사람들이 미래에 무엇을 할 수 있고 무엇을 할 수 없는가에 중요한 영향을 미칠 것이다.

우리가 선택한 이론은 포괄적일 수 없다. 이 책에만 적어도 일곱 가지 이상이 있는 것처럼, 세상을 보는 수많은 경쟁적인 방식이 있다. 그러나 경험에서 드러나듯 이들은 몇 번이고 되풀이해서 동일하거나 변형된 형태로 되돌아오면서 권력의 공간, 학문적 논쟁이 벌어지는 강의실 , 환경 계획이 만들어지는 사무실, 그리고 환경을 고민하는 사람들이 함께 생각하고 변화를 추구하는 장소에 토론거리를 던져준다. 또한, 이들 이론은 세상에 대한 사람들의 의견 기저에 놓인 가정을 알려준다. 사실 우리는 이러한 사고 중 최소한 몇 가지를 자신의 방식으로 인식하게 된다.

무엇이 환경 변화를 만들어내는가에 대한 이러한 '큰' 사고, 그리고 이들의 논리적 맹점과 때때로 위험하기까지 한 약점에 친숙해짐으로써, 우리는 독자들이 이 책을 읽기 시작할 때와는 다른 모습으로 변모하기를 기대한다. 우리는 독자들이 이 책을 읽고 반드시 자신의 의견을 바꾸리라 기대하지는 않는다. 물론 그렇게 될 수도 있다. 하지만 부디 그보다 더 많은 것을 이 논쟁 속에서 얻어가게 되기를 바란다.

# 제1장

# 인구와 결핍 Population and Scarcity

**인구통제: '중국은 부강해져야 하고, 민족은 흥성해야 하며, 인구는 통제되어야 한다'고 쓰여 있다.**

자료: https://www.flickr.com/photos/timquijano/5484217711.



**Keywords**

- 기하급수적 성장
- 녹색 혁명
- 사망률
- 삼림 복원 이론
- 생태 발자국
- 수용력
- 신맬서스주의자
- 유도된 집약화
- 이동 경작
- 인구변천모형
- 제로 인구 성장
- 출산율
- 출생률
- 환경 쿠즈네츠 곡선

## 혼잡한 사막 도시

주중 어느 날이건 애리조나 피닉스(Arizona Phoenix)로 가는 길은 배기가스, 오존, 부유 먼지가 가득한 안개 속으로의 여행길이다. 사막에 위치한 인구 400만 명의 이 대도시는 10개의 독립 시가 네모 모양으로 얽힌 연합도시로서 '태양의 계곡'이라는 낮은 사막 저지대에 형성되어 있다.

이 도시는 20세기에 접어들 때까지만 해도 실질적으로 존재하지 않았다. 일 년에 비가 몇 mm밖에 내리지 않고 여름이면 연일 섭씨 50도를 오르내리기 때문에, 몇 세기 전부터 그곳에 적응해 살고 있던 소수의 원주민들을 제외하고는 미국의 서부 팽창기 때에도 이곳을 거주할 만한 곳으로 여긴 사람은 없었다.

1950년대부터 이 지역에 새로운 사람들이 이주해옴에 따라 토지와 물이 필요해졌다. 대략 10년에 40%씩 인구가 성장하면서, 1960년 이전의 약 50만 명에서 현재의 규모에 이르기까지 인구가 늘어났다. 1990년대에는 첨단기술 생산, 서비스 산업, 은퇴 노인을 위한 주거 지구가 미국 남서부 지방의 경제를 부흥시키면서, 이곳의 인구도 매일 약 300명씩 늘어났다.

새로운 인구와 함께 한정된 물에 대한 수요가 늘어났고, 곳곳에 쓰레기 언덕이 만들어졌으며, 광범위한 지역이 주택 건설로 몸살을 앓았다. 기온이 섭씨 38도를 넘는 여름철에는 지속적인 에어컨 수요가 발생한다. 이에 따라 여름철에는 도시의 콘크리트와 아스팔트가 태양열을 밤새도록 방출해 '열섬 효과'를 만들면서 상황은 점차 악화된다. 가구당 2대에 달하는 엄청난 숫자의 자동차는 1년이면 그 무게만큼의 온실가스를 배출하며 지역 공기오염과 지구 기후변화에 지대한 악영향을 끼친다. 전체 인구밀도가 증가함에 따라 새로운 유입 인구는 적당한 가격의 주택을 구입하기 위해 도시 중심부에서 점차 먼 곳에 정착해야 한다. 이러한 거주 형태로 인해 사람들은 매일 직장, 학교, 상점까지 먼 거리를 운전해야 한다. 통근 거리의 확장과 아울러 교통체증은 오염과 연료 수요 문제를 더욱 악화시킨다. 상당히 높은 인구 성장률은 이 도시를 지탱하는 토지, 물, 공기의 한계에 대한 질문을 강력하게 제기한다.

인구의 숫자 외에 주목할 만한 것이 또 있다. 피닉스 거주자는 하루 평균 850L 가량의 물을 소비한다. 이 양은 이웃한 지역인 투손(Tucson)의 1인당 물소비량(약 600L)와 비교해봐도 너무 많다. 이 물은 어디로 갈까? 식기 세척기, 화장실, 푸른 정원과 사막에 있는 광대한 녹색 경관 유지를 위해 사용된다. 인간의 생존을 위해 필요한 가장 최소한의 물이 하루 20L 정도라는 사실에 비추어 볼 때, 피닉스 거주자들의 부유함과 생활양식은 거주자의 숫자 못지않게 주요한 물의 소비 요인이다.

**〈사진 1.1〉** 애리조나 피닉스의 스카이라인

연평균 강수량 180mm에 인구수 400만. 얼마나 많아져야 너무 많다는 것을 깨닫게 될까?

자료: http://en.wikipedia.org/wiki/File:PhoenixDowntown.jpg.

어떤 측면을 보더라도 이 지역 자원에 대한 인간의 압력은 실로 엄청나며 그 영향은 비단 물에만 한정되지 않는다. 새로운 주택이 계곡을 따라 건설되면서 이용 가능한 토지가 줄어듦에 따라, 전설적인 도마뱀 힐러몬스터(Gila monster)와 같이 이 지역의 희귀하고 중요한 사막 생물 종의 서식지가 축소되어 지구의 생물다양성이 영향을 받는다. 이 지역의 밀집된 주거 및 생활 방식 또한 외래 생물 종의 유입과 확산을 유발시켰으며, 이는 화재 발생 시 재난 위험을 가중시키기도 한다. 태양의 계곡에 인간의 발자국이 증가하고 있는 것이다.

피닉스의 폭발적 인구 증가는 어느 정도의 환경 위기를 유발할까? 부유함과 생활양식은 이에 어떻게 영향을 미쳤을까? 이 도시가 생존할 수 있는 충분한 물은 있을까? 대개 환경과 사회의 관계에 대한 많은 탐구는 바로 이러한 지점에서, 곧 가장 기본적인 질문을 제기하는 것에서 시작한다. 단순히 인구가 너무 많기 때문일까? 세계는 우리를 지탱할 수 있을까? 만일 그렇지 않다면 인구 증가는 멈출 수 있을까? 가능하다면, 언제 그리고 어떻게 가능할까?

## 인구의 '기하급수적' 증가에 따른 문제

이러한 질문은 생태학 분야나 사회 또는 정책에 대한 검토에서 결코 새로운 것이 아니다. 인구 과잉의 개념은 고대에까지 거슬러 올라가지만, 가장 잘 알려진 근대적 옹호론자는 18세기 후반에서 19세기 초까지 살았던 성직자이자 학자인 맬서스이다. 맬서스의 가장 두드러진 주장은 인구 성장력이 지구의 자원 공급 능력보다 크다는 것이다. 그는 인류의 출산력과 본질적으로 한정된 지구 자원의 이용 가능성이라는 관념에 바탕을 두고, 인구를 지구의 상태와 자원에 가장 큰 영향을 미치는 단일 요인으로 간주했다. 역으로 지구의 자원은 인구 성장과 확대에 가장 결정적이고 강력한 한계로서 제시된다.

맬서스는 한 쌍의 동물이나 사람에게는 다수의 후손이 있고 이 후손은 다시 각각 다수의 자식을 낳으므로, 실제 인구 성장은 '기하학적'임을(오늘날의 용어로는 '기하급수적'■ 임을) 강조하면서 위와 같은 주장의 수학적 토대를 마련했다. 가령 모든 부부가 6명의 자식을 가진다고 가정하면 — 이는 맬서스가 살았던 당시 전형적인 가구 형태였다 — 1세대에는 2명에서 6명, 2세대에는 18명, 3세대에는 54명 등으로 인구가 증가한다. 이 증가를 그래프로 그려보면 산술적 증가를 나타내는 직선 그래프보다 훨씬 더 가파른 형태의, 가파른 인구 증가와 대규모 인구를 나타내는 곡선 그래프가 된다.

한편, 맬서스는 시간에 따른 이러한 인구 증가에 비해 식량은 고정되어 있거나 약간의 '산술적'(오늘날의 용어로는 '직선적') 확대 정도의 변화만 가능하다고 보았다. 예컨대 식량 공급은 더 많은 토지를 늘려 성장할 수도 있지만, 그 증가율은 인구 성장률에 미치지 못한다는 것이다. 시간이 지남에 따라 '기하급수적' 성장은 항상 '산술적' 성장을 앞지른다. 그리고 그 결과는 쉽게 예상할 수 있다.

**기하급수적 성장** 증가율이 현재의 값에 수학적으로 비례해 성장하면서 지속적인 비선형의 양적 성장으로 이어지는 상황으로, 인구의 기하급수적 성장이란 계속 가속화되는, 생태적 결핍을 동반한 악화일로의 성장을 뜻한다.

이것이 1798년에 처음 출간되고 이후 수십 년간 정기적으로 재편집된 『인구론』이라는 맬서스의 주요 저작의 핵심 내용이다. 맬서스는 이 책에서 첫째, 전쟁, 기아, 결핍, 질병이 인구 성장의 자연적 한계로서 인구 증가를 저지하는 역할을 한다고 주장했다. 둘째, 빈곤층을 위한 복지 정책은 불필요한 재생산과 자원 낭비를 가져오므로 비생산적이라고 주장했다. 셋째, 정기적이고 불가피한 자원 위기를 피하는 열쇠는 궁극적으로 자율적 억제라는 윤리적 규범이라고 주장했다.

〈도표 1.1〉 맬서스의 개념에서 가정한 인구 경향

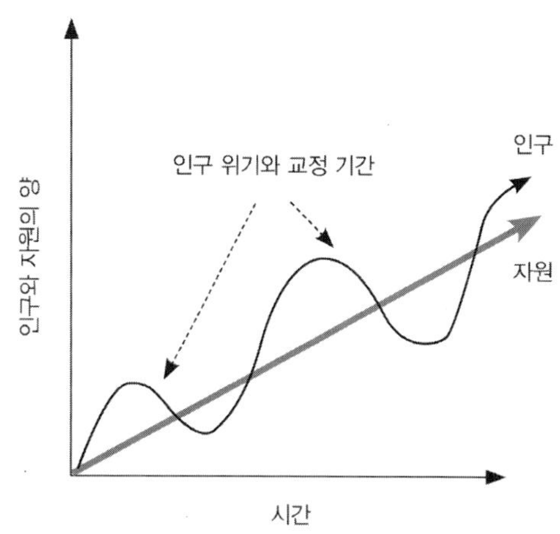


인구의 급격한 증가는 주기적 재해와 교정을 통해 자원 생산의 점진적 증가라는 환경적 한계와 조화를 이루게 된다.

맬서스는 예측 가능한 자연적 한계로 기근, 기아, 사망을 제시했다. 나아가 그는 결핍에도 철칙이 있다고 보았는데, 이는 곧 주기적 위기와 인구 붕괴는 자원 확대가 일부 이루어지는 세계에서조차 사실상 불가피하다는 것이었다. 이처럼 인구로 인해 주기적으로 발생하는 가상의 위기는 〈도표 1.1〉처럼 나타낼 수 있는데, 이 모형은 인구와 자연자원 간의 맬서스적 변동을 나타낸다.

맬서스는 인구 집단 중 최빈곤층이 가장 취약한 계층임을 인정했다. 그러나 최빈곤층이 인구 성장의 주된 요인으로서 계속 기능하는 한 이들을 부양, 보호, 보조하기 위한 대부분의 노력은 바람직하지 않다고 주장했다. 빈곤층에 대한 맬서스의 평가는 더욱 가혹했다. 가난한 사람은 기부에 의존하기 때문에 시간과 돈을 잘 관리하지 못하고 비이성적인 출산을 하게 된다는 것이었다. 또한, 이들에게 자원을 제공하는 것은 — 당시에는 영국 구빈법에 의해 제한적으로나마 복지 제공이 이루어졌다 — 이러한 습관을 재생산하고 인구 증가를 유발하며, 자원을 더욱 부족하게 만들어서 결과적으로 빈곤을 확대시키는 행위라고 보았다.

> 영국의 구빈법은 가난한 사람의 일반적 상황을 더 악화시키는 경향이 있다 …… 따라서 구빈법의 유지가 빈곤층을 만들어낸다고도 할 수 있다(Malthus, 1992).

맬서스는 이러한 위기를 타개하기 위한 최선책이 사람들에 대한 지원이 아니라 윤리적 절제의 확대라고 주장했다. 맬서스는 여성의 윤리적 절제를 강조했는데, 이는 여성들이 급격히 증가하는 인구에 책임이 있다는 암시를 담고 있다. 여기에 반영된 그의 견해는 '덜 문명화된' 사람들(당시 시점에서는 남부 유럽인들)은 자기통제 능력이 부족하기 때문에 가난해질 수밖에 없다는 주장에서도 발견된다.

> 고대 국가나 비문명권 국가와 비교할 때, 현대 유럽에서는 훨씬 많은 여성이 자기 생애의 상당 기간을 정조를 지키며 보내고 있다는 것은 의심할 여지가 없다(Malthus, 1992).

> 일부 남부 유럽 국가에서는 대부분의 사람들이 자신이 느끼는 충동을 즉각적으로 해소하려 들기 때문에, 그들의 열정은 금세 동물적 욕구로 변모하며 이내 약화되었다가 소멸된다(Malthus, 1992).

『인구론』과 이 책이 저술된 당시의 사회적·정치적 편견은 분명하다. 맬서스는 경제체제, 정치 구조, 부유한 엘리트 계층의 결점은 언급하지 않은 채, 빈곤에 대한 설명을 전개했다. 또한 여성에 대한 맬서스의 구체적인 윤리적 상상은, 아마도 당시의 기준에서 본다고 할지라도 그가 여성과 남성 관계에 대해 상당한 편견이 있었음을 보여준다.

### 실제 인구의 증가

그럼에도, 인구의 역동성과 환경의 비유연성을 대비시켰던 맬서스 주장의 핵심 원리는 근대 인구 생물학과 진화론의 발전에 크게 기여했다. 하나의 예로, 1859년『종의 기원』에서 진화론을 공식화할 때 다윈은 맬서스의 통찰력에 크게 의존했다.

최근의 몇몇 경향을 검토해보면, 맬서스의 핵심 주장은 지난 200년간 인구의 역사에서 뚜렷하게 나타나고 있다. 확실히 인구의 증가는 기하급수적 속성을 보여주고 있다. 이는 〈도표 1.2〉과 같이 개략적으로 제시할 수 있다. 2,000년 전 로마제국 시대의 세계 인구는 3억 명이었으나 오늘날은 그 20배가 넘는 65억 명 이상이며, 이러한 증가는 거의 지난 세기에 이루어졌다.

비록 이러한 공식에는 여러 가지 한계와 문제가 있긴 하지만 — 다음 절에서 이에 대해 상세히 살펴볼 것이다 — 맬서스와 오늘날의 맬서스 추종자들의 주장이 사회와 환경의 관계, 자원 부족 문제의 본질, 이를 극복하기 위한 우리의 능력에 대해 의문을 제기하고 있는 것 또한 사실이다.

〈**도표 1.2**〉 1750년 이래의 세계 인구

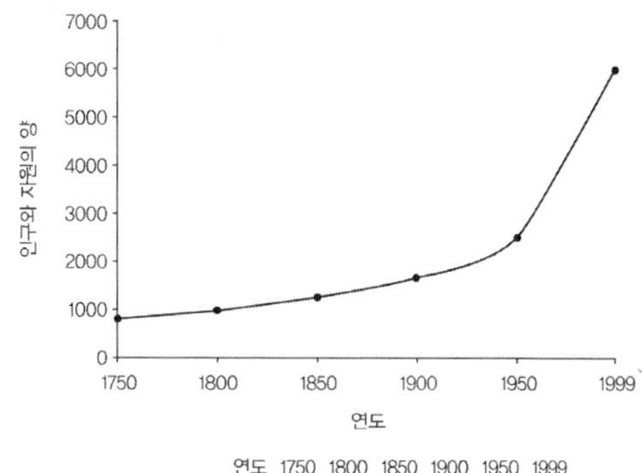


| 연도 | 1750 | 1800 | 1850 | 1900 | 1950 | 1999 |
|---|---|---|---|---|---|---|
| 인구(백만 명) | 769 | 957 | 1260 | 1650 | 2515 | 5978 |

최근 수십 년간 이루어진 인구의 급격한 증가는 기하급수적 증가의 모습을 보여준다.
자료: Following Demeny(1990).

## 인구, 발전, 그리고 환경 영향

맬서스가 제기한 질문은 인구, 경제 발전, 환경 영향 간의 관계에 관심을 가진 다른 학자에 의해 계승되었다. 에얼릭과 홀드런(Paul Ehrlich and John Holdren, 1974)은 인간이 환경에 미치는 영향을 측정하고자 시도했는데, 이들의 접근은 인구수 외에 인구의 전반적 소비율과 소비 양식을 중요하게 고려했다. 이들의 주장에 따르면 인구 증가는 지구에 대한 영향을 가중시키지만, 정확한 영향의 정도는 인구의 평균적 부 — 예를 들어 미국인 한 명보다 방글라데시인 한 명이 사용하는 물이나 에너지가 훨씬 적다 — 또는 인간의 영향력을 줄일 수 있는 가용 기술 — 가령, 태양열을 사용하는 사람은 석탄을 사용하는 사람보다 탄소 배출량이 훨씬 적다 — 과 같은 다른 요소들의 영향을 받는다. 이러한 관계는 간략한 방정식으로 나타낼 수 있는데, 이때 환경에 미치는 영향(Impact) 수준은 인구(Population), 부(Affluence), 기술(Technology)의 함수이다.

$$I = P \times A \times T$$

여기에서 환경에 미치는 영향은 자원의 악화, 생태계의 감소, 쓰레기 생산 등 여러 측면을 광범위하게 아우르며, 인구는 특정 집단(대개 국가)의 인구를 가리킨다. 부는

〈표 1.1〉 누가 과잉인구일까?

| 국가 | 중국 | 미국 | 방글라데시 | 터키 | UK | 케냐 |
|---|---|---|---|---|---|---|
| 총인구(백만 명)[1] | 1,294 | 288 | 143 | 68 | 60 | 32 |
| 1인당 국내총생산(달러) (GDP)[2] | 3,936 | 33,939 | 1,527 | 6,830 | 23,637 | 1,003 |
| 에너지 사용(kg) (1인당 오일 사용량)[3] | 861 | 8,095 | 133 | 1,071 | 3,886 | 489 |
| 연간 전체 삼림 피복 변화(%) (경작지 포함)[4] | +1.2 | +0.2 | +1.3 | +0.2 | +0.6 | -0.5 |
| 연간 전체 삼림 피복 변화(%) (자연 삼림만)[4] | +0.6 | +0.1 | -0.8 | ... | +1.5 | -0.5 |
| 온실가스 배출(톤) (1인당 이산화탄소 사용량)[5] | 3.91 | 23.92 | 0.38 | 4.07 | 11.19 | 0.81 |

1: 2002년, 2: 2000년(국내시장에서의 매입능력에 해당하는 비율을 통제한 수치), 3: 1999년, 4: 1990~2000년, 5: 2005년

인구, 1인당 국내총생산, 에너지 사용, 자원 수요의 비교를 보면 나라마다 인구, 부, 기술에서 상당한 수준 차이를 보이며, 이는 환경에 미치는 영향을 불분명하게 한다.

자료: 세계자원기구 자료(2005).

맬서스가 전혀 고려하지 않았던 변수인데, 인구의 소비 수준이나 1인당 국내총생산 등의 지표로 측정된다. 곧, 한 국가나 지역에서 인구 1인당 얼마나 많은 재화를 소비하는지 또는 인구 1인당 국가의 총생산이 얼마인지를 고려한다. 기술 또한 맬서스가 고려하지 않은 것인데, 이는 상품 생산 방식을 일컫는다.

이 공식은 맬서스에 비해 인구와 환경 악화의 관계를 복잡하게 제시하기 때문에, 최근의 많은 '신맬서스주의자'■는 환경 문제에 대해 인구를 토대로 접근하면서 이 공식을 널리 사용해왔다. 에얼릭(Ehrlich, 1974: 1216)은 "환경 악화의 요인 중 인구는 생산이 가장 어렵고 더디기 때문에" 가장 즉각적인 관심을 필요로 한다고 설명한다.

**신맬서스주의자** 인구 증가가 한정된 자연자원을 추월하고, 환경 악화와 위기의 가장 큰 요인으로 작용한다는 19세기 맬서스의 주장을 오늘날까지 옹호하는 이들을 가리킨다.

이러한 가정에 대한 반론도 있다. 카머너(Barry Commoner)는 석유 화학에 기초한 경제, 농약, 화석연료, 개인의 영향력을 증대시키는 현대적 발전과 같은 구체적인 예를 제시하면서 기술이 환경에 미치는 영향은 전체 인구의 영향보다 훨씬 크

다는 점을 지적한다. 〈표 1.1〉에서처럼 현재의 경제에서 환경에 영향을 끼치는 요인은 매우 다양하다. 대안 경제는 인구 증가에 따른 영향력을 상쇄할지도 모른다(Commoner, 1988).

개발은 인구 증가보다 훨씬 빠른 속도로 인간의 영향을 급격히 낮춘다는 주장도 있다. 사이먼 쿠즈네츠(Simon Smith Kuznets)라는 경제학자의 이름을 딴 환경 쿠즈네츠 곡선은, 개발 초기에는 1인당 자원 이용, 오염, 삼림 파괴와 같은 생태계 손상이 증가해 환경에 미치는 영향이 증가하지만, 한계점에 이른 후에는 규제, 부, 경제 변화로 인간의 영향이 급격하게 감소한다고 예측한다. 이를 옹호하는 사람들은 역사적으로 벌목을 행했던 여러 개발도상국이 도시화를 이루고 부를 얻으면서 많은 농촌 지역을 그대로 방치했고, 이로 인해 두터운 식생으로의 삼림 복원이 이루어졌다는 것을 강조한다(Perz, 2007. 제9장도 참고).

**환경 쿠즈네츠 곡선** 소득 불평등은 경제가 발전하는 동안 늘어나고 전체적으로 부유한 상태에 도달하면 감소한다는 이론에 기초해, 환경에 대한 영향도 발전 기간에 증가하다가 경제가 성숙한 이후에는 감소한다는 예측이다.

**삼림 복원 이론** 특정 지역에서 삼림을 자원으로 이용하거나 농업용 토지를 개간하기 위해 벌목이 이루어진 후, 경제가 변하거나 인구가 빠져나가거나 보전 성향이 나타나면서 삼림이 되돌아올 때까지의 기간을 예측하는 모형이다.

**수용력** 하나의 체계가 유지할 수 있는 인간이나 동물의 개체 수의 이론적 한계를 말한다.

### 수용력과 생태 발자국

위 방정식의 또 다른 단점은 설사 환경에 미치는 각 개인의 영향을 측정하는 방법에 대한 합의가 이루어진다 하더라도, 그 각각의 개인별 영향 간의 편차가 너무 심해 불확실성의 문제가 발생한다는 점이다. IPAT와 이것의 여러 응용식이 사회가 자연에 미치는 미래의 영향을 예측할 때 사용되는 것처럼, 수용력이란 개념 역시 특정한 지역에서 더는 인구를 수용할 수 없는 한계를 나타낼 때 이용된다. 수용력은 기술과 소비 수준 등의 특정한 생활양식을 가정한 상태에서 일정 시간 동안 한 지역이나 지구 전체에서 어느 정도의 인구를 부양할 수 있는가에 대한 이론적 지표이다.

가령, 모든 사람이 미국인처럼 생활한다는 가정하에 수용력을 계산할 경우, 지구는 20억 명 혹은 현재 세계 인구의 3분의 1 정도만을 유지할 수 있다는 결론이 나온다(Chambers et al., 2002). 만일 이를 진지하게 받아들인다면, 우리는 다음과 같은 질문을 던져야 할 것이다. 적합한 생활수준은 어떻게 정할 수 있는가? 이 수준에 따라 살

**생태 발자국** 한 개인, 집단, 체계, 조직을 유지하기 위해 요구되는 지표면의 이론적 공간 범위로, 환경 영향을 측정하는 지표 중 하나이다.

아야 하는 사람은 누구인가? 우리에게 이런 것들을 정할 자격이 있는가? 미국과 유럽의 높은 소비 수준을 그대로 유지하기 위해 중국의 개발을 막아야 한다는 주장은 타당할까? 북아메리카 주민은 과연 자신들의 생활수준을 유지하기 위해 인도의 성장 제한을 요구할 수 있을까? 이러한 윤리적 질문은 수많은 논쟁거리를 안고 있으며, 결국 이러한 논의는 환경에 미치는 자신의 영향, 곧 자신의 생태 발자국■을 줄이는 방향으로 나아갈 수밖에 없다.

생태 발자국 분석은 일정한 장소에서 일정한 생활수준으로 사는 일정한 규모의 사람들을 유지할 수 있는 잠재력을 정의하는 것이라기보다는, 기존의 인구가 사용할 자원을 생산하고 거기에서 배출된 오염 물질을 흡수하는 데 필요한 전체 생산 토지의 면적과 물의 양을 추정하는 것이다. 이는 여러 규모로 활용 가능하지만(가령 전체 도시 지역, 심지어는 전체 국가의 환경 영향을 분석하는 데 사용되기도 하지만) 많은 사람들은 먹고, 목욕하고, 운전하고, 화장실을 사용하고, 세탁하는 등의 일상생활이 어느 정도로 환경에 영향을 주는가를 측정하는 데 생태 발자국 분석이 특히 유용하다는 것을 알게 되었다. 많은 웹사이트에서 사용자들이 자신의 정보를 입력하면 곧바로 그것이 환경에 미치는 영향을 계산해준다. 물론 이런 웹사이트의 분석들의 신빙성은 보장할 만한 것이 아니지만, 많은 이들에게 놀랄 만한 사실(가령 "레스토랑에서 먹은 저녁식사가 이렇게나 많이 환경에 영향을 주다니!"와 같이)을 보여준다. 따라서 실제로 인구가 문자 그대로 지구를 '고갈'시키지는 않는다고 할지라도, 인구가 밀집된 특정 장소에서의 생활이 어떠한 것인지, 그리고 지구를 육중하게 짓밟는 부유층이 어떤 책임을 져야 하는지를 질문해보는 것은 타당한 일이다.

## 동전의 양면: 인구와 혁신

인구 증가가 기아, 결핍, 생태적 재해를 야기한다는 시나리오를 생각한다면, 인구 증가가 오히려 혁신과 문명화의 뿌리라고 주장하는 사상가, 연구자, 역사적 증언자가 그리 많을 것 같지 않다. 그러나 사실 이러한 주장을 지지하는 증거는 많다.

이 주장에 따르면, 가용한 자원이 상대적으로 부족한 상황에서 인구 증가는 결핍을 극복하기 위한 새로운 대안과 방법의 모색으로 이어진다. 지난 수천 년간의 농업 발전을 돌이켜보면, 식량을 공급하기 위한 모든 과정 속에서 이런 일들이 벌어졌다는 증거를 발견할 수 있다. 이는 역사적으로 소량의 식량을 얻기 위해 넓은 지역을 사용하는 조방적인 생산 기술을 통해 식량이 공급되었기 때문이다. 이러한 생산의 한계는 환경 체계에, 특히 토양 비옥도에 기인하는데, 동일 면적의 토지에서 생산할 수 있는 식량은 한두 번의 수확 후 감소하는 경향이 있기 때문이다. 토양 고갈을 치유하는 손쉬운 방법은 농토를 한두 계절 쉬도록 버려두는 휴경이다. 한 농토가 쉬는 동안 다른 토지가 경작되는 이러한 전통적 이동 경작■에는 긴 교대 주기를 위해 많은 토지가 이용되며, 몇 년의 시간이 지나면 사람들은 생산력을 회복한 최초의 토지로 돌아와 다시 경작을 한다.

이 농업 방식은 인구가 많지 않을 경우 완벽하고 간단하게 실행할 수 있다. 그러나 인구가 늘어나면 식량 수요가 증가하고, 이에 따라 생산 체계를 더 조방적으로, 즉 더 많은 토지를 이용하며 운영하기 위해 경지를 늘리거나 휴한지를 더욱 빠르게 회전시켜야 한다. 결국 토지가 쉴 수 있는 여유가 점차 줄어드는 것이다. 따라서 토양 비옥도를 유지하며 같은 면적의 토지에서 많은 생산을 유지할 수 있는 방법이 고안되어야 한다. 농업의 역사는 거름을 이용한 토양 비옥화부터 토양 비옥도를 유지하기 위해 같은 작물을 계속 재배하지 않고 다른 작물을 교차 또는 교대로 재배하는 복잡한 근대적 방법에 이르기까지 혁신으로 가득 차 있다. 지금은 고전이 된 보스럽(Ester Boserup, 1965)의 『농업 성장의 조건(The conditions of Agricultural Growth)』은 인구 증가가 식량 수요를 증가시킴에 따라 같은 면적의 토지에서 생산하는 식량 규모도 기하급수적으로 증가했다고 설명한다. 많은 인구는 많은 식량을 의미한다. 또한, 어떤 경우에는 인구 증가가 환경

**이동 경작** 작물 재배를 위한 영양분을 얻기 위해 삼림을 태우고 개간하는 농업 형태. 화전 농업이라고도 하는 이 방법은 매우 조방적으로 이루어지는데, 대체로 삼림 지역을 단기간 사용한 후에 교대함으로써 이전에 사용했던 토지를 회복시킨다.

조건의 개선으로 이어질 수 있다는 주장도 있다. 가령, 케냐의 마차코스(Machakos) 지역은 인구가 증가했음에도 농지와 토양을 신중하게 관리, 발전시킬 계획을 수립하고 이를 사회적 행태와 조화시켜 자원 기반을 향상한 대표적 사례이다(Tiffin et al., 1994). 이 주장은 유도된 집약화▪로 불리는데, 모든 다른 문제와 자연자원에 관한 논의로까지 확대 적용할 수 있다(제2장 참고).

의심할 바 없이 지난 50년간 세계의 인구는 증가했고 그 증가율도 상승했다. 그러나 이와 동시에 식량 공급도 이전보다 증가했고, 농업 생산에서도 새로운 경작 기술이 도입되며 대량 투입 체계가 구축되었다. 이는 소위 녹색 혁명▪으로 불리는데, 가령 인도의 밀 생산은 1965년에서 1980년 사이에 3배나 증가해 인구 증가를 추월했다. 쌀 생산도 1970년대에만 인도네시아에서 37%, 필리핀에서는 40% 이상 증가했다. 1960년대 중반 이후 지금까지 식량은 소비된 것보다 많이 생산되었고, 한 세기 이전보다 많은 사람들이 기아에서 벗어나게 되었다.

주의해야 할 점은 이것이 맬서스식 사고와 완전히 모순되는 것은 아니라는 사실이다. 비록 맬서스식 사고를 더욱 복잡하게 만들기는 했지만 말이다. 인구 증가에는 절대적이며 고정된 한계가 있고, '적절한' 인구 수준에 도달하기 위해서는 기아가 필연적이라는 단순한 가정은 오류임이 드러났다. 가용한 식량 생산은 분명 인구 증가보다 더 빠르게 확대되어왔다. 그러나 대초원 및 열대우림의 자연적인 토양의 손실과 생물다양성의 상실을 포함해, 녹색 혁명과 식량 생산의 확대는 다른 많은 환경적 문제를 수반한다. 새롭게 토지를 늘릴 수 없는 곳에서는 식량 증산을 위해 집약적 생산이 늘어날 수밖에 없고, 이는 곧 비료와 농약의 대량 투입을 의미한다. 이런 화학물질은 토지를 희생물로 삼을 뿐만 아니라, 석유로 만들어지기 때문에 원유 채취와 생산에 의존하게 되어 환경 전반에 영향을 끼친다. 나아가 트랙터나 수확기와 같은 농기계를 생산하고 이를 운용하기 위해서는 에너지가 필요하다. 이 에너지는 고갈되어가는 석유의 지속적인 채취를 필요로 하기 때문에, 이를 생산하는 비

**유도된 집약화** 농업 인구가 늘어나면 식량에 대한 수요는 기술적 혁신으로 이어져 같은 면적의 토지에서 생산되는 식량이 증가하게 된다고 예측하는 주장이다.

**녹색 혁명** 대학과 국제 연구센터에서 발전된 일련의 기술적 혁신은 1950년대에서 1980년대 사이에 농업에 적용되어 농업 생산을 엄청나게 증가시켰지만, 동시에 화학물질(비료와 농약) 투입이 늘고 물과 기계의 수요도 늘어나게 되었다.

〈글상자 1.1〉 90억 번째 사람

1999년 10월 12일은 '살아 있는' 60억 번째 사람 — 여태까지 지구를 거쳐갔던 모든 사람의 숫자는 아마 1,000억 명은 될 것이다 — 이 태어난 날이다. 그 사람은, 50억 번째 사람이 태어났던 1987년과는 매우 다른 세상에 태어났다. 우선, 이 기간에 상품과 자원에 대한 수요가 증가했다. 많은 전문가들에 따르면, 이 기간 세계의 석유 생산은 정점을 지났기 때문에 석유 가격은 앞으로 영원히 상승할 수밖에 없다. 반면 많은 자원의 생산이 증가하기도 했다. 하나의 예로 1인당 농업 생산은 지난 수십 년 동안 인구보다 빠르게 증가했다. 또한, 21세기 초반인 오늘날 가장 급속하게 성장하는 지역이나 인구가 정체, 감소하는 지역도 1980년대와는 차이가 있다. 이 기간 러시아, 일본, 이탈리아, 한국, 우크라이나 등은 모두 인구 증가 속도가 느려지거나 감소기에 들어선 반면 인도나 중국은 지속적으로 증가하고 있다. 상징적인 의미에서 UN은 세계의 60억 번째 인구로서 당시 극심한 내전으로부터 회복하고 있던 사라예보 출신의 한 소년을 환영하는 행사를 했지만(BBC News, 1999), 확률에 기초해서 더 현실적으로 보자면 60억 번째 인구는 이론적으로 현재 지구 인구의 반이 거주하는 아시아에서 태어났을 것이다.

미국 통계국은 70억 번째 사람은 2012년에 태어날 것으로 추정했다. 여기에 몇 가지 주목할 만한 점이 있다. 첫째, 2012년의 세계는 이 책을 쓰고 있는 2010년과는 다른 모습일 것이다. 지금보다 인구가 약 6%는 늘어날 것이므로 당연히 전체 인구 규모의 수요도 더 커질 것이다. 반면 중국과 인도에서 1인당 에너지와 식량 수요가 증가하겠지만, 이는 지금의 부유한 국가보다 훨씬 낮고 2012년이 되더라도 미국의 현재 수요에 근접하지 못할 것이다. 둘째, 세계 인구 성장률이 점차 낮아지고 있기 때문에, 10억 명의 인구를 늘리는 데 소요되는 시간은 몇 십 년만 지나면 지속적으로 길어질 것이다.

결과적으로 이는 세계 인구가 21세기 중반쯤 대략 90억 명에서 안정화될 것이라는 점을 의미한다. 만약 2050년의 미래 세계가 86%의 에너지를 화석연료에서 얻고, 모든 차량이 일 년에 1만 7,000km를 달리며, 모든 개인이 연간 1,682$m^3$의 물을 소비하는 지금의 미국과 같다면, 90억 번째 인구의 탄생은 매우 두려워할 만한 사건일 것이다. 반면, 대부분의 에너지가 태양열을 통해 얻어지고 식량 생산이 매우 효율적이며 물이 지속가능하게 이용되는 세상일 것이라고 가정해보면, 세계 인구가 현재 인구보다 50% 증가하는 것은 전혀 주목받지 못할 사건일 것이다.

**▪ 자료**

BBC News, "World population reaches six billion", 1999년 10월 12일자, http://news/bbc.co.uk/1/hi/world/471908.stm.

용은 계속 상승하며 환경에 엄청난 영향을 미칠 수밖에 없다. 녹색 혁명 이후, 매 식량 칼로리당 가격은 생태적으로 훨씬 더 높아졌다. 공짜 점심이란 것은 없다. 인구는 위와 같이 혁신을 유발하기도 하지만, 환경과 관련된 여러 문제를 연쇄적으로 유발하기도 한다.

또한 이 결과는 인구의 영향을 평가하는 데 규모라는 문제의 중요성을 부각시킨다. 가령, 브라질 지역의 삼림은 인구 밀집 지역에서 이루어지는 소비와 산업용 콩 생산을 위한 농업 확대로 인해 심각한 영향을 받고 있다. 그러나 이 콩에 대한 수요를 유발하는 '인구'는 멀리 떨어져 있는 유럽이나 미국에 살고 있고, 이들은 낮은 인구밀도와 인구 성장이라는 조건 속에서 환경 부담이 큰 생활양식을 유지하고 있다.

이러한 농산물의 유통은, 인구에 의한 국지적·지역적·지구적 규모에서의 영향을 평가하기가 매우 어렵다는 사실을 보여준다.

그렇다고 해서 무한정의 인구가 무제한의 생산력 향상을 유발함으로써 끝없는 풍요를 가져온다는 것을 의미하는 것은 아니다. 물론, 어떤 비판가들은 이런 관점을 그리스어로 '풍요의 뿔'이라는 의미에서 '코누코피아적(cornucopian)'이라고 말하기도 한다. 다만, 이런 논의는 자연의 한계가 어디까지인가라는 진지한 질문을 제기한다. 만일 인구 증가가 언제나 결핍으로 이어지는 것이 아니라 오히려 자원 증가를 유발하기도 한다면, 과연 맬서스적 관점은 얼마나 유용한 것일까?

## 인구의 한계: 원인이 아니라 결과일까?

이러한 논의를 넘어, 최근의 인구 증가 경향은 인구 중심적 사고의 주장이나 가정을 고려할 필요성 자체를 없애고 있다. 구체적으로 보면, 세계 인구 증가율은 지난 수년간 급격히 감소했다. 실제 몇몇 지역에서는 인구가 감소하기 시작했다. 이는 맬서스주의자들에게는 고무적인 현상일 것이다. 그러나 한층 깊이 생각한다면, 인구가 과연 환경 변화의 사회적 원인인가 아니면 사실상 사회적·환경적 상황과 조건의 산물 내지 결과인가라는 근본적인 질문을 하게 될 것이다.

지구 전체 인구의 자연증가율을 나타내는 인구 성장률은 1960년과 1970년 사이에 정점을 이루었다(〈도표 1.3〉). 이후 인구 성장률은 점차 감소해왔고, 현재의 1% 이하 수준에 접근하면서 제로 인구 성장(zero population growth: ZPG)■ 단계에 가까워지고 있다. 인구가 환경에 미치는 위험이 무엇인가라는 문제와는 별개로, 도대체 무엇이 이러한 변화를 유발했는지 궁금할 수밖에 없다.

무엇이 인구 성장을 감소시키는 것일까? 비록 현재는 증가 추세이지만 50년 후에는 세계 인구가 안정화될 것으로 추정되는데, 과연 이런 상황은 인간과 환경의 관계에서 어떤 함의

**제로 인구 성장** 출생자 수가 사망자 수와 같아져 순 증가가 없는 상황으로 과잉인구를 우려하는 사람들에게는 이상적인 인구 상황이다.

를 가지는 것일까?

### 발전과 인구 변천

이러한 전 지구적 변동의 뚜렷한 변화 조짐은 이미 19세기와 20세기 초 유럽 인구의 역사에서 드러났다. 1800년 이전에 이 지역의 인구는 비교적 안정적이었다가 19세기에는 매우 높은 수준으로 성장했고, 그 이후 안정화되어 현재에는 많은 국가에서 감소하는 상태이다. 이런 추세를 유발한 원인을 세부적으로 살펴볼 수 있는데, 우리는 구체적으로 출생률과 사망률을 검토하고자 한다.

〈도표 1.3〉 지구 전체 인구 성장률

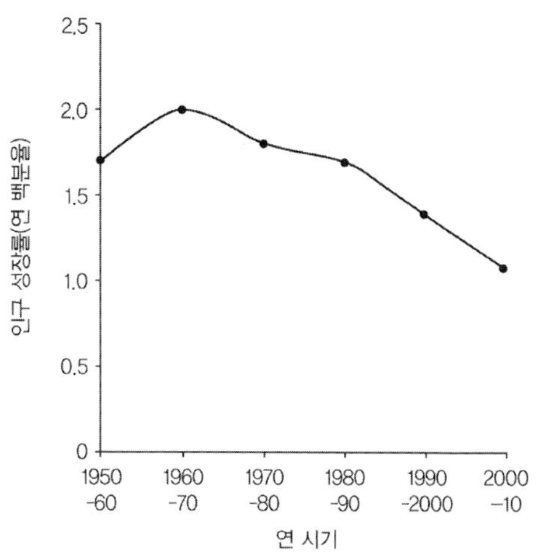


인구 성장률은 1960년대 절정을 이룬 후 점진적·지속적으로 감소하고 있다.

전통적 농업 사회에서 한 해 인구 1,000명당 사망자 수로 나타내는 사망률■과 한 해 인구 1,000명당 출생자 수로 나타내는 출생률■은 어느 정도의 편차는 있을지언정 양자 모두 대략 40~50명 정도로 높은 편이었다. 이는 서로 상쇄되기 때문에 연간 인구 증가는 매우 낮거나 무시할 만한 수준이었다.

유럽의 경우, 초기의 인구 증가는 전반적인 사망률의 감소로 시작되었다. 사망률은 대체로 의약품의 개발과 건강 상태 개선에 의한 것이었고, 특히 유아와 출산 시기의 여성, 기타 역사적으로 취약한 집단을 중심으로 사망률이 크게 낮아졌다. 사망률이 인구 1,000명당 40~50명의 높은 수준에서 15명 이하로 낮아짐에 따라, 19~20세기 유럽 사람들의 평균 수명은 앞선 세대에 비해 크게 늘어났다. 사망률은 감소하는데 출생률이 그대로이면, 인구는 대개 기하급수적으로 증가한다. 출생률이 사망률보다 높으면, 사라지는 사람보다 더 많은 사람이 생겨난다. 결국 유럽의 인구는 크게 성장했다.

19세기 후반에서 20세기 초반에 들어서자 출생률도 감소하기 시작했다. 여기에는 여러 이유가 있고, 그중 몇몇은 논쟁의 여지가 있다. 확실한 것은 많은 사람들이 도시로 이주함에 따

**사망률** 일 년 동안 인구 1,000명당 사망자 수로 나타낸 인구 사망률 지표를 말한다.

**출생률** 일 년 동안 인구 1,000명당 출생자 수로 나타낸 인구 자연증가 지표를 말한다.

〈**도표 1.4**〉 인구변천모형

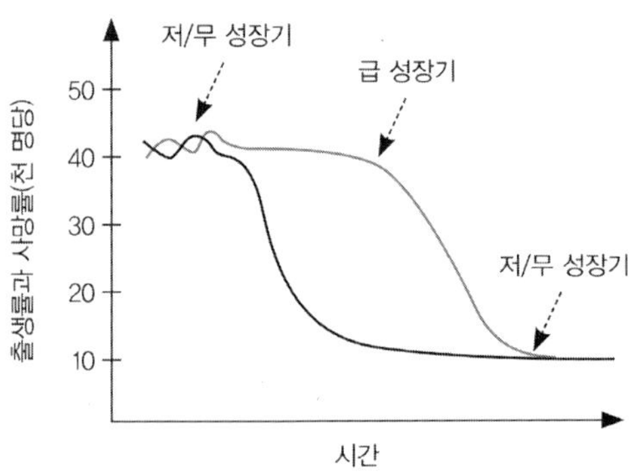


사망률이 감소하면서 인구는 성장하지만, 이후 출생률이 감소하며 성장률은 더뎌지고, 이 둘이 균형에 다다르면 결국 인구 성장은 멈춘다.

라 자녀의 양육 및 교육비용은 증가한 반면, 가족 중심으로 운영되는 전통적인 농촌의 노동력 수요는 감소했다는 점이다. 그 결과 도시 주민들이 출산하는 자녀의 수는 감소하게 되어 출생률이 인구 1,000명당 40~50명에서 10~15명 수준으로 낮아졌다. 출생률과 사망률이 비슷해짐에 따라 인구 성장은 정체되었다. 현재 러시아와 같은 많은 국가에서는 사망률이 출생률보다 높아 인구 감소가 나타나고 있다.

인구변천모형(DTM)■은 인구 변화 과정을 추상적으로 나타낸 것으로, 이 기간 유럽에서 무슨 일이 벌어졌는지를 기술하는 데 자주 사용된다(〈도표 1.4〉). 이 모형은 높은 인구 성장 단계에서 성장 정지 단계로의 인구 변화가 주로 경제 발전 및 농업사회에서 공업사회로의 전환에서 기인한다고 가정한다.

인구변천모형은 세계의 다른 지역이나 다른 역사적 기간에 어떤 일이 발생했는지를 추측하는 데에도 응용할 수 있다. 확실히 유럽에서 나타난 인구의 변천 과정은 지구상의 다른 지역에서도 진행되고 있다. 도시화, 농업 인구의 감소, 직업의 변화, 출산 관련 비용 및 혜택 등은 발생하는 상황과 시기에 차이가 있을지언정 중국, 인도, 대다수의 아프리카 및 중·남부 아메리카 지역에서 공통적으로 나타난다. 인구학자들은 향후의 인구 증가가 정체될 것이라고 예상한다(Newbold, 2007). 마찬가지로 각 개인의 부와 소비가 더는 변하지 않는다고 가정한다면, 환경에 대한 인간의 압력 증가도 점차 낮아질 것임을 예측할 수 있을 것이다.

**인구변천모형** 근대화로 인한 사망률 감소는 산업화와 도시화에 따른 출생률 감소로 이어져, 인구 성장은 한동안 급작스레 증가하고 이후 안정화된다고 예측하는 인구 변화 모형이다.

## 여성의 권리, 교육, 자율성, 그리고 출산 행태

그러나 많은 증거가 보여주는 것처럼, 세계의 인구와 자원 변화의 원인 및 그에 대한 설명은 인구변천모형이 제시하는 것보다 훨씬 더 다양하다. 몇몇 국가나 지역의 경우, 중대한 경제 성장이나 변화가 없었음에도 인구 증가가 급격히 낮아졌다. 이의 대표적 사례가 남부 인도의 케랄라 주이다. 농업에 기반을 둔 이 지역은 1951년 1,000명당 44명에 달할 정도로 인도에서 가장 높은 인구 성장률을 보였지만, 1991년에는 1,000명당 18명으로 오히려 인구 성장률이 가장 낮은 지역이 되었다(Parayil, 2000). 인구변천모형과 달리 인구의 대부분이 농업에 종사하고 인도의 다른 주에 비해 1인당 총생산이 훨씬 낮은 이 지역에 어떻게 이러한 변화가 나타난 것일까?

**〈도표 1.5〉** 2006년 세계 국가별 출산율과 여성 문해율

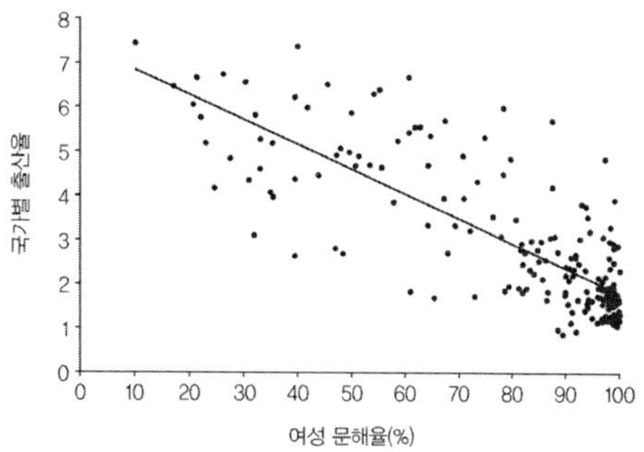


여성의 자율성이 높아지고 취업이 증가하면서 문해율이 높아지면, 출산율은 총인구를 유지하는 데 필요한 수준까지 떨어진다.

자료: 저자의 통계국 인구자료(2008) 분석.

그 비밀은 경제적 요인 외부에 있다. 케랄라는 여성들의 교육 수준과 문해(文解) 수준이 평균 이상이며, 의료 보건도 여성이 이용하기에 매우 용이하게 되어 있다. 여성들의 높은 교육 수준과 문해 수준은 여성이 생애 중 재생산 시기에 출산하는 평균 자녀의 수로 측정되는 출산율■이 매우 낮은 것과 관련이 깊다(〈도표 1.5〉). 여성의 권리가 준수, 보호되는 곳에서는 인구 성장이 정체된다.

물론 이런 상관관계가 과연 인과관계를 형성하는지에 대한 질문을 제기할 수 있다. 예를 들어 출산율이 낮은 국가의 여성들은 다른 지역보다 비교적 자유롭게 교육을 받을 수 있지만, 여성의 높은 교육 수준과 낮은 출산율 모두 그 자체로 문화나 사회의 다른 요인에 의한 것일 수도 있다. 또한 출산율 감소는 콘돔의 이용 가능 여부, 여성의 출산·양육을 위한 의료 보건 시설의 이용 가능 여부, 그리고 가정 및 공동체 내에서의 여성의 사회적·정치적 '자율성(독립적인 의사결정을 할 수 있는 사회적 능력)'과도 관련되어 있다. 요컨대, 인구 상황에 대한 예측은 사회에서 여성이 차지하는 정치적·경제적 지위를 통해서 가장 정확하고 타당하게 이루어질 수 있다. 이것은 다시 말해 인구가 환경에 영향을 미치는 한, 생태적 문제에 대한 해법은 세계 여성들의 권리에 걸려 있다는 뜻이다.

**출산율** 일반적인 여성이 일생 동안 평균적으로 출산하는 자녀의 수를 나타내는 지표.

### 인구 중심적 사고의 잠재적 폭력과 부정의

만약 인구가 경제적·정치적 과정의 결과라는 것을, 부와 소비는 인구가 환경에 미치는 영향을 결정하는 가장 큰 원인이라는 것을, 어느 정도의 인구 증가는 자원의 감소가 아닌 증가로 이어질 수도 있다는 것을 받아들인다면, 엄격한 인구학적 측면에서 환경 문제에 접근하는 것은 과연 어떤 함의를 지니는 것일까?

인구 계획을 비판하는 사람들은 이러한 함의를 매우 심각하게 받아들인다. 이들은 인구 정책의 역사와 인구를 통제하기 위한 노력의 역사가 폭력과 부정의로 가득 차 있다고 본다. 예를 들어, 인디라 간디(Indira Gandhi)가 통치하던 1970년대의 긴박했던 인도의 상황에 대해 생각해보자. 1975년 간디 여사는 계엄령을 선포하고 정부의 핵심 정책으로 대규모의 불임 시술 캠프 구축, 가족 구성원 수에 따른 식량 및 서비스 배분, 특정 마을과 빈곤 지역에서의 강제적 불임 시술 등의 극단적 방법을 시행해서 인구 성장을 줄이려고 했다. 더군다나 이러한 가혹한 정책은 주로 최하층 카스트 공동체와 도시 내 빈곤층과 같은 정치적으로 가장 취약한 집단을 대상으로 이루어졌다. 국제적으로 활동하던 신맬서스주의자들은 이러한 노력을 홍보했으며, 미국 및 유럽에서 파견된 감시자들 중 몇몇은 과잉 인구와의 전쟁을 시작한 인도 정부를 위해 물자를 지원해야 한다고 본국에 요청하기까지 했다(Hartmann, 1995).

그러나 그중 어떤 방법도 인도의 인구 성장을 낮추거나 중단시키지 못했다. 이 지역의 인구 성장이 낮아지기 시작한 것은 수십 년 뒤 여성의 권리 및 교육 기회 향상과 같은 복잡한 정치적·경제적 요인들이 개선되면서부터였다. 그 모든 노력은 빈곤층에 대한 끔찍한 폭력이었을 뿐이며, 이후 모든 인도인들이 인구에 대한 어떠한 논의에 대해서도 공포와 불신을 느끼게끔 만든 불행한 사건이었다. 그렇기에 국제 언론과 정부의 강제적인 인구 정책, 환경 분석 등을 포함한 여러 분야에서 지속되고 있는 맬서스식 사고는, 사람들이 환경 악화라는 문제에 접근할 때 사회적·정치적·경제적 요소와 같은 실질적 원인에서 눈을 돌리게 만든다는 점에서 위험하다. 또한 맬서스식 사고는 생태적 변화나 환경에 대한 부정적 영향과 거의 관련이 없는 지역과 사람들에게 정의롭지 못한 비난을 쏟는 경향이 있다. 인도의 인구는 10억 이상이고 미국의 인구는 이의 약 4분의 1 정도이지만, 지구온난화의 핵심적 요인인 이산화탄소 가스 배출량은 미국이 인도의 5배 이상이다(제8장 참고).

더 근본적인 문제는 따로 있다. 환경 정치를 인구 정치의 관점에서 이해하려는 태도는, 결국 여성과 그녀들의 신체를 정책적 조치와 비난, 사회적 통제의 대상으로 만든다는 점이다. 하트만은 자신의 저서 『재생산 권리와 오류(Reporoductive Rights and Wrong)』에서 신맬서스주의자들이 효과적인 인구 제한을 위해 여성을 통제하려 한다고 비판한다.

> 인구 문제의 해법은 권리의 축소에 있는 것이 아니라 확대에 있다. 왜냐하면 인구 문제는 실제 인구의 문제가 아니라 기본권 부족의 문제이기 때문이다. 너무나 많은 사람들 중 자원에 접근할 권한을 가진 이는 너무나 적으며, 너무나 많은 여성들 중 자신의 출산에 대한 통제력을 가진 이는 너무나 적다. 급격한 인구 증가는 저발전의 원인이 아니라, 오히려 사회 개혁 속도가 매우 느리다는 것을 보여주는 징후이다(Hartmann, 1995: 39).

## 인구와 함께 생각하기

이 장에서 우리가 살펴본 내용은 다음과 같다.

- 인구 성장, 특히 역사적으로 '기하급수적'이었던 성장 경향은 환경 체계의 지속가능성에서 중요한 함의를 담고 있다.
- 개인이나 집단이 환경에 미치는 영향은 기술과 부에 따라 매우 다양하다.
- 인구 성장은 종종 집약화와 혁신을 유발해 수용력을 증대시키기도 한다.
- 수용력과 생태 발자국 분석은 인간 개인과 인구 전체가 환경에 미치는 영향에 대해 생각하는 지표로 이용될 수 있다.
- 인구란 발전이나 여성의 권리 및 교육 등 여러 과정의 결과이기 때문에, 맬서스식 사고는 인간과 환경의 관계를 예측, 이해하는 데 중대한 한계가 있다.

물론 위에서 논의한 주요 비판을 받아들이더라도, 인구 문제는 결코 완전히 무시될 수 없다. 애리조나 피닉스 주민들의 생활양식을 보면, 태양의 계곡이 유지할 수 있는 인구에는 한계가 있을 것이다. 이 한계를 초과한 모든 인구는 이 지역을 혹사시킴으로써 토착종의 다양성, 공공 용지, 깨끗한 공기 등에 영향을 미칠 것이다. 이러한 자원이 부족해지고 가치가 높아지면 이들을 늘리려는 노력이 나타날 수도 있다. 예를 들어 국제 자연보호협회(The Nature Conservancy)와 같은 환경단체는 애리조나 전역에서 땅을 사들이고 있는데 이는 이 땅을 개발로부터 보호하고, 개방되고 손상되지 않은 상태로 유지하며, 사막의 동식물에게 서식처를 제공하기 위한 노력이다. 이를 옹호하는 사람들은 바로 이런 환경 '서비스'의 부족이 보존으로 가는 지름길이라고 주장한다. 이는 시장이 부족한 환경재를 제공, 생산할 수 있다는 주장인데, 바로 이러한 주장이 우리가 다음 장에서 다루려는 주제이다.

## 검토 질문

1. 맬서스가 예견한 '위기'는 무엇이며 그가 제안한 해결책은 무엇일까?
2. 맬서스는 빈곤층이 위기를 연장시킨다고 비난했지만, 에얼릭과 같은 오늘날의 사상가들은 부유층에 대해서도 같은 비난을 한다. 그 이유는 무엇일까? 이에 대한 힌트로서 'I=P×A×T'를 생각해보자.
3. 방글라데시 해안가에 살고 있는 어부와 당신 중, 누구의 생태 발자국이 더 클까? 그 이유를 설명해보자.
4. 인구 증가는 조방적 농업에서 집약적 농업으로의 변화를 어떻게 강제하는 것일까? 이러한 변화는 어떻게 혁신으로 이어지게 될까?
5. 1950년대에서 1990년대 사이에, 인도의 케랄라가 경험한 급격한 인구 성장률 감소의 원인은 무엇일까? 케랄라의 사례를 1970년대 인도 정부가 시행한 인구 통제 정책과 비교해보자.

## 연습 문제: 당신의 생태 발자국은?

http://myfootprint.org에 접속해서 생태 발자국 분석에 대한 내용을 읽어보자. 생태 발자국 퀴즈를 풀어본 후, 자신의 답변을 퀴즈 결과와 비교해보자. 매번 자신이 실제 행동을 한 가지 바꾸었다고 가정하고, 원래의 답변에서 한 가지씩만 답을 바꾸어보는 방식으로 다시 세 번 이상 퀴즈를 풀어보자. 바꾼 행동이 생태 발자국의 결과에 어떤 영향을 끼칠까? 생태 발자국이 어떻게 변할까? 그중 어떤 변화가 생태적으로 가장 유익한지를 살펴보자.

자신의 원래 생태 발자국은 어떠했으며 국가 및 국제 평균과 비교할 때 어떠한가? 어떤 범주에서 평균보다 높거나 낮을까? 지구의 모든 사람이 자신과 같이 생활한다면, 과연 세계를 유지하기 위해 몇 개의 지구가 필요할까? 자신의 전반적인 생태적 영향이 평균보다 높거나, 낮거나, 비슷한 이유는 무엇이라고 생각하는가? 자신의 생애, 배경, 또는 현재의 상황에서 어떤 요인이 당신의 전반적인 생태 발자국을 형성한 것일까? 앞으로 바뀔 수 있을까? 바뀐다면 어떻게 바뀔 수 있을까?

세 가지 추가 퀴즈에서 자신이 제안할 행동 변화에는 어떤 것들이 포함되는가? 이 중 어떤 행동이 자신의 생태 발자국에 가장 큰 영향을 미칠까? 어떤 행동이 가장 실행하기 쉽거나 가장 큰 변화를 가져올 것 같은가? 가장 쉬운 변화가 가장 큰 생태적 변화를 가져올까? 그렇거나 그렇지 않은 이유는 무엇일까? 어떤 선택이 다른 것에 비해 어려운 이유는 무엇일까? 이에 비추어 환경 변화에서 지구상의 인구는 소비, 부, 생활양식에 비해 어느 정도의 요인이라고 느껴지는가?

**■ 추천 문헌**


맬서스, 토머스 로버트(Thomas Robert Malthus). 2011. 『인구론』. 이서행 옮김. 서울: 동서문화사.

Boserup, E. 1965. *Conditions of Agricultural Growth: The Economics of Agrarian Change under Population Pressure*. Chicago, IL: Aldine.

Ehrlich, P. R. and A. H. Ehrlich. 1991. *The Population Explosion*. New York: Simon and Schuster.

Hartmann, B. 1995. *Reproductive Rights and Wrongs: The Global Politics of Population Control*. Boston, MA: South End Press.

Kates, C. A. 2004. "Reproductive liberty and overpopulation." *Environmental Values* 13(1): pp.51~79.

Lambin, E. F., B. L. Turner. et al. 2001. "The causes of land-use and land-cover change: Moving beyond the myths." *Global Environmental Change - Human and Policy Dimensions* 11(4): pp.261~269.

Mamdani, M.. 1972. *The Myth of Population Control: Family, Caste, and Class in an Indian Village*. New York: Monthly Review Press.

Newbold, K. B. 2007. *Six Billion Plus: World Population in the Twenty-First Century*. Oxford: Rowman and Littlefield.

Patel, T. 1994. *Fertility Behavior: Population and Society in a Rajasthani Village*. Bombay: Oxford University Press.

Sayre, N. F. 2008. "The genesis, history, and limits of carrying capacity." *Annals of the Association of American Geographers* 98(1): pp.120~134.

Warner, S. 2004. "Reproductive liberty and overpopulation: A response." *Environmental Values* 13(3): pp.393~399.

# 제2장

# 시장과 상품 Markets and Commodities

자료: https://www.flickr.com/photos/archer10/5281791110.




**Keywords**

- 거래 비용
- 공급 독점
- 구매 독점
- 녹색 인증
- 배출권 거래제
- 시장 반응 모형
- 시장 실패
- 외부효과
- 제번스 패러독스
- 위장 환경주의
- 코스의 정리

## 내기

더 많은 이용이 더 많은 생산을 유발할까? 인구 증가가 자연과 사회 모두에 이로울 수 있을까? 인구 중심적 사고가 지배적이던 1970년대 말, 이러한 질문은 당시의 상식과 배치되는 것이었기 때문에 제기하는 것조차도 어려웠다. 당시 에얼릭은 인구 위기에 대한 가장 유명한 대변인이었고 최고의 설득력을 갖춘 신맬서스주의자였다(제1장 참고). 1968년에 출간된 그의 책『인구 폭탄(The Population Bomb)』은 오늘날 많은 환경주의자들의 사고와 수사의 초석이 되었다.

그래서 1980년에 에얼릭이 환경주의와 거의 인연이 없는 어떤 학자와 아주 유명한 내기를 한 것은 당시 사람들의 눈에 놀라운 일로 비추어졌을 것이다. 내기를 제안한 사람은 경제학자였던 사이먼(Julian Simon)이었는데, 사이먼은 첫째, 인구가 늘어나는 것은 좋은 아이디어 역시 늘어나는 것을 의미하고, 둘째, 깨끗한 공기와 물과 같은 재화에 대한 더 큰 수요는 세상을 더 창조적으로 발견하고, 만들고, 유지하려는 동기를 유발하기 때문에 인구 증가는 생활 여건과 환경의 질을 향상시켰다고 오랫동안 주장해온 사람이었다. 그의 생각은 1980년 ≪사이언스≫에 실린「자원, 인구, 환경: 잘못된 나쁜 뉴스의 과잉 공급(Resources, population, environment: An oversupply of false bad news)」이란 글에서 절정을 이루는데, 여기에서 사이먼은 모든 새로운 것의 출현은 상황을 악화시키는 것이 아니라 혁신적으로 향상시킨다고 주장했다.

10년 뒤에 ≪뉴욕타임스≫의 한 저널리스트가 기록한 바에 따르면(Tierney, 1990) 내기에 동참한 사람들은 에얼릭 및 그의 동료가 선택한 다섯 가지 광물(크롬, 구리, 니켈, 주석, 텅스텐)의 가격이 10년 뒤 오를 것인가 떨어질 것인가를 두고 1,000달러짜리 내기를 했다고 한다. 만약 사이먼의 주장대로 미래가 항상 현재보다 낫다면, 이런 재화의 부족은 인간의 천재성과 경제 성장에 의해 극복될 것이다. 만약 에얼릭의 주장대로 소비의 증폭으로 지구가 한계 상황에 치닫게 된다면, 이 광물의 가격은 상당히 상승할 것이다. 게다가 1980년대는 인류 역사에서 전례 없이 빠른 성장과 많은 신생아 출생이 이루어진 시기였다.

에얼릭은 이 내기에서 졌다. 새로운 자원이 발견되고 이를 대체할 수 있는 재료가 실험실과 공장에서 생산됨에 따라, 위의 다섯 광물의 가격이 상당히 하락하게 된 것이다(〈도표 2.1〉). 사이먼은 맬서스식 환경주의의 종말론과는 전적으로 대비되는 자신의 관점에 신빙성이 있다는 사실을 입증한 것이다.

〈**도표 2.1**〉 미래에 내기 걸기

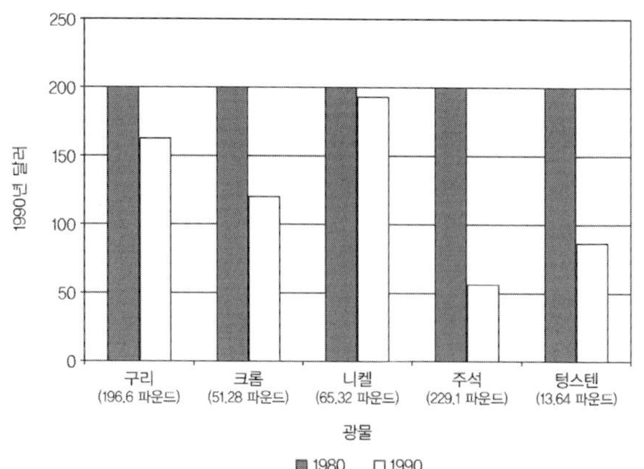


전례가 없는 인구상승기인 1980년대였지만 사이먼과의 내기에서 에얼릭이 선정한 다섯 가지 희소재의 가격은 모두 하락했다.

이후 수십 년간 이 내기의 진정한 환경적 가치에 대한 질문들이 제기되었다. 과연 두 사람은 어느 정도로 진지하게 '지구가 걸린 내기'를 했던 것일까? 이들은 그저 상대적으로 하찮은 몇 개의 생태적 자산의 가격을 두고 내기를 한 것일 뿐일까? 만일 지구 기온 변화나 온실가스의 대기 농도의 변화에 내기를 걸었다면 어땠을까? 인구 증가가 더 빠른 속도로 이루어진다면, 이러한 상품의 미래는 어떻게 될까?

사이먼은 자연과 사회의 관계에 대한 인구 중심적 사고와는 다른 관점을 대중적인 방식으로 전파했다. 이 내기에는 사이먼의 주장의 핵심인 경제 중심적 세계관이 반영되어 있다. 이 관점은 단순한 낙관주의를 넘어 인간의 **창조적 잠재력**, 성과를 내는 것에 대한 **보상**의 중요성, 그리고 멋진 신세계를 만들기 위한 가격 효용성을 중심에 두고 있다(Field, 2005).

### 변화하는 환경재: 시장 반응 모형

인구가 결핍을 유발한다고 보는 맬서스 등의 관점과는 반대로, 경제적 사고는 결핍이 사회와 환경 관계의 한계를 정하는 것이 아니라 오히려 이들의 상호작용에 동력을 제공한다고 본다. 즉, 부족한 자원은 수요와 공급의 과정 속에서 경제적 보상을 통해 인간의 창조적 잠재력을 고무시키기 때문에, 결과적으로 자원은 계속해서 이용-

〈**사진 2.1**〉 자동차 연료의 가격

환경재의 결핍은 시장을 움직인다. 사진은 쉘 주유소의 휘발유 가격 게시판(역주: ARM, LEG는 어마어마하게 비싼 가격이라는 표현이다).

**자료**: https://www.flickr.com/photos/carltonreid/257-2220275.

가능한 수준으로 유지되거나 심지어는 더욱 풍족해지기까지 한다는 것이다.

이러한 사고에 따르면 가치 있고 이용 가능한 자원은 채취되어 사회적 재화로 사용된다. 석유는 사람을 이동시키는 자동차 운행에 이용되고, 매립지는 주거지에서 떨어진 곳에 쓰레기를 버리기 위해 조성되며, 채소는 인간의 건강 유지를 위해 소비된다. 환경재의 이용은, 설령 삼림이나 어류와 같이 재생 가능한 자원이라 할지라도, 자원의 공급을 줄어들게 만드는 경향이 있다. 맬서스주의자들이 주장하는 것처럼 말이다. 그러나 자원이 부족해지면 시장은 자원의 가격을 상승시킨다. 사람들이 납보다 금에 더 큰 비용을 지불하려는 것을 생각해보자. 이러한 가격 상승은 급박한 생태적 재난을 의미하는 것이 아니라, 생산자와 소비자 모두에게 새로우면서도 흥미로운 선택을 제시한다(〈사진 2.1〉).

가격 상승으로 인해 생산자들은 새로운 자원 매장지를 찾거나 이전에는 자원 가격에 비해 너무 비쌌던 기술, 즉 환경재를 채취, 생산, 합성하는 새로운 기술을 개발하는 등 혁신의 기회를 만들게 된다. 미국 남서부의 경우 한 세기 동안 중요 산업이었던 구리 채광이 1960년대에서 1970년대 사이에 갑자기 중단되었다. 남은 광물이 극소량인데다 너무 분산되어 있어 이들을 채취하는 데 과도한 비용이 들게 되었기 때문이다. 그러나 21세기 초 10년 동안 구리 가격이 올라가자 오랫동안 버려져 있던 노천광에 값비싼 채취 기술을 적용해도 이윤이 남게 되면서 다시 광업이 부활하고 공급이 늘어나게 되었다.

이처럼 어떤 재화의 가격이 잘 이용되지 않는 대체재의 가격보다 높아지면, 사람들은 저렴한 대체재 쪽으로 돌아선다. 이러한 역사는 고래 기름 대신 탄소 광물 기름을, 구리관 대신 폴리머플라스틱관을 사용한 것 등에서 발견할 수 있다. 결핍에 대한 이러한 대응은 혁신을 가져오며, 이는 이전에는 상상도 하지 못했던 새로운 생산체

〈**도표 2.2**〉 시장 반응 모형

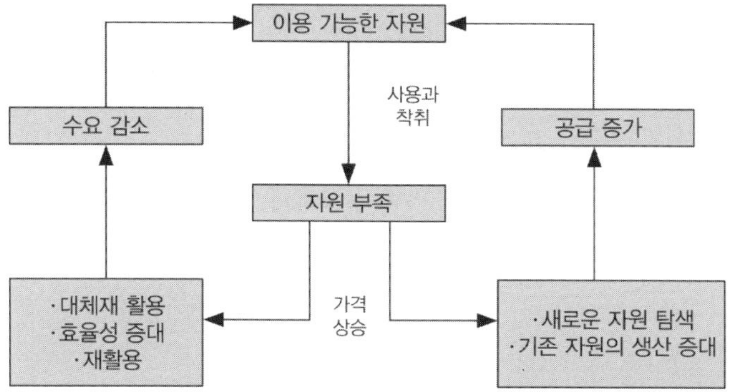


이론적으로 환경재와 서비스의 부족은 가격 상승에 적응하기 위한 여러 대응을 유도해 결과적으로 이용 가능한 자원을 증가시킨다.

**자료**: Rees(1990).

계 속에서 기술자, 노동자, 디자이너를 고용하며 새로운 경제를 발전시킨다.

환경 재화의 시장에서는 생산자 또는 공급자만이 유일한 행위자가 아니다. 이러한 상품의 소비자, 즉 이것을 통해 또 다른 상품을 생산해내는 기업이나 개인 소비자 역시 가격에 반응한다. 소비자는 어떤 상품의 가격이 상승하면 대개 그 상품의 사용을 줄이므로 수요가 감소한다. 또한 이미 사용한 상품을 재사용하거나 재활용하기도 하고, 새로운 대체품을 생각해내기도 하며, 상품 자체를 더 효율적으로 사용하기도 한다. 만일 물의 가격이 비싸져 정원에 물을 주는 비용이 늘어나면, 소비자는 경관 유지를 위해 정원의 풀을 물을 적게 먹는 종으로 대체하거나, 식기 세척기 또는 개수대의 '폐수'를 재사용할 것이다. 보전을 위한 이러한 모든 노력은 이타주의나 환경에 대한 배려로 인한 것이라기보다는 시장의 힘에 따른 단순한 반응이다.

이러한 과정 속에서 자원의 부족은 수요와 공급의 법칙에 따라 완화되며, 인간과 자연의 관계 또한 이 법칙에 따라 유지된다. 자원 경제학자들과 지리학자들은 이를 '시장 반응 모형'■(〈도표 2.2〉)이라고 한다. 이 과정에서 가격 신호는 시장에서 합리적·창조적으로 행동하는 인간의 적응을 불러오고, 자원이 부족한 상황 속

**시장 반응 모형** 자원의 부족이 가격 상승으로 이어져 해당 자원에 대한 수요의 감소나 공급의 증가 또는 양자 모두가 발생하는 형태의 경제적 반응이 나타날 거라고 예측하는 모형이다.

에서 풍족함을 가져다준다. 이것이야말로 1980년의 내기에서 사이먼이 에얼릭을 이길 수 있게 해준 논리이다.

### 제번스 패러독스

시장 반응 모형은 전통적 인구학적 환경주의의 직관에 반대되는 더욱 놀라운 사실을 내포하고 있다. 만일 재화 소비가 부족으로 이어지고 시장 상황이 혁신을 유발하는 것이 사실이라면, 자발적이거나 강제적인 절약은 어떤 결과를 낳게 될까? 이론적으로, 이러한 바람직한 절약 행위는 시장에서 왜곡된 결과로 나타날 수 있다. 이론적으로 봤을 때 만일 보전과 보전기술이 널리 시행되면 시장이 이에 반응해 보전된 재화의 가격이 하락할 것이고, 이 재화가 비쌀 때에는 없었던 소비가 발생할 것이다.

환경적 측면에서 이것은 이상한 상황이다. 가령 급속한 성장을 거듭하는 애틀랜타에서 몇 차례의 가뭄으로 이용 가능한 물이 줄어들었다면 물을 절약하고, 물이 새는 수도꼭지를 잠그고, 야외 잔디밭에 물 주기를 제한하는 것은 타당하다. 조례를 통해 도시 전체에 이러한 규제를 가하는 것은 정말로 현명한 일이다. 그러나 모든 주민이 이 같은 절약을 실행하고 시민들이 집단적으로 스스로의 행동을 규제한다면, 이는 단지 이용 가능한 물의 공급을 늘리는 데에만 도움이 된다. 결국 물의 가격은 하락하게 될 것이고, 물 가격이 비쌀 때에는 없었던 새로운 영역의 산업을 키우게 될 것이다. 새로운 영역의 산업은 물뿐만 아니라 토지와 새로운 서비스를 필요로 한다. 이론적으로 볼 때 물 절약이 실제로는 더 많은 물의 사용과 환경 스트레스로 이어지게 되는 것이다.

이러한 모순은 1800년대에 기술 발전을 통해 증기 엔진의 효율이 높아질수록 석탄 수요가 증가하는 현상에 주목했던 초기 경제학자 제번스(William Stanley Jevons)의 이름을 따 제번스 패러독스■라 불린다. 하이브리드 자동차의 개발은 과연 석유 사용을 줄였는가, 아니면 상승한 연료 가격을 인위적으로 낮춤으로써 차량 주행거리의 총량을 증가시켰는가? 만일 후자라면, 개인이나 공동체의 절약이 바람직한

**제번스 패러독스** 기존의 직관과 달리, 자원 이용의 효율을 높이는 기술은 해당 자원의 실제 소비율을 감소시키는 대신 증가시킨다는 현대 경제이론에 기초한 관점을 말한다.

가, 아니면 전반적으로 연료에 세금을 부과하는 것이 타당한가? 이는 자원 소비를 줄이기 위해 태양 에너지나 물 정화와 같은 혁신에 의존하는 것에 대해 몇 가지 진지한 질문을 제기한다. 제번스가 제시한 것처럼, 최소한 자본주의에서 혁신은 오히려 자원을 감소시키고 악화시키며 새로운 환경 문제를 유발시킬 것이다.

## 환경 비재화의 관리: 코스의 정리

환경 문제와 논쟁이 항상 구리나 석유 같은 개별의 재화와 관련해 일어나는 것은 아니다. 어떻게 하면 시장 중심적 사고를 우유, 텅스텐, 대구와 같은 전통적인 상품뿐 아니라 수영할 수 있는 강, 다양한 열대우림, 깨끗한 해변과 같은 모든 환경 대상과 상황에 적용할 수 있을까? 이론적으로 따졌을 때, 만약 깨끗한 공기와 물이 소중함에도 인간의 행동으로 이것의 부족을 야기되었다면 이 부족 상황을 개선하기 위해서 사람들은 기꺼이 비용을 지불해야 할 것이다. 그러나 만일 다른 사람이 공기나 물을 오염시키고 내가 이 오염의 영향을 하류나 멀리 떨어진 곳에서 받는다면, 나의 지불 용의는 현실적으로 어떻게 나타날까?

많은 경제학자들이 이 문제를 다루었지만, 가장 주목할 만한 해결책은 노벨경제학상 수상자인 코스(Ronald H. Coase)가 제시했다. 1960년, 코스는 이후 코스의 정리(Coase Theorem)■라 불리는 현대 경제학의 기초가 되는 명제를 제시했는데, 이는 서로 이해가 상충할 경우 재산 소유자들 간의 협상을 통해 최고의 효율성이 도출된다는 이론이다(Coase, 1960).

코스의 논지는 계약을 통해 많은 환경 문제를 가장 효과적으로 해결할 수 있다는 것이다. 가령, 어떤 가족이 몬태나 주의 목장 근처에 있는 아름다운 계곡에 살고 있었는데, 이후 주변의 목장이 시끄럽고 악취를 유발한다는 사실이 드러났다고 하자. 어떤 사람의 경제활동이 다른 사람에게 폐를 끼

**코스의 정리** 협상에 이르기까지의 거래 비용이 지나치게 크지 않다고 가정할 경우, 외부효과(가령 오염)는 당사자 간의 계약과 협상을 통해 가장 효율적으로 통제될 수 있다고 주장하는, 신고전주의 경제학에 기반을 둔 이론이다.

치는 외부효과 — 이에 대해서는 제3장에서 다룰 것이다 — 는 환경 문제에서 보편적으로 나타난다. 그리고 이것은 끔찍한 논쟁을 수없이 야기한다.

이 상황을 어떻게 해결될 수 있을까? 한 가지 방법은 지방정부에서 주택 소유자 보호를 위해 이 지역에서의 방목을 금지하고 목장을 폐쇄하는 것이다. 또 다른 방법은 농촌에서는 주택보다 소가 더 중요하다는 것을 분명히 해 이 지역에 주택 건설을 금지하는 것이다. 이 외의 대안으로서, 개발업자에게는 악취와 소음을 방지할 수 있는 주택을 건설하라고 요구하고 농장주에게는 소를 조용하게 사육하라고 요구하는 등의 복잡한 규칙을 만드는 방법도 있다. 앞의 두 해법은 모두 어느 한쪽에 사회적으로 불공평하고 부당할 수밖에 없다. 마지막 방법은 다른 대안에 비해 공정하게 보이지만, 경제적으로 비효율적이며 많은 비용을 유발할 것이다. 누가 재설계에 필요한 노력과 비용을 지불하려 할까? 과연 어떤 접근이 최적의 해결을 가져올 수 있을까?

코스의 사고방식대로라면, 두 당사자가 계약을 통해 자율적으로 문제를 해결하는 것이 가장 낫다. 따라서 방목, 계곡의 경치, 소의 악취 등에 대한 객관적인 비용과 가치를 산출하는 것이 필요하다. 이를 토대로 당사자 간에 타협이 이루어지면, 최초의 권리가 어떠했든 간에 이들이 결정한 것이 가장 효율적인 결과이다.

가령, 목장이 오랫동안 운영된 시점에서 이 가족이 이주해왔거나 이 가족에게 농장주의 행동을 제한할 아무런 법적 권리가 없다면, 이들은 그냥 참거나 악취를 피하기 위해 비용을 지불해 다른 곳에 있는 주택으로 이주할 것이다. 현재의 주택과 새로운 주택의 가격 차이에는, 사람들이 소 주위에서 살지 않기 위해 어느 정도의 비용을 지불할 용의가 있는지가 반영될 것이다. 그렇지만 새로운 주택을 구입하는 비용은 아마도 농장주에게 주택에서 먼 곳으로 소를 이동시켜달라고 요청하며 지불하는 비용보다 비쌀 것이다. 이렇게 하면 이 가족은 더 적은 비용을 들여 악취 없이 계곡의 아름다운 경치를 즐길 수 있고, 농장주는 소를 이동시키는 데 드는 비용을 벌충할 수 있다. 이 경우 환경적 불쾌함에 대한 비용은 조정자에 의해서가 아니라 두 당사자 간의 협상을 통해 결정되며, 모든 사람이 최적의 결과를 얻게 된다.

반면 가족이 먼저 오거나 지방정부로부터 악취 없이 지낼 수 있는 환경적 권리를 부여받았다면 다른 선택지가 등장한다. 이 경우 농장주는 무조건 방목을 중단하고 목장을 주택 개발업자에게 팔아야 할 것이다. 그러나 농장주에게는 주택 소유자에게 참아달라고 요구하며 이에 상응하는 비용을 직접 지불하는 것이 더 저렴할 수 있다. 만약 이 비용보다 소를 이동시키는 것이 더 저렴하다면, 목장주들은 소의 이동을 선택할 것이다.

**외부효과** 공장의 산업 활동으로 발생한 오염이 부지 바깥으로까지 확산되는 경우 외부인이 입는 피해나 받는 이익을 말한다.

이 상황에서 농장주가 방목할 수 있는 권리나 가족들이 소의 냄새로부터 자유로울 수 있는 권리와 같은 법적 권리는 중요하지 않다. 어떤 경우든 간에 협상을 하고 계약이 성사되면 이는 경제적으로 가장 효율적인 결론에 도달한 것이다. 이러한 결정은 시장 반응 모형과 전적으로 같은 노선이지만, 이 투명한 논리는 환경 외부효과■라는 복잡한 세계로까지 확대된다.

그러나 코스는 이러한 효율성이 실현되기 위해서는 두 가지의 핵심적 가정이 전제되어야 한다고 했다. 하나는 배타적인 재산권이고, 또 하나는 계약된 권리의 자유로운 이전과 보호이다. 코스가 제안한 효율성이 위의 사례에서 현실화되려면 첫째, 목장주와 주택 소유자 모두에게 자신의 토지와 그에 대한 의사결정을 통제할 수 있는 완전한 능력이 있어야 하고, 둘째, 이것이 더 중요한데, 이들의 협상, 계약, 시행에는 시간이나 금전이 들지 않아야 한다. 즉, 자유 시장 체제가 효율적인 이유는 합의를 도출하고 상호 간의 이해를 이끌어내며, 공정한 규칙과 제약을 설정해 주체들에게 자유를 부여하고 비용을 낮추기 때문이다. 이 체제는 비용이 들지 않는 계약과 권리의 집행(위반에 대한 순찰, 감시, 처벌 등)에 의존한다.

물론 이는 현실과는 완전히 다르다. 농장주와 주택 소유자가 계약을 위한 협상에 쓰는 시간이나 변호사 비용, 그리고 이 계약을 집행하는 지방정부 법정과 공무원의 유지비용은 실제로 매우 크다. 생물다양성과 같은 무형의 재화와 서비스에 대한 재산권을 정의하는 것은 더욱 벅차다. 기후변화와 같은 엄청나게 복잡한 체계에 관한 계약을 시행하기란 더욱 불가능하다. 공기와 같이 '고정되지 않고', 이동성이 있으며, 무형인 대상에 대해 재산권을 할당하고, 계약을 통해 소유자 간의 관계를 설정하며, 이를 실행하는 것은 현실적으로 많은 문제가 나타난다. '공기 시장'이 기능하려면, 공기는 누군가, 즉 공기에 비용을 지불하고, 공기로부터 가치를 얻으며, 공기를 깨끗하게 유지하는 일에 관심이 있고, 공기를 더럽히거나 그것에 대한 계약 협정을 위반하려는 사람에 대해 법적인 소송을 제기할 수 있는 특정인에 의해 소유되어야 한다.

이러한 시장은 구체적인 공간이 없기 때문에 상상할 수 없는 것처럼 보이지만(제3장 참고), 이것이 가능할 수 있다는 증거들이 최근 나타나고 있다. 미국에서는 최근 깨끗한 공기에 권리를 부여하기보다 오염시킬 권리를 부여하는 방안을 모색하고 있다. 구체적 사례로, 1990년대 초반 미국 환경보호국은 산성비의 주범인 이산화황 배출 한도를 정했다. 그러나 한도를 각 공장별로 정한 것이 아니라, 전체 오염 허용치를 정한 뒤 이를 판매할 수 있는 권리의 형태로 각 배출자에게 분배했다. 어떤 회사가 부여받은 권리 한계보다 이산화황 배출을 낮출 수 있는 방법을 찾으면, 이 회사는 남은 권리를 다른 배출자에게 팔아 이윤을 얻을 수 있는 것이다. 더 나아가, 만일 어떤 환경단체가 이 배출 권리 체계에서 제시한 전체 배출 총량이 너무 높다고 판단해 이를 줄이기 위해 비용을 지불할 용의가 있다면, 이들 또한 시장에서 순환하고 있는 배출 권리를 사들일 수 있다. 이렇게 되면 오염시킬 수 있는 권리는 점차 부족해지고 가격이 상승하게 되어, 결과적으로 산업이 더욱 효율화될 수 있는 동기를 제공한다. 이 시장은 15년 동안 운영되어 오고 있으며, 이것과 비슷한 사례는 수없이 많다(뒤이어 나올 배출권 거래제를 보자).

이러한 체계의 약점이 무엇이든 간에, 이것은 시장이 모든 환경 재화와 서비스 분야에서 기능할 수 있음을 보여준다. 단, 이것이 작동하기 위해서는 코스가 제안한 것처럼 자연에 대한 사유 재산권이 기업이나 사람에게 분명하게 할당되어야 한다. 이것이야말로 모든 시장 중심적 해법에서 선결되어야 할 논리적·실제적 과제이다. 그러나 이는 우리가 볼 수 있듯 심각한 사회적·환경적·정치적 함의를 내포한다.

## 시장 실패

시장과 계약에 기반을 둔 생활 방식은 여러 가지 형태로 실패할 수 있다. 이러한 시장 실패■는 사람들이 가정한 시장 모형과 현실 세계가 일치하지 않기 때문에 발생한다. 시장 모형에 대해 주로 지적되는 사항은 세 가지이다. 첫째, 거래는 코스가 가정한 것처럼 무료가 아니다. 둘째, 계약과 재산권이 정의되고 시행되는 데는 엄청난 법적·제도적 비용이 필요하다. 셋째, 모든 협상의 참여자들이 완벽한 정보를 공평하게 나누고 있지 못하다. 많은 이들에게 영향을 미치는 환경 재화와 서비스의 경우에는 특히 그러하다.

앞에서 나온 목장과 주거지의 문제로 되돌아가서, 이번에는 뿔뿔이 흩어져 있는 수천 명의 주택 소유자와 수백 개의 목장을 상상해보자. 이 상황에서 개별적 계약을 위한 협상은 이루 말할 수 없이 복잡할 것이고, 개별 농장주들이 각기 다른 재산 소유자들과 맺은 각기 다른 계약에 따라 권리를 감시하고 이를 집행하는 것 역시 마찬가지일 것이다.

또한 어떤 사람들은 협상에 시간이나 에너지를 쓰지 않으면서 다른 사람의 협상으로부터 혜택을 보려 한다. 이러한 '무임승차' 문제는 공공재의 환경 문제에서 흔한 일이다(제3장 참고). 이러한 경우 문제를 계약으로 해결하면서 드는 거래 비용■은 이 문제 자체의 비용보다 훨씬 높아진다. 이 경우 일반적으로 시장 기반의 해법보다는 규제력을 지닌 협정에 기반을 둔 해법이 도움이 된다. 가령 미국의 산성비 감소에 공헌한 오염물 배출권 거래제는 연방정부의 세금으로 독자적인 경찰력을 운용하는 환경보호국에서 만들어 시행한 것이다. 또한 유럽에서의 황 배출 감소는 21개국이 30% 감축을 하겠다고 서명한 '헬싱키 협약' 협정서를 통해 관리되었다. 효율적인 시장은 공공 투자를 필요로 한다. 자유 시장이 진정 자유로운 경우는 드물기 때문이다.

불균형 또한 시장을 병들게 한다. 이것의 사례 중 가장 심각

**시장 실패** 재화 및 서비스의 생산이나 교환이 효율적이지 않은 상황. 독점이나 통제되지 않은 외부효과 같은 시장 문제로부터 발생하는 여러 잘못된 경제적 결과를 말한다.

**거래 비용** 계약 체결, 시장으로의 이동, 가격 협상과 같이 교환과 관련된 비용을 가리키는 경제학 용어이다. 다수의 경제 모형은 낮은 거래 비용을 가정하지만 현실적으로, 특히 큰 외부효과를 가진 경우 이것은 매우 높아질 수 있다.

**공급 독점** 많은 구매자에 비해 판매자는 한 명이어서 재화나 서비스의 가격이 상도에서 벗어나 인위적으로 부풀려진 시장 상황을 말한다.

**구매 독점** 많은 판매자에 비해 구매자는 한 명이어서 재화나 서비스의 가격이 상도에서 벗어나 인위적으로 낮아진 시장 상황을 말한다.

한 것이 많은 구입자가 한 명의 공급자나 소유자만을 상대하는 공급 독점■과 많은 판매자가 한 명의 구매자만을 상대하는 구매 독점■이다. 이 두 사례에서, 특정한 개인이나 기업은 경쟁할 필요도 없고 효율성을 추구할 동기도 없기 때문에 재화나 서비스의 가격을 마음대로 정해 팔 수 있다. 미국과 유럽의 자본주의 경제 역사는 공급 독점과 구매 독점으로 부가 집중되며 등장한 사례들(철도, 정육 포장, 통신 등)로 점철되어 있다. 환경 재화와 서비스에서도 유사한 기록이 드문드문 나타난다. 예를 들어, 1800년대 미국에서는 대다수 자치 도시의 상수도 공급이 민간 기업에 의해 이루어졌다. 그러나 이러한 공공사업의 공급 독점으로 인해 물의 효율적 관리와 가격 결정이 이루어지지 못했고, 결국 대다수의 공공사업은 정부 통제로 이전되었다.

장차 계약 협정이나 시장에 참여할 사람들, 그러나 아직 태어나지 못한 사람들을 고려할 경우 또 다른 문제가 생겨난다. 사람들은 삼림 벌채나 건축용 목재의 상대적 가치를 두고 서로 협상을 할 수 있지만, 지금으로부터 100년 후의 사람들은 어떻게 될까? 현재의 시장에 그들을 위한 자리가 있을까? 엄격하게 시장 원리를 고수하는 사람들은 이들을 위한 어떤 규정도 만들지 않을 것이다. 미래 세대를 고려하지 않고 환경 경제학을 올바르게 논하기는 매우 어렵다. 이에 대한 대안으로 현재의 경제 발전과 환경 보전은 시장에서 이루어지는 협상과 무관하게 미래의 세대, 더 나은 경제적·환경적 조건을 누리게 될 세대를 위한 것이라고 주장하는 방법도 있을 것이다.

## 환경 문제에 대한 시장 기반의 해법

시장은 실패할 수 있다. 시장 환경주의의 옹호자들조차 경제에 대한 특정한 규제가 필요하다는 사실을 인정한다. 그럼에도 최근 환경 문제를 해결하기 위해 규제보다는 시장에 기반을 둔 다양한 정책적 해결 방안이 도입되고 있다. 이 각각의 방안들

〈표 2.1〉 시장에 기반을 둔 정책적 해결 방안

| 조절 기제 | 개념 | 시장 요소 | 정부 역할 |
|---|---|---|---|
| 녹색 세금 | 개인이나 기업이 비용이 많이 드는 '갈색' 대안을 피하고 '녹색' 행태에 참가 | 장려(금)에 기반을 둔 행동 | 세금을 정하고 부과 |
| 배출권 거래제 | 오염 물질 총량 및 기타 '비재화'를 제한하며, 거래 가능한 오염권을 오염자에게 배분 | 효율성에 대한 보상 | 한계를 정하고 계약을 집행 |
| 녹색 소비 | 개인 소비자가 환경 영향 인증에 기초해 상품이나 서비스를 선택, 전체적으로 환경 영향이 적은 제품을 더 많이 구매 | 지불 의사 | 생산자와 판매자의 주장을 감독하고 인증 |

시장 요소를 포함하며 부분적으로 시장 원리에 기반을 둔 주류적인 환경 규제 메커니즘. 어떤 경우에든 정부가 시장을 작동하게 하고 환경 목표를 성취하는 데 중요한 역할을 하고 있음에 주목할 것.

은 좋든 싫든 환경 문제를 다루기 위해 보상(incentives), 소유권(ownership), 가격 책정(pricing), 그리고 거래(trading)라는 개념을 사용한다(〈표 2.1〉).

### 녹색 세금

시장을 규제하고 개인이나 기업에 의한 환경 관련 의사결정에 영향을 줄 수 있는 가장 직접적인 방법 중 하나는 인위적으로 가격을 바꾸는 것이다. 시장 반응 모형에 따르면, 가격 상승은 공급자들이 새로운 자원을 찾거나 대체물을 개발하도록 만들고 소비자들이 절약하도록 유도해 다양한 대안이 등장하게 할 것이다. 특정 재화나 서비스에 세금을 부과해 가격을 올리는 것은 이 자원의 사용 감소 및 새로운 자원이나 선택을 위한 창조적 혁신으로 나타날 것이다. 세금으로 걷힌 돈은 정부가 직접 서비스를 제공하거나 대안을 찾는 데 사용할 수 있다.

이러한 '녹색 세금'의 예는 수없이 많다. 가령, 일부 지방자치단체는 각 가구에서 쓰레기봉투를 구매하게 해 쓰레기 처리와 관련된 토지 매립비용, 노동비 등의 비용을 충당했다. 그 결과 재활용이 상당하게 늘어났고, 소비자들은 상품의 포장과 낭비에 매우 조심스러워지게 되었다. 쓰레기 비용을 소비자에게 부과함으로써 가구의 쓰레기양이 줄어든 것이다.

원래 녹색 세금은 지구온난화를 유발하는 온실가스 통제를 위해 제안되었다. 1991년 스웨덴이 처음으로 탄소세를 도입했고 그 뒤를 이어 네덜란드, 핀란드, 노르웨이에서 이를 도입했다. 녹색 세금은 석유, 천연가스, 석탄 등 다양한 연료에 부과되는데, 미국과 유럽연합에서는 이 세금이 극심한 정치적 반대에 부딪히고 있다.

### 환경 '비재화'의 거래와 예치

시장 기반 접근 중 눈에 띄는 것이 하나 더 있다. 바로 코스의 통찰력에 기초를 둔 계약적 교환을 이용해 환경 문제를 최대한 효율적으로 줄여보려는 정책적 노력이다. 이는 보통 배출권 거래제■라는 형태를 취한다. 정부는 환경에 위협을 가하는 오염 물질의 최대 배출량을 정하고, 배출량을 줄일 수 없는 기업의 경우 더 효율적으로 배출량을 줄일 수 있는 다른 기업으로부터 배출권을 구입할 수 있도록 한다. 이 방법은 전통적 규제와 같은 결과를 얻지만 전체적으로는 낮은 비용으로 가능하다(따라서 경제학자들은 이 결과를 '더 효율적'이라고 기술한다).

〈도표 2.3〉처럼 두 공장 A, B 모두에게 오염 물질 배출량의 30%를 줄이는 규제를 가할 수 있는데, 이는 전체 300톤의 오염을 대기로부터 제거해 700톤만 남기는 규제이다. 그런데 공장 B가 기술과 생산 체계로 인해 톤당 25달러의 비용으로 오염을 제거할 수 있는 반면, 공장 A는 같은 일에 50달러가 소요된다. 따라서 오염을 줄이기 위해 전체 1만 2,000달러의 비용을 들이기보다는, 그냥 전체 오염의 최고 한도를 700톤으로 정하고 두 공장이 원한다면 거래를 하도록 허용하는 것이 더 효율적일 것이다. 이 경우 공장 A는 자체적으로 오염의 일부를 줄이기도 하겠지만, 더 효율적이고 적극적으로 감축을 해 목표치를 달성한 공장 B로부터 남은 오염 물질의 배출 한도를 매입할 것이다. 두 방식은 같은 양만큼 오염을 감축하지만, 배출권 거래제가 이를 더 효율적으로 달성시킨다.

이 제도는 기본적으로 기술이나 경험을 통해 한층 저렴하게 배출량을 감축할 수 있는 기업이, 그렇게 할 수 없는 기업을 위해서 감축을 하는 대신 그에 대한 대가를 받는 제도이다. 미국의 $SO_2$ '산성비' 거래제는 1995년에 시작되었으며, 배출을 상당히 감축시켰다. 거래제의 옹호자들은 이 제도가 모든

**배출권 거래제** 환경오염 물질을 관리하기 위해 만들어진 시장 기반의 제도로, 일정 영역(지방, 국가, 세계 등) 내 모든 배출에 총량 제한을 설정한 뒤, 이 총량 중 양도할 수 있는 할당량을 개인이나 기업에게 나눠줌으로써 가장 효율적으로 전체 오염 수준을 유지, 축소할 수 있다는 관점이다.

공장이 똑같은 조건을 충족시켜야 하는 경직된 방법보다 배출량을 30% 이상 감축했다고 주장한다(이러한 주장의 근거는 http://www.seaat.org에서 볼 수 있다).

이러한 제도에 문제와 한계가 없는 것은 분명 아니다. 예를 들어 이 제도에서는 어떠한 지리적 고려도 허용되지 않고 있다. 만일 특정 지역에 오염물을 방출하는 공장이 이를 상쇄하기 위한 감축은 멀리 떨어진 다른 곳에서 할 수 있다면, 전체적인 감축 목표는 달성했더라도 공장이 있는 지역은 환경 문제를 겪게 된다. 또한 실제로 상한선을 설정하고, 한계를 결정하고, 감축을 실행하는지 감시하는 것도 문제이다. 어느 정도의 오염을 허용할 것인가를 결정하는 일은 지난한 협상과 규제의 경험을 요구하기 때문에 시장을 도구로 사용하는 일에는 정치가 개입될 수밖에 없다.

**〈도표 2.3〉** 배출 규제 대 배출권 거래제

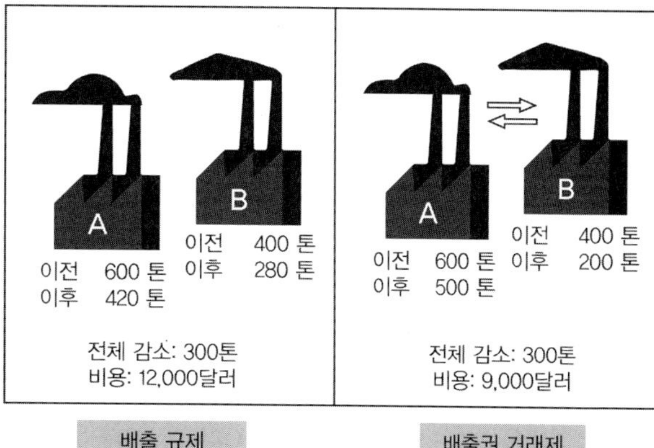


오염은 양자 모두에서 줄어들지만, 이론적으로 볼 때 배출권 거래제 쪽의 총비용이 적게 든다.

이 접근법의 변형 중에는, 시장이 제3의 제공자에게 환경 서비스를 '예치'하고 '인출'할 수 있도록 허용하는 형태의 규제도 있다. 가장 잘 알려진 것이 미국의 습지 보호 정책인데, 이것은 은행 체제로 운영된다. 이 정책은 전체 습지의 총량을 정한 뒤 여기에서 순 손실이 발생하지 않도록 하는데, 이는 습지의 총량에서 손실이 발생할 경우 환경보호청의 승인을 받아 다른 곳에 습지를 조성함으로써 이를 상쇄할 수 있다는 의미이다. 가령 대형 할인매장이 새로운 매장을 만들기 위해 습지를 파괴해야 한다면, 법에 따라 다른 장소에 유사한 습지를 만들어야 한다. 그러나 새로운 습지를 조성하는 것은 원래의 습지를 파괴한 개인이나 기업의 기술적·생태적 능력을 넘어서는 일이기에, 제삼자에게 새로운 습지 조성과 관리를 위탁하게 될 것이다. 심할 경우, 요령 있는 개발업자는 이러한 의무 규정을 이용해 미리 거대한 습지 또는 여러

〈글상자 2.1〉 피크 오일

석유는 고대 양치류 삼림과 같은 물질이 지표 아래에서 지질 압력을 받아 형성된 화석연료이다. 모든 석유는 인간이 나타나기 훨씬 전부터 존재했다. 지구의 매장지로부터 채취되는 한 방울의 석유도 아까울 정도로 석유의 공급은 점차 한계에 이르고 있다. 만일 그렇다면 석유 생산이 정점을 찍은 이후에는 남아 있는 석유 채취가 더 어려워지게 될 것임을 예측할 수 있다. 이때부터 우리는 지구상에 남은, 점점 줄어드는, 흩어져 있는, 접근하기 어려운 나머지 반에 의존해야 한다. 이 이론적 순간은 '피크 오일' 또는 '후버트의 피크(Hubbert's Peak)'라고 불리는데, 이중 후자는 1956년 시점에서 미국의 석유 생산이 1970년에 절정을 맞이할 것을 정확히 예견했던 지질학자 후버트(M. King Hubber)의 이름을 딴 것이다.

후버트 이후 많은 사람들은 지구 전체 지각에 매장된 석유의 규모를 합산하면서, 아직 절정에 도달하지 않았다면 이 절정의 시기가 과연 언제 도달할 것인가를 두고 격렬한 토론을 벌였다. 이 개념은 많은 흥미를 불러일으켰고, 이 개념의 옹호자들은 절정이 이미 지났거나 1970년대였을 거라고 추측하면서 내리막 시기가 10년을 넘길 수 없을 것임을 지적했다.

피크 이후 석유 공급 감소가 미치는 영향은 위협적일 것이다. 일단 피크 '생산' 시기를 지나면 — 생산은 원유를 채굴, 천공, 처리, 공급하는 전 과정을 포함한다 — 석유 가격은 급격히 상승하고 등락을 거듭하며 불확실성과 투기로 이어지고, 석유에 크게(그리고 대개 전적으로) 의존하고 있는 운송, 주택 냉난방, 산업 생산은 모두 기하급수적 비용 상승을 겪을 것이다. 많은 사람들은 석유 경제의 급격한 붕괴에 따른 경제적 혼란과 그 뒤를 잇는 정치적·사회적 혼란이 나타날 것이라는 재난 시나리오에 공감한다.

피크 오일에 대한 비판가들은 두 가지 주장을 한다. 첫째, 석유 매장량은 파악된 것보다 많고, 탐사 기술의 발달로 계속 새로운 매장지를 찾아낼 것이다. 둘째, 이용 가능한 석유 공급량의 감소는 시장 반응 모형에 따라 수요를 감소시키고, 새로운 매장지나 대체 자원을 찾는 자본의 증가를 낳을 것이다. 미국의 휘발유 가격이 1갤런당 2달러에서 거의 5달러까지 높아진 2006~2007년의 가격 상승기 동안, 연비가 높은 자동차가 시장에 출시되었을 뿐 아니라 모든 자동차의 1년간 총 주행거리가 4% 이상 하락했다. 이는 기록이 시작된 이래 가장 큰 폭으로 줄어든 것이다. 이 글을 쓰고 있는 2010년의 경제 침체도 모든 분야에서 수요 감소와 연료 가격 하락을 야기하고 있다.

하지만 과학적으로 진보된 석유 탐사 기술이 제시한 근거를 보면, 우리는 이미 진즉에 정점을 지났을 것으로 추정된다. 더구나 원자력 발전과 바이오매스 연료 옹호자들이 지속가능한 생산 기술과 소비 감축에 관한 논쟁에서 승승장구하고 있음에도, 아직 지속가능한 기술로의 대체는 이루어지지 않고 있다. 석유의 매장량에는 한계가 있지만, 전 세계적인 사용은 오히려 증가하는 추세이다. 석유 이후의 시간은 결국 올 것이고, 가까워지고 있다. 이 변천이 녹색 경제로의 이동이 될지 전례 없는 지구 경제의 재앙이 될지는 우리에게 남은 또 다른 과제이다.

개의 작은 습지를 만들어놓고 새로운 개발이 시작될 때마다 팔아 돈을 벌 수도 있다.

이런 방법으로 과연 생태적 효과를 얻을 수 있는가와 같은 의문이 남는다. 습지의 경우, 새로이 조성된 습지가 파괴된 원래의 습지가 제공했던 생태계 서비스를 그대로 제공할 수 있는가를 확실히 검토할 필요가 있다. 이러한 감시와 감독은 광범위한 규제와 다수의 생태 전문가에 의한 현장 점검, 오랜 시간에 걸친 신중한 검사를 요구한다. 시장 기반 접근법을 옹호하는 사람들은 이것이 정부의 개입을 줄일 수 있다고 자랑한다. 하지만 실제 시장에서의 거래가 합법적인가를 확인하려면 다수의 정부 과학자와 감독관을 고용하고 이들에게 공적 비용을 지불해야 하기 때문에, 오히려 정부의 규제는 확대된다(Robertson, 2006). 배출권 거래 메커니즘은 특히 온실가스에 대한 논란에서 지독한 비판을 받았으며(제8장 참고), 이를 옹호하는 이들조차 초기에 시장을 만들고 유지하는 데 정부의 규제가 강력한 역할을 할 수 밖에 없다고 인정했다.

## 녹색 소비

환경 문제에 대한 시장 기반 해법은 환경 상황을 바꾸는 데 소비자들의 요구가 힘을 발휘한다고 강조한다. 시장 옹호자들은 사회가 전반적으로 환경 가치를 중시하는 경향을 띄게 되었다고 지적하며, 생산 체계를 바꾸는 가장 강력한 방법은 소비자가 '돈으로 판단하도록' 허용해, 값을 더 지불하더라도 녹색 제품을 선택하고 구매하도록 만드는 것이라고 제안한다. 이제 소비문화의 상당한 주류가 되고 있는 유기농 식품은 소비자들이 추가 비용을 지불해 더 많은 생산자들이 생산 방법과 기술을 바꾸도록 유도한 사례이다.

하지만 이런 접근에는 큰 한계가 있다. 소비자가 어떻게 녹색 라벨을 지닌 상품의 환경 영향을 알 수 있을까? 기업이 환경적으로 건전하며 상품의 생산·포장·폐기를 환경 친화적으로 했다는 엄청난 홍보가 단지 위장 환경주의■에 지나지 않았다는 것을 간파할 수 있을까? 실제 많은 기업들은 오랫동안 환경 실천보다 친환경 광고에 더 많은 시간과 돈을 투자했다(TerraChoice Environmental Marketing Inc., 2007).

친환경 광고의 진실성을 확인하는 방법 중 하나는 제삼자가 여러 제품의 생산을 감시한 뒤 특정 기준에 충족한다는 확실한 '승인'을 내리는 녹색 인증■이다. 정부나 비정부의 수많은 녹색 인증은 목재, 유기농 식품, 고효율 에너지 가전제품 등 많은 제품에 적용된다. 그러나 녹색 인증이 만연하게 되면서, 이들에 대한 신뢰와 일관성이 또 다른 문제가 되었다. 가령 몇몇 인증은 제삼자에 의한 감시가 아닌 기업의 자체적인 감시를 통해 이루어진다. 게다가 많은 국가에서 자신만의 기준을 채택하고 있다. 말레이시아는 목재에 독자적인 인증을 시행하

**위장 환경주의** 제품, 상품, 서비스가 환경 친화적이라며 허위·과대광고를 하는 것.

**녹색 인증** 유기 농법으로 기른 채소나 지속가능한 방법으로 벌목한 목재와 같이, 생태적 신용을 확인할 목적으로 상품을 인증하는 프로그램이다.

는데, 이는 국제 기준과 직접적으로 경합을 벌이며 온갖 종류의 생태 친화적 상품이 세계 무역에 난무하며 혼란을 야기하는 데 일조하고 있다.

## 시장 실패를 넘어: 자연과 경제의 차이

시장에 기초한 환경 정책 시행의 문제와는 별개로 또 다른 중대한 질문들이 있다. 자연을 위해 경제적 논리를 채택하는 일에는 더 근본적인 문제가 남아 있다. 바로 생태중심적 가치(제4장 참고)를 유지하기 어렵게 만든다는 점이다. 돈의 행동 원리와 생태계의 행동 원리는 서로 어우러지지도 않을뿐더러, 근본적인 경제적 불평등은 올바른 형태로 시장과 환경이 조화하는 것을 방해하기 때문이다.

### 비시장 가치

엄밀히 말해 시장 반응 모형은, 결과적으로 경제적 측면에서 판단할 때만 성공적으로 작동한다고 할 수 있다. 19세기 부족한 향유고래 기름이 화석연료로 대체되었을 때, 사람들이 입었던 손실은 무시해도 될 정도였고 오히려 득을 본 사람도 있었다. 기존의 자원이 부족해지면 새로운 자원이 시장의 마력을 통해 이용 가능한 형태로 등장했다. 그러나 향유고래를 중심으로 이 이야기를 본다면 어떤 교훈을 얻을 수 있을까? 시장 반응이 '시작되어' 사람들이 새로운 석유 자원을 찾기 훨씬 전부터 이미 향유고래는 멸종위기 상태였으며, 20세기에 국제적으로 고래잡이를 금지하게 되면서야 위기를 모면했다. 실제로 지구 녹색 시장은 항상 열대우림 파괴, 생물다양성의 급격한 감소, 지구온난화의 잠재적 재앙에 뒤늦게 대응해왔기에, 이러한 문제들에 긴급하게 대응해야 할 타이밍에 시장이 그 가치를 제대로 포착해낼지는 의문이다.

따라서 문제는 단순히 시장을 시장의 방식 그대로 두면 실패한다는 사실 – 실제로 시장의 가장 열성적인 지지자들도 이러한 실패를 인정했다 – 에 있는 것이 아니라, 시장의 성공을 판단하는 것은 경제적인, 즉 인간중심적인 방식으로만 가능하다는 데에 있다. 만일 특정한 생물 종에 시장에서는 포착될 수 없는 진화적·미적·윤리적 '가치'가 있다면, 이들이 고갈되어 다른 것으로 대체되었을 때 어떤 변화가 찾아올까? 경제적 가치화는 사람들이 추상적이고 형태가 없는 재화와 서비스(즉, 지구상 어디엔가 있을 향유고래의 존재 가치)에 얼마나 지불할 용의가 있는가를 확인할 수 있게 해주지만, 이러한 것들이 반드시 금전적 가치로 평가되어야 할 이유는 없다.

## 돈과 자연

시장을 통해 생태적 상황을 구체적인 금전으로 가치화하는 것은 또 다른 매우 근본적인 문제를 내포한다. 첫째, 자본주의의 역사를 볼 때, 시장은 매우 변덕스럽게도 호황과 침체를 반복한다. 물론 삼림에 대한 투자가 플라스틱에 대한 투자로, 여기에서 다시 바이오 연료에 대한 투자로 이어진 것에서 볼 수 있듯 연이어지는 위기가 꼭 자본에게 나쁜 일이라고는 할 수 없다. 그러나 대체로 투기로 조장된 이러한 자연 대상물의 빠른 금전적 가치 변동은, 환경 체계 및 사회적 가치 변화의 순환 리듬과 조응하지 않는다. 그럼에도 시장에서의 유일한 가치 측정 기준은 금전적 가치이다. 지리학자 하비(David Harvey)는 이를 두고 "우리가 가진 자산의 독자적인 가치를 측정하고자 할 때, 유일한 지표는 이것을 구입할 때의 가격이다. 시장 가격의 급격한 변화는 이에 상응하는 자산 가치의 급격한 변화를 의미한다"고 기술했다(Harvey, 1996: 152). 결국 역사적으로 계속 반복되는 시장의 붕괴와 재강화 과정은 사회적 가치를 반영하지 않을 수도 있는 것이다. 격동하는 상품 교환 시장이 과연 느리고 안정적인 속도로 변화하는 환경 가치를 반영할 것이라고 신뢰할 수 있을까?

또한 환경에 대한 시장 중심적 접근은 별개의 구체적인 상품이나 서비스의 교환만을 중시하는 성향을 띤다. 여러 단체들이 하천의 각기 다른 요소에 가치를 부여하고 있는 상황에서, 하천의 복잡한 생태계를 가장 효율적으로 관리할 수 있는 것은 시장이다. 가령 하천은 상황에 따라 습지를 조성하는 일이나 홍수를 조절하는 일에 이용될 수도 있고, 송어의 서식지를 극대화하는 일이나 운송 및 여가활동을 위해 이용될 수도 있다. 이론적으로 볼 때, 이들 다양한 서비스가 서로 배타적일 경우 시장은 가장 바람직한 판결을 할 수 있다. 그러나 실제 하천의 생태계는 복잡하기 때문에, 이러한 기능들은 많은 부분에서 서로 연계되어 있으며 상호의존적이다. 무가치하다고 여겨지는 하천의 특정 요소들이 다른 요소들을 유지하고 생산하는 데 중요할 수 있으며, 따라서 하천의 여러 요소들을 개별적인 시장에서 관리하는 것은 '반생태적'이다. 하천과 같은 하나의 환경적 체계를 거래할 수 있는 서비스로 파편화하면 이러한 상호관계는 절단되고, 제거되고, 분열되는 것이다. 분리된 재화와 서비스의 가치만을 포착하는 시장 내에서 과연 전체 생태계의 기능을 확인할 수 있을까?

### 형평성의 위기: 경제적 부정의를 환경적 부정의로 돌릴 것인가?

시장 논리를 환경에 적용하는 것은 형평성과 권리에 대한 기본적 질문을 제기한다. 환경이 '시장화'되면 환경적 활동과 개신에 참여하거나 깨끗한 공기 및 야생의 자연과 같은 기본적인 환경 서비스에 접근할 수 있는 개인의, 또는 집단의 능력은 이들이 지닌 자본에 의해 결정된다. 이는 민주주의와 저촉된다. 이 책에서 사용되는 '민주적' 이란 용어는, 사회 내에서 사람들이 정치적 의사결정과 결과에 대해 동등한 목소리를 낼 수 있는 능력을 말한다. 그러므로 시장 환경주의는 이용 가능한 금융 자원이 모든 사람들에게 평등하게 배분되어 있을 경우에만 민주적이다.

물론 이러한 가정은 전혀 현실적이지 않다. 하나의 정치체계 안에서 돈은 결코 평등하게 분배되어 있지 않기 때문에, 자연에 대한 결정을 시장의 결정에 위임하는 것은 결국 비민주적인 일이 된다. 세계 기준으로 엄청나게 부유한 국가인 미국의 경우, 1999년 상위 5분의 1의 부유층이 국가 소득의 49%를 차지했던 반면, 하위 5분의 1의 빈곤층이 차지하는 비중은 국가 소득의 4%가 채 되지 못했다. 전체 부를 보면, 1998년의 경우 상위 5% 인구가 국가 전체의 60%를 통제하고 있다. 전 세계의 통계는 더욱 놀랍다. 세계 인구 중 부유한 상위 5분의 1이 전체 소득의 83%를 차지하며, 성인 중 상위 10%는 세계 전체 자산의 85%를 소유하고 있다. 사람이 아닌 기업의 손에 부와 소득이 집중되는 현상도 주목할 만하다. 또 전 세계적으로 가구 내의 돈과 금융에 대한 통제도 불공평하게 나타난다. 여성은 노동을 통해 가구 소득에 기여하지만 금전에 대한 접근과 관리에서는 상당히 배제되어 있다. 이처럼 세계적으로 경제적 능력이 매우 불균등하게 나타나기 때문에 경제적 지불 의사에 전적으로 의존해 환경에 관한 의사결정을 내리는 것은 민주주의를 완전히 파괴하는 결과를 낳기도 한다.

더 나아가 베더(Sharon Beder)는 시장 기반 해법의 경제적·과학적 중립성이 그 안에 깔린 근본적인 정치적 성향을 감춘다고 주장했다.

> 경제적 도구를 중립적 도구로 묘사하는 것은 이를 대중의 철저한 검토에서 빼돌려 경제학자와 조정가의 손으로 넘기는 것이다. …… 시장 체제는 가장 많이 지불할 수 있는 사람에게 권력을 준다(Beder, 1996: 61).

시장 중심적 접근의 옹호자들은, 비록 미약한 수단을 가진 개인이라고 할지라도 시장적 행위를 통해, 특히 다수의 소비자로 합쳐져 커다란 권력을 행사할 수 있다고 반론한다. 또한 그들은 대부분의 환경 가치가 누구에게나 바람직한 것이며, '우리'에게 부족한 것은 오직 이러한 범세계적 목표를 효과적으로 달성하기 위한 도구라고 주장한다. 그럼에도, 현재의 소득과 자본이 근본적으로 불평등한 상황에서 이것을 환경 통치의 기초로 삼아야 하는가에 대해서는 의문을 제기해야 한다. 과연 시장은 사람과 환경 간의 관계를 효율적일 뿐 아니라 민주적으로도 만들 수 있을까?

마지막으로, 많은 관찰자들은 멈출 수 없는 세계 자본주의 경제의 성장(제6장을 볼 것)을 고려할 때 환경 문제를 해결하기 위해 시장에 의존하는 것은 분명 문제가 있는 출발점이라고 주장한다. 세계 무역이 자원, 상품, 그리고 연료를 점점 더 빠른 속도로 소비하고, 이동시키며, 폐기하고 있는 상황에서 이러한 에너지에 고삐를 채우고 통제할 수 있는 방법을 상상하기란 어렵다. 그리고 '시장', '자유 무역', '생태 경제학'과 같은 언어는 21세기 초 환경에 대한 사고에서 가장 지배적이고 널리 보급된, 그리고 무비판적으로 받아들여진 방법이라는 것을 인정해야 한다. 최근의 금융 충격으로 믿음이 약간 약해졌지만, 시장지지자들은 시장 자체가 강한 창조의 능력을 보여왔기에 경제가 문제를 해결할 수 있다는 주장을 그치지 않는다.

## 시장과 함께 생각하기

이 장에서 우리가 살펴본 내용은 다음과 같다.

- 주류 학파는 환경 재화와 서비스가 판매되거나 교역될 수 있다면, 시장 반응 모형을 통한 경제적 힘에 의해 부족은 줄어들 것이라고 믿고 있다.
- 시장 반응 모형은 환경 재화와 서비스의 공급을 늘리거나 이들의 수요를 감소시키는 유인을 통해 부족의 문제를 경감시킨다.
- 이 이론에 따르면 환경 외부효과는 규제를 하는 것보다 민간 계약을 통해 더 효과적으로 중재될 수 있을 것이다.
- 이에 따라 환경 문제 해결을 위한 녹색 세금, 배출권 거래제, 녹색 소비를 포함한 많은 시장 기반 메커니즘이 형성되었다.
- 그러나 시장은 실패할 수 있기에, 환경 문제를 지속적으로 해결할 수 있다는 믿음을 가지는 것에 의문이 제기된다.
- 일부 환경 재화는 가치를 매기기 어렵고 시장은 변덕스럽기 때문에 시장 기반 환경주의는 문제에 부딪히게 되며, 특히 경제적인 해결이 반드시 민주적인 것은 아닐 수 있다는 문제점이 있다.

### 검토 질문

1. 인구 증가가 환경 상황에 미치는 일반적 영향에 대한 사이먼과 에얼릭의 관점을 서로 비교·대비해보자(답변에 '부족'이라는 용어를 포함할 것).
2. 인간이 특정한 자연자원을 사용·채취하는 방식에 수요와 공급의 '법칙'이 어떻게 영향을 주는지 예를 들어 설명해보자.
3. 제번스 패러독스의 논리를 사용해서, 연비가 좋은 차량을 더 많이 운행하는 것이 어떻게 세계적인 석유 사용의 증가로 이어질 수 있는지를 설명해보자.
4. 다음의 두 환경 문제 중 코스의 정리로부터 도출된 해법을 적용하기에 적합한 사례

는 무엇일까? 그리고 그 이유는 무엇일까? a) 사유 토지가 인접한 상황에서 벌어지는 토지 이용 논쟁 b) 특정 지역을 가로지르는 하천의 오염 감축

5. 하천이나 그와 유사한 다른 자연 환경의 생태적 복잡성은 어떻게 그 가치를 금전적으로 매기는 행위를 어렵게(또는 불가능하게) 할까?

### 연습 문제: 녹색 소비의 가격

가까운 식료품점이나 슈퍼마켓에 가서 서로 다른 종류의 제품(가령 과일, 채소, 포장 상품, 고기, 종이 제품, 세척제 등과 같은) 네다섯 가지를 선택하자. 그리고 각 종류별로 전통적 제품과 이에 대한 '녹색' 대체품을 찾아보자. 여기에는 '유기농법으로' 재배한 과일과 채소, '방목으로 사육한' 육류, '현지에서 재배한' 농산물, '녹색' 또는 '생태 친화적' 제품, '재활용한' 재료로 만든 제품 등이 포함될 것이다. 각각의 '녹색' 제품과 전통적 제품의 단위당 가격은 얼마나 차이가 날까?

만일 당신이 전통적인 제품 대신에 '녹색' 제품을 선택할 경우, 식료품 가격의 평균 증가율은 얼마일까? 미국의 평균적인 4인 가구는 1년 동안 식료품에 8,500달러를, 영국의 경우 6,300달러를 지출한다. 모든 전통적인 식료품이 '녹색' 대안을 가지고 있다고 가정하고 자신의 소비 지출 증가율을 일반화하면, 한 가족 당 '녹색' 식료품을 구매하기 위해 평균 얼마를 더 지불해야 할까? 누가 식료품 구매에 이 정도의 추가 비용을 지불할 수 있을까?

추가 비용의 혜택은 무엇일까? 왜 '녹색' 대안은 생산 비용이 더 많이 드는 것일까? 각 제품에 추가로 지불한 비용은 어디로 흘러갈까? 그것을 어떻게 알 수 있을까? 이를 알아보기 위해서 어디로 가야 할까?

■ 추천 문헌


센, 아마티아(Amartya Kumar Sen). 2013. 『자유로서의 발전』. 김원기 옮김. 서울: 갈라파고스.

Crook, C. and R. A. Clapp. 1998. "Is market-oriented forest conservation a contradiction in terms?" *Environmental Conservation* 25(2): pp.131~145.

Field, B. C. 2001. *Natural Resource Economics: An Introduction*. Long Grove, IL: Waveland Press.

Godal, O., Y. Ermoliev. et al. 2003. "Carbon trading with imperfectly observable emissions." *Environmental and Resource Economics* 25(2): pp.151~169.

Johnson, E. and R. Heinen. 2004. "Carbon trading: Time for industry involvement." *Environment International* 30(2): pp.279~288.

Randall, A. 1983. "The problem of market failure." *Natural Resources Journal* 23: pp.131~148.

Rees, J. 1990. *Natural Resources: Allocation, Economics, and Policy*. New York: Routledge.

Robertson, M. M. 2006. "Emerging ecosystem service markets: Trends in a decade of entrepreneurial wetland banking." *Frontiers in Ecology and the Environment* 4(6): pp.297~302.

Taylor, P. L., D. L. Murray. et al. 2005. "Keeping trade fair: Governance challenges in the fair trade coffee initiative." *Sustainable Development* 13(3): pp.199~208.

TerraChoice Environmental Marketing Inc. 2007. *The Six Sins of Greenwashing: A Study of Environmental Claims in North American Consumer Markets*. Reading, PA: Author.

# 제3장

# 제도와 '공공재' Institutions and 'The Commons'

자료: http://en.wikipedia.org/wiki/File:2010_UN_Climate_Talks.jpg.

**Keywords**

- 게임이론
- 공공재
- 사회 다원주의
- 제도
- 죄수의 딜레마

## 탄소 통제하기?

기후변화 문제가 심각해지면서 이 문제에 대한 연구도 늘어나고 있다. 지구온난화를 조사하는 '기후변화를 다루는 정부 간 위원단(Intergovernmental Panel on Climate Change)'에 따르면, 지구 온도는 높아지고 있고, 해수면도 상승할 것이며, 이용 가능한 물은 줄어들 것이고, 극단적인 기후가 더 자주 더 맹렬하게 발생할 것이라고 한다. 이러한 변화의 영향은 국가별로 다소 차이가 있겠지만, 어떤 국가도 여기에서 벗어날 수 없다.

자연 문제는 이토록 광범위한 지역에 심각한 영향을 끼치는데, 이를 해결하기 위해 전 세계 탄소 배출을 통제하는 것은 왜 이렇게 어려운가? 많은 원인을 생각해볼 수 있을 것이다. 사람들은 보이지 않는 문제를 무시하는 성향이 있다, 정부는 석유회사의 영향 아래 있다 등등.

이 문제의 근원인 탄소가 그대로 머물러 있지 않기 때문이라고 강력하게 주장하는 사람도 있다. 모든 연소(자동차 운행, 목재 소각, 전기 생산을 위한 화력발전 등)에서 배출되는 탄소는 순식간에 대기로 흡수된다. 한 나라에서 배출된 탄소가 한순간에 모든 나라가 져야 할 부담이 되는 것이다. 여기에 더해 개별 국가의 입장에서 보면, 탄소 감축은 새로운 법률의 제정을 필요로 하고 경제적 생산의 감축 또는 방향 전환을 요구하기 때문에 '비용이 들어간다'. 자동차, 컴퓨터, 채소 등 '탄소 배출을 줄인' 상품은 '현 상태'의 일반적인 상품보다 생산에 더 많은 노력이 필요하다. 만일 탄소 저감 상품의 가격이 비싸다면 세계시장에서 경쟁력을 잃을 것이며, 탄소 저감이 적용되지 않은 상품과 경쟁해야 한다면 더욱 그러할 것이다. 결국 미국을 포함한 수많은 국가들 중에서 자신들만 이러한 희생을 치른다면 경쟁에서 뒤처질 것이다. 게다가 이 경우 탄소 저감의 혜택은 모든 나라에서 경험하게 되지만, 그 비용은 개별 국가가 지불해야 한다.

많은 경우 환경 문제에 대한 비용은 전체에게 부과되는 반면 혜택은 개인에게 돌아간다. 반대로 개인 비용이 전체 혜택으로 돌아가는 경우도 있다. 환경 법규를 부과할 '초국가적(supernational) 정부'가 없고 협조하지 않을 경우에 대한 벌칙 조항이 거의 없는 상황에서 국가들은 협력을 해야 한다. 이렇게 엇갈린 현 상황은 기후변화에 대한 전 지구적·자발적 행동을 현실적으로 기대하기 어렵게 만든다. 경제적 이득은 항상 사람과 국가가 자신들의 이익을 추구하도록, 그럼으로써 전 지구를 폐허로 만들도록 유도하기 때문에 협력을 위해서는 특정한 형태의 규정과 신뢰가 구축되어야 한다. 이 장에서는 이런 끊이지 않는 성가신 문제를 다룬다. 만일 지구 차원의 행위 규정과 규범이 만들어진다면 어떻게 비용을 나누며 어떻게 전체의 혜택을 추구할 수 있을까? 이러한 협력은 어느 정도의 규모로 이루어질까?

## 죄수의 딜레마

이러한 종류의 문제는 너무나도 보편적이기 때문에 대중의 관심을 받는 문제이다. 우리는 우리의 일상과 지구를 둘러싼 생태 환경에서 수많은 사례를 찾을 수 있다.

가령 이웃 사이에서는 자기 집 정원의 잡초가 담장을 넘어 다른 집으로 확산되지 않도록 해야 한다. 이러한 노력에 참여하지 않는 일부 가구는 이웃들이 땀 흘려 잡초를 제거한 노력의 혜택(정원에서 민들레가 줄어드는 등의)을 누리지만, 그와 동시에 자신의 정원에서 자란 민들레가 이웃의 마당에 씨를 퍼뜨리도록 만들 것이다.

화장실을 수리하고 나서 남은 페인트는 그 양이 얼마 되지 않더라도 법적으로 폐기 인증을 받은 장소로 가져가 버려야 하지만, 많은 이들은 그냥 배수구에 버리고 싶은 유혹을 느낄 것이다. 만일 그런 가구가 있다면, 이 가구는 노동 부담을 적게 지면서도 동시에 공공 배수로에 페인트를 버리지 않는 다른 모든 협조적인 이웃이 만든 건강한 환경의 혜택을 누리게 된다. 이러한 유혹은 모두에게 있기 때문에, 페인트 버리기는 생각보다 자주 발생한다.

미국이나 유럽 도시에 거주하는 주택 소유자의 이러한 행위는 인도의 농촌 지역 주택 소유자와 다를 게 없다. 마을에 삼림이 있다면 사람들은 나무 그늘에서 가축을

**죄수의 딜레마** 자신들의 이익을 추구하는 다수의 개인이 반드시 모두에게 최적인 전체 결과를 만들어내는 것은 아니라는 게임이론적 상황의 비유적인 표현이다.

쉬게 하거나, 나무에서 떨어지는 씨앗과 콩꼬투리를 줍는 등의 혜택을 얻을 수 있다. 이러한 공동의 혜택은 삼림이 연료나 건축재로 벌채되지 않아야만 얻을 수 있다. 어느 가구가 자신을 위해 한두 그루의 나무를 베는 것은 마을 삼림 전체의 밀도나 건강에 아주 미미한 변화만을 초래하기에 쉽게 저질러진다. 하지만 이에 따른 비용은 마을 전체가 부담하며, 다른 가구에서 똑같은 행동을 하지 않는 한 그 이익, 즉 장작을 구하기 위해 아주 먼 거리를 이동할 필요가 없어지게 되는 이익은 해당 가구만이 누리게 된다.

그러나 모든 이가 이런 식으로 공동의 규칙을 깨서 이득을 취하려 하고, 심지어 다른 사람들이 '몰래' 나무를 벨 것이라고 의심하게 된다면, 마을 사람들은 이웃이 나무를 베기 전에 가능한 한 빨리 나무를 베어 이득을 취하고자 할 것이다.

이런 경우 최선의 결과를 위해서는 협력이 필요하다. 그러나 우리는 '무임승차'를 해서 이득을 취할 수도 있고, 다른 사람들이 시간과 돈을 들이고 스스로의 행동을 통제할 때 여기에 동참하지 않으면서 이득을 취할 수도 있다. 모든 사람에게 이러한 유혹이 존재하기 때문에 총체적인 실패의 가능성은 항상 우리 주위에 도사리고 있다.

죄수의 딜레마▪는 이러한 상황을 보여주는 유명한 비유이다. 이 이야기는 〈법과 질서(Law and Order)〉나 〈클로저(The Closer)〉와 같은 텔레비전 범죄 드라마에서도 자주 재연된다. 강도 등의 범죄가 벌어졌고 두 사람이 용의자로 지목된 상황이라면, 경찰이 얻을 수 있는 최고의 증거는 한 용의자에 대한 다른 용의자의 증언이다. 경찰은 두 혐의자를 구금해 개별 심문을 한다. 각자에게 만일 상대방에 대해 증언하면 죄가 면해지거나 감형될 것이라고 말한다. 용의자들에게 가장 합리적인 결정은 두 사람 모두 묵비권을 행사하는 것이다. 아무도 입을 열지 않는다면 이들은 최악의 경우라도 단기형을 선고받는 선에서 그칠 것이다. 문제는 두 사람 모두 상대방이 자신을 배반할지도 모른다고 생각하게 되면서 나타난다. 만일 한 명은 입을 다물었는데 다른 한 사람이 변절을 한다면, 변절한 사람은 풀려나게 되고 말하지 않은 한 명은 장기형을 선고받을 것이다. 둘 중 누구에게도 '호구'가 될 생각도, 상대방을 위해 고생할 의향도 없을 경우, 우리는 두 용의자 모두가 변절하는 상황을 예측할 수 있다. 물론 이것은 두 사람 다 장기 복역을 선고받는 최악의 결과를 불러온다. 상대방에 대한 '변절'을 예감하고 이를 피하기 위해 경찰에 협조하는 것이다. 이러한 상황은 한 사람이 다른 사람을 '변절하게' 할 뿐 아니라, 그러한 행동이 합리적이라고 생각하게끔 만든다. 설령 그것이 서로의 행동을 통제할 수 있는 상황이었다면 절대로 고르지 않았을, 양자 모두에게 최악의 결과를 가져오는 선택지라 할지라도 말이다.

**게임이론** 서로가 서로의 선택을 예측하는 전략적 상황에서, 사람의 행동을 모형화하고 예측하는 응용 수학의 일종이다.

이런 흥미로운 딜레마를 다루는 것이 바로 게임이론■으로, 이 이론의 연구자들은 의사결정에 수학적 분석 형태를 적용하고, 여기에서 도출되는 여러 상황을 검토하며, 이를 다시 게임 용어로 설명한다. 특정한 게임은 게임이론가들에게 사람이 어떻게 생각하고 행동하는가에 대한 모형을 제공한다. 게임의 핵심, 가장 흥미로우면서도 어려운 부분은 상대방이 다음에 어떤 선택을 할지 예측하는 것이며, 이 과정에서 허세와 이를 통한 2차 예측이 벌어진다. 두 죄수의 사례가 이 경우로 이들은 다른 죄수가 무엇을 결정할 것인가를 예상하려고 노력하기 때문에 결국 개개인은 서로에게 나쁜 결정에 도달하게 된다. 제2차 세계대전이 끝난 뒤 미국으로 망명한 과학자 노이만(John von Neumann)에 의해 확립된 게임이론은 '게임'을 이렇게 설명한다. "게임에 참여하는 사람은 다른 참여자도 선택을 할 것이라는 사실을 알면서 선택을 해야 하는 갈등 상황에 놓여 있고, 이 갈등 상황의 결과는 모든 선택이 이루어진 뒤 정해진 방식에 따라 결정된다"(Poundstone, 1992: 6).

죄수의 딜레마와 같이 게임이론에서도 가장 좋은 결과는 협력을 통해서만 얻을 수 있지만, 개별 유인(誘因)이 협력을 하지 않게끔 유도한다. 게임이론가들은 두 용의자의 문제를 〈표 3.1〉과 같은 추상화된 형태로 표현한다. 이러한 게임은 상금과 벌칙을 도입할 경우 더욱 복잡해져 의사결정, 가령 공적 재화에 투자할 것인지 민간 은행에 투자할 것인지 등의 결정을 내리는 것을 한층 어렵게 만든다. 이때 복잡한 수학을 이용해 보복, 상호 학습, 체제 붕괴 등의 행동을 예측하는 것 역시 가능하다.

〈표 3.1〉 게임이론적 용어에서의 죄수의 딜레마

| | 죄수 B '묵비권' | 죄수 B '변절' |
|---|---|---|
| 죄수 A '묵비권' | 죄수 모두 가벼운 판결을 받는다. | 죄수 B는 풀려나고,<br>죄수 A는 감옥으로 간다. |
| 죄수 A '변절' | 죄수 A는 풀려나고,<br>죄수 B는 감옥으로 간다. | 죄수 모두 감옥으로 간다. |

개별 행위자는 자신에게 불리한 결과(우측 상단과 좌측 하단)를 피하는 쪽을 선호하기 때문에, 흔히 최선의 결과(좌측 상단)가 나올 가능성이 가장 낮고, 최악의 결과(우측 하단)가 나올 가능성이 가장 높게 나타난다.

## 공유지의 비극

게임이론 수학은 미소 냉전시기 상호 핵 감축 논리에 처음으로 적용되었다. 1950년대 게임이론가들은 랜드 연구소(RAND Corporation)와 미국 국방부의 지원을 받으며 상상도 못 할 질문들을 제기했다. '적이 공격을 할지 말지 알 수 없는 상태에서, 또 공격을 한다면 언제 할지 알 수 없는 상태에서, 우리가 핵으로 선제공격을 가하는 것이 합리적인가?'나 '폭탄을 떨어뜨리는 것이 합리적인가?'처럼 말이다.

그런데 이것이 환경과 사회와 어떤 관련이 있을까? 이런 사고방식을 우리와 자연세계 간의 상호작용에 적용할 경우, 암울하고 비극적인 결론에 도달하게 될 가능성이 크다. 설령 환경 보전을 위한 협력 가능성이 있다 하더라도, 게임이론에서 말하는 '변절'을 할 때의 보상이 더 크기 때문에 환경 자원의 소비와 이용을 관리하거나 통제하는 것은 불가능해지고 이는 결국 환경 파괴로 이어진다.

하딘(Garrett Hardin)은 이러한 사고의 연장선에서 '공유지'라는 개념을 통해 환경을 사회와 연계시키는 가장 설득력 있으면서도 수없이 반복되는, 그리고 어떤 의미에서는 가장 문제적인 주장을 제기했다. 그가 1968년에 ≪사이언스≫에 게재한 논문 「공유지의 비극(The Tragedy of the Commons)」 ― 이 논문에서는 노이만이 여러 번 인용된다 ― 은 이 논리를 과잉 인구의 문제에 적용했다. 그는 특정 개인이나 가족의 자유로운 재생산은 즉각적인 효용을 가져다줄 수 있지만, 이에 따른 비용은 지구 전체로 확산되어 인류의 부담을 증대시킨다고 보았다. 여기에서 죄수의 딜레마가 발생한다. 설령 누군가가 지구를 위해 더 많은 자녀를 낳는 것을 포기한다 해도, 다른 사람들이 필연적으로 '변절'을 하거나 '무임승차'를 하게 되기 때문에 결과는 변하지 않는다. 사람들의 행동에 강제적 제약이 없으면 최악의 결과로 이어질 가능성이 크다는 뜻이다[이렇게 나타나는 결과는 영화 〈뷰티풀마인드〉로 유명한 수학자 내시(John Forbes Nash)의 이름을 따 '내시 균형(Nash Equilibrium)'이라 불리기도 한다]. 이 논리에 따르면, 과잉 인구는 특정한 강제적인 메커니즘이 없는 한 피할 수 없는 일이다(제1장 참고).

이 논문은 농업과 관련된 비유를 사용해 더욱 흥미를 돋운다. 인구의 재생산을 직접 다루는 대신, 하딘은 "모든 이들에게 개방된 목초지를 그려보자"라고 말하며 각자 자신의 개별 짐승 떼를 관리하는 수많은 목장주들을 상정한다. 완벽하게 죄수의 딜레마 논리를 따르기 위해, 목장주는 새롭게 늘어난 가축에 대한 추가적인 비용을 지불하지 않는다고 하자. 이때 가축의 수가 늘어난다는 것은 곧 목장주가 얻게 될 이득이 커진다는 것을 의미한다. 이 때문에 모든 목장주들은 자신의 짐승 수를 늘려 이득을 얻으려 할 것이고, 이는 필연적으로 목초지의 파괴를 초래하게 된다. 목초지는 모든 사람이 공유하는 것이기 때문에 누구의 것도 아니고, 그래서 결국 무분별한 방목으로 훼손될 수밖에 없는 것이다. 그는 논문에서 다음과 같이 설명한다.

> 공유지의 자유를 믿는 사회에서 각자가 최고의 이익을 추구할 경우, 모든 사람들이 최종적으로 도달하게 되는 곳은 폐허이다. 자유로운 공유지 사용은 모두에게 폐허를 가져다준다(Hardin, 1968: 1243).

나아가 하딘은 양심과 선한 의지조차 절실하고 욕구에 충실하며, 현실적으로 더 진보된 논리 앞에서는 무용지물이라고 주장했다. 진정한 해법은 불쾌하더라도 무언가 다른 형태여야 한다. 사람들은 '상호 동의에 따른 상호 강제'와 같이 스스로를 통제하기 위한 강제적 수단을 만들거나, 엄격한 사유 재산과 상속의 개념을 규정해 모든 잘못된 의사결정의 책임을 해당 재산의 소유자에게 한정시킬 수 있도록 해야 한다. 하딘은 이중 전자의 접근 방식을 거부했다. 강압의 방법을 사용할 경우 관리 체계가 특정한 공유지 사용자 한 명에 의해 좌지우지될 가능성이 있고, 이때 그 사람은 자신을 통제할 수 없기 — '누가 감시자 자신을 감시할 것인가?' — 때문이다. 하딘은 후자의 접근 방식인 사유화를 선호하고 옹호했다. 사유화는 불공평하더라도 — "바보도 막대한 재산을 상속받을 수 있다"는 그의 말처럼 모든 부자가 다 똑똑한 것은 아니다 — 현재 실행할 수 있는 최선의 해결책이기 때문이다. 공유 재산의 사적 통제는 환경 문제 해결에서 시장을 신임하는 방식과 유사하다(제2장 참고). 하딘은 공적인 통제든 사적인 통제든 특정 형태의 **봉쇄**는 필수적이며, '공공' 자원에 배타적인 경계를 만들어 개인 소유자나 강력한 정부 기구가 통제해야 한다고 보았다.

「공유지의 비극」은 아마도 사회과학 분야에서 가장 자주 인용되는 논문일 것이며, 그 기본적인 논지는 진화 생물학과 경제학 분야에까지 영향을 미치고 있고, 그 내용은 환경 결핍에 대한 논의에서 대표적으로 언급되는 주제이다. 하딘이 환경 위기를 설득력 있는 비유적 예시로 활용한 이래, 모든 종류의 환경 문제에 대해 고민하는 수많은 사람들(관리자와 학자)은 인구에 관한 그의 에세이와 그 속의 비유를 보편적으로 이용하게 되었다. 자연은 무임승차와 변절을 유발하는 봉쇄하기 어려운 체제로, 그것은 어떤 형태(어장, 유전, 기후 체계 등)든 '공유지'라고 볼 수 있다.

이런 식으로 보면, 환경 문제에 대해 하딘이 제안한 해결책은 명백하다고 할 수 있다. 환경에 대한 막강한 통제력을 행사할 수 있는 국가를 만들거나, 모든 환경적 체계나 대상을 사유화하는 것이다. 환경적 공유지는 필연적으로 비극으로 치닫기 때문에 법의 힘과 재산의 힘을 통해 비공유지로 만들어야 한다. 이러한 사고방식은 제2장에서 검토한 시장 논리, 즉 외부효과를 내부화시키는 것과 매우 유사하다. 이들의 유사함은 시장에 대한 신뢰가 문화의 일부로 오랫동안 확립된 미국, 영국과 같은 나라에서 '공유지의 비극'을 받아들이기 쉽도록 만들었다.

## 집단행동의 증거와 논리

죄수의 딜레마와 공유지의 비극 논리가 광범위하게 수용되는 것과 동시에, 이것과 어긋나는 증거들이 나타나기 시작했다. 인류학자, 사회학자, 역사학자, 지리학자들이 세계의 자원 관리를 관찰하면서 하딘의 예측과 일치하지 않는 다른 행동들을 연이어 발견했다. 그들은 압제적 형태의 강제 기구나 배타적 사유 재산권 중 어디에도 해당하지 않는, 봉쇄하기 어려운 자원(어류·삼림·목초지에서부터 컴퓨터 처리 시간에 이르는)의 복잡한 관리 체계의 예시를 수도 없이 발견했다. 즉, 하딘이 제시한 것과는 다른 형태의 관리가 가능할 뿐 아니라, 오히려 세계 여러 곳에서는 그러한 관리법이 채용되는 경우가 압도적으로 많다는 것이다.

예를 들어 미국 메인 주의 바다가재 어업은 정부의 집중적인 법규가 아니라 바다가재 어부 자신들, 즉 스스로 이용 가능한 선박과 어장, 살포하는 덫의 수를 제한하는 이들에 의해 유지, 관리되어왔다. 남부 인도의 마을 관개 시스템은 하류 사용자에게까지 물이 이용 가능하도록 마을의 관리자들이 수문을 열고 닫는 세부적인 규칙을 지키며 자율적으로 관리하고 있다. 동부 아프리카의 나무 보유권 전통은 토지 소유권이 없는 가구도 임산물을 채취할 수 있도록 하며, 다만 지속적인 수확을 위해 일부 채취를 제한할 뿐이다. 세계에 존재하는 매우 다양한 제도들이 특정한 지역 조직 형태를 통해 죄수의 딜레마의 철칙과는 다르게 운영되고 있다.

이들 모두는 공통적으로 제도■(사람들아 특정한 기대 행동을 하도록 유도해 자연자원을 질서정연하면서도 절제된 형태로 이용하게 만드는 형식적 법률, 비공식적 규칙, 심지어 강한 사회적 규범을 아우르는, 개인의 행동을 제약하는 체계)의 형태로 존재한다. 이러한 제도는 비공식적인 형태로 우리 주변에서도 쉽게 찾아볼 수 있다. 가령 사람들은 영화표를 사기 위해 매표소에 아무렇게나 몰려드는 대신 줄을 선다. 지속가능한 어업이 이루어지도록 하는 것과 같이 좀 더 어려운 문제의 경우, 규칙은 훨씬 복잡할 것이고 자율 규제 메커니즘은 전통적 사회 체제에 깊숙이 뿌리내리고 있을 것이다. 공유 재산과 환경적으로 지속가능

**제도** 집단행동을 통제하는 규칙과 규범. 특히 강, 바다, 대기 등의 환경 공공재를 통제하는 규칙을 이른다.

공공재 비소유자들이 자원의 혜택을 향유할 수 있거나 소유자들이 다른 사람의 행동으로 인해 비용을 지불해야 하는, 완전한 봉쇄나 분할이 어려운 통신대역, 목초지, 바다와 같은 상품이나 자원을 말하며, 대개 창의적인 제도적 관리를 필요로 한다.

한 형태로 얻는 수익은 협력을 통해서 이룰 수 있다. 이것이 근본적 원리이다.

성공적인 협력 체제를 관찰한 사람들은 이를 설명하기 위해 새로운 이야기·비유·이론을 찾을 필요성을 느꼈다. '비극적' 사고는 어떻게 규칙과 규범이 사람의 행동을 제약하고 협력적 결과로 유도하는지를 설명하는 방향으로 수정되어야 한다.

가장 중요한 것은 사람들이 관찰한 성공적인 체제와 '공유지의 비극'에서 상정한 재산 간의 차이를 정의하는 것이다. 규칙이 전혀 없으면 비극적 결과로 이어질 것이라는 것을 인정하면서 동시에 배타적인 사유화가 아닌 관습과 규칙, 혹은 조절을 통해 기능하는 재산도 존재한다는 것을 인정하는 것이 필요하다. "공공재"■는 이러한 다양성을 모두 포함하는 기술어이다. 그 누구도 소유하지 않은 자원을 뜻하는 라틴어 'res nullius'와 달리, 'res communes'라고 쓰는 공공재는 집단 소유의 형태를 취하며, 모든 사람에게 개방된 것은 아니지만 특정한 개인에 의해 배타적으로 점유되지도 않는 재산을 뜻한다(Ciriacy-Wantrup and Bishop, 1975). 이러한 집단적·공동체적 소유권은 여러 형태로 나타나는데, 모든 마을 사람들이 서로 면식이 있는 어촌에서 이루어지는 어업이나 여기에서 멀리 떨어진 도시의 거주자들이 도시 정원에 대해 갖는 공동 권리 등을 들 수 있다.

하지만 공동체 권리를 아무리 살펴본다 해도, 집단의 구성원들이 어떻게, 그리고 왜 상호 이해와 동의, 그리고 가장 중요한 상호 규제를 할 수 있는 것인지를 설명해주지는 않는다. 아마도 그 기저에는 사람들이 집단행동을 통해 '공유지의 비극'이라는 최악의 상황을 극복하도록 만드는 논리가 깔려 있을 것이다. 정치학자 오스트롬(Elinor Ostrom)을 필두로 한 '신제도주의' 학자들은 죄수의 딜레마에 적용된 게임이론의 가정을 비판적으로 분석하기 시작했다. 그들은 구체적으로 다음과 같은 의문을 제기한다. 만일 두 용의자가 심문 전에 대화를 나눌 수 있었고, '두 사람이 합의를 하게 한다면', 다른 결과가 나왔을까? 이에 대한 논리의 대답은 '가능하다'이다. 이후에 이루어진 경제적 실험들(금전적 보상을 위해 사람들이 복잡하게 협력하는 게임과 같이)도

이를 뒷받침했다. 게임 참가자들이 공모하거나 협상을 할 수 있는 경우, 이들의 협력 가능성은 훨씬 높아졌다(Ostrom, 1990). 협력할수록 이에 대한 '배당' 또는 생태적 혜택이 증가하는 경우, 대규모 집단 이익을 위해 개인의 즉각적인 이익을 희생하는 것은 매력적인 선택지가 된다. 특정한 조건은 자연자원의 공동 관리를 가능케 하며, 그 일이 실제로 이루어지도록 만든다. 신제도주의자, 곧 규칙과 사회 조직을 강조하는 경제학파의 옹호자들은 하딘의 비극을 뒷받침하는 논리 자체를 부정하지는 않는다. 다만 공유지가 '공짜'가 아니며, 협력을 유도하는 규칙에 따라 관리되는 상황을 제시한다.

이러한 협력의 '발견'이 완전히 새로운 것은 아니다. 1888년, 지리학자이자 탐험가이며 무정부주의자인 크로포트킨(Peter Kropotkin)은 『상호부조 진화론』을 출간했다. 야생동물과 곤충들의 집단행동을 기록하는 동시에 문명의 역사 속에서 발견되는 집단행동을 정리한 이 책은, 생물 종 내에서의 협력이 진화적으로 장점을 가진다는 사실을 설명하는 고전이다. 그는 생물 종 간의 경쟁을 다윈주의 진화의 필수 요소로 인정하면서도, 여러 증거를 들어 협력 역시 똑같은 필수 요소라고 주장했다. 크로포트킨의 책은 사람들 간의 경쟁은 자연적인 것이고 긍정적 효과를 불러일으킨다는 사회 다윈주의■의 주장에 반기를 들고, 심혈을 기울여 세계 도처의 부족, 도시, 공장, 농장에서 협력이 어떻게 기술 혁신, 생산성 향상, 효과적인 자치를 불러왔는지를 설명했다. 오스트롬처럼 그는 자신이 관찰한 수많은 제도에 근거해 강한 어조로 사회 다윈주의를 사이비 과학으로 거부했으며, 이후 다른 제도주의자들도 그 뒤를 따랐다.

> 상호부조적 제도, 전통, 관습의 요체는 아직도 많은 사람들의 정신 속에서 살아 숨 쉬고 있다. 이것이 그들을 함께하도록 만드는 동시에 그들이 과학의 이름을 사칭하며 만인에 대한 만인의 투쟁을 가르치는 사이비 과학 대신 자신들의 관습, 신념, 전통을 따르도록 만든다(Kropotkin, 1888: 261).

**사회 다윈주의** 다윈주의의 진화이론을 사회현상을 설명하는 데 사용한 것이다. 사회적 다윈주의는 인간을 자연적·유전적인 측면에서 경쟁적·이기적 존재로 보고, 전쟁과 빈곤, 계층적으로 분화된 사회 체제를 합리화했다.

이후 경제학자 코먼스(John Commons)는 모든 경제와 모든 인간 - 자연 간의 관계는 제도에 따라 작동된다고 주장 — 그는 이것을 "개인의 행동을 제어하는 집단의 행동"이라 정의했다 — 하며 이 결론을 반복했다. 경제학은 자신의 개인적 선호에 따라 행동하려 드는 수많은 개인이, 법률·규칙·규범에 따르도록 한다. 효율적인 경제, 그리고 그 결과인 지속가능한 경제는 "협력을 통해 결핍을 극복"하는 것이다(Commons, 1934: 1~6). 제도주의 사상가들은 집단행동이 이례(異例)가 아닌 규칙이라고 끊임없이 주장해왔다.

## 지속가능한 환경제도 만들기

그러나 한 세기 후 자원에 대한 공동 관리가 언제나 성공을 거두지만은 않는다는 사실이 분명해졌다. 환경적 '비극'은 실제로 다음과 같은 상황에서 가장 빈번하게 발생한다. 첫째, 법규와 그것을 통해 통제하려는 생태계가 잘 어울리지 못할 때. 둘째, 규칙이 이를 지켜야 하는 사람들의 지지를 받는 사회적·정치적 기구로부터 충분한 지원을 얻지 못할 때. 셋째, 환경 조건이 너무 빨리 바뀌어 이에 대한 규범이 구체화되지 못할 때.

이 때문에 제도주의자들은 '공유지'가 실제로 어떻게 작동하는지를 이해하려면, 지속가능한 결과를 만들어내는 특정한 규칙이나 원칙이 있어야 한다고 강조해왔다. 현실 속에서 지속가능한 공유지 관리를 실현하려면 다양한 개별적 문제를 풀어야 하는데, 이것들은 하나하나 모두 골치 아픈 문제들이다. 예를 들어 어족 자원 관리 문제를 생각해보자. 이 자원은 대부분 보이지 않고, 매우 유동적이며, 고갈될 수 있고, 봉쇄하기도 어렵다. 제도주의자의 핵심적인 과제는 재생산되는 속도보다 더 빠르게 줄어드는 어족 자원을 확보하려 드는 어부들의 '무한경쟁'을, 어떻게 해야 막을 수 있느냐는 것이다. 커다란 과제가 주어지고 나면 곧바로 다음과 같은 여러 질문들이 뒤따라온다.

〈글상자 3.1〉 몬트리올 의정서

냉장고, 소화기 등에 쓰이는 염화불화탄소(CFCs, 일명 프레온 가스)는 용해제부터 스프레이 캔의 압축가스에 이르기까지 산업의 다양한 분야에서 사용되는 인공 화학 합성물이다. 1920~1930년대의 화학 혁명으로 태어난 염화불화탄소는 쉽게 사용할 수 있고, 저렴하며, 효율적인 화학물질로 여겨져 20세기에 광범위하게 사용되었다. 경제적 관점에서 이 화학물질의 가장 흥미로운 점은 반응이 매우 적어 천천히 분해된다는 것이다.

이 장점은, 그러나 염화불화탄소의 염소가 대기 중에 노출되면 오존을 파괴하고, 이 반응으로 원래의 수백 배에 달하는 염소가 다시 생성된다는 사실이 발견되자 저주로 드러났다. 이러한 지속적 반응은 지구를 덮고 있는 오존층에 틈새, 즉 오존 구멍을 만들 수 있다. 성층권의 오존 구멍은 1970년대 과학자들에 의해 관찰되었고 심각한 우려의 대상이 되었다. 대기 중의 오존은 치명적인 방사선이 지구에 도달하지 못하게 하는데, 염화불화탄소는 많은 양의 오존을 파괴할 수 있고 반응이 적어 비활성화되려면 100년 이상이 걸리기 때문에 1980년대 후반 세계는 자신들이 매우 심각한 문제에 직면해 있다는 결론에 도달했다. 설상가상으로 당시 염화불화탄소는 화학물질에 의존하는 많은 산업, 특히 화학회사에 의해 그 위험성이 은폐되며 상상할 수 없이 많은 경제활동에 이용되었다.

설령 더 문제가 발생하지 않는다고 해도, 오존 위기는 전통적인 공공재 문제와 죄수의 딜레마를 떠오르게 한다. 염화불화탄소를 다른 대체물로 바꾸는 것은 상당한 비용을 지불해야 하는 일이기 때문에 모든 이가 동시에 염화불화탄소 사용을 중단하지 않는 한 무임승차(염화불화탄소를 계속 사용하면서 다른 국가나 기업에 낮은 가격으로 상품이나 서비스를 판매하는 것)로 얻는 이득은 매우 클 것이다. 비록 몇몇 개별 국가나 주(가령 오리건)가 자발적으로 염화불화탄소의 사용을 금지하고는 있지만, 이 문제는 집단행동 없이 해결될 수 없다.

놀랍게도 세계 공동체는 소요되는 비용과 어려움을 국제적 행동으로 극복하기 위해 1987년 몬트리올에서 국제회의를 개최했다. 이들은 염화불화탄소 사용의 지구적 감축(사실상 전 세계에서의 금지)을 위한 협정을 체결했다. 이 몬트리올 의정서는 이어지는 회의와 결정에서 점차 강화되었고, 이 협정은 아마도 단일사례로는 가장 효과적이었던, 역사적인 지구 환경협정이다. 많은 사람들은 몬트리올 의정서의 성공을 미래의 지구, 특히 기후변화와 온실가스 배출의 어려운 문제를 둘러싼 협정의 모범으로 여기고 있다.

- 어부들이 어선의 수를 적당한 수준으로 유지하도록 하려면 어떻게 해야 할까?
- 어부들이 어족 자원을 관리하는 데 투입한 개인적 시간이나 노력을 어떻게 보상할까?
- 모두가 공평하다고 여길 수 있는 규칙을 도출하려면 어떻게 해야 할까?
- 어족 자원의 개체 수를 파악하기 어려운 상황에서, 어떻게 규칙이 준수되고 있는지를 판단할 수 있을까?
- 집단이 제재하기로 한 과잉 어획 규칙의 위반자에게 어떤 처벌을 가해야 할까?
- 권리에 대한 갈등을 어떻게 해결할까?
- 지역에서 구축한 이러한 제도가 중앙정부나 연방정부와 같은 상위 기구에 의해 무력화되는 것을 방지하려면 어떻게 해야 할까?

대다수의 공유지 관리는 이와 유사한 문제를 포함하기에, 일반적으로 적용될 수 있는 디자인 원리가 발전되어왔다. 오스트롬(1992)에 따르면 성공적인 공공재 관리는 다음과 같은 요소들을 포함해야 한다.

· 경계

자원과 사용자 집단은 분명하게 정의된 경계를 가져야 한다. 앞의 사례와 같은 어업의 경우, 모호한 지역이 아니라 어족 자원의 구체적 영역이나 개체 수로 경계를 삼아야 한다. 또 생계를 위해 어업을 할 권리가 있는 어부들을 구체적으로 정하는 일도 중요하다. 다른 곳에서 배를 타고 이 지역으로 오는 모든 이에게 어장이 개방되어서는 안 된다.

· 비례의 원칙

관리에 수반되는 비용은 혜택과 동등해야 한다. 가상의 어장을 조직하거나 관리하는 데 소요되는 비용을 부담한 사람들은 그렇지 못한 사람보다 동등한 또는 그보다 높은 접근 권한을 누릴 수 있어야 한다. 공유지의 구성원이 집단을 위해 희사한 도구나 노동은 어떤 형태로든 보상되어야 한다.

· 집단적 선택

자원 이용자 스스로가 자원 관리를 위한 구체적인 규칙을 협의할 수 있어야 하고, 이는 신중한 집단 토론을 통해 수정될 수 있어야 한다. 이 사례에서 어부들은 어업에 대한 상한을 서로 설정할 수 있어야 한다.

· 감시

특정한 감시 시스템을 통해 사람들의 행동이나 사용을 집단에 알려 자원의 상태를 조정할 수 있어야 한다. 자원의 일정 부분은 감시를 위해 사용되어야 한다. 어업의 경우, 어떤 선박이 오고 가는지를 조사해야 하고, 어족 자원의 개체 수를 파악하기 위한 믿을 만한 표본 조사가 시행되어야 한다.

· 제재

위반자에게는 제재가 가해져야 하는데, 규칙에 자발적으로 따르도록 권장하기 위해 첫 위반 시에는 낮은 처벌을 내리다가 마지막에는 강제적 조치를 적용하는 누진적 방법을 사용해야 한다. 어업의 경우, 어부들은 서로 감시하고, 규칙을 자발적으로 준수해야 한다. 앞에서 설정된 감시 체제 등을 이용해 규정량을 초과한 어획이 발견될 경우, 해당자에게 일방적인 압력을 가하거나 그를 추방하기보다는 다시 규칙을 준수하도록 권장하는 편이 바람직하다.

· 갈등 해결

사용자 간의 갈등을 해소할 사회적 메커니즘이 발전되어야 한다. 공공재 시스템에서는 상호 불만이 발생할 가능성이 높은데, 어업의 경우, 탄탄한 관리 시스템은 소송을 하거나 상위 기구에 의존하는 등의 고비용 대책보다 훨씬 낮은 비용으로 상호 불만을 해결할 수 있을 것이다. 이러한 메커니즘은 존중받는 시민으로 구성된 소규모 위원회, 외부인을 통한 중재, 또는 사회적으로 적합한 다른 시스템일 수 있다.

· 자율성

공공재 관리 시스템이 작동하려면 필수적으로 상위 기구나 외부 기구로부터 어느 정도의 자율권을 허용 받아야 한다. 위 사례인 어업의 경우, 몇 년에 걸쳐 공동체 관리 시스템을 만들었는데 다른 지역에서 온 정부 관료들이 그들끼리 규칙을 검토하고 구체적인 내용에 대해 간섭한다고 상상해보자. 이런 일이 발생할 것을 예상했다면, 어부들은 애초에 이러한 관리 시스템을 만들기 위해 시간이나 노력을 기울이지 않았을 것이다.

공공재 시스템의 작동은 매우 복잡하기 때문에 실제로는 찾아보기 힘들다고 생각될 수 있다. 그러나 전혀 그렇지 않다. 신제도주의적 안목으로 주의를 기울여보면 세상에는 '공공재'가 넘쳐난다. 실제로 협력은 매우 일상적인 원칙임에도 우리의 집단지성은 서글프게도 이를 유별난 일 또는 예외적인 일로 취급한다.

### 기발한 방법으로 관리되는 공공재: 관개

채소와 대부분의 곡물을 포함해 우리가 소비하는 세계의 거의 모든 농작물은 관개된 땅에서 생산된다. 식량 작물에 물을 대는 것은 문명화에서 가장 오래된 과제였을 것이다. 환경을 관리하는 이들은 언제나 관개를 유지하고 관리하는 일로 골머리를 앓아왔다. 관개용수의 관리에서 가장 큰 과제는 가장 높은 지점(시스템의 '머리')에서 가장 낮은 경작지('꼬리')에 이르기까지 수많은 물 사용자들을 도랑과 제방으로 이루어진 시스템에 연결시키는 것이다. 경작지는 사적으로 소유되기도 하지만 관개용수는 공동으로 관리되어야 한다. 이러한 시스템은 운하, 수로, 수문 등으로 서로 복잡하게 얽혀 있어 개별 사용자들은 자신에게 배정된 몫을 이용하기 위해 신중하게 만들어진 규칙을 따라야 할 뿐 아니라 다른 사용자, 특히 하류 지역의 사용자들이 자신의 몫을 이용할 수 있도록 공급을 유지해야 한다(〈도표 3.1〉). 이 시스템이 실패하는 경우는 명백하다. 만일 높은 지점에 있는 한 사용자가 물을 이용한 후 수문을 닫지 않으면 낮은 지점의 사용자는 물을 받지 못할 것이다. 모든 사용자들이 협력해 이 시스템을 제대로 작동시키지 않으면 물은 염화되어 모든 농부들의 작물이 피해를 입게 된다. 이러한 어려움에도 세계 각지에는 다수의 사용자들이 협력해 의사결정을 하고, 기반시설을 감시하며, 소중한 물을 낭비나 손실 없이 공평하게 나누어 사용하는 지역 관개 시스템이 무수히 많다.

### 야생의 공공재: 사냥에 대한 집단 관리

세계의 야생동물도 공공재로 생각할 수 있다. 미국에서는 엘크 떼와 다른 중요한 종들이 한 세기 전에 심각한 수준으로 줄어들어 과잉 사냥 문제에 대한 공공재 해법을 발전시켜왔다. 역사적으로 이들 동물은 토지 소유자가 없는 곳에 광범위하게 분포하기 때문에 사냥해도 처벌받지 않아 19세기 후반 개체 수가 감소하게 되었다. 현재 몬태나 주의 관리 시스템은 많은 공공재 디자인 원리를 응용하고 있다. 정부는 광범위한 관찰을 통해 사냥 가능한 개체 수를 조사하고, 이에 기초해 특정 연도의 사냥꾼과 사냥 면허 수의 한계를 정한다. 허가는 주 거주자에게 우선적으로 배정한다. 전

**〈도표 3.1〉** 공공재로서의 관개 시스템

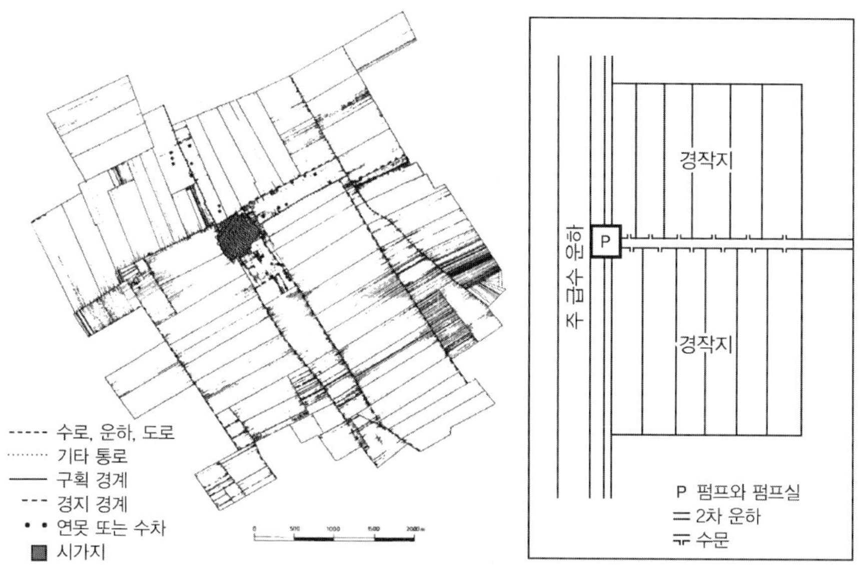


관개 시스템은 운하, 수로, 수문 등이 복잡하게 얽혀 있는 미로와 같아 환경재 관리를 위해 협력하는 인간의 능력을 확인할 수 있다. 나일 강 계곡의 무샤 마을에서 인접한 사유지들이 물을 공유하는 모습은 공동의 수요에 따라 얽힌 상호관계를 보여준다.

**자료:** Turner and Brush(1987).

체적인 한계는 정부 관리가 정하지만 몬태나 사냥꾼이 참여하는 공동 검토 절차를 통해 감독된다. 그 결과 '누구나 접근할 수 있는' 엘크와 같은 자원이 첫째, 외부 사용자를 배제하고, 둘째, 규칙과 한계를 정하며, 셋째, 자원 이용자들의 의견을 통해 이들 규칙을 검토하고 감시하는 절차를 거치며 '공공재'로 규정된다. 이 시스템은 미국 전역에서 유사한 형태로 적용되고 있다.

## 가장 거대한 공공재: 지구 기후

모든 공공재가 관개와 같이 작은 지역, 엘크 떼와 같이 지역적 규모에만 머무르는 것은 아니다. 지구 기후는 국지적 차단이 어렵고 공유 재산의 고갈을 막기 위해 치러야 하는 비용이 개인, 기업, 정부에게 매우 부담스러울 수 있다는 점에서 실패로 이어지는 공공재 시스템의 모든 속성을 가지고 있다. 그러나 지구 기후를 공공재로 취급하면 이를 새로운 방식으로 생각하는 것이 가능해진다. 공공재로서 기후는 공유된 재화로 생각할 수 있고, 이를 오염시키는 사람들을 공동의 합의로 이루어진 일련의 협정을 통해 제재할 수 있다.

이 문제를 관리하기 위해 지난 수십 년간 교토의정서(제8장 참고)를 비롯한 수많은 시스템이 생겨나는 등, 집단행동의 가능성은 분명히 존재해왔다. 이러한 협정은 기본적으로 규칙과 의사결정을 하는 메커니즘을 통해 여러 국가들이 온실가스 배출에 대해 지켜야 할 상호 제한을 부과하는 것으로, 특정한 형태의 더 높은 권위 없이 이루어진다. 즉, 지구적 협정을 강제할 진정한 의미의 '세계 정부'는 없는 것이다.

전 세계 어장 공공재가 겪고 있는 문제는 지구 기후와 상당히 유사하다. 누가 무엇을 하는가를 감시하기란 어려운 일이다. 규정을 준수하지 않는 무임승차자 혹은 자원을 이용하는 비협정 국가(이를테면 미국)에 제재를 가하기는 어렵다. 협상 회의, 즉 규칙을 정하기 위해 서명 참가국들이 참가하는 회의의 수준을 넘어서서 규정을 정하고 수정하는 집단적 선택 체제가 있는지 또한 불분명하다. 이러한 이유로 기후 문제를 해결하기 위한 제도주의적 분석은 다른 공공재의 문제와 마찬가지로 창의적 변화가 필요하다는 전망을 던져준다.

## 모든 참여자는 평등한가? 규모는 걸림돌이 되는가?

제도주의적 관점은 매력적이고 효과적인만큼 비난도 받는다. 비판의 핵심은 공공재 이론이 게임이론으로부터 물려받은 가정에 관한 것이다. 죄수의 딜레마와 공유지의 비극으로 구체화된 이 이론들은 게임의 결과를 결정하고 협력 여부를 선택할 수 있는, 유사한 권한을 가진 자유로운 개인을 가정한다. 복잡한 정치권력과 불평등이 존재하는 세상에서 이러한 가정은 비현실적이고 위험하다.

이러한 가정에 반하는 예를 들어보자면, 자원에 대한 접근과 이를 제한하는 규정은 성별을 비롯한 사회적·정치적 상황 등에 의해 상당한 영향을 받는다. 전통적으로 많은 곳에서 재산 소유권이나 상속권은 가부장적·부계(父系)적으로 이루어지며, 여성은 재산을 소유하거나 최소한의 상속을 받는 것조차 불가능하다. 그럼에도 여성의 노동 중 물 긷기, 관개 기반시설 관리, 마을 정원이나 삼림 돌보기 등은 공공재 관리에 극히 중요하다. 이러한 상황은 공공재 관리에서 의미하는 바가 크다. 사용자와 규칙을 조화시키고 집단적 선택 체제를 발전시키는 것은 모든 사용자가 동등한 접근과 책임을 가지지 않는 곳에서는 매우 어렵기 때문이다.

**〈사진 3.1〉** 전통 사회의 여성

한 인도 여성이 양을 돌보고 있다. 세계 많은 지역에서 공공재 사용의 책임과 공공재 규칙에 대한 통제는 종종 성별, 계층, 인종 구분에 따라 이루어져 관리 문제의 원인이 된다.

이러한 이유로 공공재 관리 시스템을 인도의 어느 마을에서나 적용시키는 일은 어려울 수 있다. 뻰짜야뜨(panchayats)라 불리는 이곳의 전통적인 의사결정체는 대개 카스트에서 신분이 높은 남성들에 의해 주도된다. 이러한 의사결정체가 방목을 위한 마을 목초지의 접근 규정을 만든다면, 이것은 여성이나 소를 방목하는 주변 집단과 같은 자원 이용자들의 눈에는 완전히 불법으로 비추어질 것이다. 설사 어떤 집단이 새로운 의사결정을 만드는 과정에서 여성과 주변 집단을 포함한다고 할지라도, 이 집단 역시 역사적으로 권력을 가진 공동체에 의해 지배되기 때문에 합리성 부족을 초래할 것이다. 공공재 관리에 대한 규칙에 권위가 없을 경우, 자신들이 배제되었다고 느끼는 사람들은 무차별적으로 초지를 이용하거나 규칙의 제정을 자신들의 전통적 권리를 빼앗는 것으로 간주할 수 있다. 투명한 공공재 시스템을 만드는 일은 바람직하지만 권력이 가득찬 복잡한 상황에서 결코 쉽지 않을 것이다(〈사진 3.1〉)

모든 공유지에서, 사용자들이 소득이나 인종 등의 차별적 요인으로 인해 불평등한 권리를 갖지 않는지 관심을 기울여야 한다(제6장의 페미니스트 정치경제학 참고). 이러한 상황에서 공공재의 역학은 더 복잡해지며 때로는 붕괴된다. 공공재 관리를 위해

결정된 자발적인 집단 규칙이 공공재 사용자 일부의 이익에만 부합될 경우 이해당사자들이 서로를 신뢰하지 않으며, 사회적 차이와 권력은 집단적 의사결정을 더 어렵게 만든다. 공유 자원 관리의 가장 핵심적인 규칙은 일부 잠재적 사용자를 제한하고 배제하는 것인데(Ostrom, 2002), 이러한 배제가 불평등하게 이루어지면 많은 사람들은 협력하지 않으려 할 것이고 실패는 피할 수 없는 일이 된다. 따라서 환경 위기에 대한 제도적 해법으로 흔히 '규칙을 올바르게 정립'하는 것을 이야기하지만, 그보다 먼저 특정한 문제들, 특히 권력의 문제가 다루어져야 한다.

제도주의적 분석의 마지막 문제는, 전 세계에서 볼 수 있는 수많은 지역 공공재 시스템의 교훈을 더 큰 문제에, 더 다양한 사람들에게, 자신의 일상적인 경험을 넘어서는 규모로 적용하는 것이 불가능하다고 믿는 사람들이다. 어떤 사람들은 집단행동이 관개 공동체와 같이 얼굴을 맞대고 상호작용을 통해 신뢰를 구축하는 소규모 집단에서나 가능하다고 주장한다. 그러나 대기와 기후 시스템의 경우처럼 공유하는 공공재로 묶여 있는 경우, 멀리 떨어진 사람들도 협력 시스템을 구축할 수 있다.

과연 어떻게 지역 공공재에서 지구 공공재로 '규모를 확대'할 수 있을까? 지구의 미래는 바로 이 문제의 해결에 달려 있다고 할 수 있다.

## 제도와 함께 생각하기

이 장에서 우리가 살펴본 내용은 다음과 같다.

- 많은 환경 문제들은 집단행동의 문제인 경우가 적지 않아 다루기 힘들다.
- 이러한 문제를 해결하려는 시도는 '죄수의 딜레마', 즉 합리적 협력을 통해 얻을 수 있는 큰 이익 대신 즉각적인 이익을 추구하는 개인들의 경향으로 인해 실패한다.
- 환경 문제를 위한 협력의 실패는 전형적으로 '공유지의 비극'으로 이어져 공기, 물, 생물다양성과 같은 공공재는 악화된다.
- 그러나 세계 곳곳에서 공공재를 보존하기 위해 협력하는 데 성공한 예시를 찾을 수 있다.
- 공공재 이론은 다음과 같은 사실을 강조한다. 절대적인 소유자가 없거나 책임지는 집단이 없는 경우 하딘의 비극이 초래될 수 있지만, 사실 대다수의 공유지는 집단에 의해 공공재로서 소유·통제되고 있다.
- 공공재에 대한 직접적인 협력 행위를 유도하는 사회적 제도를 만들고 전개시킴으로써 공동체는 공유지의 비극을 극복할 수 있다.
- 제도의 형성과 집단행동에 대한 장애 요소로는 사회적·정치적·경제적 불평등이 있으며, 이들은 협력을 어렵거나 불가능하게 한다.

### 검토 질문

1. 하딘이 제시한 가상의 공유 목초지에서, 목장주들은 어떤 불가피하고 '비극적인' 행동을 할까?
2. 하딘이 제시한 '공유지의 비극'을 피하는 두 가지 선택은 무엇일까? 하딘은 어떤 선택을 어떤 이유에서 선호할까?
3. 현실세계에서 비극적으로 과잉 채취되지 않는 공공 자원의 예를 들어보자(답변에 '제도'라는 용어를 사용할 것).

4. 제대로 설정된 경계는 어떻게 유용한 가치를 지닌 해양 어족 자원을 관리 불가능한 무주물(無主物)로 전락시키는 대신 관리 가능한 공공재로 만들어줄까?
5. 왜 대기는 상상할 수 있는 모든 공공 자원 중 가장 관리하기가 어려운 것일까?

### 연습 문제: 주변의 공공재

자신이 접근할 수 있는 공공재를 말해보자. 아마도 지역 공원과 같은 환경 자원이나 컴퓨터 네트워크와 같은 공유된 상품일 것이다. 자신은 누구와 이 자원에 대한 접근을 공유할까? 협력이나 집단행동이 실패할 경우 고갈, 과잉 이용, 문제, 악화 등은 구체적으로 어떤 형태로 나타날까? 자원 이용을 통제하는 암묵적인 규범이나 규정이 있을까? 이러한 관리 규정이나 시스템을 제도적 분석의 원리를 적용해 개선할 수 있을까? 자원이 사용되거나 공유되는 방식을 향상시키는 데 어떤 장애가 있을까?

**■ 추천 문헌**

오스트롬, 엘리너(Elinor Ostrom). 2011. 『공유의 비극을 넘어: 공유자원 관리를 위한 제도의 진화』. 윤홍근, 안도경 옮김. 서울: 랜덤하우스코리아.

크로포트킨, 피트르 알렉세이비치(Pyotr Alekseevich Kropotkin). 2008. 『상호부조 진화론』. 구자옥, 김휘천 옮김. 파주: 한국학술정보.

Benjaminsen, T. A. and E. Sjaastad. 2008. "Where to draw the line: Mapping of land rights in a South African commons." *Political Geography* 27(3): pp.263~279.

Commons, J. R. 1934. *Institutional Economics*. New York: Macmillan.

Community Economics Project. 2005. "Community Economies." Retrieved May 30, 2005, from www.communityeconomies.org.

Hardin, G. 1968. "The Tragedy of the Commons." *Science* 162: pp.1243~1248.

Mansfield, B. 2004. "Neoliberalism in the oceans: 'Rationalization,' property rights, and the commons question." *Geoforum* 35: pp.313~326.

Ostrom, E. 2005. *Understanding Institutional Diversity*. Princeton, NJ: Princeton University Press.

St. Martin, K. 2001. "Making space for community resource management in fisheries." *Annals of the Association of American Geographers* 91(1): pp.122~142.

Tucker, C. M., J. C. Randolph. et al. 2007. "Institutions, biophysical factors and history: An integrative analysis of private and common property forests in Guatemala and Honduras." *Human Ecology* 35: pp.259~274.

# 제4장

# 환경윤리 Environmental Ethics

자료: http://en.wikipedia.org/wiki/File:Steve-O_for_PETA.jpg.



**Keywords**

- 공리주의
- 공장식 농장
- 과학주의
- 내재적 가치
- 도덕적 확대주의
- 동물해방
- 보전
- 보존
- 사회생태학
- 생태중심주의
- 생태학
- 실용주의
- 심층 생태학
- 야생
- 윤리/윤리적
- 인간중심주의
- 자연주의 오류
- 전체론
- 지배론
- 청지기의식
- 환경 정의

## 저가 육류의 대가

오늘날 돼지가 사육되는 방식은 예전과 다르다. 헛간에서 사육되는 돼지가 가족이 먹고 남긴 음식물을 처리해주던 시대는 지나갔다. 무더운 여름에 진흙 목욕을 하던 돼지도 사라진 지 이미 오래다. 대신 미국에서는 대략 80%에 달하는 돼지들이 소위 '공장식 농장'■이라는 산업의 형태로 사육되고 있다.

오로지 새끼 돼지를 낳기 위한 목적으로 사육되는 '종자용 암돼지'를 예를 들어보자. 암돼지는 생후 8개월이 지나면 인공적으로 교배된다. 교배를 마친 돼지는 곧바로 사육통으로 옮겨진다. 사육통은 말 그대로 창살로 막힌 작은 박스이다. 암돼지는 그곳에서 살아가야 한다. 사육통의 크기는 대체로 60×210cm 정도이다. 이 작은 박스에서 암돼지는 마음대로 몸을 움직일 수 없다. 쇠창살에 몸을 비벼대지 않고서는 일어설 수도, 누울 수도 없다. 시간이 지나 새끼를 낳을 때쯤이 되면, 임신 중인 돼지는 분만통으로 옮겨진다. 분만통은 사육통을 약간 변형한 것인데, 새끼 돼지들이 어미 돼지의 몸에 짓눌려 폐사되는 것을 방지하면서 어미젖을 빨 수 있도록 고안되어 있다(〈사진 4.1〉). 새끼 돼지들이 젖을 떼면 어미 돼지는 5~6개월의 정상적인 휴식기도 거치지 않고 곧바로 다시 교배된다(Marcus, 2005).

그렇다면 왜 돼지들은 이토록 비좁은 축사 안에서 짓뭉개지다시피 한 상태로 사육되는 것일까? 왜 임신과 출산 후 암돼지에게 잠시의 쉴 틈도 주어지지 않는 것일까? 정답은 산업적 효율성을 높이기 위해서이다. 공장식 농장은 농장이라기보다 공장에 가깝다. 같은 크기의 사육장이라고 할 때 더 많은 돼지를 몰아넣는 것이 더 효율적이다. 교배된 돼지를 좁은 사육통에서 키움으로써 출산일을 정확하게 계산해낼 수 있다. 임신하지 않은 돼지를 키우는 것은 경영 논리에서 볼 때 자본의 낭비일 뿐이다.

**공장식 농장** 가축을 집약적으로 사육하는 농업 방식. 공장식 농장은 가능한 최소의 공간에 최대의 가축을 사육함으로써 생산성을 향상시키는 것을 목표로 한다. 이 때문에 공장식 농장은 엄청난 대기오염과 수질오염을 동반한다.

찬성하든 반대하든, 많은 사람들은 고도로 산업화되어 가고 있는 공장식 농장에 대해 뚜렷한 의견을 가지고 있다. 찬성론자들은 좁은 땅에서 많은 가축을 사육할 수 있기 때문에 나머지 땅을 다른 경제활동을 위한 공간으로 전유할 수 있다고 주장한다. 또한 이들은 정부의 농업 보조금이나 기타 요인들과 아울러 공장식 농장 덕분에 지난 30여 년간 미국 내 육류의 가격이 점차 낮아지게 되었다는 사실도 강조한다. 공식적으로 빈곤층에 해당되는 가구들이 매일 육류를 섭취할 수 있게 되었으며, 이는 역사적으로 유례가 없었던 일이라고 하면서 말이다. 분명 맞는 말이지만, 이 주장은 주로 산업계를 대표하는 이들에 의해 가장 열렬하게 반복되고 강조되는 사실이다. 이들의 주장을 뒷받침하는 핵심적인 가치는 바로 효용성이다. 더 높은 경제적 성장, 그리고 더 많은 재화의 공급은 공장식 농장의 필요성을 정당화하는 '좋은' 이유가 된다.

**〈사진 4.1〉** 암퇘지의 분만통

암퇘지는 이 공간에서 약 35일 동안 갇힌 채 새끼 돼지들에게 젖을 물린다. 작은 통에서 돼지를 사육하는 것은 경제적으로 효율적인 방법이라고 하지만, 과연 무엇이 문제일까?
자료: https://www.flickr.com/photos/rosypics/8360768993.

마찬가지로 공장식 농장에 반대하는 사람들도 다양한 주장을 한다. 반대론자들은 농촌 공동체의 붕괴를 지적한다. 농업 생산의 산업화로 경쟁이 격화됨에 따라, 미국 중서부 지역이나 남동부의 소규모 자영농은 경쟁에서 도태되고 있다. 어떤 사람들은 시설 한 개당 수만 마리에서 심지어 수십만 마리의 돼지를 사육하는 이 거대한 농장이, 심각한 대기오염과 수질오염을 유발한다는 점을 비판한다. 이는 주변 지역에 거주하는 주민들에게는 아주 심각한 문제이다. 또한 엄청난 재앙을 불러일으키는 대규모의 폐수 유출이 주기적으로 나타남에 따라 이를 처리하는 데에 소요되는 비용도 막대하다. 인간중심적인 관점에 위치하고 있는 이러한 주장은 공장식 농장이 '나쁜' 이유가 된다.

또한 공장식 농장에 반대하는 이들 중 적지 않은 사람들은 매우 간단하면서도 직접적인 주장을 펴기도 한다. 곧 동물은 '자본'이 아니라는 주장이다. 동물은 감정을 가진 살아 있는 존재이다. 이들에게 동물을 위와 같이 대하는 것은 당연히 잘못된 일이다. 이들에게 공장식 농장은 윤리적으로 옹호될 수 없는 행위이다. 이 주장은 앞선 반대론과 마찬가지로 윤리적 주장이지만, 돼지의 입장을 중심으로 한다는 점에서 다소 상이한 입장이다.

위의 모든 주장들에는 옳고 그름을 따지는 윤리■의 문제가 개입되어 있다. 윤리란 특정 상황에서 사람은 무엇을 해야 하며, 왜 그렇게 해야 하는가를 다룬다. 역사적으로 볼 때 윤리는 문명의 기초 원리를 제공해왔고, 수많은 철학과 종교를 형성해왔다. 불교에서부터 과학적 인본주의의 윤리적 법칙에 이르기까지 세계에는 수없이 많은 윤리적 전통이 있다. 그러나 우리는 이미 서두에서도 밝힌 바와 같이 특히 환경 문제에 대한 윤리적 사유와 관점에 관심을 두고 있다. 그리고 이를 통해 인간중심적인 논리를 문제시하고 대신 환경중심적인 대안을 모색하고자 한다.

불교나 다른 전통적인 윤리 체계와는 달리, '서양' 문명의 윤리적 전통에서 옳고 그름을 따지는 관점이 인간중심주의에서 생태중심주의로 전환된 것은 매우 최근에 나타난 변화이다. '서양'의 철학적 전통에서 옳고 그름의 문제는 대체로 다른 사람에 대한 사람의 행위에 관한 내용을 중심으로 이루어져 왔다. 실제로 많은 환경운동, 규약, 사상은 다른 사람에 대한 사람의 윤리적 문제에 토대를 두고 있다. 예를 들어 제6장에서 자세히 언급할 환경 정의■의 문제는 환경 위험이 빈곤층이나 소수자에게 더 많이 노출되어 있다는 점에 있다. 이것은 기본적으로 윤리적 주장이다. 사실, 인구에서 시장 및 제도에 이르기까지 환경에 대한 모든 관점에는 그 나름의 윤리적 차원이 있으며, 이는 특히 사람과 사람 간의 관계에 대한 내용을 담고 있다.

그러나 아주 최근에 이르러 이러한 논의는 크게 확장되어 **환경윤리**에 관한 사고까지 포함하게 되었다. 즉, 무엇이 옳고 그른가에 관한 논의를 자연과 비인간 세계로 확대시킨 것이다. 가령 앞에서 제시한 사례로 말한다면, 사육통 안에서 자유롭게 몸을 움직이는 것이 과연 암퇘지가 온전한 삶을 영위하는 데에 필요한가라고 물을 수 있다. 온전한 삶이란 것이 암퇘지에게 중요한가? 암퇘지를 위와 같은 방식으로 사육하는 것이 과연 그른 일인가? 우리는 환경윤리의 관점에서 이를 포함한 현행의 문제를 논의하고자 한다. 그에 앞서 간략하게나마 행위의 옳고 그름을 비인간 세계의

**윤리/윤리적** 인간 행위에서 옳고 그름의 문제, 즉 도덕을 다루는 철학이다.

**환경 정의** 인종, 민족, 성별과 무관하게 사람들은 공원, 맑은 공기, 건강에 유익한 환경과 같은 환경적 유익함과 오염, 재해, 폐기물과 같은 환경적 불리함을 모두 공평하게 분배받아야 한다는 점을 강조하는 원리이자 사상 및 연구의 총체. 반대로 환경 부정의는 약자일수록 더 건강에 나쁘거나 위험한 환경에서 생활하는 상태를 일컫는다.

영역으로 확대하는 데 기여했던 수 세기 전의 문헌 몇 가지들에 대해 살펴보도록 하자.

**지배론** 성경의 창세기에서 시작되는 생각으로 인간은 모든 창조물 가운데 정점에 위치하고 있으며, 따라서 자연을 자신에게 유익한 방향으로 다스릴 수 있는 윤리적 자유를 가지고 있다는 믿음이다.

## 자연의 개량: 성경적 전통에서 존 로크까지

역사적으로 볼 때 서양 문명에서 나타나는 자연에 대한 지배적 사상은 두 가지의 보편적인 믿음에서 유래되었다고 많은 환경 사상가들이 말한다. 첫째, 인간은 자연과 분리되어 있고 자연보다 우월하다는 생각이다. 둘째, 자연이란 인간에게 유용한 경우에만 가치가 있다는 생각이다. 이런 믿음은 어디에서 기원한 것일까? 린 화이트(Lynn White, 1968)는 「우리의 생태적 위기의 역사적 뿌리(The Historical Roots of Our Ecologic Crisis)」라는 대담하고도 영향력 있는 글에서 구약 이후의 지배론■이 인간을 지구상에서 신의 형상을 한 유일한 피조물로 만들어왔다고 주장했다. 이는 논리적으로 인간은 나머지와 분리된, 그리고 나머지보다 우월하다는 믿음으로 귀결된다.

> 하나님이 그들에게 복을 주시며 이르시되 생육하고 번성하여 땅에 충만하라, 땅을 정복하라, 바다의 물고기와 하늘의 새와 땅에 움직이는 모든 생물을 다스리라 하시니라.
>
> (창세기 1장 28절)

이것은 정말 중요한 대목이다. 지구상에 존재하는 장소나 피조물은 그 어떤 것이라 하더라도 인간의 '다스림'을 받아야 한다는 말이기 때문이다. 만일 인간이 전능한 창조주로부터 이러한 지배를 명령받았다고 한다면, 지구상의 모든 것을 정복하고 지배하는 것은 추구되어야 할 목표일 뿐만 아니라 윤리적으로도 올바른 행위임이 틀림없다. 화이트를 비롯한 몇몇 이론가들에 따르면, 이러한 이유로 성경적인 전통은 인간들에게 유익하지 않거나 인간의 직접적인 통제 밖에 있는 동식물과 장소에 대해 무관심해지거나, 심지어는 적대적인 태도를 취하도록 하는 독특한 환경윤리를 제공해왔다. 구약을 이러한 관점에서 읽어 본다면, 과거 뉴잉글랜드 지방에 상륙한 영국의 청교도들이 야생 상태의 신세계를 두려워하고 혐오했다는 사실은 그리 놀라운 일이 아니다. 북아메리카에서 정부가 공식적으로 취한 최초의 환경 조치는 공원 조성이나 벌목 제한이 아니라, 매사추세츠(Massachusetts) 식민지의 늑대 박멸 프로그램에 대한 보조금 지급이었다.

그러나 성경에 비인간세계에 대한 본질적인 적대감이나 무관심이 담겨 있다는 주장에는 많은 논란의 여지가 있다. 가령, 많은 사람들은 성경 내용 중에 자연에 대한 인간의 청지기의식■이 담겨 있음을 지적하는데, 이는 인간이 자연 세계를 돌보고 보호해야 한다는 강한 도덕적 책임감을 말한다. 인간은 비록 자연과 근본적으로 분리되어 있지만, 자연에 대한 지배 명령은 자연을 돌봐야 한다는 윤리 안에 포섭된 일부일 따름이다. 청지기의식이라는 종교 윤리는 전 세계적으로 여러 활동과 운동에서 나타난다. 이스라엘의 키부츠(Kibbutz) 운동, 미국 북동부의 아미시(Amish) 공동체, 프랑스 농부들의 반기업 운동, 미국 복음교회의 활발한 지구온난화 반대 운동이 그것이다. 그러나 지배자나 청지기, 또는 양자 사이의 어떤 관점에서 볼지라도 서양 문명, 특히 근대의 서양 문명은 인간중심주의적 윤리에 기반을 두고 있으며 이는 오늘날 많은 환경주의자들이 볼 때 상당히 많은 문제를 안고 있다.

하지만 이러한 윤리는 사실 성경보다는 정치철학에 뿌리를 두고 있다고 할 수 있다. 특히 17세기 영국의 철학자 존 로크(John Locke)는 자신의 저서에서 서양의 인간중심주의적 환경윤리를 정교하게 발전시켰던 사람이다.

로크는 1690년에 출간된 『통치론』에서 자유의지론에 입각한 철학을 설파했다. 정치성이 뚜렷한 이 저술에서 로크는 "주된 관심사는 …… 대중에 의해 선출된 민주정부의 정당성을 주장하면서, 군주의 권리가 신성하다는 현행의 지배적 관점을 반박하는 것"이라고 했다(Katz, 1997: 225). 당연히 로크의 책은 널리 읽히게 되었고, 18세기 미국에서도 로크의 반군주제적 관점이 널리 퍼지게 되었다. 특히 이 저술에 포함된 내용 중 재산에 대한 로크의 이론은 미국이라는 신생독립국에서 인간의

**청지기의식** 어떤 대상이나 사람의 운명에 대해 책임감을 갖는 것을 뜻한다. 땅과 자연 자원에 대한 청지기의식은 때때로 종교적인 맥락에서 '창조물 돌보기'와 같은 의미로 해석된다.

자연 지배를 정당화하는 새로운 계몽주의적 원리의 토대가 되었다.

자유의지론에 입각한 정치인들은 정부라는 존재가 필요하기는 하나 아주 제한된 역할만 수행해야 한다고 주장한다. 로크를 비롯한 많은 자유의지론자들에 따르면, 정부는 각 시민 개인의 '자연적인' 자유를 보호하는 데 필요한 기능만을 수행해야 한다. 이 맥락에서 자유는 어떤 재산을 획득·소유·보전할 수 있는 권리와 능력을 말한다. 재산이 없다면 정부도 필요치 않다. 왜냐하면 소유물이 없다면 더는 지킬 것이 없기 때문이다.

그렇다면 재산이란 무엇인가? 로크의 관점에 따르면 모든 사유 재산의 출발점은 자신의 신체이다. 그다음으로는 각 개인의 육체적 노동이 재산에 포함된다고 할 수 있다. 따라서 자유로운 개인은 자신의 신체와 노동을 자유롭게 사용할 수 있는 권리를 가지고 있다. 여기에서 로크가 말하는 개인이란 18세기 당시의 **자유민**만을 지칭하는 것으로서, 여성이나 유색인의 신체는 배제했음을 언급할 필요가 있을 것 같다. 어쨌든 자연으로부터 재산을 획득하기 위해서, 로크의 표현을 빌자면 '전유'하기 위해서 각 개인은 자연의 일부에 자신의 노동을 섞기만 하면 된다. 사슴을 사냥하고, 사과를 따고, 나무를 베는 모든 행위는 외부의 자연을 개인의 소유물로 바꾸는 실천인 것이다. 더군다나 이러한 행위는 **옳은** 행위이기도 하다.

로크에게 자연을 **사용**한다는 것은, 거의 쓸모없거나 가치가 없는 외부의 자연을 개인의 노동을 통해 개조시켜 **가치가 있는** 재산으로 변형시키는 것을 의미한다. 따라서 로크의 환경윤리는 인간중심주의적■일 뿐만 아니라 공리주의적■이다. 이는 곧 자연의 **가치**가 오직 인간에게 가져다주는 **유용성**에 의해 결정된다는 의미이다. 이는 독립 이후의 미국에서 뚜렷하게 나타난다. 인간 노동에 의해 가축이라는 재산이 된 동물은 다른 어떤 야생동물보다도 가치 있는 것이다. 경작을 위한 땅이나 목재로 사용되는 산림은 다른 야생 상태의 초원이나 원시림보다 가치 있는 것이다. 로크에게 미국 서부의 미개척지는 문자 그대로 남겨진 땅일 따름이다. 원주민

**인간중심주의** 자연에 대한 인간 행위의 옳고 그름을 따질 때 인간을 중심에 두는 윤리적 관점으로서 생태중심주의와 대비된다.

**공리주의** 특정 재화의 가치는 오직 그것이 속한 사회에 가져다주는 유용성에 따라 정해져야 한다는 윤리론. 18세기 철학자 제레미 벤담에 따르면 유용성이란 즐거움이나 행복을 최대화하고 고통이나 불행을 최소화함을 의미한다.

을 포함한 서부가 잠재적 가치를 가지고 있다고 할지라도, 인간 노동에 의해 사용되지 않는 한 가치가 없는 땅이다.

자연 전유에 대한 로크의 윤리론은 자연의 사용에 대해 두 가지 한계를 제시한다. 첫째, 개인은 자신이 사용할 수 있는 정도 이상으로 자연을 취득해 그것을 망가뜨리거나 황폐화해서는 안 된다. 둘째, 어떤 개인도 자신이 일할 수 있는 정도 이상의 토지를 전유해서는 안 된다. 이를 볼 때 로크의 이론은 미국의 초기 정착 시대의 이념에 부합하고 서양의 제국주의적 팽창을 정당화하지만, 이와 동시에 각 개별 시민의 의무와 기회 평등을 중요시한다. 19세기 말에 이르러 이러한 인간중심주의적·공리주의적 환경윤리는 시어도어 루스벨트(Theodore Roosevelt) 대통령의 가까운 친구이자 초대 미국산림국장을 역임했던 기포드 핀쇼(Gifford Pinchot)와 같은 더욱 세련되고 강력한 지지자들에 의해 발전하게 되었다.

## 기포드 핀쇼 대 존 뮤어

기포드 핀쇼는 환경 보전의 역사에서 가장 유명하며, 전설적이기까지 한 인물이다. 핀쇼는 예일 대학교에서 학부를 졸업한 후 프랑스 – 당시 미국 대학에서는 산림학 전공이 없었다 – 에서 산림학을 공부했다. 몇 년 후 핀쇼는 미국의 클리블랜드(Grover Cleveland) 대통령의 부탁으로 연방정부 내 산림부에서 일하게 되었고, 뒤이어 시어도어 루스벨트 대통령 때 초대 미국산림국장이 되었다. 핀쇼는 전 생애에 걸쳐 이른바 '보전(conservation)'■을 역설한 사람으로, 보전이야말로 '최대 다수의 최대 행복을 위해' 자연 자원을 효율적이면서도 지속가능하게 이용할 수 있는 방안이라고 보았다. 핀쇼의 이 유명한 어구는 그의 완고한 공리주의적 환경윤리를 집약적으로 드러낸다.

**보전** 시간이 흐르더라도 자원의 생산성을 지속시킬 수 있는 자원 관리 시스템을 의미한다. 대개 어장이나 삼림과 같은 공동의 재화를 과학적으로 관리하고자 하며, 이러한 측면에서 보존과는 다른 개념이다.

오늘날에는 국가 전체에서 연방정부가 소유한 대지의 비율이 30% 정도에 지나지 않지만, 당시에는 대지의 대부분이 연방정부의 소유였고 특히 서부의 경우 그 비율이 높았다. 이 땅에는 산림, 사막, 산, 습지, 계곡 등이 포함되어 있었고, 이것들은 목재, 광물, 수력 등의 형태로 이용할 수 있었다. 상당한 규모의 땅이 농업이나 철도 등 사적 이익을 위해 사용되었지만, 여전히 막대한 규모의 땅이 사용되지 않은 채 남아 있었다. 이 땅을 어떤 목적을 위해 어떻게 관리할 것인가라는 윤리적 논쟁의 한가운데에 바로 핀쇼가 있었다.

**보존** 자원이나 환경은 그 자체로서 보호되어야 한다는 주장으로 보전과 대비되는 주장이다. 전형적인 사례로 야생 보존 운동을 들 수 있다.

**야생** 인간의 힘에 영향을 받지 않은 자연적인 땅의 상태를 의미한다. 최근 야생은 사회적 구성물로서 이해되고 있다.

핀쇼는 스스로를 중앙관리주의자라고 생각했다. 그의 반대 진영에는 벌목업자와 광산업자, 그 외에 사적 이익을 위해 나무를 베고 땅을 파헤치려는 수많은 거대 기업들이 자리 잡고 있었다. 19세기 내내 이러한 '벌목 귀족'과 그들의 동업자들은 대부분 공공재를 자유롭게 이용할 수 있었다. 그러나 20세기에 들어 루스벨트 대통령이 취임하고 독과점 기업들을 해체하라는 목소리가 강해짐에 따라, 자원에 대한 합리적 이용에 국가가 개입해야 한다는 핀쇼의 비전이 설득력을 얻게 되었다.

그러나 핀쇼의 반대편에는 보전과 대립되는 환경윤리인 보존(preservation)■ 지지자들도 있었다. 보존주의자들은 어떠한 방식으로든 인간이 환경을 착취하는 것 자체에 반대했다. 자연, 특히 '야생'■ 상태에 있는 땅은 인간의 이용과 남용으로부터 보호되어 있는 그대로의 모습으로 유지되어야 한다고 보았다. 미국의 이러한 보존주의 전통은 19세기에 헨리 데이비드 소로(Henry David Thoreau) 등이 주창했던 미국 초월주의 철학에 뿌리를 두고 있는데, 이들은 인간의 잠재력이 자연 세계와의 친밀한 관계와 그것에 대한 관찰에서 유래한다고 보았다. 자연은 자연 그 자체를 위해 보호되어야 한다는 미국 초월주의 철학은, 이후 국립공원 조성 운동으로 구체화되었다.

스코틀랜드 출신의 이주민이었던 존 뮤어(John Muir)는 20세기에 들어 가장 조리 있으면서도 유명한 보존주의의 대변자였다. 뮤어는 11세에 미국에 왔고 위스콘신의 농장에서 자랐다. 3년간 위스콘신 대학교를 다닌 뮤어는 이후 중서부를 떠나 여행을 다녔다. 먼저 남부의 플로리다에 도착한 후 멕시코 만을 건너 중앙아메리카를 여행했고, 그다음 다시 배를 타고 알래스카를 여행한 후 캘리포니아에 도착했다. 그리고

〈사진 4.2〉 1914년 댐 건설 이전과 이후의 헤츠헤치 계곡

지금은 샌프란시스코에 안전하고 안정적으로 식수를 공급하는 수원지로 이용되고 있다
자료: 사진 좌 - F.E. Mattes/United States Geological Survey Photographic Archive.
사진 우 - http://en.wikipedia.org/wiki/File:Hetch_Hetchy_May_2011_001.jpg.

캘리포니아 시에라네바다(Sierra Nevada) 산맥에 도착해 그곳에서 영구적으로 정착했다. 뮤어는 1892년 시에라 클럽을 설립하고, 활발한 운동을 통해 요세미티(Yosemite) 국립공원의 경계를 오늘날의 규모로 확장시키는 데 성공했다.

그로부터 몇 년이 지난 후, 뮤어는 요세미티에서 개최된 환경 회의에서 한때 같은 편에 있었던 핀쇼와 미국 환경 역사에 길이 남을 유명한 논쟁을 벌였다. 논쟁의 핵심은 헤츠헤치 계곡이었다. 헤츠헤치 계곡은 요세미티의 북동쪽 끝에 위치한 깊고 경치가 화려한 빙하곡(氷河谷)으로, 요세미티에 비해 규모도 작고 상대적으로 덜 알려진 계곡이었다. 20세기 초반 샌프란시스코의 인구가 급증하자 도시 당국은 헤츠헤치 계곡에 댐을 건설해 도시에 식수를 영구적으로 공급할 수 있는 저수지를 만들고자 했다(〈사진 4.2〉).

핀쇼의 입장에서 결정은 쉬운 일이었다. 저수지와 야생 중 무엇을 선택하는 것이 옳을까? 답은 간단했다. 국회 청문회에서 핀쇼는 저수지를 개발하는 것이 자연 상태의 계곡으로 놔두는 것보다 사람들에게 더 큰 혜택을 가져다줄 것이라고 주장했다. 이러한 간단한 추정을 근거로 핀쇼는 댐 건설이 옳은 선택이라고 주장했다. 그러나 뮤어는 이를 다른 관점에서 보았다. 뮤어는 몇 년 전 요세미티 계곡과 세쿼이아(sequoia) 자생지인 마리포사 그로브(Mariposa Grove)를 영구 보존해야 한다고 주장

했을 때와 마찬가지로 헤츠헤치 계곡은 유일무이한 자연의 보물이라고 주장했다. 경이로운 경치를 지니고 있는, 피곤한 현대 시민들이 자연 세계의 장엄함과 신성함을 경험할 수 있는, 인간을 위한 개발에 희생되어서는 안 될 그런 장소라고 말이다.

뮤어는 자연은 그 자체를 위해 보존되어야 하고, 자연 경관은 인간의 흔적 없는 야생의 상태로 보호되어야 한다고 주장했다. 환경 보존 운동은 거의 100여 년 동안 이러한 보이지 않는 비공리주의적 전선에서 이루어져왔다. 이들의 입장에서는 이 작은 원시적인 상태의 계곡을 그대로 두는 것이 옳은 선택이었다. 요세미티, 옐로스톤, 글레이셔(Glacier) 등 다른 국립공원들과 마찬가지로 헤츠헤치 계곡은 오래전부터 인간의 개입 없이 보존되어오던 땅이다. 그러나 이 계곡에 오랫동안 '개입이 없었던' 것은, 사람들이 이곳을 그냥 놔두는 것 외에 '더 나은' 이용 방안을 찾을 수 없었기 때문이기도 했다. 헤츠헤치 계곡 논쟁이 미국의 환경 정치 역사에서 분수령이 되었던 것은, 특정 장소의 운명을 둘러싸고 공리주의적 전선과 비공리주의적 전선이 직접적·공식적으로 부딪쳤기 때문이다. 보전주의자들과 보존주의자들은 한때 어깨를 나란히 하고 자연에 대한 무제한적 남용에 함께 반대했지만, 헤츠헤치 계곡 논쟁 이후 각자의 길을 걷게 되었다. 북아메리카 환경운동사에서 보전 대 보존, 효율적 자원 이용 대 야생 보존 간의 결별은 지금도 이어지고 있다. 그러나 20세기 중반 생태 과학의 부상은 '제3의 길'이라는 새로운 환경윤리를 낳았다. 이는 인간중심주의적 보전과 야생의 보존이라는 협소한 범위를 넘어, 한층 폭넓은 관점에 입각한 윤리이다.

## 알도 레오폴드와 '대지 윤리'

생태학■은 유기체와 유기체가 서식하는 환경 사이의 상호관계에 관한 과학으로서 상대적으로 최근에 생겨난 학문 분야이다. '생태계'라는 용어는 생태학의 핵심 용어이며 오늘날 대중적으로 광범위하게 사용되고 있지만, 실은 1930년대가 되어서야 등장한 용어이다. 알도 레오폴드(Aldo

**생태학** 유기체 간의, 그리고 유기체와 유기체의 서식처나 생태계 간의 상호작용에 관한 과학이다.

### 〈글상자 4.1〉 멸종위기종보호법

1973년 미국 상원과 하원은 멸종위기종보호법(Endangered Species Act: ESA)을 양당을 통틀어 압도적인 찬성(상원에서 90 대 0, 하원에서 390 대 12)으로 통과시켰다. ESA는 멸종 위험에 처한 동식물 및 이들이 서식하는 생태계에 대한 보호 규제를 담고 있다. '종'이란 용어는 모든 동식물 종 및 아종을 일컫는 폭넓은 개념으로 정의되어 있으며, 척추동물의 경우 희귀종도 등록할 수 있게 되어 있다. ESA는 보호 대상의 지위를 멸종위기종과 취약종 두 가지로 구분한다. 멸종위기종은 '모든 또는 상당한 수가 멸종될 위험에 처한 종'이며 취약종은 '멸종위기종이 될 것으로 예상되는 종'이라고 정의하고 있다.

일단 어떤 종이 등록되면, 멸종위기종의 등록과 관리를 담당하는 기관인 미국 어류·야생동물보호국에서는 해당 종을 회복할 수 있는 계획을 기획하고 실행한다. 시간에 따라 어느 정도 해당 종의 회복이 이루어지면, 최종적으로 그 종을 ESA 목록에서 제외하는 것으로 실행을 완료한다.

ESA는 실질적으로 두 가지의 규제 조치를 실행할 수 있다. 첫째, ESA는 목록에 등재된 종에 위협을 가할 수 있는 연방정부의 어떠한 행위도 금지할 수 있는 권한이 있다. 연방법원은 1978년 민물고기의 일종인 스네일다터(snail darter)의 보호를 둘러싼 논란 이후 ESA에 이 권한을 부여했는데, 당시 연방법원은 이 소형 어류의 보호를 위해 텔리코(Tellico) 강의 댐 건설을 중지시킨 바 있다. 둘째, ESA는 모든 토지(민간 소유이든 정부 소유이든)에서 목록에 등재된 종을 죽이거나 해를 끼치는 모든 행위를 금지할 수 있다. 이 조항은 전체 ESA 내용 중 가장 논란이 되고 있는 부분인데, 민간인이 소유한 땅에 등재된 종이 발견될 경우 그 땅의 소유자가 자신의 재산에 대해 행사할 수 있는 권리를 극도로 제한할 수 있기 때문이다. '재산권 운동'으로 알려진 반ESA 단체의 운동은 특정한 멸종위기종에 대해 직접적으로 해를 끼치지 않는 한 연방정부의 규제 조항이 소유자가 자신의 땅에 행사할 수 있는 권리를 직접적으로 제한해서는 안 된다고 주장한다.

현재 1,200종의 동물과 700종의 식물이 멸종위기종으로 등재되어 있다. 등재된 종의 대부분은 오자크큰귀박쥐(Ozark big-eared bat)나 샌와킨키트여우(San Joaquin kit fox)와 같이 잘 알려진 종들이 아니다. 그러나 회색곰이나 캘리포니아콘도르와 같이 멸종위기의 대표적 아이콘인 종들도 포함되어 있다. 어떤 학자들은 '성공률'이 낮다면서 ESA를 비판하기도 한다. 이는 등재 목록에서 삭제될 수 있을 정도까지 회복되는 멸종위기종들이 거의 없다는 것을 의미한다. 물론 이 말이 사실이기는 하지만, 반대로 등재된 이후 완전히 멸종된 종도 거의 없다는 점을 염두에 두어야 한다. 물론 예외적으로 바다새의 일종인 에스키모쇠부리도요(Eskimo curlew)는 현재 완전히 멸종된 것으로 보이지만 말이다. 또한 ESA의 상당한 성공 사례들도 있다. 가령 대머리독수리와 갈색펠리컨과 같은 조류는 한때 살충제인 DDT로 인해 거의 멸종될 뻔했지만, 꾸준한 회복 노력의 결과 오늘날 등재 목록에서 제외된 종들이다. 또한 앞서 언급한 스네일다터와 함께 뜨거운 논쟁을 불러일으킨 멸종위기종들도 있다. 북부점박이올빼미를 위한 보호 조치로 인해 북서태평양 지역 일대 미송(美松)림의 벌목이 급격히 감소하기도 했다.

**■ 자료**

US FWS(2009). *Endangered Species Act of 1973*. Retrieved September 17, 2009, from www.fws.gov/endangered/pdfs/esa-all.pdf.

Leopold)는 북아메리카의 초기 생태학계의 리더였고 생태학적 관점을 환경윤리로 발전시킨 사람이었다. 레오폴드는 핀쇼가 북아메리카 최초의 자연자원관리학 기관으로 설립한 예일 대학교 산림학과에서 공부한 후 다수의 책을 집필해 전 세계의 생태학 관련 분야에 큰 영향을 미쳤다. 그는 생태학을 고려한 환경윤리를 정교하게 발전시켜 '대지 윤리'라는 유명한 에세이를 발표했는데, 이 글은 1949년 출간된 그의 저서

『모래 땅의 열두 달(A Sand County Almanac)』에 게재되었다(Leopold, 1987).

'대지 윤리'는 여러 가지 이유에서 중요한 저술이다. 우선 이 글은 생태학이라는 새로운 관점을 윤리적 문제에 통합하고자 했던 첫 번째 시도였다. 또한 이 글에서 주장하는 내용은 매우 단순하면서도 정교하기로 유명하다. 하지만 무엇보다도 대단한 것은 이 글의 생명력일 것이다. 이 글은 환경윤리를 다루는 수많은 글들 중 전 시대를 통틀어 오늘날까지 가장 많이 읽힌 글이자 가장 큰 영향을 끼친 글이다.

비록 일부 철학자들은 레오폴드가 설명한 윤리의 발달사가 부정확하다고 지적하지만, 그의 설명 방식은 이해하기 쉬우면서도 설득력이 강하다. 이 글에서 그는 현존하는 두 가지 형태의 윤리에는 문제가 있으며, 제3의 형태를 띤 윤리가 필요하다고 주장했다. 레오폴드에 따르면, 가장 초기 형태의 윤리는 십계명과 같이 인간 개인들 간의 행위에 대한 옳고 그름에 관한 진술이라고 한다. 얼마 지나지 않아 기독교의 황금률과 같은 개인과 사회 간의, 그리고 민주적 통치와 같은 사회와 개인 간의 윤리 관계들이 형성되었다. 그러나 "땅은 …… 재산일 따름이며, 인간은 여전히 땅과 경제적인 관계만을 맺고 있고, 그렇기에 땅에 대한 권리는 있어도 의무는 없다"고 지적한 레오폴드는 "사람과 땅, 그리고 그 위에서 살아가는 동식물 간의 관계를 다루는 윤리"가 없다고 주장했다. 레오폴드가 말한 제3의 윤리란 '생태적' 요구를 가리킨다. 특히 과학적 생태학의 부상과 생물학적 진화에 대한 지식을 통해, 우리는 인간이 자연적 질서의 일부를 구성하는 하나의 종일 뿐 아니라 땅, 식물, 동물, 건강한 생태계와 같은 환경에 의존하고 있다는 사실을 인식해야 한다는 것이다.

인간 공동체가 형성한 제도들에는 의존성이라는 관념이 뚜렷하게 나타난다. 대부분의 사람들은 인간 공동체의 '상호의존적인 일부'가 되기 위해 어느 정도 자신의 권리와 자유를 포기하고 서로 협력해야 한다는 것을 알고 있다. 생태적 연관성, 즉 환경에 대한 우리의 상호의존성을 이해해야만 우리는 논리적 · 이성적으로 인간 공동체의 범위를 '토양, 물, 식물, 동물, 그리고 땅 전체'로까지 확장시킬 수 있다. 어떤 사람도 정복자인 동시에 공동체의 한 구성원일 수는 없는 까닭에, 우리는 '정복자가 아닌 평범한 구성원이자 시민'으로서 자연과의 관계를 바꾸어야 한다(Leopold, 1949: 204).

**생태중심주의** 생태적 중요성은 인간에 우선하며, 행위의 옳고 그름을 판단하는 데 중심이 되어야 한다고 주장하는 환경윤리 입장으로서 인간중심주의와 대비된다.

**도덕적 확대주의** 인간은 도덕의 범위를 인간 세계 너머까지 확대시켜야 한다는 윤리적 원리로, 지능이나 감성을 가진 동물들은 윤리적 주체가 될 가치가 있다는 주장이 이의 좋은 사례이다.

그렇다면 옳은 행위와 그른 행위를 어떻게 판단할 수 있을까? 이와 관련해 '대지 윤리'는 가장 유명하면서도 간결한 격률을 제시한다. "생물 공동체의 순수성, 안정성, 아름다움을 보존하려는 행위는 옳은 행위이다. 그렇지 않은 방향을 지향한다면 그것은 그른 행위이다"(Leopold, 1949: 224~225). 따라서 대지 윤리는 인간의 이용을 옳다고 볼 수도 있고 그르다고 볼 수도 있는 단순한 보전 및 보전 윤리와 구별된다. 인간에 의한 땅의 이용은 계속될 것이고 계속되어야 한다. 실제 레오폴드는 야생 자연의 보존을 지지하면서도 농업 토지 이용과 보전에 대해 상당히 많은 저술을 남겼다. '대지 윤리'는 생태중심주의■적 환경윤리의 상징이다. 물론 '생태중심적'이라는 용어 자체는 그로부터 10여 년이 지난 후에 생겨났지만 말이다. 오늘날 생물 종 보전주의자들부터 '생태적 지속가능성'의 지지자들에 이르는 다양한 환경주의자들이 레오폴드를 저마다 자신들의 편이라고 주장하는 것은 전혀 놀라운 일이 아니다.

생태계의 건강성이 모든 환경윤리의 근본적인 토대라고 인식했다는 점도 중요하지만, 이 책은 이와 아울러 또 한 가지 중요한 환경윤리 이념을 제시했다. '대지 윤리'는 이른바 도덕적 확대주의■를 제창한 선구적인 저술이 되었다. 도덕적 확대주의란 인간의 도덕적 사고의 범위가 인간을 넘어 토양, 물, 식물, 동물 그리고 궁극적으로 땅까지도 포괄할 수 있도록 확대되어야 한다는 주장이다. 책 발간 이후 수십 년이 지난 오늘날, 가축을 포함한 동물들도 도덕적 고려의 대상이 되어야 한다는 생각은 매우 중요한 이슈로 부각되었으며 많은 사회운동에 영감을 불러일으키고 있다.

## 동물에게 자유를!

알도 레오폴드가 동물, 식물, 토양 또한 윤리적 고려의 대상이 되어야 한다고 주장했을 때, 그는 생태과학자의 입장에서 말한 것이었다. 따라서 레오폴드가 염두에 두었던 동물들은 개별 가축이 아니라 늑대, 회색곰, 송골매, 또는 이보다 좀 덜 알려진, 최근에 멸종한 더스키 해안 참새(dusky seaside sparrow)와 같은 종들이었다. 1970년대의 신사회 운동은 인류의 도덕적 범위를 확대시키는 데에 주력했다. '동물해방'■과 '동물권' 운동은 개별 동물들이 야생 상태에 있든 사육되든 간에 인간의 도덕적 고려의 대상으로서 충분히 가치가 있다고 주장했다.

1975년에 출간된 피터 싱어(Peter Singer)의 전 세계적인 베스트셀러 『동물해방(Animal Liberation)』은 환경윤리와 관련해 주목할 만한 저술이다. 이 책 덕분에 동물해방 운동을 중심으로 한 많은 사회운동들이 활발하게 전개될 수 있었다.

싱어의 주장은 아주 직설적이며, **옳은 행위**를 요구하는 그의 목소리는 많은 사람들 사이에서 큰 반향을 일으켰다. 싱어는 다음과 같이 질문한다. 역사적으로 인간의 도덕적 지평은 지속적으로 확대되어 여성, 소수민족, 환자, 장애인 등과 같이 자신의 권리를 박탈당하거나 제한당한 사람들까지도 포괄할 수 있게 되었다. 그렇다면 같은 방식으로 도덕적 지평을 인간의 범주를 넘어 동물들에게까지도 확대할 수 있지 않을까? 싱어는 인종, 계급, 성 또는 인간과 비인간의 구분 같은 것들은 임의적인 것이라고 주장한다. 사람들은 왜 다른 인종에게 동등한 도덕적 지위를 부여하는 것을 거부했던 것일까? 바로 **인종주의** 때문이다. 도덕적 지평을 확대하기 위한 우리의 행동을 이끌었던 **동기**(다른 이에게도 우리와 동등한 대우를 받을 가치가 있다는 믿음)는 옳았다. 또한 우리의 **방향**(무엇이 더 중요한지를 따지는 부당하고 협소한 개념에서 벗어나 더 많은 것을 포괄하는 것)도 옳았다. 이것은 칭송받아 마땅한 노력이었다.

하지만 동물권 옹호론자의 입장에서 볼 때 이러한 기존의 성공에는 충분한 수준의 진전을 이끌어내지 못했다는 한계가 있다. 어째서일까? 이에 대해 싱어는 기존에는 누가, 또는 무엇이 도덕적 지위를 부여받을 수 있는가를 판단할 수 있는 가늠자를 사용하지 않았기 때문이라고 주장한다. 그는 19세기의 철학자였던 제러미 벤담(Jeremy Bentham)을 인용하면서, 윤리란 특정 사회가 생산할 수 있는 '선'을 최대화하기 위해 노력하는 것이라고 보았다. 즐거움, 행복과 같은 선을 최대화하

**동물해방** 피터 싱어의 1975년 책에서 유래한 용어로 식량, 의학 실험, 산업, 의류, 장식, 오락 등 어떠한 용도라 할지라도 모든 동물은 인간의 이용에서 자유로워야 한다는 급진적 사회운동이다.

기 위해 필요한 일은 가능한 한 많은 고통을 사라지게 하는 것이다. 따라서 고통을 느낄 수 있는 모든 존재는 — 싱어는 이를 '감정적 존재'라고 칭한다 — 윤리의 관점에서 동등한 중요성과 가치를 지닌다.

일부 모략가들이 비난하는 것과 달리 싱어는 모든 동물들이 **똑같은 대접**을 받아야 한다고 주장하지는 않는다. 예를 들어, 그는 사람의 삶과 쥐의 삶이 동등하며, 윤리적 문제에서 동일한 무게로 다루어져야 한다고 주장하지는 않는다. 대신 그는 모든 감정적 존재들은 **동등한 고려의 대상**이어야 한다고 주장한다. 달리 말해 모든 윤리적 결정에서 이러한 감정적 존재들이 받는 고통의 최소화나 제거가 고려되어야 한다는 것이다. 싱어는 이러한 논리에 따라 어떠한 동물이라도 인간의 목적을 위해 이용되는 것은 비윤리적이라는 결론을 맺는다. 그는 화장품이나 의류를 만드는 데에 동물을 사용하는 것뿐 아니라, 의학 연구와 농업에 동물을 사용하는 것 역시 반대한다. 이러한 생생하면서도 참혹한 실태를 고발하면서, 싱어는 수천 명에 달하는 세계 각지의 활동가들에게 인간의 손에 고통 받는 동물들이 없어질 수 있도록 함께 싸워달라고 호소했다. 모든 동물권 옹호론자들이 싱어와 같이 어떤 동물도 농업이나 의학에 사용되어서는 안 된다고 주장하는 절대주의자는 아니지만, 위와 같은 관점에 대해 온건한 사람들조차도 현대 생활에 큰 변화가 생겨야 한다고 주장한다. 달리 말해서 싱어가 주장하는 **동물해방**은 현재 우리가 누리는 문화의 급진적인 재편을 요구한다. 한편, 이와 유사한 또 다른 급진적 환경윤리인 심층 생태학도 많은 실천적 활동을 고무시키고 있다.

### 표층 생태학에서 심층 생태학으로

노르웨이의 철학자 아르네 네스(Arne Naess)는 「얕은 생태 운동과 길고도 깊은 생태 운동: 요약」이라는 짧은 논문에서 '심층 생태학'■이라는 용어를 처음으로 제시한 사람이다(Naess, 1973). 제목에서도 추측할 수 있는 것처럼 이 논문은 소위 '표층 생태학'을 비판하며 그 대안으로 새로운 '심층 생태학'을 제시하고 있다. 이 상이한 '생태학들'은

**심층 생태학** '얕은' 주류 환경주의를 비판하며 '더 깊은', 진정한 의미의 생태중심적 관점을 주장하는 환경윤리 철학을 가리킨다.

생태 과학 내부에서의 차이라기보다는 환경운동 진영에서의 차이에서 비롯된 것이다. 표층 생태학은 특정한 사안들, 가령 대기오염이나 자원 고갈에 대한 개별적 접근에 치중함에 따라 생태적 문제의 원인에 대한 '한층 심층적인 질문'을 제기하지 못한 채 생태적 위기 그 자체를 해결할 수 있는 대안을 제시하지 못했다. 반면 심층 생태학은 인간 사회에 대한 비판 속에서 인간과 비인간 자연 간의 관계성에 대해 총체적으로 접근할 것을 주장한다.

심층 생태학이라는 네스의 철학을 뒷받침하는 것은 '자각'과 생태중심주의라는 용어이다. 네스에게 '자각'이란 참된 심층 생태학적 질문에 따른 논리적 귀결이라고 할 수 있다. '우리' 개인이 모든 대상과 상호 연결되어 있음을 깨달을 때, 비로소 자아라는 개념은 개인을 넘어 모든 것을 아우르는 개념으로 확장될 수 있다. 네스의 철학을 뒷받침하는 두 번째 주요 용어인 생태중심주의는 자각의 논리적 귀결이다. 즉, 자신이 외부로부터 봉쇄된 닫힌 존재가 아니라 자연의 다른 모든 생명과 동일한 존재라는 사실을 사람들이 인식하는 순간 인간중심주의적 생각이나 행위는 당연히 비논리적 결과가 될 수밖에 없다.

북아메리카의 경우 드볼(Bill Devall)과 세션(George Sessions)의 저서 『심층 생태학: 자연의 중요성을 알고 살아가기(Deep Ecology: Living as if Nature Mattered)』가 '심층 생태학 운동'의 근간을 제공했던 1985년 전까지 심층 생태학은 생소한 개념이었다. 이것은 '비인간 세계가 인간의 목적을 이루는 데 얼마나 유용한가와 별개로 자연은 그 자체로서 내재적 가치■를 가지고 있다'는 주장에 토대를 두고 있다. 이 저술은 인구의 감소, 자연에 대한 인간의 간섭 축소, 환경 정책의 변화, 인간의 의무적인 환경주의 운동 등을 주장했다. 심층 생태학은 간결하고 직접적이다. 이것은 제1장에서 다루고 있는 맬서스의 과잉인구론과 같이 익숙한 주제를 다루며 북아메리카 환경운동에 크게 기여했으며 특히 북아메리카 야생 보존 운동 내부에서 급진주의를 형성하게 되었다. 심층 생태학 또한 이 장에서 언급했던 다른 환경윤리들과 마찬가지로 그에 대한 비판론자들이 없는 것은 아니다. 이 장의 마지막 절에서 심층 생태학과 여타 환경윤리

**내재적 가치** 자연적 대상물은 그 자체로 가치를 내재하고 있고, 그 가치는 수단이 아닌 목적으로 존재한다는 것을 일컫는다.

에 대한 비판을 간략히 검토해보려 한다.

## 전체론, 과학주의에 실용주의까지? 오, 세상에!

환경을 보호하는 것은 옳은 일인가? 자연에 대한, 가령 산림, 동물, 생태계 과정 등에 대한 과도한 착취는 그른 일인가? 환경적 딜레마에 대해 이런 질문들을 제기하는 것은 우리의 환경윤리를 새롭게 고치는 행동으로 이어질 것이고, 이는 다시 우리의 사회를 바람직한 방향으로 재구축하는 논리적 첫걸음이 될 것이다. 그럼에도 어떤 이들은 이러한 대중적 환경윤리가 반동적 독재 정치로 귀결될 수 있다고 우려한다.

'생태 독재주의'를 비판하는 사람들은 주로 레오폴드의 대지 윤리와 그 결과로 부상한 환경운동을 공격 목표로 삼는다. 이들은 대지 윤리에 나타난 전체론■, 예를 들어 생태계, 종, 자연적 과정과 같은 전체에 대한 보호가 개별 인간과 동물과 같은 각 부분들에 대한 보호에 선행한다는 주장이 우려스럽다고 비판한다. 레오폴드의 유명한 "생물 공동체의 순수성을 보존하려는 행위는 옳은 행위이다"라는 주장에서 이러한 생태 독재주의를 읽어내는 것은 어렵지 않은 일이다. 이것은 어떤 행위(예를 들어 인구압을 줄이기 위해 개인을 희생하는 것)가 전체의 선을 추구한다면, 그 행위는 허용되며, 심지어 옳은 일로 여겨진다는 의미이다. 극단적인 정치를 비판하는 사람들은 생태중심적 윤리가 인간의 기본적 자유를 전복시키는 행위를 정당화할 수 있다고 우려한다. 대지 윤리의 옹호자들은 이러한 반독재주의 비판이 레오폴드의 이론에 대한 경직되고 우스꽝스러운 해석이라고 본다. 대지 윤리는 우리의 도덕적 사유에서 그동안 중요함에도 빠져 있었던 것을 함께 고려해야 한다는 주장이지 생태학이 다른 모든 기준보다 우위에 있다는 주장이 아니다.

어떤 사람들은 대지 윤리, 심층 생태학, 그리고 그로부터 파생된 환경윤리 등이 철학자들이 말하는 '자연주의 오류'■에 빠져 있다고 비판한다. 그동안 무엇이 좋고

**전체론** 전체(예를 들어 생태계나 지구)가 부분의 합보다 크다는 사상을 담고 있는 이론을 총칭하는 용어이다.

**자연주의 오류** 자연적 '사실'로부터 윤리적 '가치'를 도출하는 추론으로서 철학적으로 타당성이 없다.

무엇이 옳은가를 판단할 때 주로 생태 과학의 연구 결과가 활용되어왔다. 달리 말해 '이래야 한다'는 당위적 가치가 '이러하다'는 객관적 사실로부터 도출되어 왔던 것이다. 그러나 이러한 방식은 오늘날 철학적인 의미에서 거의 가치가 없다. 왜냐하면 존재하는 모든 것들이 그 자체로 옳은 것은 아니기 때문이다. 최근, 이러한 비판은 심층 생태학자들의 '과학주의'■, 즉 과학을 그 자체로 객관적이고 가치중립적이라고 칭송하며 거기에 절대적 권위를 부여하는 태도에 대한 비판으로 발전하고 있다. 과학적 지식이 종교, 철학, 인문학적인 정의의 개념 등 다른 모든 가치나 판단보다 우위를 점하게 된다는 것은 결국 민주주의적 이상 앞에서 전문가들이 무소불위의 권력을 가질 수도 있음을 의미한다. 따라서 생태중심주의적 윤리의 지지자들은 자신들의 주장이 지나치게 생태학에 치우친 나머지 철학적·정치적 함정에 빠지지 않았는가에 대해 진지하게 성찰할 필요가 있다.

**과학주의** 사회의 의사결정이나 윤리적 판단의 근거로서 자연과학에 무비판적으로 의존하는 행위. 대개 조롱의 의미로 사용된다.

**사회생태학** 머리 북친과 관련된 사상이나 운동의 총체를 가리킨다. 그는 환경 문제나 위기가 계층적 특성을 띠고, 국가에 의해 통제되며, 사람과 자연 모두에 대한 지배를 가정하고 있다는 점에서 환경 문제와 위기는 지배적 사회 구조와의 관계에 뿌리를 두고 있다고 주장한다.

이와 같은 비판 진영에서 가장 일관성 있고 설득력 있는 주장은 사회생태학■을 옹호하는 사람들이다. 머리 북친(Murray Bookchin)은 40여 년 동안의 저술 활동을 통해 사회생태학의 발전에 공헌했다. 사회생태학자들은 자연 과학이나 철학적 윤리보다는 급진적인 정치경제학에 토대를 두고 있는데(제6장 참고), 이들은 심층 생태학자들이나 대지 윤리를 주장하는 사람들이 잘못된 관념을 겨냥하고 있다고 주장한다. 이들에 따르면 사회의 근본적인 문제는 잘못된 윤리, 허황된 사상 또는 생태적 순진함과 관계된 것이 아니다. 우리의 생태적 질병은 본질적으로 사회적인 것이다. 이러한 사상의 전통은 크로포트킨과 같은 19세기의 사회주의적 무정부주의자들의 생각과 연구에 기원을 두고 있는데, 이들은 자연에 대한 지배와 착취가 사회적 계층화 및 다른 인간에 대한 지배와 착취를 근간으로 하는 사회 체제에서는 불가피한 현상이라고 주장한다. 평등하고 정의로운 사회가 구축되지 않는 한, 사람들이 어떠한 윤리적 시각에서 자연을 바라보려고 할지라도 환경 파괴는 결코 중단되지 않을 것이라는 주장이다.

동물권 옹호론자들 또한 정치적 비판으로부터 자유롭지 않다. 실제적 의미에서 동물이 인간과 동등한 권리를 가진다는 말은 과연 무엇을 의미하는가? 우리는 인간의 권리와 비인간인 동물의 권리를 구별 짓고 있는가? 만일 그렇다면 어떻게 구별 짓고 있는가? 윤리적 측면에서 종의 경계가 임의적이라고 한다면, 인권과 동물권이 상충하고 있는 경우 과연 인간과 동물이라는 경계를 중심으로 의사결정을 내리는 것은 옳고 타당하며, 무엇보다도 가능한 일인가? 아주 급진적인, 혹은 염세적인 부류를 제외한 대부분의 동물권 옹호론자들은 이러한 질문들이 의도적으로 자신들의 신념을 비인간적이고 쓸모없는 듯이 보이도록 제기한 부질없는 논의, 오직 비판 자체를 위해 만든 과장되고 불공정한 희화화라고 반응할 것이다. 물론 그것이 맞는 말일 수 있다. 하지만 그런 반응만으로는 활동가들, 효과적인 해결책을 제시해 골치 아프면서도 현실적인 갈등을 해결해야 하는 사람들의 앞에 놓인 문제를 해결할 수 없다.

이제까지 우리는 환경윤리에 대한 외부의 비판을 검토해보았다. 즉, 앞선 비판들은 대체로 환경주의자라고 스스로를 규정한 이들의 외부로부터 제기된 것들이다. 환경윤리는 수많은 학자들과 환경운동가들이 활동하고 있는 분야로서, 내부에서도 상당한 논쟁이 벌어져 왔다. 이러한 내부 논쟁 중 아마도 가장 치열하게 전개되었던 것은 동물권 옹호론자들과 대지 윤리 옹호론자들 간의 논쟁일 것이다. 간략히 말한다면, 동물권 옹호론자들은 개별 유기체에 관심을 두지만 대지 윤리 옹호론자들은 종, 생태계, 진화 과정 등에 관심을 둔다. 사냥은 이 두 입장이 부딪치는 대표적인 사례이다. 많은 동물권 옹호론자들은 감정적 존재의 고통을 유발하는 사냥에, 설령 그것이 어떠한 방식일지라도, 반대한다. 그러나 일부 환경주의자들의 입장에서 볼 때 사냥은 생태적으로 유익하거나 필수적인 활동이다. 이는 다음과 같은 질문으로 대치해서 제시할 수도 있다. 즉, 진정 사람들은 윤리를 외부로(비인간 동물들로) 확대시키는 것과 상부로(생태환경과 진화로) 확대시키는 것 사이에서 선택을 해야만 하는가? 두 진영을 통틀어 상당히 많은 사람들은 이 질문에 대해 단도직입적으로 "예"라고 대답하면서 옳은 행위를 실천하는 일에서 반대 진영을 장애물로 간주한다. 일부 사람들은 이런 질문이 불필요한 딜레마라고 주장하면서 이러한 대립적 관점은 실제적인 해결책을 찾는 것보다 이념적 순수성을 유지하는 것에 관심이 있는 사람들이 만든 허구적 장벽에 지나지 않는다고 비판한다.

**실용주의** 19세기 북아메리카에서 등장한 철학의 하나로서, 진실과 실재란 현실 세계에서의 결과와 효과로 구성되어 있다고 본다.

그러나 두 입장 간의 조화를 기대할 수도 있다. 실용주의■는 이론의 실제적 결과에 관심을 두고 있는 철학인데, 환경윤리에 대해 비교적 새로우면서도 탄탄한 비판을 제기하고 있다. 환경 실용주의자들은 너무나 많은 환경주의자들이 불필요하고 비생산적으로 이론을 세분화시켰다고 비판한다. 예를 들어 심층 생태학의 주창자들은 공개적으로 심층 생태학의 깃발을 들지 않은 많은 다른 사람들을 '표층' 생태학자로 범주화하고, 그들과 자신들과의 사이에 거대한 단층선을 만들어냈다. 엄밀한 생태중심적 윤리에 입각한 환경주의를 주장하는 사람들도 이와 유사한 단층선을 만들어냈다. 그렇다면 인간중심적이지만 환경 보호를 주장하는, 그리고 사안별로 생태중심주의자들과 의견의 일치의 보일 수도 있는 사람들은 모두 부적절한 환경주의자들에 해당되는 것일까? 환경 실용주의자들은 필요한 개혁을 달성하기 위해서 고유의 분열적인 수사를 버리고 한층 폭넓고 포괄적인 환경주의를 제창해야 한다고 주장한다.

인간중심적 사유는 필연적으로 반생태주의적 윤리로 나아갈 수밖에 없는 것일까? 인간과 비인간 동물 간의 관계에는 근본적인 문제가 있는 것일까? 환경윤리는 이와 같은 근본적이고 도전적인 문제를 사회에 던지고 있다. 만약 많은 환경윤리학자들이 주장하는 것처럼 이러한 질문에 "예"라고 대답한다면, 우리가 살고 있는 지구의 질병을 치유하기 위해서는 근본적인 이념적 변화가 반드시 수반되어야 한다. 그러나 그렇다고 할지라도 어떤 이상, 이념 또는 옳은 행위에 대한 비전을 고수하는 것은 복잡한 문제의 일부분에 지나지 않는 것일 수도 있다. 즉, 경제적 동력, 정치력, 제도적 한계 등 다른 모든 것들이 개인이 선택한 행위에 장애가 될 수 있기 때문이다. 환경윤리에 대한 이론적·실천적 도전도 벅찬 상황이지만, 현재의 세계가 깊이 뿌리를 내리고 있는 정치적·경제적 조건을 면밀하게 이해하는 것 또한 중요하다.

## 윤리에 대해 생각하기

이 장에서 우리가 살펴본 내용은 다음과 같다.

- 다양한 윤리 체계가 수천 년 동안 자연에 대한 인간의 태도에 영향을 끼쳐왔다. 이 중 인간중심적 윤리 체계와 생태중심적 윤리 체계가 대표적이다.
- 오늘날 보전주의 운동은 보존주의 운동과 경합하고 있다.
- 최근에는 인간을 위한 자연의 역할을 무시하지 않으면서도 생태적 관점에서 자연에 가치를 부여할 수 있는 방법으로서 대지 윤리가 제시되고 있다.
- 한층 급진적이라고 할 수 있는 심층 생태학은 자연의 가치를 철저하게 그 자체로서, 그리고 그 자체를 위해 정의하려는 윤리를 대표한다.
- 기타 비판적 또는 실용주의적 전통은 인간의 행위를 결정할 수 있는 절대적이고 뚜렷하며, 보편적인 윤리가 과연 존재할 수 있느냐는 의문을 제기해오고 있다. 그렇다고 해서 이러한 관점들이 어떤 행위나 의사결정에 지침이 될 수 있는 근원적인 윤리의 중요성을 간과하는 것은 아니다.

### 검토 질문

1. '지배론'이 무엇인지 요약해보자. 지배론은 일종의 '윤리 이론'에 해당될까?
2. 재산에 대한 존 로크의 이론은 어떤 환경윤리를 제시하고 있을까? 예를 들어, '오래된' 산림으로 채워진 땅이 있다고 할 때, 존 로크의 환경윤리는 이 땅을 어떻게 사용하는 것이 적절하다고 주장할까?
3. 헤츠헤치 계곡을 둘러싸고 벌어진 핀쇼와 뮤어의 유명한 논쟁은 '보전주의자'와 '보존주의자'의 결별을 가져왔다. 두 용어에 대한 설명을 중심으로 이 논쟁을 요약해보자.
4. 피터 싱어는 '동물해방'을 주장한 사람이다. 그는 어떤 이유에서 동물이 해방되어야 한다고 주장했을까? 그리고 우리는 이를 실현하기 위해 무엇을 할 수 있을까?
5. '심층 생태학'에서 '심층'의 의미를 설명해보자. 심층 생태학이 생태중심적 윤리를 뒷

받침한다는 말은 무슨 의미일까?

### 연습 문제: 돼지고기, 먹어야 할까?

이 장에서 공부한 이론과 그에 대한 비판을 고려한 상태에서, 이 장의 서두에서 제시한 이야기를 다시 검토한 후 다음과 같이 질문을 던져보자. 공장식 농장은 과연 옹호될 수 있을까? 환경윤리는 이 질문에 대답하는 데 도움이 될 수 있지만, 이 질문에 대한 대답은 결코 단순하지도 자명하지도 않다. 책, 잡지, 인터넷 등을 활용해서 공장식 돼지 사육 농장에 대한 반대와 지지의 주장이 나타난 글을 각각 세 가지씩 찾아보자. 수집한 글을 읽은 후 다음과 같은 질문을 해보자. 수집한 글 중에서 얼마나 많은 글이 윤리에 토대를 두고 있는가? 윤리적 주장 중에서 생태적 또는 동물 보호의 입장이 나타난 글이 있는가? 이외에도 어떤 근거가 반대와 지지를 뒷받침하기 위해 사용되었는가? 두 입장의 글을 모두 읽은 후의 본인의 의견은 어떠한가? 마지막으로 공장식 농장에 대한 본인의 의견을 두 문단의 글로 정리해보자.

**■ 추천 문헌**


로크, 존(John Locke). 1997. 『통치론』. 이극찬 옮김. 서울: 삼성출판사.

Abbey, E. 2000. *The Monkey Wrench Gang*. New York: Harper Perennial Modern Classics.

Des Jardins, J. R. 2006. *Environmental Ethics: An Introduction to Environmental Philosophy*. Delmont, CA: Thomson Wadsworth.

Light, A., and H. Rolston(eds.). 2003. *Environmental Ethnics: An Anthology*. Malden, MA: Blackwell.

Norton, B. G. 2003. *Searching for Sustainability: Interdisciplinary Essays in the Philosophy of Conservation Biology*. New York: Cambridge University Press.

Smith, M. 2001. *An Ethics of Place: Radical Ecology, Postmodernity, and Social Theory*. Albany, NY: State University of New York Press.

# 제5장

## 위험과 위해 Risks and Hazards

자료: http://en.wikipedia.org/wiki/File:Radiation_hotspot_in_Kashiwa_02.JPG.



Keywords

- 문화이론
- 불확실성
- 외부효과
- 위해
- 위험
- 위험 인지
- 정동

## 1993년 대홍수

1993년 6월 중순, 미국 중서부 전역에서 비가 내리기 시작했다. 아이오와, 일리노이, 미주리에서 비가 내렸고 미네소타, 네브래스카, 위스콘신, 캔자스, 인디애나에서도 비가 내렸다. 몇 주일 내내 밤낮을 가리지 않고 쏟아지던 비는 8월이 되어서야 멈추었다. 비가 줄기차게 퍼붓자 미시시피 유역에 건설된 수천 개 댐의 수위는 계속 올라갔고, 지역 내 농촌과 도시에 살던 수백만 명의 주민들은 불안에 떨며 댐의 수위 표시선이 위험 수준에 이르는 과정을 지켜보았다. 결국 물이 인구밀집 지역에 흘러가는 것을 막아주던 1,500여 개의 제방들 중 1,000여 개가 무너지거나 범람했다. 범람한 물은 도시와 농장 전역을 집어삼켰다. 이 '1993년 대홍수'로 인해 48명이 사망하고 200억 달러의 피해가 발생했다.

이 홍수는 미국 역사상 가장 큰 규모의 홍수였으며 당시 가장 큰 피해를 남긴 홍수이기도 하다. 물론 2005년 허리케인 카트리나(Katrina)로 수천 명이 사망하고 수많은 사람들이 집을 잃은 것을 비롯해 이후에도 무수한 재난들이 발생했지만, 1993년 대홍수가 지역과 국가 전체에 미친 피해는 실로 참담했다. 수많은 독소와 DDT – 이 살충제는 잘 분해되지 않아 사용이 금지되고 수십 년이 지난 이후에도 살포된 자리에 잔류해 있었다 – 가 섞인 하천의 토사가 미국에서 가장 비옥한 경작지대 위에 흘러넘쳤고, 이로 인해 토지는 몇 년 동안 경작 불가능한 불모지로 변했다. 75개의 마을이 범람으로 침수되었고, 1만 개의 가구가 완전히 파괴되었다.

이 사건은 매우 이례적이었다. 그해 여름의 강수량은 평년보다 2~3배 이상 많았고, 수위도 100~300년에 한 번 나타날 정도로 높은 수준이었다(Johnson et al., 2004).

그러나 미시시피 강의 홍수를 결코 유례없는 사건이라고 말할 수는 없다. 1885년에 이미 미시시피 하천 위원회는 이 광대하고 예측 불가능한 하천에 대한 통제 임무를 부여받았고, 위원회는 범람원의 습지를 보전하거나 하천의 유량을 흡수할 수 있는 배수 시설을 확충하기보다는 '제방 위주의 정책'을 선택했다. 마크 트웨인(Mark Twain)은 이처럼 어리석은 정책을 비판하면서 1896년 출간된 자신의 책 『미시시피 강의 추억(Life on the Mississippi)』에 다음과 같이 적었다. "하천 위원회가 수만 개 생긴다 해도 …… 이 하천을 뜻대로 길들이거나, 제어하거나, 가둘 수는 없을 것이다. 이 강을 복종시켜 저리로 가라, 이리로 와라라고 말할 수 있게 될 날은 결코 오지 않을 것이다. 강이 허락하지 않은 곳에 강변을 만들 수는 없으며, 어떤 차단물로도 강의 물길을 막을 수는 없을 것이다. 강은 그것을 무너뜨리고, 그 위에서 춤을 추며, 그것을 비웃을 것이다"(Twain, 1981: 138). 마크 트웨인의 글은 정말 예언 그 자체였다. 1927년 미시시피 강은 둑을 넘고 제방을 무너뜨리면서 7만 $km^2$에 달하는 땅을 침수시켰는데, 이 홍수가 있기 바로 1년 전에 하천 위원회와 미 공병단의 기술자들은 이 제방이 영원할 것이라고 말했다.

미시시피 강에 대해 우리가 알고 있는 바를 토대로 볼 때, 과연 '1993년 대홍수'는 예측 불가능한 것이었을까? 제방이나 다른 시설물에 대한 투자 부족이 원인이었을까? 아니면 하천에 대한 과도한 인위적 개입이 위기를 가속화시켰던 것일까? 혹은 상대적으로 큰 피해 없이 지나갈 수 있었던 기상 사태가 범람원에 대한 정부의 무지한 의사결정, 즉 홍수가 벌어졌을 때 넘친 강물이 지나갈 수밖에 없는 위험한 곳에 주민들이 집을 짓고 살아가게 한 결정 때문에 국가적 재난으로 변모했던 것일까? 예측할 수 없는 재난에 대해서 어떻게 계획을 세울 수 있을까? 땅을 새롭게 복원하는 데 드는 비용은 누가 책임을 지고 부담할 것인가? '비합리적으로' 위험을 무릅쓰고 그곳에 살았던 주민들이 부담할 것인가? 자연의 위해에 노출되지 않은 채 100년이 넘는 시간 동안 그곳에서 생산된 저렴한 농산물을 소비해왔던, 범람원이 가져다준 농업적 혜택을 누려왔던 바로 우리들이 부담할 것인가? 중서부 지역 일대의 성장을 위해 막대한 보조금을 지원하면서도, 발생할 수 있는 재난을 줄이기 위한 투자에는 인색했던 정부가 부담할 것인가? 사회는 어떻게 이 불규칙적이면서도 인간의 능력을 뛰어넘은 세계를, 사회적으로 정의롭고 환경적으로 지속가능한 형태로 조정할 수 있을까? 우리는 이러한 질문들을 바탕으로 위해로서의 환경에 대해 생각해보고, 아울러 자연에 대한 사회적 관계를 비인간 세계가 선사하는 피할 수 없으면서도 끊임없는 위험의 관리라는 차원에서 생각해본다.

**위해** 생산 및 재생산의 측면에서 개인과 사회를 위협하는 특정한 대상, 조건 또는 과정을 뜻한다.

## 위해로서의 환경

환경을 위해라는 측면에서 고려할 때 위해(hazard)■, 위험(risk), 불확실성(uncertainty)의 세 가지 개념은 앞서 제기한 문제들을 정리할 수 있도록 도와준다. 위해는 생산(생계를 꾸려나가는 것)과 재생산(생존하는 것)의 측면에서 개인과 사회를 위협(threat)하는 대상(햇빛의 자외선 등)이나 조건(하천의 주기적 범람 등), 과정(물의 질산화 등)을 뜻한다. 위해는 실제적이고, 근본적으로는 불가피하며, 인간과 사회가 자연과 기술로부터 얻는 혜택 및 이익과 복잡하게 얽혀 있다. 남아시아의 몬순 기후는 이 지역 전체 주민이 먹을 수 있는 곡물 생산을 가능하게 하지만, 이와 동시에 주기적인 홍수나 가뭄을 일으킴으로써 수많은 사람들의 생명을 앗아간다. 미국의 경우 원자력 에너지는 전체 에너지의 약 20% 정도를 공급하고 있지만, 이 시설들은 매우 위험할 뿐 아니라 수천 년에 걸쳐 위해를 가하는 방사능 폐기물을 만든다. 이처럼 위해란 모든 대상물들의 부정적인 잠재력을 의미한다. 위해는 묘사될 수 있고 계량될 수 있으며, 시간이 지남에 따라 새롭게 발견되기도 한다.

물론 모든 위해가 '자연적인' 것은 아니다. 많은 위협적 대상들은 DDT나 원자력 에너지와 같이 전적으로 인간이 빚어낸 것들이다. 거의 모든 위해들은 자연적 발생과 인위적 발생 사이의 어느 지점에 위치해 있다. 왜냐하면 인간이 생태계에 미치는 영향과 환경이 인간의 행태에 미치는 영향은 뚜렷하게 분리하기 어렵기 때문이다. 어느 경우이든 간에, 환경을 위해라는 측면에서 이해함으로써 인간, 정부, 기업은 이러한 사회·환경에 대해 어떻게 대처할 것인가를 이성적으로 결정할 수 있다.

그러나 이러한 문제들 대부분은 간헐적으로 발생하거나 완전히 예측하는 것이 불가능하기 때문에 대처가 매우 어렵다. 평년 이하의 강수를 뜻하는 가뭄은 작물 생산을 위협하지만 매년 발생하는 것도 아니다. 영구적인 가뭄을 가정해 우리의 전체 생산 예측량을 비관적으로 낮게 잡아야 할까? 또는 이러한 위해를 다함께 무시한 채 행운을 바라며 지내야 할까? 그렇지 않으면 최선을 희망하면서도 최악에 대한 비상 대책을 마련해두는 제3의 길을 택해야 할까?

## 위험으로서의 결정

> **위험** 위해와 관련된 특정한 결정이 야기할, 또는 야기할 수 있는 부정적 결과의 발생 가능성을 뜻한다.

위와 같은 대안들 중 하나를 선택하는 것은 위험■을 둘러싸고 벌어지는 의사결정 과정이다. 위험이란 위해와 관련된 특정한 결정이 야기할, 또는 야기할 수 있는 부정적 결과의 발생 가능성이라고 할 수 있다. 모든 의사결정은 어느 정도의 위험을 안고 있지만, 위험의 정도는 아주 경미한 것에서부터 막대한 것에 이르기까지 다양하다. 주사위 두 개를 동시에 던져서 1이 두 개 나올 수 있는 확률은 평균 36분의 1이다. 이 말은 35번을 던질 때까지 1이 두 개 나오지 않을 수도 있다는 뜻이다. 물론 그 결과에 어떤 이해관계가 얽혀 있는 게 아니라면 아무런 문제도 없다. 그러나 만약 평생에 걸쳐 저축한 돈이 주사위에 걸려 있다고 하면 상당히 위험하다. 두 개의 주사위를 동시에 던져서 합계가 7이 될 경우에 배팅하는 것이 확률적으로 6분의 1이므로 더 나은 선택일 것이다. 환경에 이런 방식으로 대응한다면 성공과 실패, 그리고 좋은 결과나 나쁜 결과의 확률을 추정함으로써 최선의 결정을 내릴 수 있다.

가뭄은 언제라도 발생할 수 있기 때문에 천수답(天水畓)에 종자를 심는 일에는 항상 위험이 따른다. 그러나 가뭄이 거의 발생하지 않는 지역에서는 그 위험이 매우 낮을 것이다. 반면, 가뭄이 빈번한 지역에 사는 농부들은 실패할 수 있는 위험을 줄이기 위해 일반적인 종자와 함께 가뭄에 잘 견딜 수 있는 종자를 함께 심는 등의 창의적인 대응을 하기도 한다. 이러한 적응 전략은 평상시에 비해 비용이 많이 들기 때문에 매년 수확으로 얻을 수 있는 수익은 감소하겠지만, 경작에 완전히 실패할 가능성을 최소화할 수 있다. 가뭄의 위험을 회피하는 이러한 적응 전략은 건조지대 및 반건조지대의 농업지역에서 매우 일반적이다.

지리학자인 길버트 화이트(Gilbert F. White)는 범람원 지역에서 위험을 관리할 수 있는 전략을 선구적으로 제시한 사람이다. 화이트는 프랭클린 루스벨트(Franklin Roosevelt) 대통령으로부터 1927년의 대재앙 이후로도 여전히 요동치고 있는 미시시피 강의 관리 시스템을 평가해달라는 요청을 받고 대공황 시기에 다수의 연방정부 기관에서 공직자로 일했다. 화이트는 미시시피 강 문제에 대해 연구한 후, 제방 축조나 수로 변경 등 공학적인 해결에만 의존했던 것이 문제의 핵심이라고 지적하면서 범람과 관련해 국지적 상황에 적합한 '다중 대응' 전략이 필요하다고 결론을 내렸다. 다중 대응은 어떤 문제가 일으키는 위험의 여러 가지 측면을 다각적으로 고려하는 것을 의미한다. 여기에는 범람원에 거주하는 주민에게 지급할 보험 보조금, 범람의 주기 및 피해 지역에 대한 빈약한 정보, 대피 계획의 미흡함, 엉성한 경계 설정, 구조 계획의 미비 등 사회적인 측면도 포함되었다. 그는 최종적으로 미시시피 강이 범람에 취약하다는 결론을 내렸다. 따라서 문제는 다음과 같이 명확해졌다. 이 강의 주변에 사는 주민은 이 사실을 얼마나 합리적으로 받아들일 수 있을까? 이 질문에 대한 결론은 그 이후에 완성된 그의 박사학위 논문 「범람에 대한 인간의 적응: 미국 내 범람 문제에 대한 지리적 접근(Human adjustment to floods: a geographical approach to the flood problem in the United States)」(1945)에서 논의되고 있다. 이 논문은 환경·사회 연구에서 유명한 고전이 되었다.

2005년 미국의 허리케인 카트리나와 2003년 겨울 영국의 대홍수와 같이 개발도상국에서뿐 아니라 충분한 대응 능력을 갖춘 곳에서조차 무시무시한 범람에 따른 재해가 발생한다는 사실을 고려할 때, 화이트의 제안이 실제로 얼마나 충분하게 검토되었는지에 대해 다소 의구심이 든다. 연방정부나 주정부가 뉴올리언스(New Orleans)의 제방에 대한 투자를 결정하는 과정에서 과연 어떤 위험 평가가 이루어졌는가? 정책의 실행은 위험의 수준에 잘 부합했는가? '다중 대응' 개념이 미시시피 강에 대한 의사결정에 어떤 기여를 했는가?

환경을 위해로, 그리고 의사결정을 위험으로 이해함으로써 우리는 창의적이고 한층 바람직한 결정을 내릴 수 있다. 물론 이것이 가능하기 위해서는 위해의 발생 가능성, 빈도, 강도 등에 대해 어느 정도 확실성 있는 지식을 갖추어 위험에 노출된 정도를 고려하고 추정할 수 있어야 할 것이다.

## 불확실성으로서의 환경 조건

**불확실성** 어떤 결정의 결과나 상황에 대해 알지 못하는 정도를 뜻한다.

위험은 불확실성■과는 구별되어야 한다. 불확실성은 어떤 결정의 결과나 상황에 대해 얼마나 모르고 있는가를 나타내는 상태라고 할 수 있다. 불확실성은 위험에 대한 추정을 어렵게 하며, 불확실성을 야기하는 요인은 수없이 많다.

불확실성의 첫 번째 원인은 많은 환경 시스템의 상태가 시간이 흐를수록 매우 고르지 못하거나 불안정해지는 데 있다. 예를 들어 사람들은 지난 100년 동안 20년을 주기로 심각한 가뭄이 발생한다는 사실을 근거로 상수도 공급에 관한 결정을 내릴 수 있다. 그렇지만 이와 같은 시간 틀이 규칙적이지 않을 수도 있다. 가령 지난 1,000년 동안 가뭄은 10년에 2회씩 매우 빈번하게 발생했으며, 지난 100년은 매우 이례적인 경우에 해당함에도 사람들이 100년간의 경험에만 의지해 의사결정을 내린다면 어떻게 될까? 콜로라도 강 협약이 바로 이러한 사례에 속한다. 콜로라도 강 협약은 1922년에 미국 서부의 주들이 콜로라도 강의 수자원을 일정한 비율로 나누어 갖기로 약속한 공식 계약이다. 이 계약이 맺어질 당시는 유례없이 강수량이 많았던 시기로 콜로라도 강의 수위가 매우 높았다. 따라서 이 협약은 '심각한 가뭄'을 과소평가했다. 현재 이 지역에는 당시 예측했던 것보다 가뭄이 훨씬 더 빈번하게 나타나고 있다. 그럼에도 계약으로 설정된 콜로라도 강 수자원의 주별 할당 규모의 총합은 실제 이 지역의 전체 수자원 규모보다 훨씬 크다. 달리 말해, 서부 주들은 매년 실제 존재하는 것보다 훨씬 많은 수자원에 대한 법적 권리를 가지고 있는 것이다.

불확실성은 새로운 위해에 부딪혔을 때 나타날 수도 있다. 유의미한 경험을 해보기 전에는 위험을 평가하는 것이 매우 어렵기 때문이다. 이는 특히 기술적 위해의 경우에 잘 나타난다. 그 일례로 석유화학 살충제가 새롭게 등장한 1930년대부터 광범위하게 사용되기 시작한 DDT를 들 수 있다. DDT는 야생 생물의 세포조직에 축적되는 화학 약품으로 많은 생물 종의 감소, 특히 조류의 감소를 야기했다. 그러나 DDT 사용을 공식적으로 금지하고 통제한 것은 그로부터 훨씬 나중의 일로, 그것이 야기한 결과를 체감하고 나서야 비로소 이루어졌다. 이처럼 불확실성은 위험 추정에 영향을 끼치고, 복잡한 자연계에 대한 인간의 지식 축적을 어렵게 만든다. 새로운 정보는 지식의 증대를 통해 위험 추정을 한층 정확하게 만들 수 있지만, 여기에서도 어느 정도의 불확실성은 불가피하다.

## 위험 인지의 문제

객관적인 불확실성만이 위험 평가를 방해하는 것은 아니다. 사람들에게는 위험을 주관적으로 파악하는 경향이 있기 때문이다. 게다가 이러한 주관적 인지는 사회의 구조적 편견에 영향을 받으므로 문제가 더욱 복잡해진다. 위험 인지▪ 분야의 연구자들은 실제 사람들의 행태, 의견, 심리적 성격 등에 대해 조사하면서 어떤 결정에 따라 발생하는, 또는 예측되는 위험이 사람들의 일상생활 속에서 과대·과소평가된다고 주장한다. 이는 위해를 합리적으로 관리하는 일에 중요한 함의를 제시한다.

예를 들어 이동 거리를 기준으로 볼 때 사람들에게 가해지는 물리적 위험의 수준은 자동차가 항공기보다 훨씬 높지만, 대부분의 사람들은 자동차보다 항공기 이용을 훨씬 더 두려워한다. 또 예방접종이나 상수도의 불소처리에 대해 사람들이 우려하는 모습을 흔히 볼 수 있지만, 통계적으로 볼 때 이것들이 건강에 위해를 끼칠 확률은 잔디 깎기 기계의 그것보다 훨씬 낮다. 그럼에도 사람들은 잔디 깎기 기계에 대해 우려하거나 위해를 느끼지는 않는다. 왜 그런 것일까?

지난 수십 년 동안 연구자들은 이러한 편견에 대해 과학적으로 탐구하면서 우리가 한층 많은 정보를 축적하고 그에 따라 불확실성이 낮아짐에도 왜 환경 및 인간 건강에 대한 관리 시스템이 나아지지 않는가를 설명하고자 노력해왔다(Slovic, 2000). 수많은 사람들이 위험에 관한 편견을 공유하고 있다는 사실이 점점 명백해지고 있으며, 이는 인간의 위험 인지에 심층적인 경향이 자리 잡고 있음을 암시한다.

본인의 의사에 반하고, 통제 불가능하며, 점진적·장기적 영향력이 있다고 생각하는 위해에 대해서는 굉장히 많은 사람들이 두려워한다. 반면, 개인적·자발적 선택으로 야기되고 그 영향력이 즉각적이라고 생각되는 위해에 대해서는 사람들이 크게 두려워하지 않는다. 예를 들어 이동거리당 사고 및 사상 확률로 따졌을 때 자동차가 항공기보다 훨씬 위험함에도, 사람들은 자동차 운전의 위험성을 대수롭지 않게 여긴다. 자신의 손으로 직접 운전한다는 사실이 사람들에게

**위험 인지** 특정한 상황이나 결정으로 야기되는 위해에 대한 평가는 항상 합리적으로 이루어지는 것이 아니라 개인의 편견, 문화 또는 성향의 영향을 받는데, 이러한 현상 자체 또는 이를 다루는 학문 분야를 가리킨다.

안도감을 주기 때문이다. 마찬가지로, 매우 파멸적이고 치명적이며 큰 충격을 주는 위험은 발생 빈도가 지극히 낮다 할지라도 사람들에게 큰 경각심을 주는 반면, 흔하고 빈번한 위해는 그렇지 않다. 잔디 깎기 기계가 원자력 발전소보다 더 많은 사상자를 발생시킬 수도 있지만, 머릿속에서 떠오르는 원자로가 녹아내리는 모습은 다른 어떤 전동 기구보다도 큰 충격을 준다. 〈도표 5.1〉은 이러한 경향을 요약한 것인데, 어떤 위험들은 실제 해를 끼치거나 사상자를 발생시킬 가능성과 무관하게 그 특징 자체만으로 평가된다는 점을 강조하고 있다.

**〈도표 5.1〉** 자발성과 빈도/수준에 따른 위험성의 구분

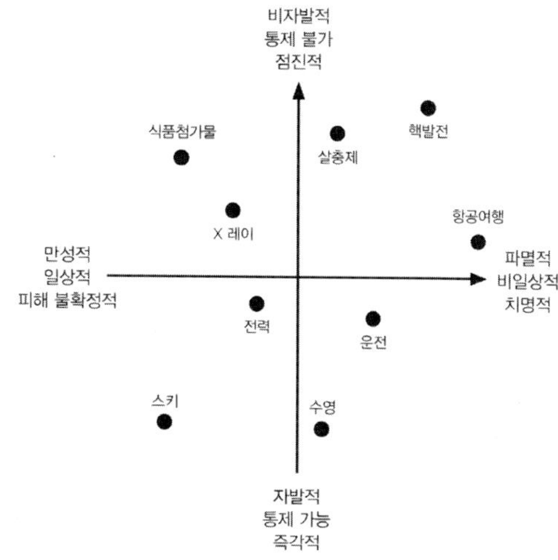


사람들이 무엇을, 왜 위험하다고 생각하는지를 설명하는 모형이다. 각 축은 위해의 특징을 나타내는 것으로서, 이 특징은 사람들을 잘못된 방향으로 유도해 특정한 위해가 위험하다고, 또는 위험하지 않다고 생각하도록 만든다.

**자료:** Fischhoff et al.(1978)을 수정.

만약 객관적인 정보를 통해 이 같은 인지적 편견을 꼼꼼히 점검하고 해소하지 않는다면, 결과적으로 환경에 대처할 때 잘못된 의사결정을 유발할 수 있다. 확률적으로는 발생 가능성이 낮더라도 굉장히 충격적인 사건은 그에 대한 조치를 취하는 과정에서 계획가들이나 운동가들의 이목을 집중시킬 수 있다. 하지만 환경이나 공공 건강에 지속적이고 만성적인 영향을 주는 위해들도 이에 못지않게, 혹은 이 이상으로 광범위하고 파괴적인 영향을 끼칠 수 있다. 예를 들어, 가정용 살충제는 '자발적' 행위에 속할 뿐만 아니라 넓은 곳에 뿌려져도 지극히 소량으로 흩뿌려지기 때문에 규제 대상의 우선순위에서 매우 낮은 위치에 있다. 그러나 이 화학물질의 총량은 인간과 수중 생태계를 위협할 수준에까지 이르고 있다(Robbins, 2007).

물론 인간의 인지가 가지는 편견으로 인한 유익함도 많다. 만약 우리가 어떤 결정을 내릴 때마다 일단 모든 행동을 멈추고, 선택 가능한 대안들을 모색한 다음, 가능한 한 많은 정보를 수집해야 한다면, 사람들은 숲속을 걷거나 믹서기를 사용하는 일조차 할 수 없을 것이다. 심지어 아침에 침대에서 일어나는 일조차도 불가능하다.

**정동** 세계에 대한 감정이나 무의식적 반응을 지칭하며 의사결정에 영향을 끼친다.

'직감적 결단' — 감정에 의해 지배되는 것으로, 위험 연구자들은 이를 정동(情動)■ 이라고 부른다 — 은 전혀 합리적이지 않을 수도 있지만 의사결정을 하거나 일상적 삶을 영위하거나 환경 문제에 대처하는 데 필수불가결한 것으로 여겨진다. 위험 연구자들도 이것에 관한 많은 정보를 제시하기 위해 노력하고 있다(Wilson and Arvai, 2006).

## 정보에 근거한 결정: 위험 소통

최근 위험의 관점에서 환경적 의사결정을 연구하는 일부 학자들은 감정에 혹은 상식에 의지해 세계를 이해하는 사람들을 경향을 구태여 비판하는 대신, 이를 이용한 새로운 연구를 수행하고 있다. 주로 위험 소통 분야에서 활동하는 이들은, 사람들의 다양한 정보 전달 방식에 초점을 두고 사람들이 불확실성을 낮추기 위해 어떻게 상식이나 감정적 능력을 활용해 의사결정을 내리는지를 탐구한다.

이 연구에 따르면, 긴 분량의 기술적 보고서와 같은 상세한 과학적 정보가 제공될 경우 사람들의 지식 정도는 대체로 향상되는 경향을 띤다. 하지만 이 연구는 또한 '가치지향적' 정보의 경우 과학적 사실성이 아니라 국지적 또는 개인적 우선순위를 기준으로 제공되며, 사람들은 이를 통해 자신이 의도한 방식대로 타협하거나 의사결정을 하고, 최종적으로 거기에 만족하는 경향을 보인다는 사실을 지적한다. 어떤 의미에서 이러한 결정은 차갑고 딱딱한 사실만을 가지고 내리는 결정보다 훨씬 더 합리적이다. 사람들은 타협이 벌어지거나 여러 우선순위가 서로 경합하는 상황에서 의사결정을 내릴 때 훨씬 조심스러워지기 때문이다. 즉, 감정적이거나 가치지향적(정서적) 요소를 포함하는 정보는 역설적으로 덜 '정서적'이고 더 합리적인 의사결정을 유도한다는 것이다. 위험의 소통 방식은 환경 위해에 대한 인간의 인지 경향을 드러냄으로써 사회적·환경적으로 더욱 지속가능하고 더욱 나은 결정을 내릴 수 있도록 도움을 줄 수 있다(Arvai, 2003).

## 문화로서의 위험

우리는 자연에 대한 '위험 인지' 접근을 받아들이기에 앞서, 이러한 관점에 스며들어 있는 중요한 가정들을 생각해볼 필요가 있다. 특히 환경에 대한 시장주의적 접근이 경제학이나 경제학적 가정을 토대로 하고 있는 것과 마찬가지로, 환경에 대한 위험 접근은 대체로 심리학을 토대로 하거나 심리학적 가정과 기술에 많이 의존하고 있다. 여기에서 가장 중요한 두 가지 가정은 조사 대상이 개별 인간이라는 것과 사람들은 보편적인 성향을 띤다는 것이다. 이러한 가정들은 인간 심리학에서 인지 및 뇌의 심층 작동의 결과를 반영한 것이다.

그러나 환경 위해, 위험, 불확실성에 대한 우리의 이해는 학습된 것이기도 하다. 즉, 이에 대한 우리의 이해 방식은 학교, 직장, 가족 등 환경의 영향을 받을 뿐 아니라, 우리가 거주하는 곳이 농촌이냐 도시이냐에 따라서도 다르다. 지난 100여 년간 인류학과 같은 학문 분야는 자연 세계에 대한 인간의 편견, 인식, 해석 체계 등이 특정한 문화에 뿌리를 두고 있음을 밝혀왔다. 문화를 사람들이 주변 동료 집단이나 환경으로부터 학습하는 의미, 개념, 행태의 체계라고 생각한다면, 이것은 다음과 같은 질문을 제기한다. 인간이 학습한 위험에 대한 편견은 보편적인 패턴을 띠는 것인가, 아니면 각 문화마다 각기 다른 형태를 띠는 것인가?

이 질문에 대한 대답 중 가장 유명한 것이 바로 문화이론■이다. 이 이론은 자연과 위험에 대한 인간의 사고방식은 보편적이지도 — 모든 인간은 똑같은 방식으로 생각하지도 — 않고, 개별적이지도 — 모든 인간은 각기 다른 방식으로 생각하지도 — 않다고 주장한다. 인류학자 매리 더글라스(Mary Douglas)가 자신의 책 『위험과 문화(Risk and Culture)』에서 설명하는 바와 같이, 환경에 대한 사람들의 사고방식은 사람들이 특정 사회 내에서 자신의 위치를 어떻게 생각하는가와 밀접하게 관련되어 있다(Douglas and Wildavsky, 1983).

**문화이론** 인류학자 매리 더글라스의 주장과 관련된 이론적 틀을 일컫는다. 그녀는 개별 인간의 인지(이를테면 위험에 대한)가 특정 집단의 사회적 역학 관계에 따라 강화되는 경향이 있으며, 이것은 사람이 문제를 인식하고 해결할 때 몇 가지의 대표적이고, 전형적이며, 서로 구분되는 방식 중 하나를 선택하도록 유도한다고 주장했다.

예를 들어 개인의 자유의지와 선택의 범위를 중시

하면서 보편성을 강조하는 문화도 있지만, 반대로 자연과 사회 내에서의 삶은 불가피하게 제한되거나 구속되어 있다는 점을 강조하는 문화도 있다. 이와 같은 자유와 구속 사이의 범위는 문화이론에서 '조직성'이라 불리는데 이는 사회적·환경적 맥락과 상황에 구속될 수밖에 없음을 강조하는 문화나, 반대로 이를 거부하고 자유로운 행위주체성을 강조하는 문화 사이의 경향성을 일컫는다.

또한 어떤 문화에서는 사회 구성원들 간의 연대와 의무가 바람직하다는 점을 강조함으로써 사회적·환경적 안정성을 달성하려는 경향이 있다. 이는 세계 내에서 인간 삶의 집단성을 강조하는 경우이다. 반대로 어떤 문화에서는 세계가 고립적이고 독립적인 수많은 개인들로 구성되어 있음을 강조하기도 한다. 이와 같이 개인보다 집단을 중시하는 것과, 반대로 집단보다 개인을 중시하는 것 사이의 범위는 문화이론에서 '집합성'이라 불리는데 이는 사회적 안정성과 번영에 필요한 집합적 단결을 중시하는 문화나, 반대로 이를 거부하고 개인의 자율성을 강조하는 문화 사이의 경향을 일컫는다.

문화이론에서는 특정 문화가 어떤 조직성과 집합성을 띠느냐에 따라 그 문화가 가지고 있는 위험에 대한 관점이 다르다고 본다. 조직성과 집합성이라는 문화적 특질은 둘 다 동시에 고려될 때에만 어떤 문화나 그 문화가 가진 위험에 대한 관점을 설명할 수 있다. 이 두 가지 문화적 특질을 조합하면 네 가지의 전형적 형태를 도출할 수 있다(〈도표 5.2〉). 조직성과 집합성 모두 낮은 공동체나 문화는 '개인주의'라 불리는데, 이는 대체로 사람들이 환경에 구속받지 않는다고 보며 집단적 의무나 이익에 대한 인식이 거의 없는 경우이다. 조직성은 낮고 집합성이 높은 문화는 '평등주의'로서 호혜적 행위에 대한 개인의 자발적 참여를 강조한다. 더글라스는 조직성과 집합성이 모두 높은 문화를 '계급주의' 문화라고 지칭했는데, 이는 집단적 연대와 규칙에 의한 구속을 불가피한 것으로 보는 문화이다. 마지막으로 조직성은 높지만 집합성이 낮은 문화는 '숙명주의'라고 할 수 있는데, 구속과 맥락을 강조하지만 연대나 협동이 바람직, 또는 가능하다고 여기지는 않는다. 더글라스는 이 네 가지 유형의 문화 중 어느 하나가 세계에 대해 옳은 관점을 가지고 있다고 보지는 않는다. 다만 특정 사람

〈**도표 5.2**〉 문화이론

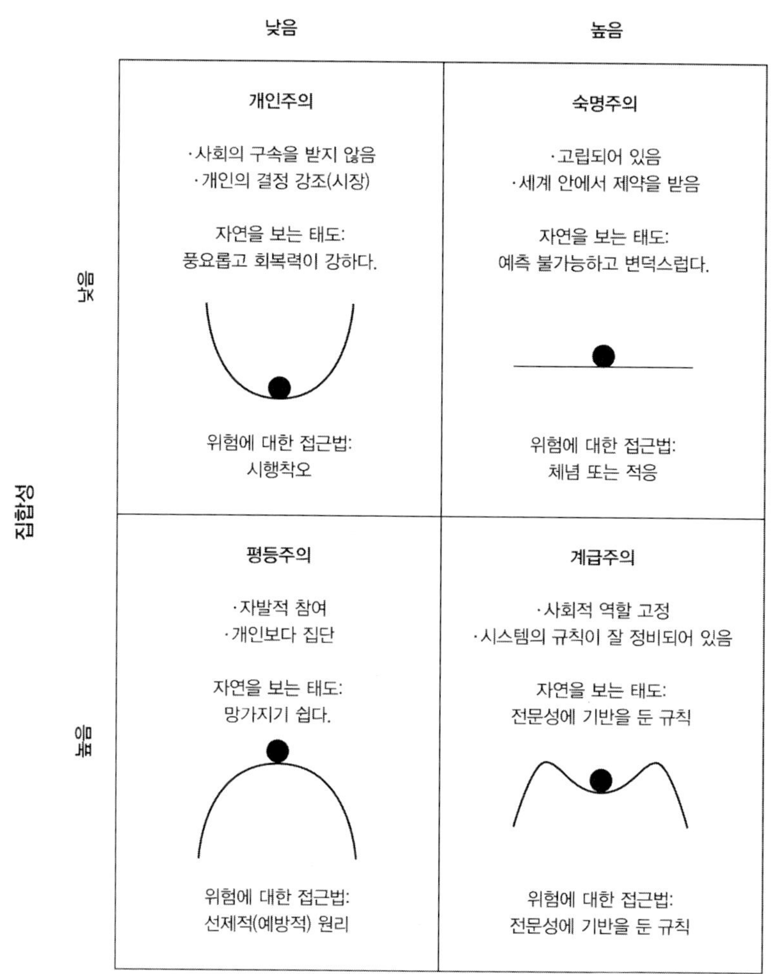


매리 더글라스의 설명을 도식적으로 표현한 것으로서 개인의 선택이 얼마나 구속되어 있는가를 뜻하는 조직성과 구성원들이 얼마나 사회적 연대를 형성하는가를 뜻하는 집합성에 따라 문화의 차이를 설명한다. 자연과 사회를 둘러싼 갈등(예를 들어 기술의 위험성 논의를 둘러싼)은 문화 간의 갈등을 반영하는 것이라고 할 수 있다.

들과 문화는 이 네 가지 유형 중 어느 한 가지 논리에 사로잡혀 있기 때문에, 이들이 짧은 시간 안에 자신들의 문화를 잊고 다른 문화 유형의 사고방식을 받아들이는 것은 매우 어렵다고 본다.

이처럼 더글라스는 각 문화가 고유한 방식으로 비인간 세계의 행태를 이해한다는 관점에 서서 문화별 위험 인지와 위험 관리를 파악한다. '개인주의' 문화에서는 자연을 탄력적인 시스템으로 생각하면서 모든 환경 문제는 일시적인 피해만 끼친다고 생각한다. 이러한 문화에서는 개방적인 태도로 위험에 접근하고, 이때 발생하는 '시행착오'를 꺼리지 않는다. 또한 이 문화는 장기적이거나 영구적이지 않을 영향력에 대해 거의 관심을 두지 않는다.

반대로 '평등주의'에서는 자연을 매우 망가지기 쉽고, 작은 변화에서조차 제대로 회복하지 못하는 취약한 존재로 본다. 즉, 모든 환경 문제는 자연의 균형 상태를 망가뜨릴 것이라고 생각하기 때문에 모든 위험 관리 전략은 '선제적(예방적) 원리'에 입각해 완전한 정보 없이는 어떤 행위도 용납하지 않는다. '계급주의'에서는 자연을 튼튼하다고 인식하지만, 이는 세심한 조사와 연구를 통해 파악될 수 있는 경우에 한해서이다. 따라서 위험 관리는 전적으로 자연의 한계를 잘 파악하고 있는 전문가들의 손에 맡겨진다. 반면, '숙명주의'의 경우 자연은 대체로 불규칙하고 통제 불가능하며 파악할 수 없는 여러 원인에 따라 쉽게 변화한다고 생각한다. 이러한 문화에서는 위험에 적응하는 것이 곧 규칙이며, 체념 또한 이러한 적응의 한 유형이 된다.

그렇다면 이것들이 위해에 대처하는 우리에게 말해주는 것은 무엇일까? 위험 인지에 대한 보편주의적 관점과는 반대로, 이러한 접근은 인간의 편견에 어떤 단일한 보편적 구조가 존재하지 않는다고 본다. 위해에 대한 동일한 정보를 공유한다고 할지라도, 그것은 사람들이 속한 문화에 따라 달리 해석되고 달리 이용된다.

마찬가지로 위험 관리의 우선순위를 둘러싼 갈등 역시 인지적 편견을 가진 사람이냐 아니냐의 여부가 아니라 위험을 보는 문화적 차이에 따라 효과적으로 설명할 수 있다. 예를 들어, 많은 환경주의 단체들과 그 지지자들은 자연의 취약성과 집단적 의무를 강조하는 '평등주의'에 속한다고 볼 수 있다. 이러한 입장은 개인주의와 대비되는데, 개인주의에서는 자연을 강인한 존재로 인식하며, 따라서 집단성은 불필요하거나 바람직하지 않다고 생각한다. 적절한 환경 관리의 방법을 정할 때, 환경 정보의 해석과 불확실성에 대한 의사결정은 집단에 따라 상이하게 나타난다. 유전자변형농산물(GMO)의 도입을 둘러싼 논쟁은 그에 대해 더 많은 정보를 얻는다고 해서 쉽게 결론이 날 수 있는 사안이 아니다. 왜냐하면 이것은 개인주의의 '시행착오'적 접근과 평등주의의 '선제적 원리' 사이의 불가피하고, 근본적인 차이를 반영하는 것이기 때문이다.

이러한 여러 집단의 이념적 유형을 현실 세계에서 실제로 확인하는 것은 어렵다. 특정 위험에 대한 사람들의 인식은 자신의 사회경제적 위치나 개인적 경험, 기타 수많은 복잡한 요인들과 얽혀 있어 매우 다양하게 나타나기 때문이다. 따라서 아주 비관적으로 말을 하자면, 이러한 문화적 사고방식은 수많은 개인을 별자리에 따라 몇 가지의 추상화된 유형으로 나누어 그들의 취미나 행태 특성을 기술하는 점성술과 크게 다르지 않은 것일 수도 있다. 설령 이러한 각 유형이 어느 정도 사람들의 공통점을 반영한다고 할지라도, 이 이론은 사람들의 위험 인지를 기술하는 것이지 설명하는 것이라고는 보기 어렵다. 어떤 집단, 문화, 제도, 국가를 평등주의적이거나 계급주의적으로 만드는 원인은 무엇일가? 어떤 원인이 이러한 집단을 변화시키는가?

반면, 문화이론은 위험 조절의 차이를 이해하는 데 중요한 통찰력을 제시할 수도 있다. 예를 들어, 집단마다 유전자변형농산물을 용인하는 정도의 차이를 비교하는 데 문화이론은 유용하다. 유전자변형농산물은 현존하는 종이 더 높은 생산성, 질병에 대한 저항력, 냉해나 가뭄에 대한 내성을 갖도록 유전적으로 조작한 것이다. 그러나 이를 받아들이는 정도는 세계적으로 볼 때 지역마다 다르다. 예를 들어 영국에서는 '선제적 원리'를 주장하면서 유전자변형농산물을 공공연하게 또는 대규모로 재배하는 것을 금지하고 있다. 반면, 미국에서는 유전자변형농산물을 다른 농산물과 똑같이 취급하고 있다. 거기에 잠재되어 있을지도 모르는, 알려지지 않은 환경적 영향력에 대한 면밀한 검토도 하지 않고 말이다. 이 경우 양자 모두 반드시 비합리적이라고 말할 수는 없다. 오히려 이 두 사회의 결정은 위험에 대한 '평등주의'의 접근법과 '개인주의'의 접근법 사이에 존재하는 차이로 이해할 수 있다. 물론 엄밀히 말해 이 두 개의 문화가 양국의 전체 문화 그 자체를 직접적으로 반영하는 것은 아니지만, 최소한 이것들이 규제를 좌지우지할 정도의 영향력을 가지고 있다는 점은 분명하다.

문화이론적 접근은 결국 흥미로운 관점이라고 할 수 있다. 위험 인지는 보편적인 뇌 기능의 결과물이 아니다. 사실 그것은 문화적 입지에 따라 각기 다르게 나타나며, 이는 환경 조직이나 정부 기관과 같은 제도에 뿌리를 내리고 있고 환경 관리의 우선순위를 결정하는 데에도 관련되어 있다. 따라서 위험 인지는 결과적으로 심오한 의미에서 볼 때 상당히 정치적이라고 할 수 있다.

## 위험을 넘어서: 위해의 정치경제학

하지만 위해를 정치적 측면에서 생각할 경우 위험, 위험 인지, 위험 소통과 같은 관점만으로는 부족해 보인다. 그 이유는 다음과 같다.

① 많은 경우 위험의 수준을 규정하는 일은 다른 사람의 간섭으로부터 자유롭지 않다. 위험에 관한 의사결정은 당사자가 아닌 그것을 담당하고 있는 집단에 의해 수행되기 때문이다.

② 개인이 스스로 위험에 대비한 의사결정을 내린다고 할지라도, 그 대안을 실질적으로 적용할 수 있는 범위는 정치적 · 경제적 맥락 안에서 지극히 제한된다.

③ 위험에 대비한 정보 기반의 의사결정 역량은 주요 정보에 대한 정치적 통제, 조작, 해석의 영향으로부터 자유롭지 않다.

각각의 사실은 위험 분석이 사회와 환경의 상호작용을 이해하는 데 필요하기는 하지만, 그것만으로는 충분하지 않다는 사실을 시사한다.

### 의사결정의 통제: 환경 정의의 정치경제학

위험 평가라는 의사결정 기술의 중요한 한계 중 하나는 사람, 집단, 기업이 다른 사람들에 대한 위험을 평가한다는 점이다. 예를 들어 유독성 폐기물의 위해 문제에 대해 생각해보자. 미국 내에서는 앞으로 1,300개 이상의 '슈퍼펀드(superfund)' 처리장(미국 연방정부가 환경법을 어겼다고 규정한 폐기물 처리장)들이 사라질 예정이다. 400만 명의 어린아이들을 포함해 대략 1,100만 명의 주민들이 이 처리장의 반경 1.6km 내에 살고 있는데, 이들의 건강은 상당한 위험을 겪고 있다. 이 유독물질 처리장 근처에 살고 있는 사람들의 대부분은 저소득층이거나 소수민족이다(Bullard, 1990). 어떤 사람들이 이 지역에 거주하는 것을 '선택한' 경우, 십중팔구 집세가 낮은 주택을 구하기 위함일 것이다. 또한 이러한 처리장은 과거 기업, 군사시설, 도시행정 등의 목적으로 조성된 것으로 이들은 자신들의 의사결정으로 상당한 이득을 얻었으면서도 그에 대해 지역 공동체나 주민들의 의견을 구하지 않았다. 이는 환경 부정의의 전형적인 사례이다. 위해는 공간적으로, 그리고 사회적으로 불균등하게 분포해 있으며, 취약계층 주변에 구조적으로 편중되어 있다(제6장 참고).

우리는 처리장 근처에 거주하는 주민들에게 더 나은 질의 정보를 풍부하게 제공함으로써 이러한 상황을 개선할 수 있을 것이다. 하지만 문제는 남아 있다. 위험에 관한 의사결정으로 인해 발생한 비용을 제삼자가 지불해야 하는 한(이는 외부효과■라고도 하는데, 이에 대해서는 제2장과 제3장 참고), 의사결정으로 지정한 위치와 실제 위해가 미치는 장소 간의 불일치는 계속될 것이다. 이러한 불일치는 많은 공동체, 도시, 지역의 정치적·경제적 구조에 깊이 뿌리박혀 있다. 위해에 대비하는 의사결정을 내릴 경우에는 위해 그 자체에 대한 더욱 신중하고 합리적인 분석이 필요하다. 즉, 의사결정을 둘러싼 권력 관계의 구조를 면밀히 조사하고 재구조화할 필요가 있다는 뜻이다.

### 의사결정의 제약: 선택 범위의 정치경제학

사람들이 위험에 대한 의사결정을 스스로 통제할 수 있다고 생각할 때조차, 그들은 자신의 결정에 영향을 미치는 사회적·생태학적 제약들을 결코 통제할 수 없다. 가뭄에 찌든 서아프리카의 농부들을 생각해보자. 1970~1980년대의 위기 상황에서

**외부효과** 공장의 산업 활동으로 발생한 오염이 부지 바깥으로까지 확산되는 경우 외부인이 입는 피해나 받는 이익을 말한다.

많은 사람들이 굶주림 끝에 지역을 떠났다. 순진한 관찰자라면 이 상황의 원인으로 예기치 못한 기상 변화나 사회 구성원들의 잘못된 위험 평가, 또는 더글라스가 말했던 '숙명주의적' 문화 등을 제시할 것이다.

그러나 지리학자인 마이클 와츠(Michael Watts)는 이 지역의 상황을 한층 장기적인 시각에서 유심히 관찰한 후, 이 지역의 경제와 사회를 통치하는 규칙이 최근 수십 년 동안 급변함에 따라 가뭄에 대한 '적응'이 근본적으로 불가능한 상태에 처하게 되었다고 결론을 내렸다. 그는 1983년 발표한 「이론의 빈곤에 대하여(On the Poverty of Theory)」라는 논문에서 이러한 상황을 상세히 설명했다. 와츠는 이 지역 주민들이 심각한 식수 부족에 매우 훌륭하게 대처해왔다는 사실을 밝혀냈다. 그러나 식민 통치가 시작되고 지역 간·국가 간 교역이 활발해지면서 경제활동에서 현금이 중요한 자산으로 부각됨에 따라, 결과적으로 이들이 위기에 직면했을 때 자원을 유지하고 교환할 수 있는 능력이 거의 사라지게 되었다. 즉, 사회경제적 구조의 변화로 인해 기상 위기가 발생했을 때 농부들이 이용할 수 있는 선택과 자산이 급격히 감소하게 된 것이다. 그 결과 수백 년 동안 성공적으로 가뭄을 극복해온 지역에 굶주림이 만연하게 되었다.

위험 기반의 접근은 이러한 상황을 이해할 때 도움을 줄까? 물론이다. 그러나 그에 앞서 일단 사람과 사회가 위해에 대비하기 위해 이용할 수 있는 자원은 정치적·경제적 과정에 따라 변화한다는 점을 인정해야 한다. 우리가 위험에 대해 말할 때는, 환경적 위해의 특징을 이해하고 있어야 할 뿐 아니라 가구·지역·국가가 더 큰 체계 안에서 어떤 제약을 받고 있는가도 인식해야 한다. 교환(상품의 가격과 같은), 자원에 대한 접근(신용이나 사회복지제도와 같은), 의무(부채와 같은), 권력(의사결정자의 자율성과 같은)등을 통치하는 체계는 그 자체가 사회적·환경적 위험의 일부분이기 때문에, 단순한 최적화나 확률적 추정은 이 모든 것들을 아우르기에 부적절하다(제6장 참고).

이러한 변동은 전통적인 아프리카 사회에서만 나타나는 것이 아니다. 미국이나 영국과 같이 현대 도시 문화가 지배적인 지역에서조차 위험은 급격한 변동을 겪고 있다. 지난 수십 년 동안 국가의 사회복지제도와 같이 위험에 대처하는 데 필요한 전통적인 경제적·정치적 수단은 계속 쇠퇴해오고 있다. 중증 급성 호흡기 증후군, 통칭 사스(SARS)의 사례에서 볼 수 있듯 오늘날은 새로운 기술과 상호작용이 새로운 위험과 위해를 유발하는 시대이다. 환경 위험에 대비하는 글로벌 관리 시스템은 금융시장이나 글로벌 사회 시스템과 긴밀하게 연결되어 있다. 예를 들어 중국을 강타한 태풍은 영국의 금융시장에 심각한 문제들을 야기하고, 이로 인해 미국의 소비자들은 주택 구매에 필요한 자금 부족을 경험하며, 결과적으로 뉴올리언스와 같은 지방정부는 제방을 건설하고 관리하는 데 필요한 자원이 부족해지게 된다. 우리는 이러한 상황에서 살고 있기 때문에 개별적인 위해에 대처하기 위해 단순히 확률을 추정하던 과거에서 벗어나 정치경제적 글로벌 '위험 사회'의 위해를 관리할 수 있는 새로운 사고를 모색해야 한다(Beck, 1999).

### 정보의 통제: 정보의 정치경제학

사회와 환경 사이의 상호작용에 대한 위험 평가 및 위험 소통의 접근법은 불확실성을 수반할 수밖에 없다. 하지만 어떤 행동을 취하기 위해 어느 정도의 확실성이 필요하냐는 질문에 답을 주기는 어렵다. 모든 결정은 사회적·정치적 결정이기 때문에 다양한 이해관계를 모두 충족시키는 것은 불가능하다. 그러나 대기업, 고도로 조직화된 사회 계급, 관료 체제와 같이 지배적인 제도가 위험 관리와 정보 소통 과정을 통제하고 있는 사회에서는 특정 지식의 확실성을 과장하거나 의사결정에 필요한 정보의 양을 과소평가하는 경향이 나타난다. 따라서 위험에 관한 의사결정은 종종 위해에 대한 여러 설명들이 서로 경합하는 가운데에서 만들어진다(제7장 참고).

이러한 상황은 결코 드문 일이 아니다. 일례로 원자력과 핵폐기물과 같은 기술적 위해를 둘러싼 의사결정을 들 수 있다. 이 경우 어느 정도의 불확실성은 불가피하지만, 원자력 발전을 할 것인가 말 것인가, 핵폐기물을 지하의 영구적인 보관 시설로 격리할 것인가 아니면 쉽게 관리할 수 있는 위치에 보관할 것인가 등을 결정하기 위해서는 반드시 위험 평가가 이루어져야만 한다. 그러나 이러한 사례의 경우 많은 것들이 정보에 대한 해석을 통제한다. 대개의 경우 위험에 대한 소통이나 설명이 매우

〈글상자 5.1〉 보팔 가스 참사

1984년 12월 3일 인도의 보팔(Bhopal)에서 미국계 기업인 유니언카바이드(Union Carbide)사가 운영하는 살충제 공장에서 메틸이소시안염(MIC)이 포함된 유독성 증기가 누출되었다. 이 증기는 주변 지역으로 순식간에 퍼져나가면서 수천 명의 생명을 앗아갔다. 1991년까지 공식적인 사망자만 3,800명에 달했다. 상상하기도 어려운 대규모의 참사였다. 이 사망자 수는 2001년 미국 세계무역센터의 테러 희생자 수보다 훨씬 많다. 사망자들과 더불어 1만 1,000명 이상의 주민들이 이 누출로 인해 영구적인 장애를 가지게 되었다. 메틸이소시안염에 노출되는 순간 호흡기 장애와 시력 손상 등 신체에 장기적인 피해를 입기 때문이다. 이 사건 이후 1만 5,000명에서 2만 명으로 추산되는 사람들이 조기 사망한 것으로 나타났다.

사건 초기에 유니언카바이드사는 회사에 불만이 있었던 한 노동자에게 책임을 뒤집어 씌웠다. 하지만 시간이 지남에 따라 이 회사가 위험한 실수와 편법을 수도 없이 저질러왔으며, 이 참사는 우연히 발생한 사고가 아니라 잘못된 관리의 결과물, 즉 충분히 예측 가능한 일이었다는 사실이 알려지게 되었다. 사고 당시 유니언카바이드사는 세계에서 가장 성공적인 기업 중 하나로 연 매출액만 95억 달러에 육박하는 거대한 기업이었다. 어떻게 이처럼 가용한 자원이 흘러넘치는 거대한 기업이, 이처럼 대규모의 참사를 일으킬 수 있을까?

당시 유니언카바이드사는 원료 물질을 배합해 살충제로 만드는 상대적으로 위험한 제조 과정 — 이는 '후방통합'이라 불린다 — 을 보팔과 같은 장소에서 진행하면서 글로벌 경쟁력을 키울 수 있었다. 더군다나 판매량이 적었기 때문에 이 공장은 폐쇄되기 직전에 있었고, 이 때문에 안전 절차가 상당히 무시된 채 가동되고 있었다. 결국 한 밸브의 결함으로 엄청난 물이 탱크로 쏟아져 들어오면서 화학 반응이 촉발되었다. 안전용 냉각 설비는 다른 용도로 사용하기 위해 냉각수를 빼낸 상태였고, 가스 발화를 차단하는 안전 설비는 이미 몇 달 전부터 전력 공급이 끊긴 상태였다. 위험 분석의 시각에서 볼 때, 유니언카바이드사는 이 참사의 모든 세부 사항들에 대해 **전적으로** 책임이 있었다.

이 사건은 글로벌 경제에서 위험이 어떻게 관리, 분배되어야 하는가에 대해 심각한 질문을 던졌다. 이 사건의 주된 원인은 기술적 결함과 안전 절차에 있었지만, 이러한 절차를 무시하게 한 것은 글로벌 경쟁이라는 힘이었다. 오늘날 많은 글로벌 기업은 생산 과정에서 가장 위험한 부분을 해외 개발도상국에 이전시킴으로써 위험을 엄청나게 증가시키고 있다. 인도의 입장에서 볼 때, 이 공장과 관련된 위험을 외면했던 관련 정부 공무원들도 이 참사에 대한 책임이 있다. 국가가 투자 유치에 급급한 나머지 이러한 위험을 외면했다는 사실을 볼 때, 우리는 전 세계에 걸쳐 위험이 순환되고 있는 이 글로벌 자본주의의 정치경제적 현실을 묵과해서는 안 된다. 더불어 이 참사로 희생된 사람들은 대부분 이 위험한 공장 주변의 슬럼가에 거주하던 사회의 가장 밑바닥에 위치한 계층이었다는 점도 중요하다. 가장 주변화된 사람들이 환경 위해의 예봉에 쓰러지는 동안, 멀리 떨어진 곳에 있는 사람들이 여기에서 나온 부를 축적하고 있다. 이것이야말로 우리 시대에 배회하고 있는 환경 부정의의 유령이다.

**■ 자료**

Broughton, E. 2005. "The Bhopal disaster and its aftermath: A review." *Environmental Health: A Global Access Science Source*. Retrieved September 17, 2009, from www.ehjournal.net/content/4/1/6.

부분적으로만 이루어진다. 이의 단적인 사례로, 흡연과 관련된 위해는 업계에서 오랫동안 알려지고 검증되어 왔지만, 담배 제조사들은 내부 고발자가 이러한 사실을 외부에 알리기 전까지 이를 부인해왔다(이 갈등은 영화 〈인사이더〉에 잘 드러나 있다).

환경에 한층 직접적으로 관련되어 있는 사례를 들어보자. 미국 정유 회사들은 연료용 휘발유에 첨가되는 테트라에틸납(Tetra Ethyl Lead: TEL) 성분이 매우 유독하고 배기를 통해 퍼져나갈 수 있다는 사실을 오랫동안 알고 있었다. 이 위험은 외부에 거의 알려지지 않았기 때문에 장기간 규제되지 않다가, 수십 년이 지난 1986년에 이르러서야 이를 대체할 수 있는 성분이 개발, 사용되면서 미국 전체 인구의 혈중 납 농도를 75%나 감소시킬 수 있었다(Kitman, 2000). 이러한 위험 물질을 제조, 생산한 사람들은 소비자의 압력이나 정부의 강제 없이는 완전한 정보를 공공에 제공하는 것을 꺼린다. 이러한 정보제공이 결국 자신들의 상업적 이익에 위배되기 때문이다.

설령 시민과 소비자가 정부의 전문가 또는 민간 기업이 보유한 것과 동일한 수준의 완전한 정보를 제공받는다 해도, 어느 정도의 확실성에 도달해야 비로소 행동을 할 수 있는가에 대해서는 의견이 일치하지 않을 수 있다(Shrader-Frechette, 1993). 의사결정자나 기업들은 위험에 관한 논쟁을 빨리 종식시키고 행동으로 옮겨야 큰 인센티브나 혜택을 얻을 수 있기 때문에, 이들은 불확실성을 최대한 축소하거나 과소평가하려는 경향이 있다. 핵폐기물 처리장을 건설하는 데 관심이 있는 정부 기관 및 전력 회사와, 안전에 주의를 기울이는 보통 시민들 간의 차이는 더글라스가 말하는 단순한 '문화적' 차이가 아니다. 오히려 이는 복잡한 정치경제 안에서 각 집단이 차지하고 있는 근본적인 위치의 차이이다. 양자는 위험에 대해 합리적 의사결정을 내리지만 서로 동의하지는 않을 것이다. 위험 평가는 이러한 차이를 해결할 수도 없고, 관료주의적 정부나 자본주의 경제의 본질을 변화시킬 수도 없다. 위험 인지는 강력한 수단이 될 수 있지만, 그 한계를 인정하는 것이 반드시 선행되어야 한다.

## 위해와 위험에 대해 생각하기

이 장에서 우리가 살펴본 내용은 다음과 같다.

- 우리는 환경 문제를 위해라는 측면에서 생각함으로써 한층 합리적으로 위험의 경중을 따질 수 있다.
- 위험은 어떤 결정이 불러올, 또는 불러올 수 있는 부정적 결과의 가능성이다.
- 위험은 불확실성과 다르다. 불확실성은 어떤 위해에 대해 우리가 알지 못하는 모든 특성을 포괄하는 용어이다.
- 위험 평가와 관련된 문제 중 한 가지는 위험에 대한 사람들의 인지와 판단이 전적으로 합리적인 것은 아니며, 감정이나 정동의 영향을 받는다는 점이다.
- 여러 집단과 공동체는 각각 문화적 성향이 다르기 때문에 위험에 대해 생각하는 바도 다르고 그것의 책임 소재를 정하는 방식(가령 개인에게 둘지 정부에게 둘지)도 다르다.
- 모든 개인과 집단은 자신이 통제할 수 없는 조건(가난이나 낮은 정치적·사회적 지위)에 따라 각기 다른 수준의 위험에 노출된다. 따라서 환경에 대한 위험과 위해에 접근할 때는 정치경제적 틀 내에서 생각해야 한다.

### 검토 질문

1. 허리케인의 사례를 활용하여 '거의 모든 위해들은 자연적 발생과 인위적 발생 사이의 어느 지점에 위치해 있다'라는 진술을 설명해보자.
2. 자신이 개인주의적, 평등주의적, 계급주의적, 숙명주의적 문화 중 어떤 문화에 속하는지 생각해보자. 구체적인 사례를 들어 자신의 입장을 설명해보자.
3. 유럽의 주민과 정부는 미국과 비교할 때 유전자변형 식품에 대해 매우 비판적이다. 문화이론을 근거로 하여 이를 설명해보자. 그리고 정치경제학을 활용해 이를 보완해

보자.

4. 어째서 유독성 폐기물 처리가 환경 부정의의 대표적 사례로 언급될까? 주로 어떤 사람들이 유독성 폐기물 처리장 근처에서 거주하게 될까?
5. 살충제나 제초제에 첨부되어 있는 주의 사항 목록을 살펴보자. 이에 대해 잘 모를 경우 관련 물품을 취급하는 상점에서 정보를 구해보자. 정부의 통제가 없다면 이 목록에는 어떤 변화가 생길까? 그 이유는 무엇일까?

## 연습 문제: 위험을 지도화하기

어떤 마을에서 거주지로 선택할 수 있는 후보지로 다음 세 가지가 있다고 생각해 보자. 각 후보지의 특징은 아래와 같다.

| | 1번 후보지 | 2번 후보지 | 3번 후보지 |
|---|---|---|---|
| 위험 | 홍수 없음 | 250년에 1회 홍수 | 50년에 1회 홍수 |
| 편익 | 강을 조망할 수 없고 접근도 불가능함 | 강을 조망할 수 있지만 접근이 불가능함 | 강을 조망할 수 있고 접근도 가능함 |
| 주택 구입 비용 청산 기간 | 8년 | 15년 | 30년 |

3번 후보지는 50년에 한 번 꼴로 홍수를 겪는데, 이때의 홍수는 집과 모든 재산을 파괴할 수 있을 만큼 위력적이다. 2번 후보지는 같은 홍수를 250년에 한 번 꼴로 겪는다. 1번 후보지는 홍수로부터 완전히 자유롭다.

3번 후보지는 강의 아름다운 경치를 조망할 수 있고 강에 내려가서 수영이나 보트를 즐길 수 있다. 2번 후보지는 강의 경치를 조망할 수는 있지만 강과 맞닿아 있지 않기 때문에 바로 접근할 수는 없다. 1번 후보지는 강의 경치도 보이지 않고 강에 접근할 수도 없다.

각 후보지를 구입하는 데 드는 비용을 완전히 갚는 데에 3번 후보지는 30년, 2번 후보지는 15년, 1번 후보지는 8년이 걸린다.

당신은 어떤 후보지를 선택할 것인가? 그 이유는 무엇인가? 당신의 선택을 다른 친구들과 비교해보라. 친구들의 선택은 당신과 같은가 아니면 다른가? 의사결정에 차이가 생긴 이유는 개인적 배경 때문인가, 문화 때문인가, 아니면 그 외의 다른 요인 때문인가? 자신이 선택한 후보지가 가지고 있는 부정적 특징을 어떻게 줄일 수 있는가? 어떤 혜택이 주어질 경우 당신은 최초에 선택한 후보지를 버리고 다른 후보지를 선택할 것인가?

**■ 추천 문헌**


더글라스·윌더브스키(Mary Douglas and Aaron Wildavsky). 1993.『환경위험과 문화: 기술과 환경위험의 선택에 대한 소고』. 김귀곤, 김명진 옮김. 서울: 명보문화사.

벡, 울리히(Ulrich Beck). 1997.『위험사회: 새로운 근대성을 향하여』. 홍성태 옮김. 서울: 새물결.

슬로빅, 폴(Paul Slovic). 2012.『위험판단 심리학』. 이영애 옮김. 서울: 시그마프레스.

Bostrom, A. 2003. "Future risk communication." *Future* 35: pp.553~573.

Fischhoff, B., P. Slovic. et al. 1978. "How safe is safe enough? A psychometric study of attitudes towards technological risks and benefits." *Policy Sciences* 9(2): pp.127~152.

Johnson, B. B., and C. Chess. 2006. "From the inside out: Environmental agency views about communications with the public." *Risk Analysis* 26(5): pp.1395~1407.

Kasperson, R. E., D. Golding. et al. 1992. "Social distrust as a factor in siting hazardous facilities and communicating risks." *Journal of Social Issues* 48(4): pp.161~187.

Kitman, J. L. 2000. "The secret history of lead." *The Nation*, March 20: pp.11~30.

Rissler, J., and M. Mellon. 1996. *The Ecological Risks of Engineered Crops*. Cambridge, MA: The MIT Press.

# 제6장

## 정치경제학 Political Economy

자료: http://commons.wikimedia.org/wiki/File:Smokestacks_3958.jpg.




Keywords

- 공간적 조정
- 과잉축적
- 교환가치
- 세계화
- 본원적 축적
- 사회적 재생산
- 상품
- 상품화
- 생산관계
- 생산수단
- 생산조건
- 슈퍼펀드
- 에코페미니즘
- 인간중심주의
- 자본주의의 일차적 모순
- 자본주의의 이차적 모순
- 자연의 생산
- 잉여가치
- 환경 정의

## '저오염'이라는 괴상한 논리

"'더러운' 산업이라! 당신한테만 하는 이야기지만, 사실 세계은행은 더러운 산업들을 저개발국가로 이전시키는 일을 '더욱' 촉진해야 하지 않겠소?"

1991년 12월, 세계은행 수석 경제학자 로렌스 서머스(Lawrence Summers)는 — 그는 미국 버락 오바마 대통령의 경제 자문위원이기도 했다 — 위와 같은 글로 시작하는 메모를 누군가에게 보냈다. 이 메모는 오염 산업을 저개발국가로 수출하는 것이 더 효율적이라는 서머스의 주장을 담고 있었다. 첫 번째로, 저개발국은 임금이 낮기 때문에 오염 산업으로 인한 질병이나 사망에 따른 소득 감소가 크지 않을 것이라는 주장이다. 즉, 가난한 국가의 노동자들은 대개 임금이 낮기 때문에 설사 이들이 오염으로 인해 입원하거나 사망한다 해도 선진국에서 같은 일이 발생했을 때와 비교할 때 잠재적 이득에 대한 경제적 손실은 미미하다는 것이다. 두 번째로, 그는 "아프리카 내에서 인구가 희박한 지역은 대체로 '저오염' 상태에 있다"고 주장했다. 달리 말해, 지구상의 몇몇 국가들은 전 지구적 오염 중 자국이 감당해야 할 몫을 흡수하지 않고 있다는 것이다. '더러운 산업'은 특정한 장소에만 영향을 끼치기 때문에 이로 인한 오염이 선진국에 과도하게 집중되어 있는 것이 문제라는 주장이다. 아울러 한 장소에서 다른 장소로 고체 폐기물을 옮기는 일에는 많은 비용이 들기 때문에, 이러한 집중은 "대기오염 및 폐기물의 교환을 통한 전 세계의 복지 향상에 걸림돌이 되고 있다"고 주장했다. 마지막으로, 서머스는 미학적 이유이든 공중 보건의 이유이든 간에 깨끗한 환경에 대한 요구의 수준은 소득에 따라 다르다고 주장했다. 가난한 사람들은 깨끗한 환경보다는 경제적 발전을 선택할 것이라는 주장이다.

이 메모가 새어나간 후 그는 수많은 환경운동가들의 분노를 샀다. 이에 대해 서머스는 세계은행 내의 어떤 동료가 내놓은 제안을 빈정거린 것뿐이라고 해명했다. 그가 진심이었든 빈정거린 것이었든, 서머스가 이용한 시장 논리는 오늘날 많은 녹색 개발 정책에서 뚜렷하게 나타난다. 탄소 거래를 예로 들어보자. 이 제도는 오염의 국제 교환을 통해 특정한 지역에서 생산된 폐기물을 다른 지역이 흡수하도록 한다(제2장 및 제8장 참고). 예를 들어, 이 제도에 따른다면 미국 기업들은 배출 할당량을 모두 소진하지 않은 다른 기업의 탄소배출권을 구입할 수 있고, 이는 한 회사가 만들어낸 오염이 다른 회사에 의해 '상쇄'되는 결과를 가져온다. 사실상 우리는 서머스가 말한 것 같은 대기오염의 국제 교역을 만들어낸 셈이다.

또 다른 사례로 고체 폐기물의 국제적 교역을 들어보자. 서머스는 고체 폐기물의 운송비가 높기 때문에 오염이 지리적으로 편중되어 있다고 주장하는데, 이러한 그의 주장에는 오염을 전 지구적으로 분산시키는 것이 더 효율적이라는 가정이 함축되어 있다. 오늘날 우리는 폐기물 수출입에서 국제 시장의 장벽을 대부분 걷어냈다. 국제 폐기물 교역은 현재 수백만 달러에 육박하는 사업이 되었다. 매년 수백만 톤에 달하는 위험한 폐기물이 국가 간 장벽을 넘어 수송되고 있고, 대부분 선진국에서 저개발국으로 흘러가고 있다. 저개발국은 처리비용이 낮고, 환경규제가 더 느슨하며, 감시도 소홀하기 때문이다. 서머스의 주장이 비록 진지한 것이 아니었다고 할지라도 많은 측면에서 그의 주장은 실현되고 있다.

이러한 섬뜩한 통찰력과 더불어, 이 메모는 자연과 사회의 관계에 대해 근본적인 질문들을 제기한다. 어떻게 지구의 특정 지역이 '저오염' 상태에 있다고 상상하는 것이 가능할 수 있을까? 이러한 표현에는 어떤 경제적 논리가 개입되어 있으며, 이러한 추론과 행위는 무엇을 추구하는 것일까?

이 장은 환경과 사회에 대한 관점을 탐색하고, 이 메모의 논리가 결국 오늘날 우리가 살고 있는 자본주의적 세계의 산물이며 여기에는 매우 괴상한 함의가 있음을 살펴보고자 한다. 환경과 사회에 대한 정치경제적 접근은, 우리가 살고 있는 세계 및 그에 대한 우리의 인식이 모두 경제 구조와 권력 관계(노동자와 소유자, 산업주의자와 정치인)의 산물이라는 사실에 근간을 두고 있다.

이 장은 네 가지의 기본적인 사상을 소개한다. 첫째, 생태적 문제에 대한 카를 마르크스(Karl Marx)의 통찰을 개괄적으로 살펴본 뒤, 자본주의 경제가 왜 위기에, 특히 생태적 위기에 취약한지를 검토한다. 둘째, 우리 주변의 자연 세계가 생산된 것이라

**환경 정의** 인종, 민족, 성별과 무관하게 사람들은 공원, 맑은 공기, 건강에 유익한 환경과 같은 환경적 유익함과 오염, 재해, 폐기물과 같은 환경적 불리함을 모두 공평하게 분배받아야 한다는 점을 강조하는 원리이자 사상 및 연구의 총체. 반대로 환경 부정의는 약자일수록 더 건강에 나쁘거나 위험한 환경에서 생활하는 상태를 일컫는다.

는 관점을 소개하고, 우리가 얼마나 괴상하게 자연을 소비하거나 그 속에서 살아가고 있는지를 설명하고자 한다. 셋째, 전 세계에 걸쳐 상품 및 폐기물의 생산이 이루어지고 이것들이 국제적으로 교역되는 상황에서 야기된 문제와 위기를 경제가 어떻게 해결하려 하는지를 설명하고, 현대 경제에서 불균등한 발전과 불균등하게 분포된 환경 문제가 얼마나 두드러진 현상인지를 보여주려 한다. 마지막으로 환경 정의■나 유독물질 반대 운동과 같은 환경 보호 운동은 종종 사회적 재생산의 문제에 뿌리를 두고 있다는 점을 살펴보고, 이를 바탕으로 젠더 및 환경주의 운동에 대한 함의를 도출하고자 한다.

이러한 정치경제적 관점을 이해하기 위해서, 우선 카를 마르크스의 사상에 대해 간략히 검토하자. 많은 학자들은 자본주의 경제에 대한 마르크스의 분석을 환경과 사회 간의 관계성의 문제로 확대·발전시켜 왔다.

## 노동, 축적, 위기

19세기의 경제 철학자인 카를 마르크스는 정치적·경제적·사회적 체계의 상호관계를 연구한 가장 영향력 있는 학자이다. 마르크스가 자연에 대해 직접적으로 언급한 것은 거의 없지만, 많은 사람들은 그의 분석을 확장시켜 자연 체계가 사회에서 어떤 역할을 수행하는지를 탐구해왔다. 이 장에서는 이러한 분석의 핵심적인 내용을 살펴본 후, 어떻게 이러한 분석을 오늘날 환경과 사회의 관계를 이해하는 데 활용할 수 있는지에 대해 논의할 것이다. 이 이론에서 사용되는 용어의 대부분이 전문적이고 추상적이기는 하지만, 기본적인 생각은 매우 보편적이고 친숙하다. 자연과 사회의 관계를 이해하기 위해서 우리가 마르크스로부터 끌어올 수 있는 가장 유의미한 개념 네 가지는 노동, 축적, 모순, 위기이다. 이 네 요소는 어떤 역사에서든, 즉 중세 봉건제 시대에서든 산업혁명으로 태동한 현대 자본주의 시대에서든 경제체제를 구성해왔지만, 시대에 따라 그 작동 방식과 다른 요소들과의 관계는 각기 다르다. 오늘날의 '현대 자본주의'에서 이러한 요소들은 다음의 원리로 구성되어 있다.

· 사람의 **노동**은 시장에서 판매된다.
· 이를 통해 소수의 개인들은 자본을 **축적**할 수 있다.
· 자본이 과잉 집중됨에 따라 **모순**이 나타난다.
· 이는 파괴적인 금융적·생태적 위기로 이어진다.

달리 말해, 정치경제학적 시각에서 볼 때 환경 문제는 이미 경제 내부에 자리 잡고 있는 시한폭탄이라 할 수 있다.

## 노동

노동이 자연과 사회를 통합하는 역할을 할 것이라는 주장은 마르크스 사상의 핵심 요소다. 사람들은 자연 자원에 자신의 노동을 투입하는 것으로 생계를 유지하며, 이에 따라 자연과 사회는 점차 복잡하게 얽히게 된다. 따라서 우리가 사용하고 소비하는 운동화, 컴퓨터, 골프 레슨, 피자, 카펫, 권총 등 모든 상품■은 그것을 만든 인간의 노동 — 또는 그것을 만드는 기계를 만든 인간의 노동 — 과 자연 세계의 다양한 요소가 만나 구성된 것이라 할 수 있다. 이 책을 읽고 있는 당신이 앉은 책상은 나무에서 얻은 목재, 원유에서 얻은 플라스틱, 철에서 얻은 나사, 송진에서 얻은 도료로 만들어져 있다. 또한 책상은 이 모든 구성요소를 결합해 하나의 상품으로 만든 인간의 노동도 포함한다. 자기가 직접 가구를 만들어본 경험이 있는 사람이라면 이것을 이루는 목재에 엄청난 땀이 배어 있음을 알 것이다. 노동은 자연을 바꾸는 행위이며, 자연을 인간 세계의 창조 과정에 편입시키는 행위이다.

현대 경제에서 자신이 직접 모든 설비를 소유하고 사업을 하는 사람은 지극히 적다. 석유나 철과 같은 원료에 접근할 수 있는 사람들도 지극히 적다. 대부분의

**상품** 그 본연의 모습이 아닌, 경제적 가치로 평가되는 대상(가령, 돼지고기가 특정한 돼지의 일부가 아니라 상품으로 인식되는 것처럼). 정치경제학(그리고 마르크스주의)은 이것을 교환을 위해 만들어진 대상으로 보고 있다.

사람들은 누군가를 위해서 일한다. 그 누군가란 기계, 컴퓨터, 설비 또는 공장 – 이는 생산수단■이라 불린다 – 을 소유한 사람이며 자연 세계로부터 원료 – 이는 생산조건■이라 불린다 – 를 확보하고 있는 사람이다. 달리 말하자면, 현대 자본주의 체계에서 어떤 사람은 자신의 **노동력을 판매하고** 어떤 사람은 그 노동력을 구입해 자신이 원하는 일에 사용한다. 전자는 노동자라 불리고 후자는 자본가라 불린다. 자본가는 원료 및 기계와 함께 일꾼들의 노동을 통해 상품을 생산한다. 이 생산된 상품은 소비자에게 판매된다. 대부분의 경우 소비자는 바로 그 일꾼들이다. 즉, 일꾼들은 자기 자신이 열심히 만든 물건을 다시 구입하는 셈이다. 이러한 상품은 시장에서 팔린다.

자본가들은 상품 판매를 통해 이득을 취하는데, 이를 잉여가치■라고 한다. 자본가는 잉여가치를 소유하며, 그중 일부를 노동자들에게 임금으로 지불하고 생산조건을 유지하거나 재투자하는 데(가령, 벌목한 후 나무를 새로 심는 데) 지출한다. 중요한 점은, 만약 이때 노동자에게 그가 판매한 노동 가치에 완전히 부합하는 임금을 주거나 정확하게 자연을 훼손한 만큼 회복시키려 한다면 자본가에게는 아무런 이득도 남지 않을 것이라는 사실이다. 자본가가 노동과 자연에 대해 자신이 실제 사용한 것보다 '적게 지불하지' 않는다면, 자본주의란 존재할 수 없다. 이는 자본주의의 사회적·생태적 지속가능성에 근본적인 문제를 야기한다(〈사진 6.1〉).

**생산수단** 정치경제학(그리고 마르크스주의)에서 사용되는 용어로서 물건, 상품, 그리고 재화를 만들기 위해 필요한 기반시설, 도구, 기계 등을 말한다.

**생산조건** 정치경제학(그리고 마르크스주의)에서 사용되는 용어로서, 특정의 경제가 기능하기 위해 필요한 물질 또는 환경 조건이다. 이것은 공정과정에 필요한 물에서 작업을 하는 노동자들의 건강에 이르기까지 다양한 것을 포함한다.

**잉여가치** 정치경제학(그리고 마르크스주의)에서 사용되는 용어로서, 저임금 노동이나 환경에 대한 과도한 착취를 통해 생산된 가치가 소유자와 투자자에게 축적되는 것을 말한다.

**교환가치** 정치경제학(그리고 마르크스주의)에서 사용되는 용어로서, 상품의 질, 즉 교환할 때 자신이 받게 될 상대 상품의 양을 결정하는 상품의 질을 일컫는다. 사용가치와 대비된다.

## 축적

마르크스는 자본주의가 18세기와 19세기에 형성된 비교적 새로운 유형의 경제라고 파악했다. 그 이전에 사람들은 자기 주변의 자연 자원에 자기의 노동을 결합해 자신에게 필요한 물건을 만들거나, 자신에게 필요한 물건을 얻기 위해 다른 사람과 교환할 물건을 만들었다. 이러한 물건들에는 교환가치■가 있었고, 그 가치는 상품을 제작하거나 교환하는 사람 본인들에 의

〈**사진 6.1**〉 아주 간결하게 표현된 잉여가치의 비밀

이 원리에 따르면, 환경에 대한 노동 강도는 더 높아지고 투자는 더 적어져야 잉여가치를 계속 생산할 수 있다. 프레드 라이트(1907~1984)는 미국 전기 노동자 조합을 위해 평생 전시용 만화와 짧은 영상물 등을 제작했다.
**자료:** Fred Wright Papers, 1953-1986, UE 13, Archives Service Center, University of Pittsburg.

해 매겨졌다. 예전에는 최소한 부분적으로라도 이것이 가능했다. 사람들은 자신의 생산수단을 소유·통제할 수 있었고(가령 구두장이가 구두를 만드는 데 필요한 도구를 가

지고 있듯이), 원료는 그들 주변에서 대체로 용이하게 확보할 수 있었기 때문이다.

이런 관점에서 본다면, 오늘날의 경제와 같이 시장과 자본가들에 의해 노동자와 그들이 만든 상품이 분리되어야 하는 어떤 필연적인 이유는 없는 것이다. 경제는 과거 다른 방식으로 조직되었고, 미래에는 또 다른 방식으로 조직될 수 있기 때문이다. 그렇다면 어떻게 해서 경제는 오늘날과 같이 변화하게 되었을까? 왜 사람들은 자신의 노동을 팔도록 강요받고 있는 것일까? 자본가들은 어떻게 해서 생산수단과 생산조건을 통제할 수 있게 되었을까?

경제의 역사를 돌이켜보면, 사람들이 자신의 노동을 사용하거나 자연 자원을 이용하는 것이 매우 어려워지게 된 시기가 뚜렷하게 나타난다. 마르크스는 이것의 대표적인 사례로 영국의 인클로저 법을 언급한다. 이 법은 1780년부터 1820년대까지 공유지나 산림의 사유화를 촉진시켜 많은 소규모의 독립적인 자영농들이 농토를 잃고 밀려나게 만들었다. 이것은 현대 자본주의의 성립을 가능케 한 근본적인 토대가 되었다. 왜냐하면 이를 통해 소수의 선택받은 사람들이 토지를 포함한 생산수단과 생산조건을 통제하게 되었을 뿐 아니라, 독립적으로 살아갈 능력이 없는 많은 사람들을 양산했기 때문이다. 토지를 상실한 사람들은 식량을 생산하거나 교환할 물건을 만들 수 없었고, 자신의 노동력 이외에는 아무것도 가진 것이 없었다. 이들은 생계를 유지하기 위해 노동력을 팔아야만 했고, 이에 따라 임금 노동자로 전락하게 되었다. 이와 같은 인클로저와 공유지의 사적 전유 과정을 본원적 축적■이라 부른다.

이러한 역사적 과정이 진행됨에 따라 축적은 경제를 이끄는 핵심적인 동력이 되었는데, 이는 환경과 관련해 중대한 함의를 가진다. 일단 소수의 자본가와 다수의 임금 노동자라는, 생산관계■라 지칭되는 사회적 관계가 형성되자 이와 관련된 규제들이 경제체제에 도입되기 시작했다. 자본가들은 잉여가치를 생산하기 위해, 그리고 실제 자신의 노동을 사용하지 않고 생계를 유지하기 위해 자본을 계속 순환시켜야만 했다. 곧, 더 많은 돈을 벌기 위해 노동

**본원적 축적** 마르크스주의에서 사용되는 용어로, 역사적으로 공동체에서 집단적으로 소유해온 자연 자원이나 물건을 자본가들이 직접적으로 전유하는 것을 가리킨다. 예를 들어, 18세기 영국의 공유지는 부유한 엘리트 계급과 국가에 의해 사유지로 변모하게 되었다.

**생산관계** 마르크스주의 정치경제학에서 사용되는 용어로, 특정 경제를 유지하는 데 반드시 필요한 사회적 관계를 일컫는다. 가령 봉건경제에서는 농노와 영주의 관계가, 자본주의에서는 근로자와 소유자가 필수적이다.

력을 구입하고, 생산수단을 관리하며, 생산조건을 확보하는 일련의 투자 행위가 지속적으로 이루어지게 된 것이다. 그리고 시간이 지남에 따라 자본가들 간의 경쟁으로 인해 이윤이 점차 줄어들게 되자, 자본가들은 생산기술의 지속적 혁신을 통해 한정된 노동으로부터 더 많은 잉여가치를 미친 듯이 짜냈고, 수익성 있는 거래를 극대화하기 위해 구입과 판매 과정을 가속화했으며, 노동자와 환경으로 돌아가야 할 몫을 더욱 줄여나갔다. 이러한 과정은 자본의 끊임없는 순환과 자본주의 체계의 지속적인 팽창을 강요한다. 이것은 또한 자본가와 자본주의의 생존에 필수적인 조건이다. 점점 빠르게 돌아가는 쳇바퀴와 같은 이러한 경제는(Foster, 2005), 생존을 위해 끊임없는 경쟁 상태를 유지하고 노동과 자원을 게걸스럽게 집어삼키면서 자본주의의 지속가능성에 중대한 문제를 야기한다.

### 위기와 모순

위와 같은 체계는 재화의 구입과 판매 과정이 점차 느려지거나 자원이 부족해지면, 또는 이 두 가지가 복합적으로 발생하면 한순간에 몰락할 수 있다. 2008년 미국과 영국에서 발생한 사회경제적 재난에 대해 생각해보자. 가장 먼저 자원(연료와 주택 등)이 부족해지자 상품(주택, 차량, 심지어 음식 등)을 구매할 수 있는 노동자의 능력이 약화되었다. 이로 인해 자본의 회전율이 낮아지고 잉여가치도 줄어들게 되자 이것은 다시 임금에 대한 압박(대량 해고 등)과 자원에 대한 압박(에너지 자원 개발을 위해 환경적으로 매우 취약한 지역들이 공격적으로 개발되는 등)으로 이어졌고, 다시 꼬리에 꼬리를 무는 일련의 위기들을 초래했다.

자유시장주의 경제 이론과는 반대로(제2장 참고), 정치경제학적 접근은 이러한 위기가 현대 자본주의에서 항상 발생한다고 본다. 지난 200년의 사회적·정치적 역사는 이러한 위기에 대한 조정의 역사였고, 그럼에도 사회적·환경적 상태는 계속해서 바람직하지 않은 방향으로 가고 있다. 사람들 중에는 시스템이 제대로 작동하지 않아서 이러한 위기 상황, 이상 상태가 나타났다고 생각하는 이도 있을지 모르지만, 마르크스는 이것이 그저 자본주의 시스템의 근본적인 내재적 위기가 표출된 것에 지나 과잉축적 마르크스주의 정치경제학에서 사용되는 용어로, 자본이 부유한 개인들과 같은 소수의 사람들과 은행과 같은 소수의 기업에 집중된 경향을 지칭한다. 이는 경기 후퇴를 일으키고 잠재적인 사회경제적 위기를 잉태한다.

지 않는다고 본다. 결국 대량해고, 무주택자의 급증, 환경 파괴, 기업 간의 더러운 싸움 등을 동반하는 위기는 제대로 작동한 시스템의 산물이다.

마르크스주의는 이러한 위기의 핵심에 모순이 있다고 주장한다. 이 모순은 과잉축적■이라 불리는데, 소수의 자본가들에게 부가 과도하게 집중하는 현상을 가리킨다. 한편으로, 축적은 자본주의 시스템의 지속적인 팽창을 위해 반드시 필요하다. 소유자가 더욱 많은 돈을 벌수록, 그들은 더 많은 돈을 생산에 투입해 더 많은 잉여가치를 전유할 수 있게 된다. 이 과정이 지속될수록 점점 더 소수의 손에 부가 집중되는 경향이 나타난다. 그러나 다른 한편에서 축적은 전체 시스템에 해롭기도 한데, 그것은 순환될 수 있는 자본의 총량을 줄이기 때문이다. 이런 상황은 글로벌 경제에 아주 분명하게 — 특히 소수의 자본가들과 대기업이 대부분의 자본을 통제하는 경우에는 더욱 — 나타나고 있다. 2005년 엑손모빌(Exxon Mobil)사의 순이익은 361억 3,000만 달러에 달했는데, 이는 미국 내 기업 중 가장 큰 규모로서 세계은행에 가입한 184개국 중 125개국의 경제 규모보다 크다(Blum, 2005).

이러한 과잉축적의 상황은 경제에 이상 징후, 즉 과잉생산이나 과소소비에 따른 위기를 발생시킨다. 이중 전자는 판매될 수 있는 양 이상의 상품이 생산되는 것을 말한다. 과잉생산은 생산성을 극도로 향상시키는 기술적 개선 등에 의해 야기된다. 반면 과소소비는 소비자가 시장을 비울 수 있을 정도의 속도로 물건을 구입하지 않는 상태를 가리킨다. 이는 대체로 노동자의 소득이 물건을 모두 소비할 수 있을 만큼 충분하지 않기 때문에 나타난다. 노동자가 소비의 주체임에도, 자본가가 노동자에게 가능한 한 적은 임금을 지불하려고 하기 때문에 이런 상황이 벌어진다.

당연하지만 과잉생산과 과소소비는 동전의 양면이다. 상품이 팔리지 않는다는 것은 시스템상에서 가치가 더는 순환하지 않는다는 것을 가리킨다. 가치의 순환은 자본주의의 핵심을 이루기 때문에, 전체 시스템이 붕괴되는 것을 막기 위한 어떤 조치가 취해져야만 한다. 예를 들어 대공황 시기에는 세계 전체의 소비가 감소해 시스템이 붕괴됨에 따라 세계 전역의 생산자와 노동자들이 큰 파국을 맞게 되었다. 실업률은 크게 치솟았고 생산은 급감했다. 이런 상황에서 미국은 투자를 촉진하기 위해 루스벨트 정부의 주도로 뉴딜 정책을 실시했다. 이 정책은 사람들이 교량, 도로, 건축물의 건설과 같은 공공사업에서 일하고 소득을 얻도록 한 것이었다. 결과적으로 이 정책은 생산에도 자극을 주었다. 2008년의 경제 위기 당시 추진된 세금 환급도 비슷한 논리를 따르고 있었다. 사람들의 소비를 진작시켜 경제에 자극을 주는 것이 그 목적이었기 때문이다.

위기가 가속화되면 자본가, 기업 및 이사회는 비용을 낮추면서도 생산을 늘리기 위한 '영웅적' 노력을 감행하지만, 이는 지속적인 이윤의 감소로 되돌아온다. 위기의 상황에서 회사는 대체로 대규모의 임금 삭감을 시행하거나 임금이 더 저렴하면서도 더 많은 혜택을 누릴 수 있는 지역으로 생산 시설과 업무를 이전한다. 그러나 잠재적인 소비자들이 실직하거나 임금을 더 적게 받는다면, 기업이 만들어내는 상품은 도대체 누가 구매할 수 있을까? 또한 노동자들이 제대로 일을 하지 않는다며 회사가 그들을 정도 이상으로 착취한다면, 그들은 곧잘 병에 걸릴 것이고, 생산성은 더욱 떨어질 것이다. 심지어는 그 상황에 신물이 난 노동자들이 사직할 수도 있다. 이러한 상황들이 대규모로 발생한다면 시스템은 붕괴의 위험에 처할 것이고 기존과는 다른 사회관계에 토대를 둔 새로운 양식의 경제로 이행하게 될 것이다. 이와 같은 축적으로의 이행 과정과 그에 따른 변동 결과는 자본주의의 일차적 모순■이라 불린다.

위기 상황에서 노동자들을 더욱 압박하는 것 외에 축적을 지속시키는 또 다른 방법은 소위 자유로운 '공공재'라 불리는 자연에서 더 많은 자원을 채취하는 것이다(제3장 참고). 환경 위기를 유발함으로써 사회적 위기의 도래를 늦추려는 행위에 어떤 의미가 있을까?

> **자본주의의 일차적 모순** 마르크스주의에서 사용되는 용어로, 스스로를 영속화하려는 자본주의 체제의 시도가 상품의 과잉생산, 잠재적 소비자에 대한 임금 삭감 등을 유발함으로써 도리어 스스로의 경제적 조건을 잠식하는 상황을 지칭한다. 마르크스주의는 이러한 과정이 최종적으로 자본주의에 대한 노동자들의 저항을 불러와 새로운 형태의 경제를 등장시킨다고 본다. 자본주의의 이차적 모순과 비교해볼 것.

### 두 번째 모순

제임스 오코너(James O'Connor)라는 이론가에 따르면, 비록 많지는 않지만 자연에 관한 마르크스의 몇 가지 언급은 환경의 지속가능성에 중요한 함의를 담고 있다. 우선, 마르크스는 환경 상태의 주기적인 악화가 경제 위기를 초래할 수 있다고 주장했다. 이는 가뭄, 허리케인 등 다양한 자연재해에 의한 자원의 부족이 생산 체계에 위기를 야기한다는 의미이다. 또한 마르크스는 자연에 의해 생산이 절대적으로 제한될 수 있다는 점을 지적했다. 자본주의는 언제나 더욱 많이 생산할 수 있는 방법을 추구하지만, 이용할 수 있는 자원은 한정되어 있다. 자원이 고갈되거나 채취하는 비용이 높아지면 생산하는 상품의 가격은 상승하게 될 것이다(〈글상자 2.1〉의 피크 오일에 대한 글 참고). 이는 상품 생산 규모를 축소시켜 결국 경기후퇴로 이어질 것이다.

설상가상으로 마르크스는 자본주의적인 형태의 생산 및 채취, 특히 농업이나 임업과 같은 산업이 자연에 미치는 해악이 인간 노동력의 착취가 가져오는 해악과 맞먹는다고 주장했다. 잉여가치를 유지하기 위해서는 노동이든 자연이든 어느 하나는 반드시 착취되어야 한다는 것이다.

> 노동의 생산성 및 유동성의 증가는 노동 그 자체를 약화시키고 황폐화시키는 대가를 치러야만 달성할 수 있다. 게다가 자본주의적 농업에서의 모든 진보는 노동자뿐만 아니라 대지를 착취하는 기술의 진보일 따름이다(Marx, 1990: 638).

토지나 노동력을 더 심하게 착취할수록 장기적으로 이들의 생산성이 떨어지게 되어 위기로 치닫게 될 것이다. 이러한 주장을 펼치는 가운데 오코너는 특히 칼 폴라니(Karl Polanyi)의 저술에 주목했다. 그에 따르면, 자원의 부족은 제1장에서 다룬 맬서스의 과잉인구와 같이 수요 증가에 의한 것도 아니고, 제5장에서 다룬 위험 분석과 같이 시스템 내부에서의 기술적 관리의 문제도 아니며, 제4장의 심층 생태학과 같이 인간과 자연의 분리가 야기한 불가피한 결과도 아니다. 폴라니는 자원의 부족이 상품을 만드는 데 필요한 자원을 채취하는 자본주의의 산물이라고 보았다. 즉, 자원의 부족은 어떤 자연적 상태라기보다 자연을 시장화함으로써 발생한 상태라는 것이다(자연의 시장화에 대해서는 제12장에서 생수에 관한 논의를 중심으로 살펴볼 것이다). 결국 자본주의는 인간을 기계의 톱니바퀴로 만들뿐 아니라 자연의 고갈까지 불러오기 때문에 스스로 자신의 한계를 생산한다고 할 수 있다.

이러한 주장이 사실이라면, 환경은 자본주의의 성장에 한계를 제시한다고 볼 수 있다. 자본주의는 자연이라는 자원을 착취하는 것으로 성립되며, 자연을 파괴하려는 경향은 경제 시스템의 붕괴와 새로운 대안의 도래로 이어질 수 있다. 위기와 사회 변동에 대한 이러한 생태적 이론은 종종 자본주의의 이차적 모순■이라 불린다.

**자본주의의 이차적 모순** 마르크스주의에서 사용되는 용어로, 스스로를 영속화하려는 자본주의 체제의 시도가 자연 자원의 고갈이나 노동자의 건강 악화 등을 유발함으로써 도리어 환경 조건을 붕괴시키는 상황을 일컫는다. 마르크스주의는 이러한 과정이 최종적으로 자본주의에 저항하는 환경운동이나 노동운동을 낳아 새로운 형태의 경제를 등장시킨다고 본다. 자본주의의 일차적 모순과 비교해볼 것.

**사회적 재생산** 보수 없는 노동, 특히 가사노동 등에 의존하는 경제 부문을 지칭한다. 이 경제 부문이 없다면 공식적인 화폐경제는 난관에 봉착하고 붕괴될 것이다.

오코너는 이러한 주장을 요약하면서, 경제적 생산의 한계뿐만 아니라 자본주의 기업에 의한 자연의 오염 – 지구, 그리고 그곳에서 사는 노동자의 건강과 안녕을 위협하는 오염 – 역시 우리에게 주어진 환경 조건이라 설명한다. 이는 결과적으로 사회적 재생산■을 둘러싼 투쟁을 야기하는데, 이는 사람들이 건강하고 풍요롭게 살아가는 데 필요한 기본적 욕구를 충족하기 위한 투쟁을 일컫는다. 이런 사고를 토대로 본다면, 경제를 지탱하고 있는 노동력은 자본주의적 생산에 의해 침식되고 있다고 볼 수 있다. 노동자들이 효과적으로 스스로를 재생산하지 못할, 즉 회복하지 못할 경우 노동력은 감소하게 될 것이다. 자본주의는 비용을 줄이려는 과정에서 폐기물, 오염된 공기, 폐수, 그리고 노동자를 위협하는 여러 환경을 생산하면서 그 자신의 제반 조건을 지속적으로 파괴하고 있기 때문에, 이것은 충분히 예측 가능한 결과이다(정유 산업을 규제함으로써 사람들의 혈중 납 농도를 75%나 줄였던 제5장의 사례를 보라).

그렇다면 월급 명세서만이 우리가 자본주의에 대항해서 조직적으로 행동해야 할 유일한 이유는 아닐 것이다. 오늘날 사회 변혁 운동의 주요 주체 중 상당수는 노동조합이 아니라 '신사회운동'에서 활동한다. 이 운동은 작업장의 안전, 유독성 폐기물의 처리 등에 초점을 두고 있다(환경 정의에 대한 다음 절 참고). 이들은 더 많은 임금이나 더 나은 노동 조건 대신 깨끗한 환경에 대한 기본권을 주장한다. 달리 말해, 신사회운동은 공장과 작업장에 역량을 쏟기보다 경제가 공중의 건강과 환경에 미치는 영향을 개선하는 데 초점을 두고 있다. 또한 신사회운동은 기술과 전통적인 발전 개념의

〈**도표 6.1**〉 자본주의가 야기하는 모순과 이에 대한 사회적·환경적 대응

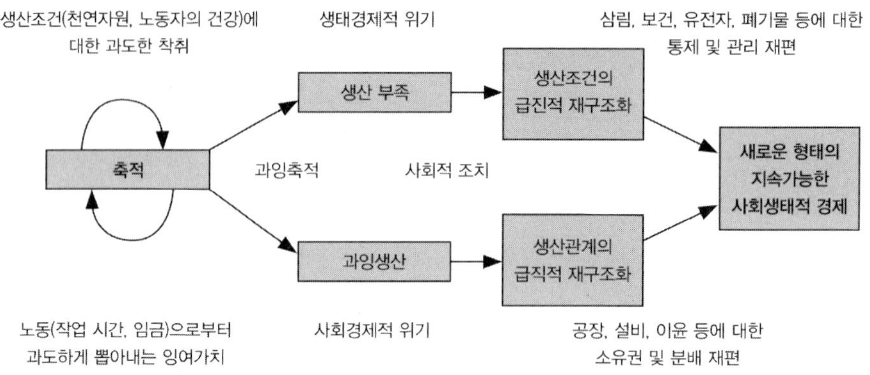


자본주의가 야기하는 모순과 이에 대한 사회적·환경적 대응을 도표로 나타낸 것이다. 이를 통해 어쩌면 한층 지속가능하고 투명한 사회로 나아갈 수도 있을지도 모른다.
**자료**: O'Connor(1998)를 일부 수정.

위험성을 인식하고 있다는 점에서 전통적인 노동운동과 다르다. 마르크스는 궁극적으로 기술 발전이 노동력을 기계로 대체함으로써 노동자를 공장에서 해방시킬 것이라고 보았다. 그러나 '녹색' 정치경제학자들은 이러한 기술의 상당수가 환경과 인간의 건강을 위험에 빠뜨릴 것이라고 주장한다. 신사회운동은 경제적·기술적 발전을 해답으로 간주하지 않는다. 오히려 발전이라는 개념 자체를 문제시한다(〈도표 6.1〉).

따라서 이러한 신사회운동은 필요한 상품을 만드는 방식이 더 친환경적이어야 한다고 요구한다. 이 새로운 요구가 자본주의 시스템에서 오염을 줄이도록 강제한다면 자본가들은 더는 자연을 자신의 구미에 맞게 다룰 수 없게 될 것이고, 공공단체나 규제기관의 감독을 받게 될 것이다. 이론적으로 말해서, 공공의 책임과 감독이 이와 같은 새로운 수준으로 개선된다면 우리는 한층 지속가능하고 투명한, 또는 사회주의적인 사회와 경제로 나아갈 수 있을 것이다. 오코너의 결론에 따르면, 자연과 인간에 대한 끊임없는 착취는 결국 자연의 '반란'을 야기하거나 '생태적 착취'를 종식시키려는 사회운동의 부상으로 귀결될 것이다(O'Connor 1988: 32).

## 자연의 생산

정치경제학적 관점에서 현재의 환경 및 노동 상태에 대해 고려해볼 때, 자본주의 경제에 대한 반란이나 저항이 왜 나타나지 않는가라는 의문이 당연히 생길 것이다. 오코너는 자연이 자본주의적 생산을 제한하고 사회적 실천을 추동하며 자본주의 시스템 그 자체를 침식할 수 있는 큰 잠재력을 가지고 있다고 보지만, 이와는 반대로 환경과 사회의 관계성에 대해서는 매우 회의적인 시각을 가지고 있다. 자연의 생산■을 주장하는 자연생산론이 가장 대표적인데, 이것은 **자연 그 자체**가 경제적 과정을 통해 만들어지고 소비되는 상품에 지나지 않는다고 보는 시각이다.

지리학자인 닐 스미스(Neil Smith)는 이러한 문제의 전형적인 사례를 제시한 바 있다(1996). 1990년대에 네이처(The Nature)사 ― 지금은 디스커버리 채널에 인수되어 이름이 바뀌었다 ― 는 친환경 제품에 목마른 소비자들에게 규화목(硅化木), 잠자리채, 펭귄에 관한 도서 등을 판매하며 막대한 이득을 남겼다. 그러나 이와 동시에 이 회사의 모기업이 한 슈퍼펀드■ 부지의 오염에 관여했으며, 유독성 폐기물 처리 및 저장과 관련된 규제를 어겨온 사실이 드러났다. 얼핏 보면 이 사실을 그저 불쾌한 아이러니 정도로 여길 수도 있다. 그러나 생산의 과정에서 사회적·환경적 문제들이 위장되고, 은폐되며, 잊히는 이러한 현실은 소비자들이 자연을 상품이라는 소비의 대상으로 간주하기 때문이라는 것이 스미스의 주장이다.

자연생산론을 연구하는 학자들은 자연에 대한 우리의 이데올로기를 탐구한다. 이들의 주장에 따르면 현대의 노동자·소비자는 자연의 지속적인 착취를 가능케 하는, 자연에 대한 두 가지 모순적인 관념을 가지고 있다. 먼저 자연은 우리와 사회의 **외부**에 있다는 관념이다. 우리는 인간 사회를 자연과 분리시킴으로써 우리가 적절하다고 생각하는 방식대로 자연을 사용하는 것을 당연시한다. 자본주의 사회의 경우, 이것은 상품 생산을 위해 원료를 자연에서 착취하는 것 또는 자연의 상품화■ 그 자체를 의미한다. 우리가 시장

**자연의 생산** 정치경제학적 용어로, 비록 예전에는 환경이 인간과 분리되었지만, 현재에는 그것이 인간의 산업과 활동의 산물이라고 보는 견해를 지칭한다.

**슈퍼펀드** 유독성 폐기물 처리장의 문제를 해결하기 위해 구성된 미국의 환경 프로그램을 가리킨다.

**상품화** 특정 가치를 내재한 대상이나 자원을 교환가치가 있는 것으로 포괄적으로 변형하는 것으로, 마르크스주의에서는 특정 사물의 교환가치가 사용가치를 능가할 정도로 부상하는 것을 가리킨다.

〈글상자 6.1〉 러브 운하

뉴욕의 후커케미컬(Hooker Chemical)사는 1942년부터 1952년까지 염소화탄화수소라는 유독성 물질이 포함된 2만 톤 이상의 폐기물을 나이아가라 폭포 인근에 있는 운하에 매립했다. 이 회사는 매립이 끝난 후 그 자리를 흙으로 덮었고, 몇 년 뒤 시 교육 당국은 이 매립지 위에 학교를 세웠다.

1970년대 후반이 되자 학교를 비롯한 마을 전체에 유산과 선천적 기형을 비롯해 간질, 천식, 요로감염 등 심각한 건강 문제가 만연하게 되었다. 그 전까지만 해도 어떤 정치적 활동도 한 적이 없었던 로이스 깁스(Lois Gibbs)라는 마을 주민은 이 재앙에 대해 철저하게 조사하면서 직접적인 운동, 시위, 주정부 당국과의 논쟁 등을 통해 미국 전체가 이 사건에 주목하도록 만들었다. 깁스의 노력으로 인해 이 지역의 문제가 완전히 폭로되었고, 주민들은 다른 곳으로 피난을 갔으며, 연방정부의 정화작업이 이루어졌다.

몇 년이 지난 후 후커케미컬사의 변호인단은 이 회사가 사전에 시 교육 당국에 화학물질이 매립되어 있다고 경고했기 때문에 사측에는 책임이 없다고 주장했다. 그러나 시 교육 당국자들이 유독성 폐기물과 관련된 문제에 대해 전문적인 지식이 없었다는 점은 명백했고, 설령 이들이 재앙에 책임이 있다고 할지라도 여전히 주된 책임은 최초에 폐기물을 생성한 화학회사 쪽에 있었다. 이 사건의 핵심 문제는 수많은 주민들이 이 유독성 화학물질에 노출되었다는 끔찍한 사실이 아니라, 이 재앙에 따른 피해와 건강 문제에 대한 책임이 법률적으로 누구에게 있으며 이곳에 대한 정화작업의 책임이 누구에게 있는가였다. 더 구체적으로 말하자면, 이것은 오염된 재산이 양도될 때 그에 대한 책임도 함께 양도되었는지 아닌지, 그리고 그 과정에서 위험성이 논의되었는지 아닌지를 둘러싼 논란이었다. 이 사건에 대한 재판이 진행될 당시에는 이를 해결한 법률적 근거가 뚜렷하지 않았다. 이 사건은 1980년에 일명 슈퍼펀드법으로도 알려진 포괄적환경대응책임보상법(CERCLA)이 통과된 후에 점차 해결되어 나갔다. 이 법은 "공동의, 엄격한, 여러 종류의" 책임을 주장하는데, 이는 미래의 폐기물 처리를 엄격하게 규제할 목적으로 모든 관련자들에게 책임이 있다는 점을 강조한다. 일단 어떤 폐기물이 땅에 버려지는 순간, 상황이 어떻다 할지라도, 토지 매입자가 누구라 할지라도, 최초에 오염 물질을 만든 당사자는 책임을 면할 수 없다.

결과적으로 러브 운하 사건으로 인해 몇 가지의 중요한 선례가 생기게 되었고, 이는 국제적으로도 환경운동을 촉진시킨 상징적인 돌파구가 되었다. 첫째, 일반적인 중산층도 자기 집 주변에서 매우 유독한 물질에 노출될 수 있다. 둘째, 엄격한 조사를 받지 않고 활동하는 기업은 불법적이거나 불투명한 방식으로 수많은 사람들을 위험에 빠뜨릴 수 있다. 셋째, 시민운동은 직접적인 실천을 통해 특정 환경 문제에 대해 국가 전체의 주목을 끌고 지원을 얻어낼 수 있다. 넷째, 여성이 환경 정의 문제에서 핵심적인 지도력을 발휘하기도 한다. 한층 급진적인 의미에서 볼 때, 이 사건은 환경법에서 규정한 '어떻게 위험을 인식하고 어떻게 그 책임을 설정할 것인가?'에 대한 내용을 전면적으로 수정하도록 만들었다 할 수 있다.

■ 자료

Blum, E. D. 2008. *Love Canal Revisited*. Lawrence, KS: University Press of Kansas.

에서 어떤 물건을 팔거나 구입하고자 한다면, 우리는 그것을 우리 외부에 있는 어떤 대상으로 인식해야 하기 때문이다.

그러나 우리는 동시에 모든 인간과 비인간은 자연적 과정의 영향에서 자유롭지 않다는, 자연에 대한 일종의 **내부적** 관념도 가지고 있다. 우리는 자연 내부에 있고, 그렇기 때문에 자연의 법칙으로부터 영향을 받는다. 자연에 대한 이러한 관념으로 인해 우리는 인간 사회와 자본주의 시스템이 자연 법칙에 따라 움직이는 어떤 자연적인 실체라고 생각하게 된다. 이는 오늘날의 사회적 상황이 자연적이고 불가피한 법칙의 결과라는 의미이다. 이처럼 경제와 사회를 보편화하고, 경제적 경쟁처럼 최근에 만들어진 특수한 관념들조차 항상적이고 불가피한 것이라고 여기는 이러한 관점은, 현재의 사회적·생태적 시스템에 문제를 제기지 못하게 만들고 대안을 상상하는 것을 차단한다(제7장 참고).

위와 같이 상반된 두 관점, 즉 자연은 인간으로부터 분리되어 있지만, 동시에 인간은 자연의 일부라는 생각은 자본주의적 생태를 이해하는 데 핵심적이다. 스미스에 따르면, 이것은 '녹색' 기업들이 사람들에게 자연과 더 가까워지는 느낌을 주는 상품들을 파는 형태로 실현된다. 곧, 자연은 시장에서 소비되기 위한 새 모이통, 현미경, 원격조종 상어와 같은 대상물로 만들어진다는 것이다. 그러나 다른 한편으로 우리는 이러한 소비가 우리 자신을 자연 속에 담그는, 자연으로 돌아가게 하는 방법이라고 받아들인다.

그러나 상품화의 과정은 다른 형태를 띨 수도 있다. 기업이나 투자자는 앞서 언급한 축적을 유지하기 위해 언제나 자연을 상품화하려 한다. 만일 모든 사람들이 자연자원을 공짜로 얻을 수 있다면, 어떤 이윤도 발생하지 않을 것이다. 그러나 특정한 사람이 특정한 자원에 대한 소유권을 주장할 수 있게 되면, 그 사람은 다른 사람들에게 자원 사용의 대가를 요구할 수 있을 것이다. 물과 같은 자연자원에 대한 사유화의 경향이 이를 단적으로 보여준다. 벡텔(Bechtel)이라는 다국적 기업은 지난 10년간 볼리비아에서 상수도 공급을 상품화하려 했다. 국가는 코차밤바(Cochabamba) 시의 상수도 공급권을 회사에 넘기려 하고 있으며, 벡텔사는 주민들의 상수도 사용량에 따라 요금을 부과하려 하고 있다. 예전에는 자유재였던 물이 상품화되어 벡텔사의 자본 축적의 원천이 되고 있는 것이다. 정치경제학적 관점은 우리가 공유하는 수많은 형태의 자연이 점차 우리가 교환하는 상품으로 바뀌어왔다는 점을 강조한다.

자연의 생산에 대해 진지하게 생각해보면, 우리는 현대 환경주의에 대해 두 가지 결론을 내릴 수 있다. 첫째, 우리는 시장 원리를 사용해 환경 문제를 해결하고자 하는 여러 시도들을 의심의 눈초리로 봐야 한다. 특히, 자연적인 것을 교환 가능한 재화로 바꾸려는 시도들에 주목해야 한다. 둘째, 우리는 자연이 정치와 경제의 외부에 속한다고 간주하는 모든 환경운동에 대해 비판적 관점을 유지해야 한다. 이러한 활동들은 야생 생물의 서식처 몇 군데를 보전하거나 오염을 일으키는 몇몇 기업들에 제재를 가할 수는 있지만, 환경 위기의 핵심에 내재된 모순(현대 자본주의가 최초부터 내재하고 있었던 자연과 사회 간의 비틀린 관계)과 정면으로 부딪치지는 못한다.

자연생산론에 따르면, 환경에 대한 실제적인 접근은 이와는 매우 다른 방향으로 나아가야 한다. 첫째, 자연에 대한 사회적 관계는 불가피한 동시에 창조적이라는 사실을 받아들여야 한다. 우리가 알고 있는 자연은 인간의 노동과 불가피하게 얽혀 있고, 그것을 통해 변형되어왔다는 사실을 받아들여야 한다. 우리는 자연에 어떤 본질적이면서도 순수한 상태가 있다는 생각, 곧 자연의 독립적인 자율성에 대한 믿음이 허구라는 것을 깨달아야 한다. '야생'의 상태로 자연을 되돌리거나 유지해야 한다는 낭만주의적인 생각(제7장 참고)에서 벗어나야 하는 것이다. 이러한 노스탤지어를 부정해야만 우리는 어떤 모습으로 생산된 자연이 가장 바람직한가에 대해 한층 유의미한 논의를 할 수 있다.

둘째, 자연의 생산이라는 관점에서 볼 때, 환경주의자들은 전 지구적 지배 시스템이 경제에 뿌리를 내리고 있다는 점을 명심해야 한다. 자본은 결코 자연이나 사람을 완벽하게 통제할 수 없지만, 언제나 그렇게 하려고 시도한다. 자본주의에 내재된 권력과 부의 축적을 고려해볼 때 우리는 자연을 대하는 인간의 태도가 그들이 경제 내에 처해 있는 상황에 따라 매우 상이하다는 점에 주목해야 한다. 그들이 인도네시아의 노동착취공장에 일하고 있는지, 몬태나 주 농촌의 목장에서 일하고 있는지, 아니면 런던의 식료품 가게에서 일하고 있는지를 살펴봐야 한다. 자연에 대한 그들의 지식과 경험은 모두 다르다. 경제 시스템 내부의 각기 다른 분야에서 일하고 있고, 자본과 맺고 있는 관계도 다르기 때문이다. 유의미한 환경운동을 일으키기 위해서는 이러한 많은 경제적·생태적 위치들, 즉 다양한 장소와 배경에서 살고 있는 사람들을 함께 모아나가야 할 것이다. 이는 결코 만만한 일이 아니다.

이처럼 상황이 한층 더 어렵게 된 것은 자본주의적 생산이 구사하는 공간적 전략 때문이다. 서머스의 메모에서도 나타난 바와 같이, 우리는 유해한 고체 폐기물까지도 수출하고 있는 상황이다. 미국과 같은 소비지향형 경제가 쏟아내고 있는 많은 부산물들은 지구 반대쪽에 떨어져 있는 빈곤한 국가들에 흡수되고 있다. 자본주의의 관점에서 본다면 아프리카는 저오염된 상태라고 할 수 있다. 물론 아주 잠시 동안뿐이겠지만 말이다.

이제까지 자본주의의 성장과 그로부터 파생되는 모순에 대해 선진국을 중심으로 살펴보았다. 그러나 환경과 사회에 대한 정치경제학적 접근은 자본주의의 전 세계적인 팽창과 그것이 인간과 자연에 미치는 영향을 이해하는 데에도 도움을 준다.

앞서 살펴본 바와 같이, 자본주의 경제 시스템은 자본의 지속적인 축적과 순환을 필요로 한다. 경제 성장을 이끌어내는 역량은 주기적인 위기를 낳는 자본주의 시스템 고유의 모순으로 위험에 처할 수 있다. 대체로 위기는 과잉생산이나 과소소비에 의해 생겨난다. 둘 중 어느 것에 의한 것이든 간에, 이러한 상황에서는 시스템이 축적을 지속시키고 이윤을 발생시킬 만큼 상품이 충분히 빠르게 순환되지 못한다. 이러한 주기적 위기를 해결할 수 있는 한 가지 방법은 국제 무역을 점차 확대시켜서 생산 시설을 세계의 다른 곳으로 이전하고 새로운 소비 시장을 개척하는 것이다. 어떤 나라에서 규제로 인해 노동자의 임금이 비싸거나 환경 규제로 인해 저렴한 원료를 확보하는 것이 어렵다면, 다른 곳으로 이동해서 생산하면 되지 않을까? 반대로, 어떤 나라에서 모든 노동자들이 이미 상품을 살 수 있을 만큼 사놓은 상태라면, 다른 나라에 가서 새로운 시장을 개척하면 되지 않을까?

지리학자인 데이비드 하비는 이 두 가지의 경우를 공간적 조정■이라고 명명했다(Harvey, 1999). 이론적으로 볼 때, 축적의 쳇바퀴가 야기하는 위기는 자본주의적 생산과 소비가 새로운 곳으로 확장될 경우 회피할 수 있다. 이는 생산비를 절감하

**공간적 조정** 자본주의에서 불가피하게 발생하는 주기적인 위기를 새로운 시장 개척, 새로운 자원 개발, 새로운 곳으로의 생산기지 이전 등을 통해 일시적으로 해결하려는 경향을 지칭한다.

고 새로운 소비시장을 창출하려는 오프쇼링(offshoring: 초국적 기업들이 해외 다른 지역으로 생산시설을 옮기는 현상)의 논리이기도 하다. 노동 및 환경 규제가 느슨한 곳으로 생산시설을 옮기는 경우도 적지 않다. 1970년대 이후, 북아메리카와 유럽의 많은 기업들은 라틴아메리카와 아시아 지역으로 생산시설을 이전했는데, 이는 이들 지역의 환경의 질에 큰 영향을 끼쳤다.

그럼에도, 어떤 이들은 이 과정에서 생산시설이 이전된 국가에도 이득이 있다고 주장한다. 생산은 일자리를 의미한다. 일자리는 돈을 의미한다. 돈은 곧 경제 성장과 같다. 경제 성장은 발전을 의미한다. 발전은 모든 사람들에게 이롭다. 이는 환경과 사회의 관계성에 대한 자유시장주의의 논리와 같다(제2장 참고). 그러나 정치경제학적 관점은 이에 대해 중요한 질문을 제기한다. 그것은 새롭게 이전된 공장에서의 노동자의 삶의 질이나 환경적 문제들과 아울러, 발전이라는 것이 언제 어디서나 바람직한 선으로 규정된다는 점을 문제시한다. 발전은, 특히 그 개념이 국민총생산과 같은 경제 지표의 관점에서 정의될 경우, 더 큰 자본과 노동력의 착취를 의미할 수도 있다. 나아가, 자본주의 시스템에서 발전은 언제나 불균등하다. 노동자들도 돈은 벌기는 하지만, 이것은 공장을 소유한 사람들에게 흘러들어가는 잉여가치와 비교한다면 거의 보잘 것 없는 수준이다. 유럽과 북아메리카의 자본가들이 대규모로 돈을 벌어들이는 동안 라틴아메리카, 아시아, 아프리카의 환경은 이윤 증대를 위해 파괴되고, 사유화되며, 상품화되고 있다. 더군다나 국제적인 기업들이 지리적 거리의 영향으로부터 자유로워짐에 따라, 특정 지역 내 자원을 보호하거나 노동자들의 건강을 잘 관리할 동기도 거의 사라지고 있다. 언제라도 이동할 수 있기 때문이다. 노동자와 자원은 언제라도 마음대로 처분 가능한 대상이 되었다.

세계의 특정 지역으로 이윤이 집중적으로 흘러들어가는 것과 동시에 다른 지역에서 착취가 이루어지는 경향은 새로운 것이 아니다. 불균등 발전은 오랫동안 자본주의 시스템의 주된 특징이었다(Smith, 1984). 유럽 국가들은 라틴아메리카, 아시아, 아프리카에서 자행한 식민주의를 통해 산업화를 위한 자원을 사실상 공짜로 얻게 되었다. 더군다나 이러한 정치적 · 경제적 관계는 지금까지도 지속되고 있기 때문에 오늘날의 발전 과정에 대해 생각할 때에는 반드시 이 점이 고려되어야 한다.

**세계화** 여러 지역의 경제, 사회, 문화가 전 세계에 구축된 네트워크를 통해 계속 통합되어 가고 있는 과정을 지칭한다.

불균등 발전은 자본주의적 생산과 소비가 세계적 규모로 뻗어나가는 세계화■의 토대라고 할 수 있다. 세계화는 공간적 조정의 논리적 확장이자 그 결과이다. 왜냐하면 초국적 기업들은 이를 통해 생산비용을 낮추고 지역 사회의 소규모 생산자들을 시장에서 축출할 수 있기 때문이다(제11장 참고). 또한 글로벌 소비 패턴의 수렴 현상은 이러한 지리적 전략의 결과이다. 예를 들어 전 세계적으로 패스트푸드가 광범위하게 퍼져나가는 현상은 대기업 규모의 식량 생산에 대한 수요가 훨씬 더 커지고 있음을 의미하는데(제13장 참고), 여기에 소비되는 단일작물을 재배하려면 엄청난 규모의 살충제, 비료, 물, 에너지가 투입되어야 한다. 토지 확보를 위해 벌목된 수많은 나무들과 대기 중에 방출되는 엄청난 양의 탄소 또한 이러한 농업의 부산물이다(제8장 참고).

## 사회적 재생산과 자연

영국에서든, 멕시코에서든, 미국에서든, 인도에서든, 외부로 드러난 이 모든 환경 피해는 사람들의 일상적 삶에 실질적인 영향을 주고 있다. 이러한 측면에서 정치경제학적 접근은 어디에서 어떻게 어떤 조건에서 물건이 만들어지는가를 따지는 생산의 문제뿐만 아니라 사람들이 어떻게 살아가고 생계를 지탱하는가라는 사회적 재생산에도 관심을 둔다. 어떤 종류의 경제라 할지라도 경제를 유지하기 위해서는 반드시 핵심적인 것들이 유지되어야 한다. 이는 공기, 물, 원료와 같은 자연자원을 포함할 뿐 아니라, 앞서 살펴본 바와 같이 사람도 포함한다. 신디 캐츠(Cindi Katz)는 사람과 그 가정의 일상적인 삶을 "살 냄새나고, 지저분하며, 애매모호한 삶의 나날들"이라고도 했는데(Katz, 2001: 711), 이는 자연을 다루는 정치경제학에서 매우 중요한 부분이다. 특히 사회와 환경의 상호작용의 대부분이 일상적인 영역에서 이루어지고 있음을 감안할 때(가령, 일상생활에서 미생물이나 박테리아와 같은 야생종이 가장 많은 곳은 부엌이나 욕실임을 생각해보라), 사회적 재생산 개념은 자연의 정치경제학에서 핵심적이라 할 수 있다.

캐츠는 사람들이 어떻게 살고, 생존하기 위해 어떤 상호작용을 하며, 생활 조건을 어떻게 개선하거나 바꾸어나가는지 이해하지 못한다면 결코 사회와 환경의 관계를 이해할 수 없을 것이라고 주장한다. 이러한 경제 영역의 환경적 측면은 사람들이 살아가는 환경을 형성하는데, 이것은 잉여가치의 추구 과정에서 악화될 수 있다. 예를 들어 앞선 러브 운하의 사례에서와 같이 어떤 회사가 유독성 폐기물을 땅속에 매립할 경우, 이러한 폐기물은 환경을 해칠 뿐 아니라 노동자의 건강을 위협해 그들의 생산성을 악화시킬 수 있다. 반대로 볼리비아의 사례에서와 같이 식수가 사유화·상품화되는 경우, 노동자가 생존에 필수적인 자원에 접근하는 것을 제한할 수 있다. 둘 중 어느 경우든 간에, 사람들이 힘을 뭉쳐 회사가 오염을 정화하도록 요구하거나 식수의 사유화를 금지하도록 요구한다면 환경을 바꿀 가능성은 얼마든지 있다.

### 환경 정의

자연의 생산 논제를 주장하는 사람들은, 이러한 집단적 행위가 자주 나타나지 않는 이유가 부분적으로는 사람들이 환경을 일상생활의 본질적인 부분이라고 생각하기보다는 사고팔 수 있는 상품으로 간주하는 데 있다고 설명한다. 즉, 사람들은 자신과 멀리 떨어진 곳에서 생산된 상품을 소비함으로써 생산과정에 대한 불쾌감을 회피하려 하기 때문이라는 것이다.

환경 정의 활동가들은 이러한 문제를 직접적으로 제기하면서 환경 위험, 폐기물, 유해한 시설이 소수민족집단이나 빈곤층 거주지 인근에 집중되는 경향을 지적한다. 빈곤층, 흑인, 이주민 집단이 납, 규진(이산화규소분진), 살충제와 같은 물질에 무방비로 노출되어 있다는 사실은 오래전부터 지적되어온 것이다. 20세기 초반의 많은 환경운동가들은 사회적·정치적으로 가장 취약한 계층을 위해 활동해왔다(Gottlieb, 1995). 미국의 초기 환경운동가들은 주로 여성으로 구성된 도시 사회운동가였으며,

이들은 공중 보건과 안전을 위한 개혁 조치로 쓰레기 처리와 하수 배출 통제를 강력하게 요구했다.

지난 100여 년의 역사를 돌이켜보면, 차별 받는 인종 또는 계급일수록 납 제련소나 유독성 폐기물 매립지와 같은 유해한 지역에 더 접근하게 된다는 것을 보여주는 간결하고 신빙성 높은 직접적 증거들을 수없이 찾을 수 있다. 위험은 부유한 백인 공동체보다 가난한 흑인 공동체에 훨씬 더 가까이 자리 잡고 있다. 1980년대 로버트 불러드(Robert Bullard)는 미국 남부의 쓰레기 처리장의 분포를 연구하며 유독 시설과 소수민족집단 간의 공간적 상관관계의 문제를 널리 알리는 데 기여했다. 그는 1990년 『딕시 지역의 쓰레기 처리: 인종, 계급 그리고 환경의 질(Dumping in Dixie: Race, Class and Environmental Quality)』이란 책을 통해 다음과 같은 유명한 결론을 내렸다.

> 유독성 폐기물 처리장, 지자체의 쓰레기 매립지, 쓰레기 소각장 등과 같은 유해시설들은 미국 내에서 무작위로 분포된 것이 아니라는 것을 나타내는 실증적 증거들이 점차 늘어나고 있다. 이런 시설의 입지로 인해 소수민족 근린지구는 계급에 관계없이 부유한, 또는 가난한 백인 근린지구보다 훨씬 더 큰 국지적 비용을 부담하고 있다. 흑인 공동체와 백인 공동체는 권력과 의사결정에 대한 접근성에서 차별된 대우를 받고 있고, 이러한 차별화는 입지적 불평등을 제도화하고 있다.

많은 환경운동가들과 학자들은 불러드의 평가를 지지하면서도, 이 현상이 인종에 따른 현상인지 아니면 계급에 따른 현상인지에 대한 논란을 벌였다. 즉, 특정한 사람들이 유독성 폐기물과 같은 위험 시설 근처에 살고 있는 이유가 그들이 소수민족이기 때문인지 아니면 빈곤층이기 때문인지를 두고 논쟁이 벌어진 것이다. 이러한 논란은 오늘날에도 계속되고 있지만, 이 두 가지 모두 주된 요인이라는 사실에는 변함이 없다. 또 다른 논란은, 취약계층이 사는 지역에 유해시설이 들어서는가 아니면 유해시설이 들어선 곳으로 취약계층이 – 주거비가 저렴하기 때문에 – 이주해오는가의 문제이다. 이에 대한 답 역시 '양쪽 다'이다.

그러나 이러한 두 논쟁은 상당히 '기만적'이다. 폐기물 처리와 주거지 형성의 시간적 차이나 인종 또는 계급에 의한 차별에 대해 논쟁하는 것보다 더욱 중요한 문제는, 어떻게 이러한 현상이 경제적 성장 및 인권 박탈이라는 거시적 과정으로 이어지는가일 것이다. 유해물질 처리장이 들어서기 전부터 사람들이 거주하고 있었는지의 여부와 상관없이, 빈곤층과 소수민족집단은 현재의 토지 개발 및 소유 구조에서 소외된 영역에 갇혀 있다. 이것은 지대의 차이 때문이기도 하고 부유한 백인 커뮤니티가 유해시설에 대항할 수 있는 강한 권력을 가지고 있기 때문이기도 하다. 위험에 대한 저항 능력이 사람에 따라 다르기 때문에 님비현상이 나타나는 것이다. 환경 정의에 대한 정치경제학적 접근은 이러한 편협한 지역주의적 사고에서 벗어나 위험에 대한 노출의 차별화가 어떻게 경제 및 권력 구조와 복잡하게 얽혀 있는지를 밝히고자 한다.

### 젠더와 환경운동의 정치경제학

많은 환경 정의 연구자들은 계급 및 인종 문제와 아울러 환경 정치, 개혁, 위기 등의 주제에서 젠더가 수행하는 역할을 연구하는데, 이러한 접근은 에코페미니즘■이라 불린다. 유해물질에 대한 수많은 저항 운동의 선봉에 서 있는 여성들을 보라! 주류 환경운동 단체 회원의 60~80%가 여성이며, 환경 보건에 관한 사안을 중심으로 활동하는 소규모의 자생적 단체들까지 따지면 그 비율은 훨씬 높아진다(Seager, 1996). 지난 반세기 동안 독성물질 반대 운동도 여성들이 주도해왔는데, 대표적인 인물로는 과학자 레이첼 카슨(Rachel Carson)과 시민운동가 로이스 기브스(Lois Gibbs), 에린 브로코비치(Erin Brockovich) 등이 있다.

이유는 무엇일까? 많은 사람들은 전통적으로 가족의 건강을 유지하는 것이 여성들의 책임이었기 때문에 여성들이 물, 공기, 토양의 오염과 같이 인간의 건강에 영향을 끼치는 환경 위험이라는 자본주의적 생산의 산물을 훨씬 잘 파악하고 그에 저항한다고 주장한다. 그렇지만 가족 내에서의 여성의 위치가 여성의 어떤 본질적인 특성인 것은 아니다. 오히려 여성의 위치는 주류 경제 시스템에 토대를 둔 사회 환경의 결과이다. 역사적으로 볼 때,

**에코페미니즘** 가부장적 사회가 자연 환경과 여성의 사회적 지위 모두를 악화시키고 있음을 비판하는 이론의 총칭한다.

자본주의는 작업장에서의 노동과 아울러 가정에서의 노동도 착취해왔다. 결국 누군가는 노동력의 재생산을 위해 일해야만 하기 때문이다. 역사적으로 남성들은 임금노동에 종사하기 위해 가사 노동으로부터 제외되어왔고, 여성들은 집안에 남겨진 채 전체 가족 구성원들을 위해 음식을 만들고 옷을 세탁하는 등의 재생산 활동을 도맡아왔다.

그러나 동시에 매우 아이러니하게도, 많은 전문가들은 환경 문제에 대한 여성들의 의견과 우려를 무시해왔다. 여성들은 어떤 환경 문제가 커다란 환경 위기로 발전하기 훨씬 이전의 초기 단계에서부터 문제를 제기하고는 한다. 〈글상자 6.1〉에서 소개한 러브 운하의 사례에서 화학 폐기물 매립지 위에 조성된 주거지로 인해 간질, 천식, 요로감염 등의 끔찍한 질병이 야기되었다는 사실을 밝히고 여기에 문제를 제기한 여성 운동가들은 '히스테리적인 주부들'이라 매도되었다. 매립을 했던 회사와 사건을 보도했던 대중매체들은 이런 고정관념을 유포해 여성 운동가들은 지식도 부족하고, 전문성도 없으며, 합리적인 판단도 하지 못한다고 주장했다(Seager, 1996).

따라서 이들의 투쟁은 오염에 대한 투쟁일 뿐만 아니라 전문 지식에 대한 투쟁이다. 전통적으로 자연에 관한 과학 지식은 그것의 객관성, 자연으로부터 그것이 분리되어 있다는 사실을 자랑스럽게 여긴다. 주로 여성들로 이루어진 많은 운동가들은 이러한 과학주의에 반대하면서 사회가 어떤 종류의 환경 문제에 직면하고 있는지에 대해 한층 경험적인 관점을 제시한다. 환경과의 관계성이라는 측면에서 볼 때, 여성들은 야생이나 생물 종 보존 등의 문제에 치중하고 있는 대형 환경단체들이 쉽게 놓치고는 하는 미묘한 환경 변화를 잘 파악할 수 있다. 이러한 의미에서 환경주의는 정치경제학적 운동을 필요로 한다.

## 환경과 경제중심주의

환경주의에 대한 이러한 분석은 매우 흥미롭다. 왜냐하면 우리는 이를 통해 환경

**인간중심주의** 자연에 대한 인간 행위의 옳고 그름을 따질 때 인간을 중심에 두는 윤리적 관점으로서 생태중심주의와 대비된다.

과 사회에 대해 다른 방식으로 사고할 수 있기 때문이다. 신맬서스주의자(제1장 참고), 자유 시장의 전도사(제2장 참고), 제도주의자(제3장 참고)의 주장에 대한 회의에서 시작된 이 접근법은, 자연과 자본주의적 생산 간의 관계를 탐색하고 환경운동의 새로운 조직화 가능성과 이를 통한 통제의 새로운 지평을 연다. 그러나 환경과 사회를 새롭게 이해할 수 있는 이러한 접근에는 잠재적 위험이 내재되어 있다.

특히 위험에 대한 정치경제학적 접근은 자연을 사회적 생산과 재생산의 원천으로 파악하는 극단적인 인간중심주의■에 기초하고 있다(이러한 관점의 한계에 대해서는 제4장 참고). 이 접근법은 경제 과정에 대한 분석을 통해 사회와 환경을 이해하려 하기 때문에, 비인간에 대한 다른 새로운 사고의 모색(가령 동물권과 같은)을 어렵게 한다. 또한 경제 시스템에 대항하지 않는 환경운동을 '부르주아적'이라고 선언함으로써, 사람들이 비인간의 입장에 서서 정치적으로 조직화할 가능성을 차단한다. 이는 결국 자연을 지켜내려는 많은 잠재적 동지 및 규제에 대한 접근을 봉쇄한다.

아울러 이러한 관점은 경제를 물신화할 잠재적 위험도 있다. 즉, '자본주의'는 복잡한 관계를 추상화한 개념임에도 어떤 구체적인 실체가 있는 견고한 대상물인 것처럼 생각하게 될 수도 있다. 그렇게 되면 현존하는 다른 종류의 사회적·경제적 관계를 보거나 상상하는 것이 어려워진다. 나아가 모든 환경 문제와 이슈를 자본주의라는 토대 위에서 설명함으로써 환경 문제 해결을 위한 논의의 과정에서 다른 다양한 원인, 관계, 이슈 등을 배제시켜버릴 수 있다.

또한 정치경제학적 접근이 지나치게 강조될 경우 환경 문제는 경제적 문제가 해결된 이후에야 해결될 수 있다는 생각을 가지게 만들 수도 있다. 사회가 광범위한 생태적 문제에 직면해 있고 자본주의가 쉽게 사라질 기미를 보이지 않는 현재의 상황에서, 우리에게 이러한 사치스러운 생각을 할 여유는 없다.

## 정치경제학에 대해 생각하기

이 장에서 우리가 살펴본 내용은 다음과 같다.

- 역사적으로 많은 사상들은 정치와 경제의 통합에 주목하면서 인간이 노동과 경제체제를 통해 어떻게 환경과 상호작용을 해왔는지 강조했다.
- 정치경제학적 접근은 산업 시대 이후의 경제의 역사를 탐색하면서, 글로벌 경제는 소수의 사람들에게 자본이 축적되면서 주기적인 위기에 봉착하게 된다고 주장한다.
- 정치경제학적 입장에서 보는 자본주의 경제는 자연 자원을 과잉 착취하는 모순적인 경향이 있기 때문에 추가적인 경제 문제뿐 아니라 환경운동이 부상하도록 만든다.
- 아울러 정치경제학적 접근은 자연이 어떻게 상품화되는지, 그리고 어떻게 지리적으로 불균등하게 개발되고 악화되는지에 대해서도 관심을 둔다.
- 많은 환경적·경제적 문제들이 일상생활에서 나타나고 사람들이 이를 경험하게 되면서 환경 정의 운동, 주로 여성들이 주도하는 환경 정의 운동이 촉발되었다.
- 정치경제학적 접근은 사회와 환경 간의 관계성을 이해할 수 있는 매우 강력한 수단이지만, 이는 인간중심주의적 혹은 경제중심주의적 경향으로 치우칠 수 있다.

### 검토 질문

1. '교환가치'와 '사용가치'라는 용어를 사용해 오늘날의 일반적인 민간 부문의 일자리에 대해(가령 개인 병원에서 일하는 간호사나 상점의 점원 등) 정치경제학적 시각에서 기술해보자.
2. 본원적 축적이란 무엇일까? 본원적 축적이 자본주의의 발전에 필연적이었던 이유는 무엇일까?
3. 정치경제학적 시각에서 볼 때 자본주의 경제는 왜 불가피하게 과잉축적에 의한 위기에 봉착할 수밖에 없을까?
4. 자본주의의 일차적 모순과 이차적 모순은 무엇일까? 왜 이러한 모순은 자본주의에서

피할 수 없는지 정치경제학적 시각에서 설명해보자.

5. 환경에 대한 여성들의 경험과 지식은 정치경제적 구조로 인해 남성들과는 다르다. 왜 그런지 사례를 들어 설명해보자.

### 연습 문제: 상품 분석

현대 경제는 컴퓨터, 모니터, 휴대폰, 텔레비전 등 엄청난 규모의 전자폐기물(e-waste)을 발생시키고 있다. 이중 일부만 재활용되고 나머지는 폐기된다. 전자폐기물은 수은과 같은 중금속을 포함하고 있기 때문에 하천 등의 생태계로 흡수될 경우 매우 위험하다. 이 문제에 정치경제학적으로 접근한다면 대량의 전자폐기물 발생은 우발적이거나 일시적인 현상이 아니라 필연적인 것이라고 볼 수 있다. 왜 이렇게 생각할 수 있는지 설명해보자. 이러한 폐기물의 발생이 필연적일 수밖에 없는 것은 자본의 어떤 경향에 의한 것인가? 이러한 상품의 처리나 재활용을 위해서는 어떤 환경정의가 이루어져야 할까?

**■ 추천 문헌**


Athanasiou, T. 1996. *Divided Planet: The Ecology of the Rich and Poor.* Boston, MA: Little, Brown, and Co.

Marx, K., and F. Engels(ed. H. L. Parsons). 1994. "Marx and Engels on Ecology." In C. Merchant(ed.) *Ecology: Key Concepts in Critical Theory.* Atlantic Highlands, NJ: Humanities Press.

Perrault, T. 2008. "Popular protest and unpopular policies: State restructuring, resource conflict and social justice in Bolivia." In D. Carruthers(ed.) *Environmental Justice in Latin America.* Cambridge, MA: MIT Press, pp.239~262.

Singer, P. 2001. *Marx: A Very Short Introduction.* New York: Oxford University Press.

Wheen, F. 2007. *Marx's Das Kapital: A Biography.* Boston, MA: The Atlantic Monthly Press.

# 제7장

# 자연의 사회적 구성 Social Construction of Nature

자료: https://www.flickr.com/photos/nesri/3834037767.




Keywords

- 개념
- 공동생산
- 구성주의
- 담론
- 사회구성주의
- 사회적 맥락
- 상대주의
- 서사
- 야생
- 의미화 실천
- 이데올로기
- 인종
- '자연'
- 지식/권력

## 정글에 온 것을 환영합니다

다음의 시나리오를 상상해보자. 당신은 일생일대의 여행을 떠나기로 했다!

야생의 자연에 큰 흥미를 가진 당신은 캐나다 바운더리워터스(Boundary Waters)에서 카누 여행을 할 수도 있고, 영국 레이크디스트릭트(Lake District)에 있는 스카펠파이크(Scafell Pike)에서 하이킹을 할 수도 있으며, 미국 애팔래치아트레일(Appalachian Trail), 옐로스톤 또는 그랜드캐니언을 걸을 수도 있다. 심지어 당신은 안방에서 여름이건 겨울이건 흥미로운 자연 현상을 볼 수도 있을 것이다. 호수에 어는 얼음을 볼 수도 있고, 철새의 이동도 볼 수 있으며, 나무에서 움트는 새싹까지 볼 수 있다. 〈펭귄: 위대한 모험〉과 같은 자연 다큐멘터리 영화, '애니멀 플래닛' 같은 텔레비전 채널, ≪내셔널 지오그래픽≫과 같은 잡지를 이용한다면 이는 어려운 일이 아니다.

자연에 관심이 있는 이라면 보르네오의 정글보다 더 멋진 곳을 상상하기는 힘들 것이다. 남태평양의 거대한 섬인 보르네오는 말레이시아, 인도네시아, 브루나이라는 소국으로 나누어져 있다. ≪내셔널 지오그래픽≫은 수마트라코뿔소, 구름무늬표범(대만표범), 피그미코끼리, 코뿔새나 오색조와 같은 화려한 새, 그리고 멸종위기종인 오랑우탄을 포함한 보르네오의 유명한 자연 생태계를 특집으로 소개하기도 했다.

자, 이제 당신이 이곳에 도착했을 때를 상상해보자. 보르네오에 도착한 후, 70만 명의 인구가 북적이는 말레이시아의 도시 코타키나발루(Kota Kinabalu)로 날아간다. 거기에서 한 시간 반 정도 버스를 타고 이동한 다음 다시 지프 택시를 잠깐 타면 목적지인 외딴 시골 마을의 작은 숙소에 도착한다. 지푸라기를 엮어 만들어 주변의 산림과 조화를 이루고 있는 숙소 안에서, 당신은 사방이 탁 트인 방에 모기장을 쳐놓고 마음 편히 잠을 잘 수 있을 것이다. 또한 요리하고, 청소하고, 서빙하는 모든 사람들이 — 최소한 겉으로 보기에는 — 보르네오 현지인이라는 사실 역시 당신을 행복하게 만들 것이다.

보르네오에서 첫 아침을 맞은 후, 현지 가이드를 동반해 근처에 있는 국립공원 정글 깊숙이 하이킹을 떠난다. 보르네오에서 가장 유명한 야생동물을 볼 수 있을지도 모르겠다고 기대하던 당신은, 곧 국립공원에 도착한 순간 입구에서 입장표를 사기 위해 길게 늘어선 여행객의 줄에 실망한다. 현지 가이드는 거침없이 지프를 몰아 대규모 버스 관광객을 지나친 후, 운무림(雲霧林)으로 향하는 길을 따라 계속 가다가 어느 작은 이정표 앞에 멈추어 설 것이다. "여기에서부터 하이킹을 시작할 겁니다. 망원경은 준비되셨나요?"라며 가이드는 당신의 주의를 환기시킨다. 자, 차에서 내린 후 오솔길을 따라 걸어간다. 15분 정도 지나면 새 소리와 곤충 소리, 물 흐르는 소리가 들려오면서 아까 지나친 공원 입구 쪽 관광객들의 소음을 서서히 압도하기 시작한다. 이제 사람들은 보이지 않는다. 탐방로는 놀랄 정도로 잘 관리되어 있다. 여행안내 책자와 탐방로를 따라 늘어선 설명 표지판들 – 당연히 영어로 쓰여 있다 – 사이를 가이드와 함께 걸으면서 당신은 안전하게, 친절한 설명을 받으면서, 마침내 당신의 꿈이 실현되었음을 깨닫는다. 보르네오의 깊은 정글 속에 와 있는 것이다.

이 이야기는 책의 서두에서 언급했던 주제들과 관련되어 있다. 가령, 이 이야기에는 정치경제학이 배어 있다. 현지 주민 중 생태관광을 통해 적절한 임금의 일자리를 얻는 이는 소수에 지나지 않는다. 동시에 상당한 규모의 땅이 자연 보호 지구로 지정됨에 따라, 원주민들이 정글에서 사냥하는 행위는 극도로 통제된다. 해변의 리조트나 크루즈 여행 대신 시골의 작은 숙소와 국립공원 여행을 선택한 것은 당신의 환경윤리, 그리고 폐해가 적은 생태관광의 '지속가능성'에 대한 신념 때문일 것이다.

그러나 이 이야기에는 그 이상의 함의가 내포되어 있다. 이 산림의 대부분은 수천 년 동안 사람들이 거주하며 이용해온 곳이다. 그들은 어디로 갔는가? 잘 관리된 탐방로와 중요한 생물 종이나 경치를 설명하는 설명 표지판 덕분에 당신은 즐거운 여행을 할 수 있었다. 그러나 누가 이런 것들을 만들어놓았는가? 물론 당신이 탐방한 곳은 곤충과 야생동물과 정글의 식생 등이 풍부하다는 점에서 충분히 **자연적**이다. 그러나 동시에 **사회적**이라는 것 또한 부정할 수 없다. 자신이 어디를 가고 무엇을 기대하는가는 사회의 우선순위를 반영한 결과이기도 하다. 당신이 경험할 수 있도록 정글의 상태를 보전하기 위해 원래의 주민들을 다른 어딘가로 이주시킨 것은 어떤 의식적인 결정에 의한 것이다. 설명 표지판은 과학적으로 정확할 수는 있겠지만, 이들 또한 정글에서 볼 수 있는 엄청나게 많은 것들 중에서 무엇이 설명의 가치가 있는가에 대한 인간과 사회의 선택을 반영한 것이다.

이런 의미에서 정글에서 당신이 보는 모든 것, 그리고 당신이 본다고 생각하는 모든 것은 다른 사람들의 영향을 받는다. 보르네오가 당신의 여행을 위해 정글의 토착적·과학적 면모를 재현해 보여준 것과 마찬가지로, 애당초 당신이 보르네오를 선택한 것 또한 영화나 텔레비전, 가족과 같은 외부 정보원의 영향을 받은 것이다. 이러한 생각, 이미지, 가정 모두는 다른 어딘가의 사람들에 의해 한 조각씩 축적되면서 사회적으로 구성된■ 것이다.

그렇다면 당신이 오랫동안 상상해왔던, 그리고 지금 현재 경험하고 있는 자연이 사회적으로 구성되었다는 것은 어떤 의미인가? 얼핏 생각할 때 이런 주장은 터무니없게 들린다. 이것을 자연이 아니라고 하면 무엇을 자연이라고 하는가? 열대우림, 생물 종이 보호되고 있는 귀중한 장소, 이곳은 야생■이다. 그렇지 않은가? 야생이라고 한다면, 그것은 자연의 반대인 사회로부터 완전히 분리되어 있어야만 하지 않는가?

이런 질문에 대한 대답은 얼핏 자명한 것 같지만, 구성주의■ 관점은 이러한 대답의 이면에 주목하면서 다음과 같이 질문을 던진다. 진정성, 보전, 야생과 같은 관념 내에는 어떤 가정들이 숨어 있는가? 우리가 환경에 대한 우리의 경험을 이런 방식으로 살펴보기 시작하는 순간, 우리는 우리의 자연이 사회적 과정, 신념, 이데올로기, 역사의 산물이라는 것을 알아차릴 수 있게 된다.

이 운무림에 관한 이야기에서 '자연'■은 최소한 두 가지 측면에서 사회적으로 구성되어 있다. 첫째, '본래의' 그리고 '순수한' 열대 자연이라는 관념은 단순히 허공에서 빚어진 정신적 이미지가 아니다. 우리가 열대우림을 에덴동산과 같은 낙원으로 여기든, 생물다양성의 보고로 여기든, 야생 그 자체로 여기든 간에 이 모든 것들은 문화, 대중매체, 교육 등의 산물이다. 그러나 열대가 단지 사회적 구성물, 즉 사회적 과정의 산물인 것만은 아니다. 국립

**사회구성주의** 사람들이 특정 범주, 상태, 사물에 어떠한 특징이 있다고 '합의'하고, 이를 통해 대상을 이해하는 것을 일컫는다.

**야생** 인간의 힘에 영향을 받지 않은 자연적인 땅의 상태를 의미한다. 최근 야생은 사회적 구성물로 이해되고 있다.

**구성주의** 개념, 이데올로기, 사회적 관행이 세계에 대한 우리의 이해와 활동에 영향을 미친다고 강조하는 입장을 말한다.

**'자연'** 인간 활동의 산물을 제외한 모든 것을 아우르는 본연의 세계를 의미한다. 종종 '자연'처럼 인용 부호로 표현하는 경우가 있는데, 이는 세계를 자연적인 부분과 인간적인 부분으로 정확히 나누는 것이 불가능하기 때문이다.

공원은 본래의 비사회적인 자연의 한 부분이라기보다는 시간의 흐름에서 유리된, 포획되어 보호받는 구성물 그 자체라 할 수 있다. 입장료, 잘 관리되는 도로와 탐방로, 주민들의 이용 제한, 설명 표지판, 산림 관리 시스템 등의 모든 것들이 우리가 방문해서 보려고 하는 자연 그 자체를 구성하고 있다. 심지어 공원이 생기기 훨씬 전에도 원주민들은 수백 년 동안 재배할 작물과 사육할 동물 종을 선택하고, 기르고, 불을 지르며 자연을 능동적으로 관리해왔다. 미국 북동부 뉴잉글랜드 지방의 송림이나 아마존 열대우림과 마찬가지로, 보르네오의 운무림은 야생 자원의 자연적 과정이 만든 결과물이 아니다. 오히려 이 모든 것들은 생물적 과정, 특수한 자연 환경, 그리고 인간의 오랜 점유와 관리의 역사의 총체적 결과물이다.

이 장에서 우리는 자연과 환경 지식을 역사적·사회적 과정의 산물, 즉 사회적 구성물로서 보는 관점이 어떤 의미를 내포하는지를 검토할 것이다.

## 그래서 '자연적'이라는 것인가?

40여 년 전 레이몬드 윌리엄스(Raymond Williams)는 "아마도 자연은 영어에서 가장 복잡한 단어일 것이다"라는 유명한 말을 남겼다(Williams, 1976: 184). 윌리엄스는 자연이 최소한 다음의 세 가지 용법으로 사용된다고 지적했다.

① 어떤 사물의 본질적인 성질이나 특성.
② 세계나 인간, 또는 이 둘 다에 영향을 미치는 내재적인 힘.
③ 물질적 세계 그 자체로 인간이 포함되기도 하고 포함되지 않기도 함.

이러한 세 가지 정의는 상호 밀접하게 연관되어 있기 때문에 우리가 '자연'에 대해 생각하거나 논의할 때 위 세 가지 중 어떤 의미에서 사용되는지를 항상 뚜렷이 구분할 수는 없다. 예를 들어, 농부는 도시민에 비해 '자연에 더 가깝게' 생활한다고 말할 때, 우리는 농부가 도시민에게서는 이미 사라진 '진정한 인간의 본성'을 느끼면서 살고 있다고 말하는 것인가? 아니면 농부는 자연법칙에 더 크게 영향을 받는다고 말하는 것인가? 또는 농부는 자연법칙에 대한 감각이 더 뛰어나다는 것인가? 이도 저도 아니면 단순히 농부는 흙, 비, 바람과 같은 물질적인 자연 그 자체와 가까운 곳에서 살고 있다는 것인가? '자연'이라는 용어를 사용할 때 전형적으로 발생하는 이러한 용법의 비정확성은 혼동과 오해를 야기할 수 있다.

이를 넘어선 또 다른 문제가 있다. 위와 같은 정의, 그리고 우리의 일상적인 언어와 사고에서 자연은 사회, 인간의 역사, 자유 의지가 나타나기 전부터 존재했던, 그것들과 분리된, 또는 그것들의 외부에 있는 특정한 상태, 조건, 성질들로 이해된다는 점이다. 예를 들어 위의 첫 번째 정의는 자연을 어떤 사물의 영원한, 보편적인, 근본적인 특성이라고 설명한다. 곰이 딸기를 먹는 것은 곰의 본질적 특성이라는 것이다. 여기에는 사람의 어떠한 사고나 행위도 이러한 불변적인 특성을 변화시킬 수는 없을 것이라는 생각이 내재되어 있다.

어찌 보면 정말 그럴 듯하다. 하지만 우리가 이러한 속성에 대한 지식을 어떻게 얻게 되었는지에 대해 생각하는 순간, 일련의 난점들이 나타난다. 이런 본질적 특성에 대한 우리의 지식을 검토하는 순간 사회와 인간의 역사가 개입하기 때문이다. 가령 사물의 자연적 속성을 탐구할 때 과학적 방법론과 같은 권위적 방법이나 종교 텍스트와 같은 권위적 원천을 통해 그것을 도출한다 할지라도, 이러한 방법과 원천은 사회적 개념, 구성물, 사회적 맥락■에 의존한다. 과학적 사실이 존재하기 위해서는 과학자들이 자연 세계의 특성에 대해 서로 합의해야 하기 때문이다. 이러한 특성은 사회적으로 형성된 언어와 문자를 통해 기술되어야 한다. 그리고 이러한 모든 개념은 각자 그 나름의 역사 또는 발명의 순간이 있고, 최소한 그 당대의 정치적 맥락에서만큼은 정상적인 것, 당연한 것으로 간주되었다. 물론 이러한 개념들은 시대와 장소에 따라 신뢰성과 설득력을 상실하기도 하지만 말이다.

인종■이라는 매우 문제적인 개념을 예로 들어보자. 이 개

**사회적 맥락** 특정 장소, 특정 시대에 속한 사회적 관계의 총체를 가리키는 것으로서, 신념 체계, 경제적 생산관계, 통치 제도 등을 포괄한다.

**인종** 사람들의 유형을 구분하는 상상적 범주로, 대개 피부색, 신체의 특징을 근거로 삼는다. 인종적 범주화는 문화적으로, 지역적으로, 역사적으로 매우 상이하게 나타난다.

념은 교양 있는 서양인들에게는 최소 200년 이상 과학적인 사실로 간주되어왔다. 인류는 생물학적으로 상이한 인종들로 분류할 수 있다는 것이었다. 더구나 20세기에 접어들면서, 인종적 범주는 상이한 생물학적 진화 수준을 보여준다는 생각이 일반화되었다. 과학자, 성직자, 일반 대중을 포함한 많은 사람들은 아프리카인이나 오스트레일리아의 원주민이 진화 계층에서 '낮은 수준'에 있고, 유인원과 더 가까운 관계에 있다고 생각했다. 즉, 다른 인종들에 비해 덜 **인간적**이라는 것이었다. 이러한 지식은 노예무역과 같은 수많은 추악한 역사적 행위를 정당화했고, 독단적인 차별과 억압을 야기했다. 오늘날 우리에게 인종은 매우 섬뜩한 개념이지만, 오랫동안 많은 사람들에게는 매우 편리한 개념이었다.

말할 필요도 없이, 생물학적 인종 관념은 지난 세기 동안 광범위하게 비판받아왔다. 본질적인 인종적 차이를 나타내는 어떠한 증거도 존재하지 않았기 때문이다. 더군다나 최근의 유전자 분석은 모든 인간이 신체의 피상적인 차이를 압도할 정도의 유사성을 보인다는 사실을 밝혀냈다. 유전학이나 생리학적 측면에서 말한다면 인간들 사이에는 어떤 본질적인 또는 결정적인 인종도 없다는 것이다.

그러나 아직도 여러 지역의 많은 사람들은 인종적 범주를 '사실적인 것'으로 생각하고 있다. 우리가 알고 있는 한 인종적 범주에는 어떠한 자연적·신체적 근거도 없음에도, 그것은 권력이 배어 있는 역사적·사회적 합의에 뿌리를 내리고 있다. 즉, 이를테면 '인류의 **본질**'에 대한 사실이라고 가정된 정보는 오늘날 사회적 구성물이라는 사실이 명백해졌지만, 서양 유럽의 제국주의적 팽창과 같은 특수한 역사적 맥락 속에 뿌리를 내리며 순결하지 못한 개념과 실천에 의해 정당화되고, 지속되었던 것이다. 또 인종주의의 권력은, 비록 특정한 시대에 국한되기는 했지만, 인종적 차이가 명백한 '자연성'을 드러낸다는 주장을 뒷받침하며 사회에 질서를 부여하는 수단으로 활용되었다. 사람들은 자신들이 이 인종적 범주를 고안했다고 생각하는 대신 — 실제로 그들이 고안한 것임에도 — 그것이 모든 사회적 결정 이전부터 이미 존재하고 있었던 것이라 믿게 된 것이다. 이러한 사회적 구성물들의 피상적 '자연성'은 쉽게 이의를 제기하기 어려운 악질적인 범주들을 형성했다.

이러한 논의는 우리가 자연에 대해 사실이라고 알고 있는 것, 그리고 우리가 그것을 알게 된 방식에 대해 매우 중요한 문제를 제기한다. 즉, 우리가 어떤 대상을 자연적인, 선험적으로 주어진, 비사회적인 것이라고 이해하는 방식은 그 자체로 문제적일 뿐만 아니라 실제적인 측면에서도 바람직하지 않을 수 있다는 것이다.

어떤 '자연적' 주장이나 개념이 사실상 '사회적으로 구성된 것'일 수도 있다는 사실은, 다음과 같은 질문을 우리에게 던진다.

① 이 주장이나 개념은 자연적이고, 필연적이며, 영구적이고, 보편적인 것인가?
② 그렇지 않다면, 그 주장이나 개념이 고안된 시점은 언제인가? 그 배경은 무엇인가?
③ 이 주장이나 개념이 진실하고, 자연적이며, 필연적이라는 믿음은 어떤 사회적·정치적·환경적 영향에서 기인한 것인가?
④ 우리가 이 주장이나 개념을 완전히 거부하고 기초부터 근본적으로 다시 생각하는 것은 우리에게 이로운가?

이러한 질문은 이미 수많은 개념과 주장에 적용될 수 있으며(Hacking, 1999), 우리가 자연과 사회의 관계성의 문제에 대해 사고하는 데에도 중요한 함의를 제시한다.

### 신세계 자연의 사회적 구성

콜럼버스의 항해 이전의 '원초적' 아메리카를 생각해보자. 수백 년 동안 많은 탐험가, 작가, 교사, 정치인 및 일반 대중들은 1492년 이전의 아메리카 대륙의 경관이 인간의 활동에 거의 영향을 받지 않았다고 상상해왔다. 그야말로 '원초적'이라는 단 한 단어로 요약된다. 아메리카 원주민들은 인구 규모도 작고 도구나 기술도 투박한 수준이었기 때문에 환경에 거의 영향을 끼치지 않았다는 것이다. 이보다 좀 더 진전된 주장에 따르면, 아메리카 원주민들은 자신들의 생태 발자국을 거의 남기지 않고, 땅의 윤리를 유지해왔다고 한다. 즉 아마존, 미시시피, 캘리포니아 해안, 유카탄 반도 등에 살고 있었던 많은 아메리카 원주민들은 자연에 한층 가까웠고 환경 시스템의 흐름과 교감을 나누며 살았기 때문에 이들이 환경에 미친 영향은 지극히 미약했거나 자연에 유익했다는 것이다. 반면 아메리카 대륙에 도착한 유럽 사람들은 스스로를 자연 세계로 온 방문자로, 또한 자연 세계의 조련사나 정복자로 생각했다.

그러나 유럽 사람들과 아메리카 원주민들이 처음 접촉했던 시기의 상황을 살펴보면 이와 반대되는 많은 증거를 볼 수 있다. 원주민들은 복잡한 토지 이용 방식을 갖추고 있었고, 넓게 개간된 토지도 있었으며, 산불 방지를 위해 적절하게 삼림을 솎아내기도 했다. 또한 지난 100년간의 역사학적 · 고고학적 연구들은 아메리카 원주민들이 환경에 막대한 영향을 끼쳐왔다는 결론을 도출했는데, 가령 원주민들은 생물 종을 매우 공격적으로 선택해왔고 삼림을 벌목하거나 불에 태운 후 식물을 심어왔다. 제13장에서 살펴보겠지만, 잉카 문명은 안데스의 고지대를 완전히 변형시켜 농작물을 재배, 수확했었다.

만약 이것이 사실이라면, 왜 유럽 사람들은 그토록 오랫동안 이 사실을 직시하거나 인정하려 하지 않았을까? 유럽 사람들의 인식은 부분적으로 성경적 관념에 큰 영향을 받았다. 이들은 에덴동산을 대서양 건너 멀리 떨어져 있는, 실재하는 지리적 장소라고 생각했다. 그들에게 신세계의 산과 강과 평원은 창조된 이후 한 번도 변하지 않은 곳처럼 느껴졌을 것이다. 원주민들이 사냥을 위해 매우 신중하게 산림을 변형시켜왔다는 사실, 방대한 평원이 옥수수 재배 지역이었다는 사실, 그리고 도시와 시장과 기념물의 건설이 하천에 영향을 주었다는 사실은, 유럽 정착민들이 기존에 가지고 있었던, 사회적으로 구성된 성경적 자연관과 결코 어울릴 수 없었다.

그러나 종교보다 훨씬 더 중요한 역할을 했던 것은 정치적 상상이었다. 신세계가 자연 그대로의 상태라는 유럽 사람들의 믿음은 자신들의 영토적 야심에 정확하게 부응했다. 스페인, 프랑스, 영국 출신의 식민지 정착민들이 노동과 자연권에 대해 가지고 있었던 핵심적인 관념은, 토지와 자원은 그것을 사용하는 사람이 있을 때에만 소유된다는 것이었다(존 로크에 관한 논의는 제5장 참고). 땅이 사용되지 않는 것은 그곳의 소유자가 없기 때문이다. 그리고 소유자가 없는 땅은 유럽 사람들이 식민 통치를 통해 이용하는 것이 허락된 땅이다. 이 비옥한 땅은 유럽의 전형적인 농장이나 경영림(經營林)과 같이 관리되어야 했다. 이러한 선입관으로 인해 멕시코 베라크루즈(Vera Cruz)에 최초의 식민 정복자들이 도착하기 전부터 원주민들이 체계적으로 사용하며 관리해왔던 토지는 '불모지'라는 의미에서 '발리오스(baldios)' 또는 '에르마스(yermas)'라 불렸다. 불모지는 누군가에 의해 쓸모 있는 땅으로 개척되어야 하며, 그것은 식민 정착민에 의한 개발과 전유가 요구된다는 뜻이었다(Sluyter, 1999).

이와 같이 유럽인들에 의해 이루어진 아메리카라는 원초적 자연의 사회적 구성은, 신세계 토지 이용의 체계성과 원주민들의 복잡하고 생산적인 문화를 완전히 비가시적인 것으로 만들어버렸다. 이는 원주민들의 후진성을 가정하고 있었던 유럽인들의 믿음 — 이것은 인종 관념으로도 발전했다 — 에도 부합하는 것이었다. 오늘날 마야의 사원이나 나스카 사막에 그려진 거대한 지상 문양이 원주민이 아닌 외계인들에 의해 만들어졌다는 이야기 또한 이러한 맥락과 유사하다. 어쨌든, 후대 사람들이 상상했던 신세계의 자연 상태는 원시적인 경관에 대한 사회적 구성의 산물이다. 이와 같은 사회적 구성은 유럽인의 통치를 가능케 하고 거기에 정당성을 부여했으며, 아메리카 원주민들을 무언의 보이지 않는 존재로 만들었다.

자연의 사회적 구성에 대한 논의의 핵심은, 단순히 어떤 잘못된 주장(예를 들어 '아메리카 대륙의 땅은 유럽인이 오기 전까지 전혀 개척되지 않은 상태였다'와 같은)의 오류를 지적하는 것이 아니다. 물론 옳고 그름도 중요하다. 하지만 우리는 더 나아가 다음과 같은 중요한 질문을 제기해야 한다. 만일 아메리카에 대한 이러한 주장이 진실이 아니라면, 그것을 진실이라고 믿게 될 때 초래되는 결과는 무엇일까? 이에 대한 반대 증거들이 있었음에도, 어떻게 이러한 주장은 '진실'로 남을 수 있었고 광범위하게 믿어질 수 있었을까? 환경과 관련된 특정한 사실들이 '진실'로서의 위상을 획득하는 과정에서 누가 권력을 가지고 있었고 누가 권력을 박탈당했을까?

이러한 질문에 답하는 것은 아메리카의 역사에서뿐 아니라 환경과 사회의 관계를 생각하는 방식에서도 중요한 의미가 있다. 사실임에 틀림없다고 생각되는 환경에 대한 주장 및 관념을 의미하는 환경 지식과, 환경과 자원을 통제할 수 있는 집단 또는 이해당사자를 지칭하는 환경 권력 사이에는 중요한 관계가 있다. 결국, 자연의 사회적 구성이라는 관점에서 환경 문제에 접근한다는 것은 우리가 자연에 대해 무엇을 알고 있고, 우리가 그것을 어떻게 알게 되었는지를 탐구하는 것을 뜻한다.

## 환경 담론

이제까지 우리는 자연 그 자체(우리가 살아가고, 연구하며, 해석하는 물적 세계)와 자연 및 세계에 대한 우리의 지식이 사회적 구성물로 이해될 수 있다는 사실을 배웠다. 우리는 '담론'■이라는 용어를 통해 이러한 문제의식을 한층 심화시켜 자연이라는 특수한 관념이 어떻게, 그리고 왜 정상적인, 당연한, 필연적인 것이 되었는가를 이해하려 한다.

**담론** 원래는 말이나 글을 통한 소통을 가리키는 용어이지만 여기에는 특정한 진술이나 기술이 단순히 물적 세계를 묘사할 뿐 아니라 권력의 힘으로 우리가 사는 세계를 만든다는 의미가 담겨 있기도 하다.

**서사** 시작과 끝이 있는 이야기를 가리킨다. '생물학적 진화' 또는 '공유지의 비극'과 같은 환경 서사는 세계에 대한 이해와 구성에 도움을 준다.

**개념** 어떤 관념이 단어 또는 어구의 형태로 표현된 것을 가리킨다.

**이데올로기** 세계가 어떻게 구성되어 있고 어떻게 되어야 바람직한지에 대한 규범적이고 가치지향적인 세계관을 뜻한다.

**의미화 실천** 어떤 이야기를 말하기 위해, 어떤 개념을 사용하고 정의하기 위해, 또는 어떤 이데올로기에 관해 소통하기 위해 실행하는 모든 묘사의 양식과 방법을 일컫는다.

지리학자인 반스와 덩컨(Barnes and Duncan, 1992: 8)은 담론을 "서사, 개념, 이데올로기, 의미화 실천을 특수한 방식으로 결합하는 틀"이라고 정의한다. 이런 정의가 다소 불투명한 느낌을 주기는 하지만, 추가적으로 각각의 개념들을 이해한다면 이를 명료하게 만들 수 있다. 서사■란 이야기이다. 환경 서사의 사례로 많은 것들이 있지만, 대표적으로 제3장에서 다룬 '공유지의 비극'을 들 수 있다. 서사에는 이야기의 시작과 끝이 있다. 개념■은 어떤 단어나 어구로 표현되는 단일한 관념을 뜻한다. 제2장에서 다룬 '시장'이나 제1장에서 다룬 '수용력'은 개념이며, 좀 더 명료한 자연적 개념으로서는 제5장에서 다룬 '위험'이나 제9장에서 다룰 '산림'이 있다. 이데올로기■는 세계가 어떻게 구성되어 있고 어떻게 되어야 바람직한지에 대한 규범적이고 가치지향적인 세계관을 뜻한다. 만민은 본래 자유로우며 정부의 역할은 자유를 실현하고 보장하는 것이라는 진술과 제4장에서 다룬 모든 살아 있는 것들은 자연권을 지닌다는 진술은 이데올로기이다. 의미화 실천■은 어떤 이야기를 말하기 위해, 어떤 개념을 사용하고 정의하기 위해, 어떤 이데올로기에 관해 소통하기 위해 실행하는 모든 묘사의 양식과 방법을 일컫는다. 지리정보시스템, 신문, 텔레비전 광고, 과학 논문 등은 모두 의미화 실천에 속하며, 이 외에도 훨씬 더 많은 것들이 존재한다.

담론은 이러한 요소를 통합하는 강력하고, 일관적이며, 상호강화적인 틀을 의미한다. 이것은 매우 설득력 있으며 시대적 검증에도 강한 내성을 띤다. 제3장에서 다룬 '공유지의 비극'에 대해 생각해보자. 이 담론의 핵심에는 '공유지에서는 목동들이 경쟁을 하고, 그 과정에서 공유지가 파괴된다'는 강력하고 역설적인 이야기가 있다. '죄수의 딜레마'와 '무임승차'라는 두 개의 서로 맞물리는 개념이 이것의 근거를 제공한다. 이데올로기적 측면에서, 이 담론은 '사람들은 자유롭고 합리적인 결정을 내리지만, 항상 자신에게 이득이 되는 방향으로 행동하지는 않는다'는 인식과 깊은 연관이 있다. 또 이 이야기는 환경 잡지 기사란의 과학 논문에서 교과서 – 심지어 이 책 – 에 이르기까지 수많은 매체를 통해 전달된다. 이 이야기의 많은 구성 요소들은 다른 것에서 차용된 것이며, 이전의 설득력 있는 개념이나 사상 체계를 통해 짜 맞추어진 것이다. 담론의 각 부분들이 일단 자기 위치를 잡은 뒤에는, 주요 논점이 뿌리를 내리고, 상상 및 결과가 제시되며, 결국 특수한 방향으로 우리의 사고를 이끈다. 이 과정에서 관념이 기반을 둔 가정, 차용된 개념의 원래 위치, 그리고 관념의 역사 등은 사라지거나 모호해지게 된다. 이러한 이행 과정은 담론이 이야기라는 사실을 더욱더 기억하지 못하도록 만든다. 결국 이야기가 창조된 사회적 맥락은 사라지고, 그 이야기는 진실이 되어버린다.

이러한 이행이 일어나면, 담론의 내부 논리 밖에서 사고하는 것이 어려워진다. 가령, 제2장의 '유도된 집약화'가 아니라 제1장의 '수용력'의 관점에서 세계를 생각한다면 인구를 단지 한정된 자연 세계를 소모하는 존재 이상으로 생각하는 것이 어려워진다. 결국 담론에는 숨겨진 규칙이 있는데, 그것은 특정 장소, 시간, 맥락에서 무엇을 말할 수 있고 말해서는 안 되는지를 제시한다.

환경 담론 분석은 이런 식으로 구성된 자연을 검토하기 위한 수단으로, 이러한 담론의 안정화 경향을 전복시키고자 한다. 이를 위해 담론 자체를 조사하고, 담론의 역사와 가정을 드러내며, 사회적 맥락이 담론의 생산과 유지에 어떤 영향을 주는지를 전면에 드러내고자 한다. 이는 다른 연구들이 당연시하거나, 그 자체로 독립적이며 믿을 만하다고 여기는 개념(건강, 지속가능성, 기아와 같은)과 지식의 원천(정부 전문가, 과학 실험실과 같은)에 분석의 초점을 맞춘다는 점에서 전통적인 접근과 근본적으로 결별한다. 당연하지만, 환경에 대한 사회구성주의 접근은 단순히 담론에 관심을 둘 뿐 아니라, 담론과 묶여 있는 사회 제도에도 관심을 둔다.

역사적으로 볼 때 자연 담론을 포함해 담론은 마을의 지도자, 교회, 군주 등의 주요 사회 제도에 의해 유포되거나 강화되어왔다. 현대 사회에서 환경 담론은 정부, 학교, 병원, 실험실과 같은 기관들과 점점 더 밀접하게 연관되고 있다. 이러한 기관들은 환경과 사회의 관계성을 관리하는 권력을 가진 장소로서, 사람들이 무엇을 할 수 있고 무엇을 할 수 없는가의 문제보다는 무엇이 사실이고 무엇이 사실이 아닌지에 대한 이해를 부각시키며 이를 구체화한다.

### 지식 / 권력

프랑스의 이론가 미셸 푸코(Michel Foucault)는 담론이 언제나 권력 관계에 뿌리를 내리고 있기 때문에 결코 순수한 것으로 간주되어서는 안 된다고 생각했다. 그는 권력의 밖에는 어떤 지식도 있을 수 없다고 보았다. 그래서 푸코는 '지식'이라는 일면 단순하면서도 단독적인 개념을 허물고 이를 '지식/권력'■이라는 용어로 대체했다(Foucault, 1980). 여기에서 '권력'은 '지식'이라는 용어가 일반적·무비판적으로 사용됨에 따라 생략된 또는 추방된 것이다. 달리 말하자면, 권력이 없는 순수한 지식이란 존재하지 않는다. 모든 지식은 지식/권력이다.

푸코에게 '권력'은 단순히 정부, 기업, 또는 특정 사회 계층이 가진 권력만을 의미하지 않는다. 그에게 권력은, 단순히 강자가 약자에게 사용하는 권력을 말하는 것이 아니다. 오히려, 권력은 마치 한 잔의 물속에 떨어져 퍼지는 잉크처럼 분산되어 있고 도처에 존재한다. 모든 사람들은 항상, 그리고 필연적으로 권력의 장 내에서 활동한다. 물론 이곳은 모든 사람들이 동등한 권력을 부여받은 장소

> **지식 / 권력** 철학자 미셸 푸코의 이론적 개념으로, 어떤 사회에서 지식이나 진실이라고 간주되는 것은 결코 권력과 무관하지 않다는 점을 강조한다. 그렇기 때문에 지식은 권력 관계를 강화하며, 반대로 권력 체계 역시 특수한 종류의 지식 체제와 관련을 맺고 있다.

가 아니다. 푸코의 '권력의 장' 개념을 공상적 개념인 '공평한 경쟁의 장'과 혼동해서는 안 된다. 여기에서 유념해야 할 점은, 권력은 어떤 개인이 소유하거나 휘두를 수 있는 것이 아니라 사람들 간의 관계의 산물이라는 사실이다. 가령, 예전에 방문했던 치과를 떠올려보라. 당신은 치과에 다녀온 후 치아에 좀 더 신경을 썼는가? 양치질을 더욱 자주 했는가? 치실을 하루에 두 번씩 썼는가? 만약 그렇게 했다면, 이는 당신이 그렇게 하지 않을 경우 치과의사가 불소 경찰을 불러 당신을 체포하거나 치은염의 지옥으로 당신을 추방시킬 거라 생각했기 때문인가? 아마 그런 이유보다는 치과의사가 당신에게 치아에 좀 더 신경을 쓰라고 점잖게 조언했기 때문일 것이다. 치아 건강이라는 영역에서 치과의사는 당신보다 더 큰 권위를 누리며, 당신은 이로 인해 그를 두려워한다. 따라서 이러한 종류의 미묘한 타이름은 당신에 대해 권력을 가지고 있다고 할 수 있다. 그러나 이는 의사 개인이 갖는 권력이라기보다, 그가 치과 대학에서 공부한 후 부여받은 권위의 효과라 할 수 있다.

이러한 권력이 절대적인 것은 아니다. 권력은 사회관계에 의존하기 때문에 언제나 도전받을 수 있다. 따라서 푸코의 권력 이론은 분석적 목적과 함께 정치적 목적도 가지고 있다. 권력이 사회의 모든 층위에 침투해 있고 담론이라는 지식을 생산한다는 것을 보여줌으로써, 소외된 개인이나 집단은 권위적 담론을 불안정하게 만들어 권력 내부에서 – 권력과 대치하는 것이 아니라 – 정치적 위상을 되찾을 수 있다.

따라서 환경에 대한 사회구성주의적 접근의 목적은 단순히 특정한 환경 이야기에 가치를 부여하거나 그것의 정체를 폭로하는 것이 아니라, 진실을 만드는 과정이 사회적 권력의 성립 과정과 어떻게 연결되어 있는지를 이해하는 데 – 푸코는 이를 '진실효과'라 부른다 – 있다. 신중하고 끈기 있게, 실증적으로 특정한 관념의 역사, 그것과 제도 간의 관계, 관념의 사회적·환경적 효과를 밝혀냄으로써 사회구성주의는 문제적 담론의 기반을 흔들고, 그것들이 어떤 이익에 기여하는지를 폭로하며, 자연에 대해 다른 방식으로 생각할 수 있는 공간을 창출한다. 이러한 접근을 옹호하는 사람들은 우리가 진실하고 영구적이며 불변적이라 생각하는 대상들의 역사와 사회적 맥락을 추적해 우리에게 대안과 가능성을 상상할 수 있게 해준다.

가령, 국유림에 대한 과도한 벌목에 항의하는 한 환경운동 단체는 미국산림청의 상징인 스모키 베어(Smokey Bear)로 변장한 후 플라넬 셔츠와 멜빵바지를 입고 전기톱을 들고 있는 모습을 연출해 공유림의 청지기를 자처하는 연방정부의 이미지를 뒤흔들고 연방정부 관리자들과 벌목 기업들을 엄격하게 구분했던 기존의 통념을 모호하게 만들고자 했다. 이 단체는 산림 관리 담론을 접하고 이를 새로운 형태로 응용한 것이다. 이미지를 활용하고 전복하는 환경운동 단체의 이러한 노력은 환경 연구에서 담론 분석이 매우 벅찬 영역임을 보여준다.

### 북아프리카 사막화 담론

북아프리카의 사막화를 생각해보자. 1997년 유엔의 한 보고서는 사하라 사막이 북쪽으로 확대되어감에 따라 한때 로마제국의 '빵 바구니'라고도 불린 이 지역이 사막화되어가고 있다고 지적했다. 이 보고서는 정부, 국제 협력 기구, 비정부단체 등이 이 지역의 잃어버린 잠재력을 복원하기 위해 특단의 조치를 취해야 한다는 주장을 담고 있었다. 그러나 이후 이 결론이 과거 아프리카의 식민 통치자들의 생각, 기록, 주장에 토대를 두고 있다는 사실이 명백하게 드러났다. 지리학자인 다이애나 데이비스(Diana Davis)는 '사막화 담론'의 역사를 매우 집요하면서도 세밀하게 분석함으로써 이 지역이 한때 산림으로 우거졌지만 과도한 방목으로 인해, 특히 1,000년 전에 있었던 '아랍의 침공' 이후 불모지로 전락하게 되었다는 오래된, 그리고 사실처럼 굳어진 담론이 존재한다는 사실을 밝혀냈다. 이러한 담론의 근거로 제시된 것은 18~19세기에 걸쳐 제작된 이 지역의 지도였다. 이것들은 특정 지역에서 식물이 외부조건에 적응하는 과정 끝에 최종적으로 형성되는 군락인 '극상' 군락의 존재를 가정하고, 이런 상황에서 어떠한 종류의 토지 피복(土地被覆)이 나타나야 하는지를 표시한 것이다. 즉, 적절하게 관리된 토지의 경관이 어떠해야 하는지를 나타낸 지도라 할 수 있다. 이 지도에서는 극상 군락을 유럽의 산림과 비슷하게 그려낸 반면, 이 지역의 사막 그림은 지도와 대비되도록 절망적인 황량함을 강조했다. 이런 주장과 자료의 뿌리는 모로코 일대를 점령했던 프랑스 식민주의자들로 거슬러 올라간다. 이들로부터 환경

〈**도표 7.1**〉 1만 4,000년에 걸친 모로코의 꽃가루 분석 자료

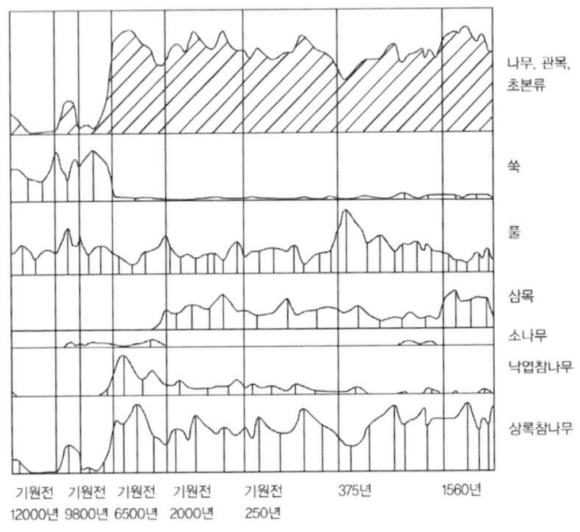


로마시대 이후의 '아랍의 침공'으로 북아프리카가 '사막화'의 과정을 겪으며 식생 피복이 훼손되었다는 오랜 지배적 담론과는 달리, 실제 꽃가루 분석은 지난 1,000년 동안 이곳 식생에서 발생하는 꽃가루가 전혀 감소하지 않았다는 사실을 보여준다.
**자료**: 데이비스(2007).

이야기의 중요한 근간이 형성되었던 것이다(Davis, 2007).

그러나 이 지역에 대한 실제 꽃가루 분석 결과는 이러한 이야기와 상반된다. 분석 결과에 따르면 이 지역은 수천 년 동안 식생이 풍부했으며 식물 종이 다양한 상태를 유지해왔다. 이 분석은 지난 8,000년 동안 식생 피복이 상당히 증가해왔고, 그 이후 미세한 변동은 있지만 식생 피복의 축소와 식물 종의 감소는 거의 나타나지 않았다는 것을 보여준다. 간략히 말한다면, '아랍의 침공' 이후 이 지역에 사막화가 진전되어 사하라 사막이 확대되었다는 이야기는 오늘날 과학적 지식의 측면에서 볼 때 전혀 근거가 없다는 것이다(〈도표 7.1〉).

이 같은 분명한 오해의 원인은 여러 측면에서 생각할 수 있다. 단순히 프랑스 식민지배자들이 꽃가루 자료나 다른 고고학적 정보를 구하지 못했기 때문일 수도 있다. 즉, 과학적 타당성이 없는 개별적 정보나 문서를 긁어모아서 생각했기 때문에 오판했을 수 있다. 이런 측면에서 보자면 이들은 '정직한 실수'를 한 것에 지나지 않는다.

그러나 구성주의적 관점은 이보다 한 단계 더 나아가 다음과 같은 질문을 던진다. 누가 사막화 담론으로부터 이득을 취했는가? 이러한 담론은 어떻게 형성되었고 어떻게 힘을 얻게 되었는가? 이 담론은 제도적·정치적·민족적 권력 관계와 어떻게 결부되어 있는가? 이 담론의 구성 요소들은 내적으로 강력하고 일관된 구조하에서 조직되어 있기 때문에 상당히 오랜 기간 정당화될 수 있었다. 즉, 이 담론은 '잃어버린 낙원'이라는 설득력 있는 서사, '극상 식생'이라는 핵심 개념, 진보와 복원이라는 이데올로기, 그리고 정부의 문서, 풍경화 및 학술 논문과 같은 의미화 실천들로 구성되어

있다. 권력이 유지되는 상황에서 사막화 담론은 식민 관료들의 요구에 뚜렷이 부합하는 것이었다. 이 담론은 토지 이용에 대한 통제, 그리고 토지 개량 메커니즘에 대한 투자에 막강한 정당성을 부여했다. 특히 유목민 및 기타 원주민들의 정착지에 대한 지배에 강력한 도구가 되었다. 광대한 산림이 비합리적인 원주민들에 의해 파괴되었다는 가정은 토지 지배와 개량에 강력한 정당성을 부여했다.

물론 이것이 북아프리카에서 토지의 황폐화가 전혀 발생하지 않았다거나, 광범위한 과잉 목축이 초지의 고갈과 무관하다거나, 원주민들이 건조 지역의 환경에 전혀 영향을 끼치지 않았다는 의미는 아니다. 다만 이러한 진술이 사실일지라도, 이 지역의 주민들이 광대한 사막화를 초래했다는 증거는 매우 미약하다는 것이다. 사막화라는 강력하고, 일관성 있고, 설득력 있는 담론은 식민주의적·국가적 권위와 연결되어 있다. 이는 비단 북아프리카에서만 나타나는 것은 아니다.

### 야생: 문제적 담론

환경사학자인 윌리엄 크로넌(William Cronon)은 「야생의 문제(The Trouble with Wilderness)」라는 유명한 에세이에서 "야생에 대해 재고할 때가 되었다"고 주장했다(Cronon, 1995: 69). 인간의 접촉이 없는, 역사 이전의, 순수한 자연이라는 야생에 대한 지배적 관념은 여러 가지 이유로 문제적이라는 주장이었다. 야생에 대한 우리의 느낌과 경험은 학습되고 계승된 것으로 궁극적으로는 "심오한 의미에서 볼 때 인간의 고안물"이라는 것이다. 이는 앞서 언급했던 사회구성주의를 상기시킨다. 그렇다면 야생이 사회적 구성물이라는 것은 어떤 의미일까? 우선 이 관점은 우리가 그 단어 자체에 문화적·역사적으로 특수한 의미가 있음을 깨닫게 한다. 순수한 자연으로서, 그리고 인간의 접촉이 없는 경관으로서의 야생은 서양의, 그리고 오늘날의 문화가 만든 독특한 구성물이다. 많은 토착 문화나 비서양 문화에서는 '인간의 접촉이 없는 땅'을 일컫는 단어도 없고 '야생적' 경관과 '비야생적' 경관을 구분 짓지도 않는다. 야생은 문화적으로 특수한 구성물이다. 심지어 야생이라는 용어를 사용하는 문화권 내에서도 그 의미는 지난 250년의 짧은 역사 속에서 엄청난 변화를 겪어왔다.

오늘날 야생은 아주 소중한 대상이다. 그것은 지도에 표시되고, 사람들이 찾거나 탐방할 수 있으며, 보존을 위해 보호받는 대상이다. 그렇지만 역사적으로 조금만 거슬러 올라가면 이와는 매우 다른 의미를 찾을 수 있다.

> 18세기만 해도 …… 야생적이라는 것은 '버려진', '미개한', '황량한', '불모의' 상태를 의미했다. 요약하자면 '쓰레기'라는 단어가 가장 가까운 의미를 지닌 단어일 것이다. 이 용어의 의미는 결코 긍정적이지 않았다. '당황함(bewilderment)'라는 용어는 야생에서 느낄 수 있는 감정이 다름 아닌 공포였음을 나타낸다고 할 수 있다(Cronon, 1995: 70).

이러한 의미의 상당 부분은 성경에 기인한다. 아담과 이브는 정원(낙원, 인위적인 공간)에서 쫓겨나 야생으로 추방되었다. 신이 인간에게 부여한 역사적 책무는 야생을 개척하는 것이었다. 19세기에 들어설 때까지도, 서부를 향한 미국의 팽창은 야생에 문명의 빛을 비추는 것으로 그려졌다(〈사진 7.1〉).

그러나 20세기에 야생의 의미는 완전히 바뀌었다. 미국의 지리적 팽창이 서해안 끝까지 이르면서 야생이 거의 사라지게 되자, 사람들은 광대하고 자유로운 – 그리고 당시까지만 해도 사람이 없다고 여겨졌던 – '미국 미개척지'의 경관이 영원히 사라지게 되었다고 생각했다. 제4장에서 살펴본 요세미티 국립공원의 헤츠헤치 계곡의 댐 건설에 대한 논쟁은 야생이 귀중한 것이라는 새로운 관점을 제시한 대표적인 사례이다. 크로넌은 "뮤어와 그의 관점을 지지했던 많은 미국인들에게는 사탄의 집이 신의 성전으로 변모한 것이다"고 표현했다(p.72). 이처럼, 야생이라는 개념은 인간의 우선순위와 '자연적' 상태라는 가치관을 은폐한다는 문제가 있다.

**〈사진 7.1〉** 1872년 존 가스트의 작품 〈미국의 진보〉

자유의 여신이 '인디언'과 야생동물과 같은 어둠을 쫓아내고 농부, 경작지, 전선, 기차와 같은 빛을 가져온다.
**자료:** Library of Congress.

더 큰 문제는 앞서 본 것처럼 초기 유럽 정착민

〈글상자 7.1〉 야생마

이름은 어떤 권력을 가지고 있는가? 다음을 생각해보자. 한 떼의 야생마(wild horse)와 농장을 뛰쳐나와 야생에서 자란 한 마리의 유사야생마(feral horse) 중에 어느 쪽이 더 보존할 가치가 높을까? 사실 이 질문은 잘못된 가정을 안고 있다. 세계의 다른 많은 지역과 마찬가지로 미국에서도 이 두 가지 말은 모두 말(equus ferus caballus)이라는 한 가지의 종을 가리키기 때문이다. 하지만 이 두 동물의 운명은 야생과 유사야생이라는 사회적 구성 개념에 따라 갈리게 된다. 이 글에서는 야생마와 유사야생마를 둘러싼 논쟁을 간략히 검토함으로써 자연의 사회적 구성을 둘러싼 여러 권력의 경합을 한층 구체적으로 드러내고자 한다.

오자크 국립공원(Ozark National Scenic Riverways, ONCR)은 미국 국립공원관리청의 부속 기관 중 하나로 20~35마리의 말들이 자유롭게 뛰어다니는 미주리 주 남부 오자크 지역에 위치하고 있다. 이 '야생'마들은 주로 대공황시기에 가난한 농장주들이 사육을 포기한 이후 나타난 것으로 추정되며, 이 공원은 1964년에 설립되었다. 1970년대에 연방정부는 모든 국립공원들이 이른바 '자연 지역'을 지정, 관리하게 해 문화와 휴양이라는 목적에 생태적 측면을 포함시키도록 했다. 공식적인 공원 관리 계획을 수립하면서, ONCR의 관리자들은 이 말들을 '유사야생마'라고 명명하고 이들을 '자연' 생태계에 포함되지 않는 외래적 개체로 선언했다. 공원 당국은 이 말들의 문화적 가치에 대해서는 전혀 언급하지 않았다. 대신, 그들은 '외래'종들이 '자연적인' 생태적 과정을 위협할 수도 있다는 점을 반복적으로 언급했다. 1990년대가 되자 공원 관리자들은 생태계 관리라는 미명하에 이 말들을 없애기로 했다.

공원에서 말을 없애려는 계획은 많은 지역 주민들을 놀라게 했다. 1992년 공원 내 야생마를 영구히 보호하려는 목적으로 미주리야생마협회가 결성되었다. 주민들에게 야생마 떼는 즐겁고 가치 있는 경관의 일부였다. 사실상 중서부 지역 전체에서 말들이 자유롭게 돌아다닐 수 있는 곳은 이곳이 유일했다. 그러나 이러한 경관 측면보다 더 중요한 것이 있었다. 야생마는 이 지역 농촌 공동체의 역사와 상징적·물질적으로 깊은 관련을 맺고 있다는 점이다. 사실 오자크 지역의 역사에는, 다른 많은 지역들과 마찬가지로, 외부의 힘으로 인해 점차 지배력을 상실해왔다는 서사가 깃들어 있다. 대공황으로 농장이 몰락했고, 벌목기업들로 인해 산림을 잃었으며, 연방정부가 공원을 관리하면서 공유지를 상실했다. 야생마들은 이 역사를 견디어온 생존자와 같다. 즉, 야생마들은 이 지역의 일부였다.

그렇다면 두 입장 중 어느 쪽이 옳은가? 아마 둘 다가 아닐까? 공원 관리의 입장에서 보면, 이 야생마들이 국지적 생태에 영향을 끼친 것은 '맞다'. 말과(科)의 동물이 북아메리카에서 자생했던 것은 사실이지만, 이 말들은 거기에 해당하지 않는다. 또한 북아메리카의 '토착' 말과 동물은 지금과는 상이한 생태계, 가령 퓨마나 늑대와 같은 포식자들이 있는 생태계에서 서식했다. 그러나 야생마의 보존을 주장하는 사람들 또한 '옳다'. 말은 지역 문화와 경관의 소중한 특색 중 하나이다. 게다가 이 유사야생마들은 결국 '야생'이다. 그렇지 않은가? 왜냐하면 이 말들은 사실상 자연 상태에서 자생하고 있기 때문이다. 결국 야생마 보존을 주장하는 쪽이 승리를 거두었고, 연방정부는 이 지역의 말을 영원히 보존할 수 있는 법률을 제정했다.

자, 무엇이 '자연적'이고 무엇이 자연적이지 않은지, 무엇이 자연에 속하고 무엇이 자연에 속하지 않는지를 누가 말할 수 있을까? 이것은 단지 수사적인 문제가 아니다. 누군가는 이에 대한 경계를 정할 것이다. 그리고 어떤 사람들은 그에 대해 동의하지 않을 것이다. 누가 혹은 무엇이 어떤 지역에 머무를 수 있을지는 종종 이론의 여지가 있는 사회적 구성의 충돌을 통해 결정되기도 한다.

**■ 자료**

Rikoon, S., and R. Albee. 1998. "'Wild-and-free,-leave-'em-be': Wild horses and the struggle over nature in the Missouri Ozarks." *Journal of Folklore Research* 35(3): pp.203~222.

이 야생이라고 생각했던 신세계에는, 어쨌든 사람이 살고 있었다는 사실이다. 콜럼버스가 왔을 때 아메리카에는 400만~1,200만 명가량의 원주민이 농경이나 사냥, 기타 용도를 위해 토지를 개간하고 있었다. 심지어 야생의 전형이라는 요세미티 계곡과 하이시에라(High Sierra) 산지 일대도 19세기에 유럽인들이 정착하기 훨씬 이전부터 원주민들이 거주하며 경관을 관리했던 곳이다. 보존주의자들이 지난 150년간 줄기차게 싸우며 보호하려 했던 '야생' 경관의 대부분은 인간 노동의 산물인 것이다.

따라서 이러한 경관을 야생으로 바꾸려면 폭력이 필요했다. 요세미티 계곡의 식생을 관리하며 살았던 최초의 원주민들은 야생이 창조되는 과정에서 강제로 추방되었다. 이런 일은 비단 과거의 역사에만 국한되지 않는다. 오늘날까지도 몬태나 주 블랙피트 인디언보호구역의 원주민들은 글레이셔 국립공원에서 '밀렵'을 했다는 이유로 재판을 받고 있다. 미국 정부와의 조약에 의해 영원히 사냥과 어획을 할 수 있도록 보장받았던 바로 그 땅에서 말이다. 이처럼 야생이라는 개념은 폭력적인 사회정치적 관계를 수반하고, 심지어 그것을 필요로 해왔기 때문에 문제가 있다.

또한 크로넌은 야생이라는 관념이 미국의 환경운동 전반에 미묘하면서도 문제적인 영향을 끼쳐왔다고 주장한다. 미국의 환경운동은 야생이라는 관념을 근본적인 토대로 삼아 발전해왔다. 사람의 손길이 닿지 않은 – 것처럼 보였던 – 광대한 땅을 보호하는 것이 핵심적인 화두가 되었던 100년 전에는, 야생에 대한 감정적 가치가 국립공원과 기타 보존지구를 만드는 데 결정적으로 기여했다.

그러나 오늘날에도 여전히 똑같은 방식으로 야생에 가치를 부여하고 있다는 사실은 어떤 의미를 지니는가? 크로넌에 따르면 오늘날 야생 환경주의에서 말하는, 가장 보존 가치가 높은 자연이란 "인류와 멀리 떨어져 있고 오랫동안 인간의 역사와 접촉하지 않은, 원래의 상태를 갖춘 것"(p.83)이라고 한다. 그러나 환경사를 고려한다면 오늘날 그런 장소는 거의 남아 있지 않다. 야생을 환경주의의 중심에 둔다면 도시, 공터, 오래된 농장과 같은 우리 주변의 중요한 자연의 범위를 은폐하거나 축소하게 될 것이다. 따라서 야생 보전에 초점을 두는 환경운동은 우리가 살고, 일하고, 쉬는 대부분의 장소를 무시하게 된다(제6장의 '환경 정의' 참고).

다른 담론과 마찬가지로 우리의 생각과 실천에 영향을 미치는 야생 담론은 여러 이야기, 개념, 이데올로기를 포괄하면서도 동시에 특정한 요소들은 배제한다. 야생과 자연이 대부분 사회적 구성물이라 주장한다고 해서 특정 땅에 대한 보존에 반대하는 것은 아니다. 오히려 이러한 관점은 우리의 신념과 행동을 한층 정직하게, 반성적으로 고찰할 것을 요구하며, 우리가 알고 있다고 생각하는 자연이 어떤 사회적 권력에 의해 만들어지고 있는가에 주목하게 한다.

## 구성주의의 한계: 과학, 상대주의, 물질세계

물론 모든 사람들이 구성주의적 접근법을 받아들이고 있는 것은 아니다. 이에 대한 비판적 입장에 선 사람들은 특히 과학의 도전, 상대주의의 위협, 그리고 자연의 사회적 구성 너머의 문제에 주목한다.

### 과학을 어떻게 볼 것인가?

환경 문제에 대한 우리의 이해는 과학적 조사에 그 밑바탕을 두고 있다. 계몽주의 시대 이래, 과학적 지식은 자연에 대한 투명한 관점을 제시하고 "세계에 대한 참된 지식으로 나아갈 수 있는 유일하고도 특별한 방법"(Demeritt, 2001: 26)으로 간주되었다. 그렇기 때문에 과학은 '저기 밖에 놓여 있는' 진실, '자연 법칙' 또는 '사물의 본질적 속성'을 발견하는 방법으로 이용되어왔다.

구성주의적 접근으로의 전환은 과학에 대한 이러한 가정이 잘못되었음을 비판하면서, "과학적 지식은 '발견되는 것'이라기보다는 특정한 역사적·사회적 상황에서 이루어진 실천을 통해 만들어진 것"(Castree and Braun, 1998: 27)이라고 주장한다. 또한 많은 구성주의자들에 따르면, 우리가 과학적 조사의 대상이라고 간주하는 '사물' 자체(가령 쿼크, DNA, 토양 샘플)는 발견되는 것이 아니라 과학이라는 과정과 실천을 통해 사회적으로 구성되는 것이다. 결국 과학은 자연적 세계보다는 오히려 사회적 세계를 반영한다고 할 수 있다. 도나 해러웨이(Donna Haraway)의 연구에 따르면, 영장류 연구에서 양육 행태, 섹스, 자원 이용, 전쟁 등의 연구 주제와 관련된 일련의 개념과 패러다임은 해당 연구가 이루어진 시대의 사회적 걱정과 근심을 반영하며, 많은 경우 이러한 연구에는 성차별주의적·인종차별주의적·식민주의적 담론들이 스며들어 있다고 한다(Haraway, 1989). 이러한 관점에 따른다면 과학은 더더욱 사회적이고 정치적이라 할 수 있다.

그렇지만 과학적 실천은 구성주의자들이 주장하는 많은 환경적 목적과 가치에 대체로 부합한다. 가령, 과학적 조사는 현대 산업의 폐해로 지구온난화의 위해가 증가한다는 사실을 밝혀냈다. 사실 다양한 증거와 논리적 주장을 통해 이루어지는 구성주의적 연구도 과학적 조사의 형태를 취한다. 과학을 담론이라고 보는 관점이 과학은 진실로 나아가는 유일한 방법이라고 보는 관점과 어떻게 양립할 수 있을까?

### 상대주의의 위협

사회구성주의는 자연에 관한 논의에서 과학의 보편적 권력을 부정하는 데에서 한 발 더 나아가 상대주의■라는 문제에 빠질 우려가 있다. 이론적으로 볼 때 만약 '자연적' 세계에 관한 지식이 '사회적' 구성, 이야기, 이데올로기에 뿌리를 두고 있다면, 어떤 행위의 준거가 될 수 있는 믿을 만한 지식과 정보를 확립하는 것은 어렵거나 불가능할 것이다. 어떤 분쟁이 발생할 때, 무엇을 그리고 누구를 믿어야 하는가? 우리는 어떤 근거를 바탕으로 하천에 폐기물을 버리는 것, 원자력 에너지를 사용하는 것, 벌목하는 것 등 다양한 인간의 행태를 옹호하거나 비판할 수 있는가? 극단적으로 말해서, 상대주의는 모든 진술과 지식은 사회적 맥락에 따라 다르다고 주장한다. 최소한 이론적으로 볼 때, 이러한 강한 상대주의는 자칫 "어떤 것도 알 수 없다"는 허무주의에 빠질 수도 있다(Proctor, 1998: 359).

이 점에 대해 구성주의자들은 모든 형태의 상대주의가 극단적이지는 않다고 반박한다. 가령, 약한 형태의 상대주의는 단지 현실에 대한 모든 진술이 사회적·정치적 맥락에 좌우되며 그 안에서 인식된다는 점을 우리에게 환기시킬 뿐이다. 어떤 진술도 "자연에 대한 거울"일 수는 없다는 것이다(Rorty, 1979). 물론, 대부분의 구성주의자들도

**상대주의** 보편적으로 옳은 진술의 진실성을 의문시하는 태도로, 모든 신념, 진실, 사실이 근본적인 의미에서 특수한 사회관계의 산물이라고 인식한다.

환경과학이 비록 사회적·맥락적 영향에서 자유롭지는 않을지언정 이러한 영향력이 과학적 발견을 결정짓는 것은 아니라는 점에 공감한다. 구성주의가 타당하다고 인정하게 될 경우 현실과 진실에 대해 대담하게 진술하는 것이 더욱 어려워진다. 그러나 단순히 환경적 지식과 권력 간의 복잡한 관계를 인정한다는 이유만으로 어떤 사람을 상대주의자라고 단언해서는 안 된다.

### 물질세계에서의 구성주의

이 또한 어려운 점이다. 사회적·정치적 맥락이 우리 주변의 환경과 사물에 대한 지식에 영향을 줄 뿐 아니라 역으로 이러한 환경과 사물도 우리의 사회적·정치적 맥락에 영향을 끼친다는 생각은 여러 가지 측면에서 타당하다. 지구온난화는 과학적 구성물이지만, 동시에 전 세계적으로 관찰되는 기온 현상이기도 하다(제8장 참고). 늑대는 정치적으로 구성된 이데올로기적 증오의 대상인 동시에 그 나름의 규칙으로 살아가는 야생동물 종이기도 하다(제10장 참고). 자연의 물질적 속성은 사회적·환경적 결과물을 설명하는 데 어느 정도의 중요성을 차지할까? 우리는 자연의 사회적 구성을 받아들이면서도 이 복잡한 물적 세계의 낱낱을 진지하게 받아들일 수 있는가? 그것은 매우 어려운 일일 것이다.

그러나 우리는 공동생산▪이라는 개념을 통해 구성주의적 인식이 야기하는 막다른 골목으로부터 벗어날 수 있다고 생각한다. 공동생산이란 인간과 비인간이 상호작용과 상호관계를 통해 생산물을 만들고 이것을 교환하는 필연적인 과정을 의미한다. 인간과 비인간은 서로 구분되는 것이지만 그럼에도 항상 얽혀 있다. 도나 해러웨이가 지적하는 것처럼 "존재는 그 존재의 관계성에 우선하지 않는다"(Haraway, 2003: 6). 인간은 항상 세계를 재구성하지만 그 과정에서 자신도 재구성된다. 사회적 담론과 서사는 근본적인 의미에서 '물질적'이다. 왜냐하면 이는 인간의 이해, 영향, 행태를 특정 방향으로 이끎으로써 인간이 경관을 변화시키고, 어떤 종을 멸종시키거나 새로운 종을 만들어내고, 가스를 방출하며, 지표수의 흐름을 바꾸도록 만들기 때문이다. 그

**공동생산** 인간과 비인간이 상호작용과 상관관계를 통해 유무형의 생산물을 만들고 이것을 교환하는 필연적인 과정을 지칭한다.

러나 이러한 경관, 종, 가스, 지표수는 동시에 '사회적'이다. 왜냐하면 이들은 당연하게 간주되던 것에 극적인 영향을 끼침으로써 우리가 사회 체계, 담론, 이해 방식을 재구성하게 만들기 때문이다.

허리케인 카트리나는 2005년 가을 무방비 상태였던 뉴올리언스에 엄청난 사망자를 남겼다. 빈곤층과 소수민족집단의 피해가 특히 컸다. 이 재난의 원인이 댐과 제방 건설에서 온 공학적 문제 때문이었다는 사실이 널리 퍼지게 되었고, 동시에 재난의 결과로 오랫동안 표출되지 않았던 도시 내 흑인과 백인 간의 뿌리 깊은 자원과 기회의 차별이 탄로되었다. 또 많은 뉴스 미디어들은 이 재난을 부당한 방식으로 보도했다. 구호물자를 들고 있는 흑인과 백인을 각각 '약탈꾼'과 '분실물 습득자'로 묘사한 것이다(http://news.donga.com/3//20050907/8226213/1 참고).

허술한 위험 대책, 인종주의로 점철된 언론 보도, 복잡한 담론 렌즈를 통한 해석, 그리고 인간의 의한 지구온난화는 이 재난을 한층 더 악화시켰다고 할 수 있다. 이처럼 사회적으로 구성된 요소들이 이 끔찍한 허리케인 재난과 관련되어 있다. 물론 그렇다고 해서 허리케인의 매서운 강풍과 범람하는 물과 같은 물질적 현상 자체가 담론이라고 주장하는 것은 분석적으로 무의미하며 결과적으로 기괴할 것이다. 우리는 정치와 바람, 언어와 물, 이데올로기와 제방, 담론과 폭풍 등이 세계에 영향을 끼쳐 함께 결과를 만들어냈다는 점에 주목해야 한다.

지구상의 모든 상호작용에서 이런 일들이 작은 규모로 매일 일어나고 있다. 구성주의의 교훈은 이러한 상호작용에 대한 이해와 주변 세계에 대한 인식을 결정하는, 최소한 그것에 영향을 주는 상황의 복잡성을 진지하게 받아들이도록 하는 데 있다.

## 구성주의에 대해 생각하기

이 장에서 우리가 살펴본 내용은 다음과 같다.

- '인종'처럼 우리가 정상적이고 '자연적'이라고 생각했던 많은 사물이나 상태는 사실 사회적 발명품이거나 단순한 관념에 지나지 않는다.
- 대체로 '사회적 구성물'은 당연시되는 개념이나 관념을 통해 우리의 사고나 행동을 특정 방향으로 이끈다. 우리는 이를 면밀한 검토 없이 무비판적으로 받아들이기 때문에 인식하지 못하는 경우가 많다.
- 이는 우리가 사회와 환경에 대해 생각할 때 사용하는 '야생'이나 '사막화'와 같은 많은 핵심 개념과 관련해 중요한 함의를 제시한다.
- 이러한 구성물에 의해 형성된 환경 서사는 중요한 정치적·사회적 의미를 가지기도 한다. 왜냐하면 이는 부적절한 비판을 야기하고, 비민주적인 정책을 유도하며, 환경적으로 지속불가능한 해결책을 낳을 수 있기 때문이다.
- 우리는 환경 담론, 이야기, 서사를 분석함으로써 우리가 당연시하는 생각들이 어디에서 비롯되었고 이들이 어떤 저항을 받거나 어떻게 변화되는가를 파악할 수 있다.
- 어떤 이들은 이러한 접근을 극단으로 밀어붙이게 되면 상대주의에 빠지거나 과학 자체를 거부할 수도 있다고 비판한다.
- 결국, 환경이라는 물질적 현실과 강력한 사회적 구성물 모두 우리의 사고에 영향을 끼치기 때문에, 이 두 가지를 양립시켜나가는 것이 주요 과제라고 할 수 있다.

### 검토 질문

1. 국립공원은 농업 중심 지역에 비해 더욱 '자연적인' 장소라고 할 수 있을까? 구성주의적 관점에 의거해 대답해보자(구성주의적 관점에서의 대답은 단순히 "그렇다"는 아닐 것이다).
2. 역사와 과학이 어떻게 '인종'이라는 개념이 사회적 구성물이라는 사실을 밝혀냈는지

설명해보자.

3. 유럽인들은 신세계에 도착했을 때 자신들이 처음으로 맞닥뜨린 '자연'을 어떻게 인식했을까? 이러한 인식은 유럽인들에 의한 땅의 점유를 어떻게 정당화했을까?
4. 푸코는 '지식'이란 '권력'을 고려하지 않고서는 이해될 수 없다고 보았다. 이를 설명해보자.
5. 북아프리카의 사막화를 하나의 객관적 현상으로 볼 때와 하나의 담론으로 볼 때 근본적으로 어떤 차이가 있는지 설명해보자(그리고 '야생'에 대해서도 같은 방식으로 설명해보라).

### 연습 문제: 에너지 담론 분석

잡지, 신문, 텔레비전, 인터넷 등을 참고해 엑손이나 BP와 같은 에너지 생산 기업의 광고와 시에라 클럽이나 야생협회와 같은 주요 환경운동 단체의 공익광고를 찾아보자. 이런 광고의 이미지나 어구에는 어떤 서사, 개념, 이데올로기를 포함한 담론이 구현되어 있는가? 이런 광고는 자연과 사회에 대해 어떤 이야기를 하고 있고 어떤 의미를 함축하고 있는가? 이 두 가지의 담론은 얼마나 비슷한가? 이 두 담론은 이익집단(광고주)에 대해 어떤 역할을 수행하는가?

■ 추천 문헌


Braun, B. 2002. *The Intemperate Rainforest: Nature, Culture, and Power on Canada's West Coast*, Minneapolis, MN: University of Minnesota Press.

Castree, N. 2005. *Nature*. New York: Routledge.

Cronon, W. 1995. "The trouble with wilderness or, getting back to the wrong nature." *In Uncommon Ground: Rethinking the Human Place in Nature*. New York: W. W. Norton and Co., pp.69~90.

Davis, D. K. 2007. *Resurrecting the Granary of Rome: Environmental History and French Colonial Expansion in North Africa*. Athens, OH: Ohio University Press.

Demeritt, D. 1998. "Science, social constructivism and nature." In B. Braun and N. Castree(eds.) *Remaking Reality: Nature at the Millennium*. New York: Routledge, pp.173~193.

Foucault, M. 1980. "Truth and power." *In Power/Knowledge: Selected Interviews and Other Writings 1972~1977*(ed. C. Cordon). New York: Pantheon, pp.109~133.

Haraway, D. 1989. *Primate Visions: Gender, Race, and Nature in the World of Modern Science*. New York: Routledge.

Robbins, P. 1998. "Paper forests: Imagining and deploying exogenous ecologies in arid India." *Geoforum* 29(1): pp.69~86.

Sluyter, A. 1999. "The making of the myth in postcolonial development: Material-conceptual landscape transformation in sixteenth century Veracruz." *Annals of the Association of American Geographers* 89(3): pp.377~401.

Wainwright, J. 2008. *Decolonizing Development*. New York: Blackwell.

제1부에서는 사람과 환경에 대한 다양한 사고방식을 추상적 측면에서 검토했다. 우리는 제1부를 통해 가정의 차이는 결론의 차이로 이어질 수 있다는 점과, 많은 경쟁적인 사고들이 존재하지만 이들 모두가 보편적인 설득력을 가지지는 못한다는 점을 보여주고자 했다. 즉, 많은 사고들이 교환되는 시장에서 어떤 사고는 다른 것에 비해 더 가치가 있다는 것이다. 또한 세상을 특정한 측면에서 생각하는 것이 어떻게 다른 측면에서 생각하는 것을 어렵게 만드는가를 보여주고자 했다. 가령, 환경에 대한 시장에 기반을 둔 사고는 정치경제적 측면에서 환경을 보는 사고와 조화되지 않는다.

이 책의 제2부는 이러한 사고를 몇 가지 현실 세계의 실제 대상에 적용한 사례를 제시한다. 제2부에서는 각각의 대상의 특성에서 오는 고유한 문제를 제시하는 것에 중점을 두었다. 예를 들어 연소 과정에서 인류와 특별한 역사적 관계를 맺어온 이산화탄소가 오늘날 전 세계의 대기 속에서 순환되는 방식은 다른 많은 오염 물질들과 구별된다. 이것과 비슷한 사례로 특정 참치 종은 돌고래와 무리를 지어 다니는데, 사람들은 참치는 잡아먹으면서도 돌고래는 보존하려 든다. 이것은 또 다른 종류의 문제를 우리 사회에 제시한다. 병에 든 생수는 수돗물이나 강물과 비교했을 때 수질등급이나 오염 물질의 함유 정도에서 차이가 나는 것이 아니라 순환하는 방법, 에너지 투입에 의존하는 정도, 경제와의 연계성에서 차이가 난다. 이러한 몇 가지 사례를 통해 우리는 돌고래와 함께하는 참치 떼와 같이 누구나 기본적으로 의견을 같이할 만한 문제들이 어떻게 매우 다양한 방식의 환경적 문제(가령, 참치 관련 상품의 제작은 윤리적 문제인가 아니면 시장 실패의 한 사례인가?)를 불러오는지 보여주려고 한다.

# 제2부
# 관심의 대상들
## Objects of Concern

우리는 관심 대상을 의도적으로 광범위하게 선택했지만, 이러한 선택이 결코 무작위적인 것은 아니다. 이산화탄소가 프렌치프라이의 공통점은 무엇일까? 양자는 모두 인간 활동에 의해 생산되고 만들어진 것이고, 한번 세상에 등장하고 나면 우리에게 복잡한 방식으로 다시 영향을 주어 환경과의 광범위한 관계를 다시 생각하도록 만드는 대상이다. 이 책이 이렇게 다양한 대상을 제시하는 것은 당신이 인간과 환경의 관계를 이미 많이 알려진 지구온난화, 사막화, 식량 부족과 같은 '문제' 리스트를 통해 생각하는 대신 인간의 사회적·정치적·경제적 삶이 어떻게 우리 주변의 많은 동물, 식물, 화학물질, 광물과 연결되어 대단히 바람직하지 않은 멸종, 기근, 산불, 질병과 같은 결과와 상황을 만들어내는가를 생각해보도록 하기 위함이다.

각기 다른 사고방식은 각기 다른 문제를 유발한다. 따라서 우리는 사회와 환경의 관계에 얽힌 문제의 해법을 찾기 위해 우리를 둘러싼 세계 속의 사물이 가진 구체적 특성뿐만 아니라, 우리의 생각과 행동을 여는 동시에 한정짓는 관념을 진지하게 받아들이기를 요구한다.

# 제8장

# 이산화탄소 Carbon Dioxide

자료: http://en.wikipedia.org/wiki/File:Automobile_exhaust_gas.jpg.

Keywords

- 광합성
- 명령과 통제
- 배출 거래
- 배출권 거래제
- 불균등 발전
- 온실효과
- 위장 환경주의
- 잉여가치
- 자본 축적
- 집단행동
- 코스의 정리
- 탄소 격리
- 탄소 순환

## 피츠버그의 교통 체증

더위가 한창인 여름날 오후 4시 45분, 펜실베이니아 피츠버그 외곽의 리버티 터널로 향하는 통근길은, 세계 다른 여러 대도시의 출퇴근 시간과 마찬가지로 거의 마비 상태이다. 하루에 10만 대 정도 통과하는 이 터널에서 도시의 일상적 통근 문화를 볼 수 있다. 미국의 평균 통근시간은 대략 45분 정도로, 다수의 통근자는 이보다 2배 이상 긴 시간을 출퇴근에 소비한다. 교통 체증 속에서 20분 정도 차량들 사이에 갇히는 것은 모든 사람이 겪어야 하는 하루의 일상이다. 이는 즐겁지는 않지만 정상적인 생활과 경제의 일부분이다.

자동차들이 적당한 실내 온도를 위해 에어컨을 켜고 이 지역에서 흔히 '튜브'라 부르는 곳을 통과할 때 복잡한 교환이 발생한다. 액체와 가스가 자동차 내부를 순환하면서, 비록 느리기는 하지만 차량의 속도를 유지시킨다. 자동차는 연소, 즉 공기 중의 산소와 연료인 가솔린의 결합으로 폭발을 일으키고, 이를 통해 연료 안에 든 화합물 – 기본적으로 탄소와 수소가 복잡하게 얽힌 화합물 – 의 결합을 깨뜨려 동력을 얻는다. 이러한 반응 뒤에 남는 것은 약간의 물($H_2O$)과 한 덩어리의 이산화탄소($CO_2$)이다. 한쪽으로 연료와 산소가 들어가면 다른 쪽으로 물과 이산화탄소가 나오는 것이다. 분명한 것은 이 과정에 연료 분자 2개당 이산화탄소 분자 16개가 발생해 다른 더러운 입자, 오염 물질, 가스와 함께 배출된다는 것이다.

배출구를 통해 나오는 이산화탄소는 눈에 보이지 않는다. 이들은 이후 다른 가스와 뒤섞여 완전히 보이지 않는 곳으로 상승하게 된다. 눈에서 멀어지면 마음에서도 멀어진다지만, 유감스럽게도 이산화탄소의 활동은 보이지 않는다고 없어지는 것이 아니다. 이산화탄소는 대기 중에 100년 이상 머물면서 오랜 시간에 걸쳐 서서히 바다와 식생으로 흡수된다. 그동안 이산화탄소는 공기 중을 떠돌아다니며 지표로부터 나오는 열에너지를 막아 지구의 전체 온도를 상승시키고, 끔찍한 재앙이 일어날 가능성도 함께 상승시킨다.

16개의 미세한 이산화탄소 분자는 어떤 피해를 줄까? 차량 1대가 1km당 평균

150g의 이산화탄소를 배출하는데, 미국의 운전자는 1년에 평균 1만 9,000km를 주행하므로 연간 차량 자체의 무게보다 무거운 평균 2,800kg의 이산화탄소를 배출하는 셈이다.

게다가 이 계산에는 도로를 만들고 유지할 때, 연료 및 자동차의 연료통, 타이어, 차체의 재료를 추출할 때뿐 아니라 최초에 자동차를 제작하는 데 필요한 에너지 그 자체를 만들 때 필요한 탄소가 빠져 있다. 이것은 또한 통근자의 삶에서 통근 외의 부분, 즉 아침에 먹는 음식에서부터 그들의 집과 직장의 냉난방에 이르기까지 모든 과정에 필요한, 심지어는 그들의 집과 직장을 건설할 에너지를 생성하는 데 필요한 탄소를 고려하지 않은 것이다. 이러한 모든 활동은 다른 여러 종류의 가스 및 쓰레기와 더불어 이산화탄소를 배출한다. 어떻게 이 맛도 냄새도 없고, 보이지 않는 가스가 우리의 생활과 사회의 존립 기반에 그렇게 밀접히 연관되어 있을까? 그리고 이것은 지구와 경제에 어떤 대가를 요구할까?

## 이산화탄소의 간략한 역사

지구를 구성하는 물질 중 탄소가 차지하는 비중은 아주 적은데, 그중 대략 99%가량은 상대적으로 지구 표면에 가까운 지각(지구 표면에서 대략 60km 정도의 깊이)에 매장되어 있다. 나머지 탄소는 지속적으로 움직이며 바다, 대기, 식물, 토양 사이를 이동한다. 그중 대부분은 고체(흑연과 다이아몬드)와 가스(메탄과 이산화탄소) 형태로 순환하지만, 지방과 당을 포함한 유기 분자로도 광범위하게 나타난다. 이처럼 탄소는 식물과 동물 사이를 옮겨 다니며 지구 생명의 근본적인 구성 요소로서 기능한다.

이산화탄소는 가장 일반적인 가스 형태로 생명체 속을 끊임없이 돌아다니다 바다나 대기에 다시 모인다. 지구에 사는 모든 생명체의 근본인 광합성■ 작용은 태양 에너지를 이산화탄소, 물과 묶어 식물의 세포조직을 형성하는 당으로 만든 뒤 산소를 남긴다. 이러한 방

**광합성** 식물이 태양 에너지를 사용해 이산화탄소를 유기체, 주로 세포를 만드는 데 이용되는 당으로 전환하는 과정을 말한다.

〈도표 8.1〉 지구의 탄소

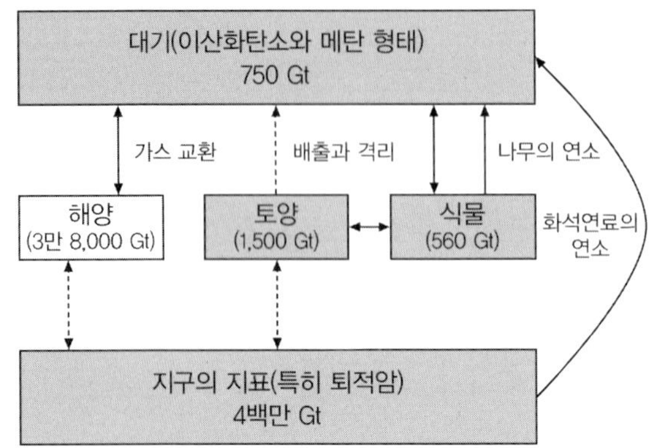


Gt는 기가톤 또는 천만 톤. 탄소의 99%는 지구 표면 안에 들어 있다. 탄소 흐름의 대다수는 해양, 대기, 그리고 토양과 식물 사이에 이루어진다. 근대 산업은 지표로부터 상당량의 탄소를 제거했으며, 연소를 통해 이산화탄소로 대기 중에 방출했다.

식으로 식물은 성장의 과정에서 탄소를 토양과 대기로부터 끌어들이고, 부패의 과정에서 탄소를 다시 대기로 방사하거나 토양으로 내보낸다. 우리 인간을 포함한 동물도 마찬가지로 이 탄소 순환■에 가담하고 있다(〈도표 8.1〉).

탄소 중 소량은 대양저(大洋底)나 지각의 토양 깊숙한 곳으로 가라앉아 이 순환에서 벗어난다. 다량의 탄소를 포함한 퇴적암은 대양저에 실트(silt)와 유기물이 느리게 퇴적층을 형성하는 과정에서 만들어지며, 이후 수백만 년 동안 조금씩 단단해지면서 지각의 일부를 이루게 된다. 반면 인간은 석탄(탄소화된 나무)과 석유(해양 생물의 화석이 변형된 물질) 등을 지표에서 채취해 태움으로써 많은 양의 탄소를, 그것이 자연적으로 지질층으로 저장되는 속도보다 훨씬 빠르게 대기 중으로 방출하고 있다.

### 대기 중의 이산화탄소 함량 변화

대기 중의 탄소량은 특정 비중으로 정해진 것이 아니라, 지난 수백만 년 동안 변화해왔다. 지구에 처음 생명체가 나타났던 약 20억 년 전에는 지구 전체에 미생물이 번성했다. 대기 중 산소는 적고 탄소는 풍부했던 덕분에 아주 작은 원핵생물이 살 수 있었다. 이 작고 단순한 구조의 생물체는 다양한 형태를 띠었지만, 하나 같이 주변의 무기물을 분해하며 몸체를 만든다는 공통점이 있었다. 이들은 특히 풍부한 물로부터 수소 원자를 분리해냈고, 태양빛과 이산화탄소를 에너지로 변환시켰다. 이때 부산물, 즉 폐기물인 산소가 대기 중으로 방출되었다. 선캄브리아기 동안 이러한 '남조류'[역주: 남조류는 시아노박테리아(cyanobacteria)라 불리기도 하는데, 단세포로

**탄소 순환** 탄소가 지구의 지권, 대기권 그리고 생물권을 통해 순환하는 과정으로, 구체적으로 지표면(석유)과 대기(이산화탄소)의 탄소가 연소를 통해 순환되는 것을 의미한다.

세균처럼 핵막이 없고, 엽록소와 남조소를 가지고 있어서 광합성을 하며, 이분법으로 번식하고, 단세포이지만 대부분 여러 개체가 모여 실 모양의 군체를 이루고 있어 다세포 생물처럼 보인다]가 번성하며, 이산화탄소가 많았던 대기는 산소를 많이 포함하는 대기로 바뀌었다. 오늘날의 대기를 살펴보면, 비록 질소가 압도적으로 많기는 하지만 산소 20% 정도와 이산화탄소 0.1%를 포함하고 있다. 새로운 산소를 이용할 수 있게 되면서 인간을 포함한 새로운 생명체가 등장했고, 기존의 생명체는 자신들이 만들어낸 대기에 의해 독살되었다. 지구의 초기 생명체인 무산소 박테리아는 진흙이나 우리 몸의 내장과 같은 아주 다른 환경에서 생존하고 있다(Margulis and Dolan, 2002).

여기에서 생명체는 지구의 생화학적 특징에 영향을 미칠 수 있으며, 종종 자신들이 생존하기 위해 적응해야 하는 조건을 바꾼다는 교훈을 얻을 수 있다.

과거의 원핵생물에게 벌어졌던 이러한 일은 오늘날의 인간 사회에서도 벌어지고 있다. 이들 아주 작은 박테리아가 그랬던 것처럼, 우리도 이산화탄소와 밀접히 연관되어 있다. 실제로, 질량으로 따졌을 때 우리 몸의 18%는 탄소이다.

불의 등장 이후 탄소와의 관계는 매우 심화되었다. 40만 년 전 호모 에렉투스가 불을 능숙하게 사용하게 된 이래, 인류 문명은 에너지를 더욱 필요로 하게 되었다. 가령 요리, 추운 날의 난방, 더운 날의 냉방, 구조물 건설, 자동차에서 물에 이르는 모든 물건의 운반 등은 상당량의 에너지를 필요로 한다.

단순한 사회에서는 대부분의 에너지가 사람의 노동으로 공급된다. 그러나 사회가 커지고 복잡해지면서, 또한 더 생산적으로 변모하면서 점차 보충 에너지에 의존하게 되는데, 이들은 기본적으로 석탄, 석유, 천연가스 등의 화석연료를 태우며 얻는다. 이러한 액체와 고체를 태우면 엄청난 에너지를 얻을 수 있지만, 동시에 탄소를 이산화탄소로 만들어 대기 중에 배출시키게 된다. 최근의 경제는 거대한 건물과 도시를 건설하고 화물을 세계 전역으로 옮기기 위해, 그리고 비료와 농약을 사용한 – 이 또한 석유로 만들어진다 – 더 많은 식량 생산 방법을 연구하는 과정에서 더 많은 에너지가 필요하게 되었고, 이에 따라 화석연료 연소도 더 늘어나게 되었다. 한마디로, 근대 문명은 곧 탄소 문명이다.

〈**도표 8.2**〉 킬링 커브(Keeling Curve)

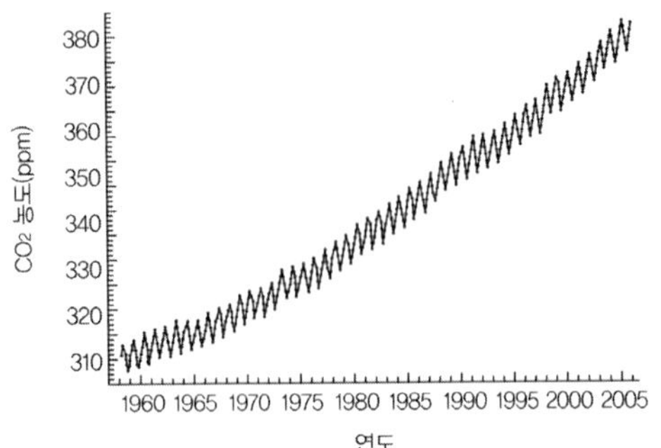


1958년 이래의 대기 중 이산화탄소 농도. 전반적으로 안정적인 상향 경향을 보인다. 연중 변화(소규모 상하 진동)는 북반구 계절의 결과이다. 식물은 봄에 녹색을 띄며 대기의 이산화탄소를 받아들이고, 가을에 낙엽을 떨어뜨리며 이산화탄소를 다시 방출한다.

**자료:** http://www.aip.org/history/climate/xMaunalLoa.htm.

탄소에 기반을 둔 경제활동 증가의 결과는 시기별 대기 측정에서 분명해진다. 1950년대 과학자였던 찰스 킬링(Charles Keeling)과 그의 동료들은 하와이 마우나로아(Mauna Loa) 산꼭대기 관측소에서 대기 중의 이산화탄소 농도를 측정했다. 그래프로 그린 시기별 자료는 이산화탄소가 가파른 곡선으로 점진적으로 증가하는 것을 보여준다(〈도표 8.2〉).

게다가 이 명확한 최근의 경향은 이전부터 이루어지고 있던 탄소 중심 문명화를 향한 변화의 꼬리 끝에 지나지 않는다. 이 변동은 인간과 동물의 노동력을 기계의 힘으로 대체하고, 기계를 움직이기 위해 대규모로 보충 에너지를 사용한 결과이다. 19세기 이전에는 신발에서 삽에 이르는 대다수 물건을 수작업으로 만들었고 인력거에서 군사용 선박에 이르는 운송 수단은 사람, 동물, 바람에 의해 움직였으나, 이후 초기에는 나무, 나중에는 석탄을 이용하는 증기기관이 제조업과 교통을 지배하게 되었다. 19세기와 20세기에는 나무, 석탄, 석유로 열과 증기를 만들어 터빈을 돌리고, 여기에서 얻은 전기로 기계와 운송수단을 움직이는 다양한 종류의 새로운 엔진이 등장했다. 자동차는 탄화수소가 타는 힘으로 엔진의 금속 피스톤을 밀어 축을 돌리고 타이어를 굴리며 고속도로를 따라 움직인다. 이때 연소와 폭발은 매번 이산화탄소를 배출한다.

다른 경제활동도 대기 중의 탄소 비중을 바꾼다. 가령, 개발이나 농사를 위해 대규모로 숲을 없애는 것은 이중으로 영향을 끼친다. 광합성을 통해 탄소를 저장 또는 격리■하는 숲을 파괴하는 것은 나무의 탄소 저장 능력을 줄이는 것이다. 또 이것을 태우는 것은 각 나무에 저장된 탄소를 대기로 방출하는 것으로, 이 또한 탄소를 저장할 수 있는 식물의 수를 줄이는 행위이다.

**탄소 격리** 식물의 광합성 같은 생물학적 수단이나 공학적 수단을 통해 대기 중의 탄소를 포획해 생물권이나 지권(geosphere)에 저장하는 작용을 일컫는다.

비록 우리가 직접적으로 대기 중의 이산화탄소를 측정한 것은 1950년대에서야 시작되었지만, 훨씬 이전부터 이루어진 기계 시대로의 이행을 기록하고 있는 다른 흔적을 찾을 수도 있다. 나이테와 퇴적물이 과거 수천 년의 기후 상황을 재구성하는 데 이용될 수 있고, 남극과 그린란드의 오래된 얼음 덩어리 깊숙이 고정된 가스들을 분석하면 얼음이 처음 형성될 당시의 대기 상태를 알 수 있다(〈도표 8.3〉).

**〈도표 8.3〉** 탄소의 대기 농도

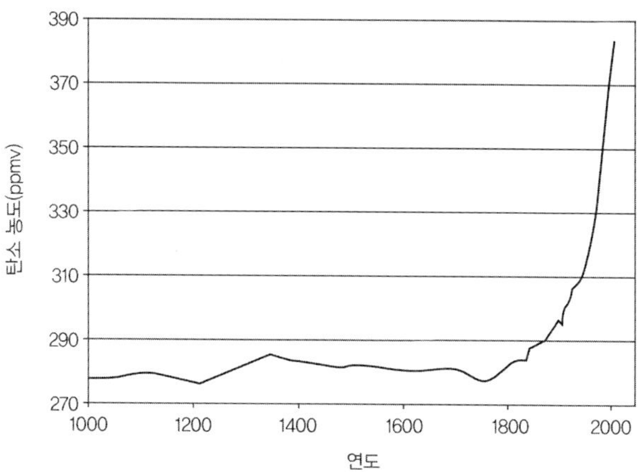


지난 수천 년 동안 대기 중에 떠다니는 탄소는 280ppm이었다. 19세기에 시작된 폭발적인 산업 활동으로 많은 인간 활동이 화석연료의 연소에 의존했고, 결과적으로 대기의 탄소는 기하급수적으로 증가했다.

**자료**: http://www.earthpolicy.org/.

지난 천 년의 증거는 주목할 만하다. 봉건주의, 농노 생산, 종교적 계층의 시대인 중세시대에서 전 지구적 접촉, 과학적 팽창, 식민주의의 시대인 18세기에 이르기까지는 미미한 변화만이 나타날 뿐이다. 그러나 대기의 상태는 19세기 이후 산업혁명 시기에 대규모 이산화탄소 배출이 이루어지면서 크게 변하게 된다(Intergovernmental Panel on Climate Change, 2007).

## 탄소 축적에서 기후변화까지

사실 대기의 이러한 변화는 지구의 환경과 사회 시스템에 심각한 영향을 주지 않는 한 관심을 받지 않을 것이다. 문제는 이산화탄소가 대기를 형성하는 다른 수많은 가스와 함께 지구의 온도를 조절하는 데 중요한 역할을 담당한다는 사실이다.

태양으로부터의 단파 복사는 지표에 흡수되었다가 우리가 열로 느끼는 장파로 바뀌어 다시 우주로 나가는데, 이들 중 일부는 지구를 빠져나가지 못하고 대기 중에 흡수되어 지구를 덮는다. 이 대기 에너지는 이산화탄소를 포함한 몇 가지 가스에 의해 갇히게 된다. 이것은 좋은 소식이다. 이렇게 자연스럽게 갇힌 열은 지구의 온도와 생

〈도표 8.4〉 지구 평균 기온, 해수면, 적설

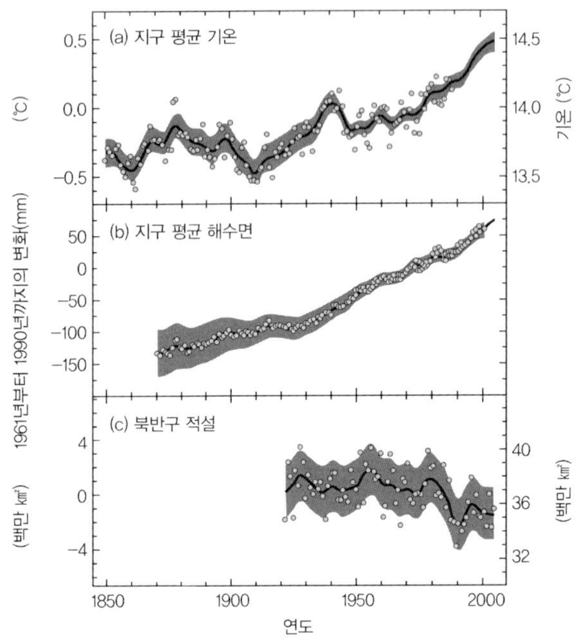


사람에 의해 배출된 가스의 양이 급격히 증가한 바로 그 시기 이후에 지구 온도는 계속 높아졌고, 해수면은 상승했으며, 적설량은 감소했다.
**자료**: Climate Change 2007: The Physical Science Basis.

명체를 유지시켜주기 때문이다. 이 온실효과■가 없으면 지구는 매우 추울 것이다. 그러나 시간이 지나면서 가스층이 더 두꺼워지고 여기에 갇힌 열의 온도가 더 높아지게 되면, 지구의 온도 역시 높아질 것이라는 사실을 쉽게 예측할 수 있을 것이다.

대기 중의 가스가 지구 온도로 연결되는 이 과정은 인간이 등장하기 이전부터 진행되어왔다. 또한 이 과정은 대기 중의 가스 구성물 변화에 매우 민감하다는 사실이 드러났다. 예를 들어보자면, 고대 선캄브리아 시기 이전에 대기 중의 이산화탄소가 감소하며 지구 온도가 매우 급격하게 낮아진 적이 있다. 따라서 최근의 짧은 기간 동안 대기 중에 이러한 가스가 쌓이는 것은 심각한 환경 변화를 예견하게 한다. 근래의 기온 기록은 전반적인 온난화의 경향을 나타내고 있다. 이 온난화는 빙하와 지구의 눈이 녹고 해수면이 상승하는 등의 간접적인 효과로 이어진다(〈도표 8.4〉). 실제로, 세계는 전체적으로 따뜻해지고 있다.

이산화탄소는 수많은 온실가스 중 하나이다. 다른 온실가스로는 자연적으로 발생하는 수증기, 메탄, 이산화질소 등과 완전히 인공적으로 생겨난 프레온가스(CFCs)와 같은 산업적 합성물이 있다. 여러 가지 가스 중 이산화탄소가 문제가 되는 것은 집중도가 높고, 빠르게 증가하며, 무엇보다 단위당 열을 가두는 효과가 크기 때문이다. 이 가스들은 현재에도 대기 중에 쌓이면서 지구의 온도를 높이고 있다.

**온실효과** 수증기와 이산화탄소 등의 중요한 가스가 열을 차단, 흡수해 생명을 지속시킬 수 있는 온도를 만드는 지구 대기의 특성이다.

'지구온난화'는 이러한 면에서 정확하지만 완전하지는 않은 표현이다. 온난화는 다음 세기에 1~4도 정도의 지구 온도 상승을 유발할 것이지만, 이것은 또한 여러 기후와 기상 패턴의 국지적 변화를 유발할 것이다. 지구 에너지 균형이 변화한 결과 일부 지역은 건조해지고 일부 지역은 강수량이 증가할 것이며, 가뭄과 홍수가 빈번해지고 빙하 감소와 해수면 상승이 유발되며, 심지어는 특정 지역의 온난·습윤을 조절하는 해류의 순환이 붕괴해 고립된 지역의 냉화가 초래될 수 있다.

이러한 변화의 결과는 모든 사람에게 영향을 주기에 지구적이지만, 그 영향은 매우 다양한 형태로 나타날 것이다. 1m 정도의 해수면이 상승할 경우 1,400만 명이 거주하는 태평양 섬 국가들은 모두 사라질 것이고, 아프리카 사하라 남쪽의 강수에 의존하는 농업 인구는 가뭄으로 인한 기근으로 이주를 해야 할 상황이 벌어질 것이다. 전 세계적으로 부유한 사람들은 냉방과 식량에 비용을 지불할 수 있지만, 가난한 사람들은 그렇게 할 수 없다. 따라서 대기 중의 이산화탄소와 기타 온실가스 누적을 변화시키지 않을 경우, 지난 세기 경제 발전의 기반이 되었던 대규모 탄소 방출은 이제 경제성장이 불가능한 환경 상태를 불러올 것이며, 이때 가장 큰 고통을 받을 이들은 이산화탄소 방출에 가장 적게 기여한 사람들일 것이다.

피해를 입는 것은 비단 인간만이 아니다. 기온과 강수량의 변화로 식물과 동물 종이 위험에 놓이게 되고, 많은 종이 사라질 것이다. 북극곰의 경우 이미 관심을 받고 있지만 그보다 지구의 식량, 에너지 사슬을 형성하는 종이 사라지면 문제는 더욱 심각해진다. 특히 곤충, 식물, 그리고 해양 플랑크톤과 같은 종들은 다른 종들의 생존에 일차적으로 중요하기에 이들의 멸종은 전체 생태계의 붕괴를 의미한다.

지구 시스템의 이러한 변화는 온난화를 더욱 증대시키는 '긍정적 피드백'(가령, 빙하가 녹아 태양광을 대기로 반사시키는 양이 감소)과 온난화를 감소시키는 '부정적 피드백'(역으로 반사를 증가시키는 구름의 증가)을 포함할 수 있다(Pearce, 2007). 그러나 온난화의 증가로 인간은 더 많은 에너지를 사용하게 될 것이고(가령, 에어컨을 사용하거나 농업에 화학품의 투입하는 등), 이를 위해 더 많은 화석연료를 사용해 이산화탄소 배출을 증가시킬 것이다. 이렇듯 체계가 복잡하지만, 점점 더 증가하는 이산화탄소의 배출량은 점차 특별한 지구적 관심이 되어왔다.

### 이산화탄소 문제

이산화탄소의 간략한 역사는 환경과 사회의 관계에 대해 많은 것을 보여준다. 첫째, 문명의 역사는 곧 가스의 역사로, 이산화탄소 분자와 탄소 원자는 인간처럼 사회의 한 부분이고, 따라서 인간과 비인간은 복잡한 방식으로 서로 영향을 미친다. 환경 상태는 오랜 시간에 걸쳐 엄청난 변화를 거쳤으며, 당연히 균형적이고 영원한 또는 필연적인 자연의 상태는 없다. 대기 중 온실가스의 구성물은 수백억 년 동안 변화해왔고, 지구의 기온 역시 변화해왔다. 반면, 산업사회와 같은 특정 형태의 사회가 복잡한 지구 시스템에 심대하고 되돌릴 수 없는 영향을 미칠 수 있다는 사실 또한 지구상에서 사회의 지속뿐 아니라 현재의 생물다양성 유지에도 큰 의미를 지닌다.

좀 더 구체적으로, 이 검토는 두 가지 면에서 이산화탄소가 특별한 대상물임을 강조한다.

- 첫째, 이산화탄소는 모든 곳에 존재한다. 그것은 우리가 사는 모든 곳에서 끊임없이 흘러 다니기 때문에 포획하거나 고정시키거나 분리하기가 어려우며, 그 영향은 시간적·공간적으로 그 원천에서 멀리 떨어진 곳에서까지 나타난다.
- 둘째, 이산화탄소는 경제활동에 매우 민감하다. 근대 경제 성장의 역사는 완전히 이산화탄소와 결합되어 있으며, 인간의 사회 구조와 대기 구성물 간의 연결을 끊는 것은 샴쌍둥이를 분리하는 수술만큼이나 어려운 일이다.

따라서 이산화탄소는 인간이 세계의 어느 위치에 있는지를 이해하는 데 교훈을 줄 뿐 아니라, 보편적으로 존재하고 경제적으로 민감한 탄소가 대기 중에 누적되는 것을 어떻게 막거나 되돌릴 수 있는지의 문제를 제기한다. 이 문제에 대해 각기 다른 관점을 가진 이들은 유감스럽게도 서로 모순되는 답을 제시한다.

## 제도: 기후 무임승차와 탄소 협력

제3장에서 우리는 환경과 관련된 문제에서 일반적인 집단행동■의 문제, 즉 많은 사람의 공동 행동이 필요한 상황에서 각 개인이 협력하는 것을 막는 이득이 존재한다는 사실을 배웠다. 이산화탄소가 대기로 방출되는 것을 통제하고 줄이는 것도 이러한 문제에 속한다. 이러한 사회적·환경적 문제를 강조하는 제도적 접근은 이 문제에 대해 어느 정도 통찰력을 제공한다.

### 탄소 죄수의 딜레마

사례를 단순화시켜 두 나라가 탄소를 배출하는 경우를 고려해보자. 양자는 모두 '울며 겨자 먹기'로 배출을 줄이는 데 들어가는 비용을 감수해 지구온난화를 멈추고 이익을 얻고자 할 것이다. 하지만 무수히 많은 이유로 인해 두 국가는 실제로 배출을 줄이지 못한다.

먼저, 한 나라는 실행을 하는데 다른 나라는 실행을 하지 않음으로써 생기는 필연적인 불리함이다. 그 경우 두 나라 모두 이산화탄소 감소의 혜택을 보겠지만, 탄소를 감축시키려는 노력으로 고통을 겪는 것은 한 나라뿐이다. 문제를 더욱 복잡하게 하는 것은 지구 기후변화와 이에 따른 영향의 불확실성에 있다. 감축하지 않을 경우 정확히 어느 정도의 피해가 발생할지 모르는 상태에서, 높은 비용을 지불해가며 어느 정도의 감축을 실행해야 하는가를 가늠하는 것은 어렵다. 특히 그 효과가 나라별로 불균등하게 나타나며, 특정 국가가 행동하지 않음으로써 다른 국가가 더 큰 비용을 감내해야 할 경우에는 더더욱 그렇다. 마찬가지로, 다른 나라가 온실가스를 줄인다는 약속을 잘 실행하고 있는지를 감시하는 일도 어렵다. 삼림을 태우는 것은 공중에서 관찰이 가능하지만, 발전소에서 나오는 이산화탄소는 측정하기 어렵다. 이것들은 왜 협력과 집단행동이 자주 실패하는가를 은유적으로 보여주는 **죄수의 딜레마**의 고전적 요소들이다. 그러나 이보다 더 큰 문제가 있다.

세계화된 경제에서 탄소가 수행하는 보편적인 역할은 또 다른 해

**집단행동** 공동의 목표와 결과를 얻기 위한 개인 간의 협력과 협조를 말한다.

결하기 어려운 문제를 제시한다. 한 나라가 탄소 배출에 제한을 두게 되면 기업가들은 탄소 배출을 줄이기 위해 비용을 지출해야 한다. 그러나 이 나라의 상품은 탄소배출 제한을 하지 않는 나라의 가격이 낮은 상품과 세계시장에서 경쟁해야 한다. 한 나라는 공격적으로 탄소 감축을 실행할 때, 다른 나라는 이 나라의 줄어든 탄소 배출의 혜택에, 그리고 탄소 제한을 두지 않음으로써 생긴 유리한 시장 지위에 '무임승차'하게 된다.

이와 함께, 모든 나라가 같은 지점에서 협상에 임할 수 없다는 문제도 있다. 유럽과 미국에서 시작한 산업혁명은 이들을 수백 년 동안 주요 탄소배출 지역으로 만들어놓았다. 유럽과 미국 사람들의 생활수준은 매우 높아졌지만, 이는 엄청난 대기 변화를 대가로 지불했기에 가능했다. 빈곤 국가들은 인구 증가는 빠를지언정 일인당 탄소배출은 부유한 국가들에 비해 아주 적다. 이렇게 탄소 배출이 적은 빈곤 국가들이 탄소 경제의 혜택을 누리지 못한 상태에서 왜 엄격한 통제에 동의해야 할까? 중장기적으로 보면 빈곤 국가들이 — 많은 인구로 인해 — 가장 거대한 탄소배출국이 될 텐데, 왜 부유한 국가들이 탄소 배출을 줄이기 위해 자신들의 경제를 희생해야 할까? 이러한 갈등은 탄소의 이동성, 가령 미국의 한 사람이 탄소 배출을 하며 자가용 통근의 혜택을 누릴 때 지구 반 바퀴 저편에서 서아프리카의 농부와 국가들이 수확 감소라는 비용을 지불하게 되는, 배출 장소와 영향을 받는 장소의 불일치로 인해 더욱 악화된다. 한 국가는 감축해야 할 동기가 있지만, 다른 국가는 그렇지 않다.

마지막으로, 특정 협정을 강제할 수 있는 개별 국가 이상의 강력한 상부 조직이 없는 사실상의 '무정부 상태' 역시 또 다른 문제이다. 유엔은 강력한 심의 기구이지만, 국제적인 규제 법규 준수를 강제할 권력을 가지지는 않는다. 대신 협정국들이 국제법의 모형에 따라 규칙을 강제해야 한다. 이러한 모든 것을 고려하면, 어떤 종류의 국제 약속도 이루어지기 어려울 것이다. 그러나 약속이 이루어진 사례가 하나 있다.

### 유연화를 통해 장벽 넘어서기: 교토의정서

1980년대 후반에 개최된 기후변화에 대한 전략 수립을 위한 유엔 기후변화협약

(United Nations Framework Convention on Climate Change) 모임은 앞에서 언급한, 그리고 추가적인 협력의 여러 가지 장애와 마주치게 되었다. 하지만 끝내 장애를 극복하고 가맹국에게 탄소를 포함한 모든 온실가스의 배출 감축을 법적으로 구속할 수 있는 국제법인 교토의정서(Kyoto Protocol)라는 국제협정을 도출했다. 이 협정은 각각의, 그리고 모든 문제의 해결에서 유연성이라는 요소를 포함시켜 서명 국가들의 동의를 쉽게 얻을 수 있었다.

이 협정은 광범위한 내용을 담고 있는데, 자세히 보면 기후 문제에 내재된 협력의 장애를 극복하는 것이 복잡한 일임을 알 수 있다. 여러 협력의 장애 중 첫 번째는 불확실성의 문제였다. 협정을 통해 기후변화 통제를 시행하거나 하지 않을 경우의 잠재적 비용을 모르는 상태에서, 국제 공동체는 어떤 미래를 불러올지 알 수 없는 협상을 강요받았다. 이 때문에 교토의정서는 시간이 지났을 때 수정, 갱신, 확대를 할 수 있는 조건을 포함한다. 이 중 9번 조항은 구체적으로 '기후변화와 이의 결과에 대한 이용 가능한 과학적 정보와 적절한 기술적·사회적·경제적 정보를 감안'해 의정서의 지속적인 수정 및 검토의 가능성을 포함한다.

또한 교토의정서는 배출에 대처하는 기술과 실행 전략을 개발할 시간을 각각의 국가에 부여하는 등급별 목표를 정했다. 의정서는 탄소 배출의 국가별 한계를 부과하며 중간 목표를 설정해 조약국들이 1990년 수준보다 5.2% 감축된 탄소만을 배출하도록 강제하고, 이후에도 점진적으로 그 양을 엄격하게 감축할 것을 요구한다. 이 국제 협약은 시간의 흐름에 따라 세부 사항을 변경할 수 있도록 함으로써, 주저하고 불안해하는 국가들이 쉽게 서명하도록 만들었다. 물론 더 적극적인 실천을 선호하는 국가들(가령, 유럽연합)의 입장에서는 불만족스럽고 구속력 없는 협정처럼 보였겠지만, 이것은 앞으로 더 확대되고 더 강한 구속력을 갖게 될 여지를 남겨두었다.

두 번째로 주요한 장애는 경제적 비용과 경쟁에 대한 우려였다. 부유한 국가를 포함해 배출 감축이 경제적인 경쟁력을 낮추게 될 것을 염려하는 여러 국가들을 위해, 의정서는 그 충격을 줄이고 국가별 유연성을 높이는 많은 조항을 포함하고 있다. 가장 주목할 점은 교토의정서가 국가들에게 어떻게 배출을 줄여야 하는가에 대해서는

**배출 거래** 온실가스와 같은 결정 물질을 정해진 양만큼 배출, 오염할 수 있는 권리를 교환하는 시스템이다. 이러한 권리나 신용은 배출자 간 교환이 가능하지만 전체적인 총량은 규제의 대상이다.

말하지 않는다는 사실이다. 국가들은 자신들의 목표를 달성하기 위해 가혹한 제한, 유연한 탄소세, 배출거래제 등의 정책 수단을 선택할 수 있다. 이러한 유연성은 각 국가가 그 나름의 방식으로 문제를 해결하도록 허용함으로써 국가별 '매입(buy-in)'을 증대시킨다. 이 접근은 조약국 간의 배출 거래■ 조항으로 더욱 효력을 발휘했다.

세 번째 협력의 장애는 부유하고, 인구가 적으며, 일인당 배출량이 큰 국가들(가령, 유럽국가들)과 빈곤하고, 인구가 많으며, 일인당 배출량이 작은 국가들(가령, 인도)이 수행할 책임과 의무의 할당을 두고 벌어진 '배분 갈등'이었다. 이 갈등에 대해, 교토 의정서의 틀은 국가들이 "공동의, 그러나 차별화된 책임"을 가진다고 설정함으로써 문제를 유예시켰다.

이는 부유한 국가들의 발전이 오랜 기간 동안 탄소배출에 기초해 이루어졌고, 그들이 현재 최대 배출국이기에 우선적인 배출 감축 의무를 가진다는 것을 의미한다. 의정서 협정 조항의 대다수는 오직 프랑스, 러시아와 같이 '부속서 I 국가(Annex I)'로 분류된 부유한 후기 산업 국가에만 적용된다. 중국, 인도와 같은 '부속서 II 국가(Annex II)'는 의정서 조약국이지만 앞의 국가들과 동등한 의무를 지지는 않는다. 다만 부속서 I 국가가 부속서 II 국가에서 탄소배출 저감 계획과 기술을 개발해 감축 목표를 부분적으로 달성했을 경우, 부속서 II 국가는 그들로부터 '청정 개발 메커니즘' 기술을 이전받아 혜택을 누릴 수 있다. 이러한 저감 계획은 부속서 II 국가들이 나무를 심거나 탄소 배출이 적은 발전소를 건설하는 등의 활동을 통해 부유한 산업 국가들이 이전에 경험했던 다량의 탄소를 배출하며 성장한 과정을 '건너뛰고' 경제를 발전시킬 수 있도록 도와준다.

또한 부속서 II 국가들은, 중국이 최근에 그렇게 했듯이, 독자적인 배출 목표를 설정해 경제 발전과 탄소 배출의 감축 및 통제를 서로 절충시킬 수도 있다. 제도적 관점에서 보면 이것이야말로 협정의 체결과 실행을 가능케 한 타협의 핵심 요소이다. 그러나 공동의 원칙을 제시하면서도 각자에게 차별된 책임을 부과하는 부분은 미국

〈표 8.1〉 교토의정서는 왜 '피상적' 협정일까?

| 협력의 장애 | 유연한 요소 |
|---|---|
| 불확실성과 차별적인 의무 | 시간에 따른 협정 규칙 변경과 등급에 따른 목표 설정 |
| 경쟁에 대한 염려 | 정책 유연성과 배출 거래 규정 |
| 분배 갈등 | 공동의, 그러나 차별화된 책임 |

교토의정서라는 협력을 이끌어내기까지는 수많은 장애가 있었다. 이러한 갈등과 복잡성의 결과 유연성을 갖춘 협정이 만들어질 수밖에 없었고, 따라서 '피상적' 협정이 되었지만, 한편으로는 미래의 적극적 협력과 실행을 위한 기반을 닦아놓았다고 평가할 수 있다.

자료: Thompson(2006)으로부터 변용.

이 의정서에 가담하는 데 장애 요소로 작용했다. 이 때문에 미국은 아직도 교토의정서의 조약국이 아니다.

임시적으로 설정된 여러 양보 또한 협정을 유연하게 만들었다. 이 협정은 모든 지구상의 탄소 배출의 55%가 통제되어야만 발효될 수 있다. 따라서 모든 참여 국가들의 배출 합계는 지구 탄소 배출의 대다수를 이루어야만 했다. 탄소 배출에서 엄청난 비중을 차지하는 미국이 협정에서 탈퇴하자, 러시아가 의정서를 시행하는 데 필수 조약국이 되었다. 엄청난 삼림을 가진 러시아는 현재의 삼림 재고가 탄소배출권의 형태로 계산되어야 한다고 주장했다. 이러한 양보와 기타 유사한 사항들이 의정서의 내용을 구성하게 되었다.

요약하면, 교토의정서는 유연성을 통해 협력의 장애를 극복하려 한 엄청난 제도적 혁신이다. 이러한 요소들은 〈표 8.1〉에 정리되어 있다. 물론 이러한 유연성은 협정이 많은 사람들이 기대하는 것만큼 강력하지 않다는 것을 의미한다. 정치학자 톰프슨(Alexander Thompson)이 지적한 것처럼, 교토의정서를 매우 '피상적'으로 만든 유연성의 요소들은 많은 국제 협정의 초기 단계의 특징이고, 그중 대다수는 나중에 해양법과 같은 더욱 강력한 협정이 된다. 따라서 교토의정서도 시간이 흐름에 따라 점차 진화해 날카로운 '이빨'로 성장할 수 있을 가능성은 확실히 존재한다. 이 의정서가 언젠가 파기되더라도, 이들의 요소와 형태는 기후 거버넌스를 위한 본보기가 될 것이고, 이 협정이 만든 신뢰는 탄소 시장과 같은 다른 많은 제도와 함께 미래 협력의 핵심 요소가 될 것이다.

제3장에서 요약한 것처럼 제도적 관점은 이러한 관점을 뒷받침한다. 구체적으로 말해, 제도 이론은 집단적인 의사결정을 권장하며 비록 잠정적일지라도 규칙이 설정된다면 협정이 이루어져 신뢰를 쌓을 수 있다고 강조한다. 제도이론가들은 사회자본이라고 부르는 집단 간 신뢰와 경험을 통해 공공재의 딜레마를 해결할 수 있고, 시간이 흐른다면 더 적극적이고 포괄적인 규칙을 제정하는 것도 가능하다고 보았다. 최상의 협정은 비록 종합적인 감축 수요를 달성하지 못하더라도 많은 조약국들을 참여시키는 매우 유연한 '피상적' 협정에서 시작하는 것일 수 있다.

### 교토의정서를 넘어서: 피상성을 줄일 것인가, 아예 다른 방법을 추구할 것인가?

피상적 협정이라 할지라도 광범위한 동의를 통해 한층 깊은 논의로 발전할 수 있다는 것을 보여주는 증거는 많다. 특히 유엔기본협약에서 개최하는 정기 모임은(이른바 '이해당사자 모임') 토론을 거치며 통제권을 더 엄격하고 포괄적인 형태로 발전시켜왔다. 2009년 3월에 열린 '2009 코펜하겐 이해당사자 모임을 위한 사전 모임'은 더 큰 시장 지향적 요소(아래 REDD 논의 참고)를 포함하는 한층 종합적인 계획과 목표를 제안했다. 수많은 조약국들을 일련의 협상 자리로 불러들이고 규정된 목표를 서서히 늘리면서, 교토의정서는 당초 제도 이론에서 예측한 형태와 닮아가고 있는 것이다.

조약 국가, 특히 기후변화에 대해 강한 통솔력을 발휘하는 유럽은 온실가스 배출을 제한하는 일에서 비조약국에 비해 상대적으로 큰 성공을 거두었다. '세계탄소프로젝트'에 따르면(국제 탄소 배출을 추적하는 과학 포럼. www.globalcarbonproject.org 참고), 유럽연합 조약국은 1990년에서 2004년 사이에 탄소 배출을 2.6% 줄인 반면 미국의 배출은 약 20% 늘었다. 유럽연합의 기술과 규제를 지속적 경향으로 가정하면, 이러한 감축은 교토의정서 없이도 이루어질 수 있었다. 그럼에도, 교토의정서는 피상적인 협정이 차후에 한층 진지하게 수용될 수 있다는 가능성을 보여주었다.

그렇다 해도, 기후변화에 대응하는 행동의 상당수는 제도적 사고에서 예측하고 지지하는 형태와는 꽤 거리가 있는 것처럼 보인다. 가령, 미국의 '시장들의 기후 보호

**〈글상자 8.1〉 도시 시장들의 기후 보호 협정**

기후변화는 대개 보편적인 '국제' 문제로 가정된다. 이는 탄소가 고정되어 있지 않고 대기를 통해 순환하기 때문에 지구온난화의 경우에서 볼 수 있듯 그 근원지로부터 먼 곳에도 영향을 미치기 때문이다. 이러한 관점은, 이 문제가 다른 국제적 공공재 문제와 마찬가지로 국제 협정 조약을 통해 해결되어야 한다는 인식을 불러온다.

이 때문에 세계 전체로 봤을 때 작은 정치적 영역인 도시가 기후변화에 대한 협력적 대응을 시작하는 선도적 행위자가 될 수 있느냐는 질문에 대해서는 명확한 답을 내리기 어렵다. 그러나 2007년 5월, 500명 이상의 미국 시장들이 자신들의 관할 지역 내에서 교토의정서 이상(2012년까지 1990년 수준의 7%를 감축)의 목표를 추구한다는 협정에 서명했다. 시장들의 기후 보호 협정은 지방정부가 계획, 교통, 삼림 식재, 공공 교육 등 지방정부가 동원할 수 있는 모든 수단을 동원해 온실가스, 특히 탄소를 줄일 것을 강조한다. 원래 시애틀의 시장 니켈스(Greg Nickels)에 의해 시작된 이 협정은 이제 국가 전체로 확대되어 모든 주의 도시를 아우르고 있다. 몇몇 지방정부에서는 이 협정이 상징적인 수준에 머물렀지만, 대다수 도시에서 이것은 급진적 실천과 실제적인 감축으로 이어졌다. 가령 시애틀 시정부는 1990년 수준의 60% 이상에 달하는 온실가스 배출을 줄여 완벽하게 협정을 준수해냈다. 새로운 과밀구역 설정과 대중교통 제공과 같은 도시 거버넌스의 능력을 이용하는 도시는, 지역 기후 발자국을 변화시키는 데 개인보다 더 효과적이다(Mayor's Climate Protection Center, 2009).

그런데 왜 도시들이 행동하기 시작한 것일까? 부분적으로는, 지구의 변화가 물과 같은 특정 지방정부의 자원에 미치는 잠재적 영향이 도시들의 행동을 유발한 것일 수 있다. 몇몇 해안도시는 해수면 상승을 겪고 있고, 또 다른 몇몇 도시는 눈 쌓인 벌판을 이용한 스키 관광에 의존하고 있다. 그러므로 이것은 도시들이 아직 교토의정서에 서명과 비준을 하지 않은 미국 연방정부에 앞서서 행동하게 만든 주된 논리이다. 이와 마찬가지로, 목표를 달성하기 위한 도시들의 많은 노력들(가령, 건물의 에너지 수요를 줄이는 등)은 대표적인 윈-윈 사례로, 도시는 배출 목표를 달성하면서 비용 절약의 혜택을 본다.

그러나 이 사례는 환경 거버넌스 행동을 설명하는 주된 논리의 한계 또한 엄격하게 제시한다. 이들 도시들은 모두 참가에 따른 불이익을 받는다. 기후 친화적 도시로의 변화에는 많은 비용이 소요될 수 있다. 제도적 공공재 이론은 도시와 같은 연계되지 않은 집단이, 특히 실천해야 할 강제적 의무가 없는 상황에서, 협력적인 행동을 하는 것은 불가능하다고 본다. 그러나 도시들은 실제로 그렇게 행동했다. 더군다나 도시들만이 유일한 행동 주체가 아니었다. 미국의 주정부들은 정부 간 계약처럼 구속력 있는 목표를 스스로 설정했다. 분명히 기후변화에 대처하기 위한 정치적 의지는 추측한 것보다 광범위하고 더욱 보편적으로 움직이고 있다. 시장들의 기후 보호 협정은 기후변화라는 고삐 풀린 열차를 세우기 위한 매우 실제적이고 놀라운 노력을 보여준다.

**■ 자료**

Mayor's Climate Protection Center(2009). www.usmayors.org/climateprotection/.

협정'(〈글상자 8.1〉)은 제도 이론에서 제시하는 구체적인 실행 방안을 위시한 많은 필수적인 요소 없이 시행되었다. 매우 지역적이고 체계적이지 못한 행동들이 실제로 도시, 잠재적 기후 문제를 안고 있는 동시에 이에 대한 전략을 세운 도시의 탄소 배출을 줄인 것이다. 이것은 '포스트 교토' 시대에 '공공재'로서의 대기와 관련된 문제를 해결하기 위해, 즉 이산화탄소와 다른 온실가스를 관리하기 위해 협상의 과정을 거쳐 더욱 강력한 국제적 노력들 — 제도 이론에서 예견했던 노력들 — 이 이루어질 때,

다른 한쪽에서는 완전히 다른 논리에 근거한 임시적이고 지역적인 노력들이 이전에 예측했던 것 이상으로 중요한 역할을 수행할 수 있다는 것을 보여준다.

## 시장: 더 많은 가스를 교환하고, 더 적은 탄소를 구입하기

배출 관리에 대한 교토의정서의 접근법은 여러 비판을 받는다. 이 협정은 탄소 감축을 위한 우선순위와 기술을 결정하는 데 비효율적이고, 정부 명령에 너무 의존하며, 거래 메커니즘이 너무 약하다는 것이다. 이러한 문제를 심도 있게 생각해보는 방법 중 하나는 시장 기반의 사고(제2장 참고)를 통해 대기로 방출되는 탄소의 부정적 효과를 시장 거래와 경제활동의 외부효과로 이해하는 것이다. 이 관점은 온난화의 잠재적 효과를 그저 생산의 숨겨진 비용, 즉 온실가스를 배출함으로써 이득을 취한 사람이 제대로 값을 치르지 않은 비용으로 본다. 지구온난화의 잠재적 비용은 경제적일 뿐 아니라 사회적이고 생태적이다. 가령 온난화로 인해 가정에서 냉방 기구를 쓰면서 새로운 비용을 지불하게 되리라는 것을 예측할 수 있을 것이다. 바람직하지 못한 기후 재난이 벌어졌을 때 한 해 농사를 망치게 될 것이라는 사실을 예측할 수 있듯이 말이다. 지구 기후변화로 인한 대규모 생물다양성의 손실은 현재나 미래의 새롭고 아직 발견되지 않은 종이 지닌 경제적 가치만큼의 숨겨진 비용이다.

시장에 기반을 둔 사고는 통근 운전자, 공장 소유주, 벌목자 등 탄소를 배출하는 자가 자신들의 행동에 대한 '정확한' 비용을 지불하지 않고 다른 사람이나 사회 전체에 떠넘겨 경제가 비효율적으로 작동한다고 본다. 이 숨겨진 비용은 어떤 방법으로든 고쳐져야 할 필요가 있다.

교토의정서처럼 배출 감축을 조절하는 것이 이 문제를 관리하는 한 방법이다. 그러나 이 방법은 감축의 혜택이 비용보다 훨씬 낮기 때문에 매우 비효율적이고, 따라서 불필요한 희생으로 이어진다는 주장이 나올 수 있다. 탄소 감축의 혜택이 감축의 비용만큼의 가치를 지닐 때를 어떻게 알 수 있을까? 누가 이를 관리하는 비용을 지불해야 하며, 책임은 어떻게 분담되어야 할까? 앞에서 본 것처럼 교토의정서는 일련의 규칙들을 둘러싸고 다양한 집단과 협상한 뒤, 그 결과를 협상자들에게 부과하는 방식을 택했다. 이러한 면에서 이 방식은 민주적이긴 하지만 과연 효율적일까?

반대로 제2장에 요약된 시장 기반 사고방식은 이런 문제를 다루는 가장 효율적인 방법으로, 정확한 비용과 혜택을 밝혀내고 시장에서 이를 책임질 최고의 행위자를 결정할 것을 제안한다. 시장 접근을 사용하는 방법으로는 첫째, 기후변화의 비용을 내는 사람들이 계약을 통해 이를 유발하는 사람에게 비용을 지불하게 하거나, 둘째, 탄소 감축을 요구하는 사람들이 자신들의 소비 행태를 바꾸어 이산화탄소를 배출하지 않는 새로운 재화와 서비스를 만들거나, 셋째, 배출자가 외부효과를 내부화하도록 해 그 비용을 생산자에게 부과하고 이를 통해 영향을 줄이거나 없애도록 하는 것이다. 앞의 두 가지는 주로 소비자 주도이고, 마지막 것은 생산자 주도이다. 이 모든 것들은 바람직하지 않은 환경피해의 효율적인 감축을 목표로 하지만, 하나같이 사람들이 그 결과를 위해 비용을 지불할 용의가 있어야만 가능한 방법들이다.

### 소비자의 선택: 녹색 탄소 소비

만일 사람들이 기온 상승을 염려한다면, 공장의 배출을 줄이는 대가로 공장주에게 어느 정도의 비용을 지불할 수 있을 것이다. 이러한 문제에 대한 계약적 접근은 누가 오염을 일으킨 사람이고 누가 피해자이든, 가장 효율적인 해결 방법은 시장 거래로부터 나온다는 코스의 정리■의 논리를 따른다. 기후를 유지하는 것이 정말 중요하고 이것의 실패가 일부 사람에게 심각한 비용을 부과하게 된다면, 사람들은 부정적 결과를 피하기 위한 비용을 지불할 용의가 있어야 한다는 것이다.

그러나 코스가 지적한 것처럼, 계약과 협상의 결과물이 효율성을 얻으려면 실제 협상을 하는 데 소요되는 거래 비용이 최소화되어야 한다. 바로 이것이 이 사고를 현실에 적용할 때 나타나는 가장 심각한 장애 요소이다. 만일 괌에 있는 어떤 사람이 캘리포니아에서 운행되는 0.5톤 트럭으로 인해 해수면 상승의 위협을 받는

**코스의 정리** 협상에 이르기까지의 거래 비용이 지나치게 크지 않다고 가정할 경우, 외부효과(가령 오염)는 당사자 간의 계약과 협상을 통해 가장 효율적으로 통제될 수 있다고 주장하는, 신고전주의 경제학에 기반을 둔 이론이다.

다면, 어떻게 해야 협상을 타결시킬 수 있을까? 어떻게 5,000만 명의 사람들이 수십만 개의 공장과 수천만 대의 자동차 운전자와 협상을 통해 계약을 이룰 수 있을까?

이외에도 어떻게 탄소의 실제 비용을 결정할 것인가의 문제가 있다. 시장을 통해 접근하면 소비자의 선택에서 매력적인 해답을 얻을 수 있다. 만일 사람들이 산업 생산 과정에서 탄소가 배출되는 것을 원치 않는다면, '기후에 안전한' 상품만을 구입할 수 있다. 상품에 탄소 배출 단위를 표시해 소비자들이 가장 기후 친화적인 상품을 비교하며 구입할 수 있게 할 수 있다. 이러한 정보를 제공하지 않는 상품이 판매가 되지 않아 시장에서 배척되면, 생산자들은 자신의 상품이 새로운 소비문화에서 경쟁력을 가지도록 기술에 투자하게 될 것이다. 이미 많은 상품에 녹색 라벨이 붙어 있는 것은 이러한 논리에 따른 것이다.

두 번째 해법은 더 직접적이다. 소비자들은 자신이 배출한 탄소를 다시 사들여 상쇄시키는 선택을 할 수 있다. 탄소 상쇄란 소비자들이 특정 활동에 자금을 지원해 일정량의 탄소를 탄소 순환으로부터 '제거'하는 것으로, 나무를 길러 탄소를 흡수하거나 석탄 발전소를 태양열 발전소로 대체해 같은 양의 에너지를 생산하면서도 더 적은 탄소만을 사용하는 등의 방법으로 탄소를 줄이는 행동을 촉진하는 것이다.

가령 '탄소기금'(www.carbonfund.org)이란 단체에 따르면, 시카고에서 런던까지 총거리 1만 2,540km의 비행에서 개별 좌석은 대기 중에 3.82톤에 해당하는 탄소를 배출한다. 이때 탄소 기금은 38.53달러의 수표를 받게 되는데, 이를 이용해 풍력, 태양, 바이오매스와 같은 재생 에너지를 개발하고, 에너지 효율성을 제고해 석탄, 석유, 천연가스 등의 사용을 줄이며, 재삼림화 계획을 통해 이산화탄소 배출을 흡수하며 인간이 대기에 누적시킨 과도한 온실가스를 줄일 수 있을 것이다. 이러한 행동의 결과 대기 순환에서 약 4톤의 탄소를 제거할 수 있을 것이고, 참가자는 이에 대한 보답으로 인증서, 자동차 범퍼스티커, 창문 그림, 펜을 받을 것이다.

이론적 그리고 실제적으로, 사람들의 지불 용의는 이런 방식으로 새로운 시장을 개척했고, 효과적으로 개인별 탄소 발자국을 줄이며 환경 친화적 소비를 유도했다.

### 공급자에 의한 기후 통제: 탄소 시장과 배출권 거래제

상품사슬에서 소비자의 반대편에 위치한 회사들, 항공사에서 펄프와 종이 공장에 이르기까지 재화와 서비스 생산을 통제하는 회사들 역시 탄소 배출에서 소비자 못지않은 책임이 있다. 제2장에서 지적한 것처럼, 탄소 배출에 대한 한 가지 접근은 회사들에게 규칙을 부과한 뒤 얼마나 많은 탄소를 배출할 수 있으며, 배출 비율을 낮추기 위해 어떤 기술을 사용할 수 있는지를 알려주는 것이다.

명령과 통제▪ 사고와 궤를 달리하는 시장 접근은, 만일 어느 정도의 금전적 보상이 따른다면 기업들이 자발적으로 한층 더 나은 혁신적 해결 방안을 찾을 것이라고 가정한다. 즉, 새로운 기술을 개발하는 데 투자하는 이산화탄소 배출자에게 보상을 줌으로써 가장 적은 비용을 들여 문제를 해결하는 것이다. 이때 탄소 배출의 총량을 참여집단에 부과할 필요가 있다. 또 이 한도는 시간이 지남에 따라 배출을 줄이도록 유도하기 위해 수 년 또는 수십 년 동안 낮아지도록 설계할 수 있다. 시장 내 개별 기업들은 오염 물질을 생산할 수 있는 양을 나타내는 구체적인 배출 수치를 가진다. 할당된 배출량보다 적은 배출을 한 기업은 잉여분을 한도를 충족시킬 수 없는 기업에 판매할 수도 있다(글상자 8.2).

이러한 탄소 시장은 결코 탁상공론이 아니다. 유럽 기후교환소(European Climate Exchange: ECX)가 2005년에 개설되었고, 미국에는 시카고 기후교환소(Chicago Climate Exchange: CCX)가 2003년 문을 열었다. 이 시장에서 참가자들은 연간 온실가스 배출 목표를 정한다. 혁신을 통해 목표치 아래로 배출을 줄이거나 배출 수준을 바꿀 수 있는 기업은 '잉여'를 저축하거나 다른 기업에 판매할 수 있다.

그러나 이 두 시장은 중요한 차이가 있다. ECX는 교토의정서에 의해 이미 국가별 탄소배출 한도가 정해져 있는 상황에서 운영되는 반면, CCX는 교토의정서 조약국이 아닌 미국의 자유 시장 상황에서 운영된다. 그럼에도 CCX는 주요 화학 기업, 음식 가공회사, 발전소와 같은 시장의 구성원뿐 아니라 주정부, 군, 지방정부까지 아우르는 수백의 회원을 가지고 있다. 여기에서 계약한 각각의 회원은 2010년까지 2003년 수준의 6%에

**명령과 통제** 정부의 법규와 기관에 의존해 규정을 강제하는 형태의 규제로, 오염의 제한 범위를 설정하거나 연료 효율성의 기준을 규정하는 것 등이 여기에 포함된다. 시장 기반이나 보상 기반 접근과 대비된다.

〈글상자 8.2〉 탄소 거래 이야기

탄소 거래가 실제 현실에서 어떻게 이루어지고 있는지를 보여주는 흥미로운 두 가지 사례가 있다.

2014년 3월 22일 ≪조선비즈≫에 미국의 전기차 제조업체인 테슬라모터스의 이야기를 다룬 기사가 실렸다. 테슬라모터스는 2003년 창사 이후 10년 이상 전기차 판매에서 적자를 기록하고 있음에도 최근 주가가 엄청나게 급등하고 있었다(최원석, 2014). 테슬라사는 엄청난 부수입을 통해 적자를 메우고 있었다. 부수입 정체는 바로 탄소배출권 판매 수익이다.

기사에 따르면, 미국 캘리포니아 주는 자동차 제조업체가 전기차처럼 탄소 배출이 없는 '배출가스 제로 자동차(Zero Emission Vehicle: ZEV)'를 일정 비율 이상 판매하도록 강제하고 있다. 2013년 기준으로 이 비율은 전체 판매 대수의 12%이다. 자동차 제조업체는 이 비율을 달성하지 못할 경우 벌금을 내거나, 이 비율을 초과 달성한 다른 업체로부터 탄소배출권을 구입해야 한다. 그런데 테슬라의 경우 100% ZEV만을 판매하기 때문에, 전체 판매 대수의 88%에 해당되는 배출권을 다른 업체에 판매해 수익을 올릴 수 있었던 것이다. 테슬라모터스가 배출권 판매로 벌어들인 수익은 2013년 한 해에만 2,700억 원에 달했다. 이 기사는 2017년 이후 ZEV 규제가 더욱 엄격해질 예정이고 캘리포니아 이외에 다른 주에서도 유사한 규제를 실시할 예정이기 때문에, 배출권 판매를 통한 테슬라의 수입은 더욱 늘어날 것으로 전망했다.

국내에 번역·출간된 이안 앵거스(Ian Angus)의 『기후 정의』에도 의미심장한 부분이 있다. 사람들은 배출권 거래제를 통해 화석연료 사용으로 배출되는 온실가스의 양을 줄일 수 있으리라 믿고 있다. 그러나 앵거스는 탄소 거래의 목적은 화석연료 산업을 가능한 한 오래 지속시키는 데 있다고 비판한다. 즉, 배출권 거래제로 인해 사람들은 지구의 환경과 미래에 대한 장기적인 고려 없이 단기적으로 시장에서 생존·성공하는 일에 몰두한다는 것이다.

앵거스는 이 사례로서 아디프산이라는 화학물질을 생산·판매하는 프랑스의 화학제품 제조업체 로디아(Rhodia)를 소개한다. 이 업체는 아산화질소를 제거하는 시설에 150만 달러를 투자해 탄소 배출을 줄이고, 이렇게 확보한 배출권을 선진국 기업들에 판매해 아디프산 판매 수익의 35배에 달하는 돈을 벌었다. 이는 10억 달러에 달할 것으로 예측된다. 앵거스에 따르자면, 아산화질소는 이산화탄소보다 310배나 강한 온실가스이기 때문에 이를 1톤만 줄여도 310톤의 탄소배출권을 얻을 수 있다고 한다. 그러나 앵거스는 이러한 거래가 지구 전체의 온실가스 배출을 줄이기보다는, 오히려 많은 기업들이 거리낌 없이 화석연료에 투자하도록 유도할 것이라고 비판한다.

이 두 가지 사례는 탄소배출권 거래의 역설과 시사점을 잘 보여준다고 할 수 있다.

※『환경 퍼즐』 한국어판의 옮긴이들이 추가한 글

■ **참고자료**

최원석. 2014.3.22. "전기車 테슬라 비밀 충전소 있다?". ≪조선비즈≫. http://biz.chosun.com/site/data/html_dir/2014/03/21/2014032102051.html.

앵거스, 이안(Ian Angus). 2012. 『기후정의: 기후변화와 환경 파괴에 맞선 반자본주의의 대안』. 김현우·이정필·이진우 옮김. 서울: 이매진.

달하는 적지 않은 양을 감축해야 한다. 이 한도를 넘으면 이전 해의 저축된 신용을 사용하거나 경매를 통해 매 100m/t마다 100달러 이상에 거래되는 탄소 배출권을 사야 한다(www.theice.com/ccx.jhtml 참고).

물론 이 접근에는 여러 가지 문제가 있다. 우선 시장 전체를 놓고 봤을 때, 미국에서 탄소를 배출하는 모든 이들 중 극히 일부만이 여기에 참여하고 있다. 미국은 대략

일 년에 6,000만 톤의 탄소를 배출하는데, CCX는 그중 1~2%만을 거래한다. 게다가 참가자 대다수는 '녹색' 경각심이나 공약과 같은 상징적인 이유에서, 또는 대중과의 관계에서 혜택을 얻기 위해 여기에 가담한 것이다. 대다수의 기업 참가자들 역시 미래에 닥쳐올지 모르는 엄격한 규제를 피하기 위해 이 시장에 참여하고 있는 것을 보인다. CCX에 참여하는 것은 그들이 '시대를 앞서는' 것을 가능케 하는 것이다. 이유야 어찌 되었든, 대다수의 배출은 자발적 통제를 벗어나 계속되고 있다.

**배출권 거래제** 환경오염 물질을 관리하기 위해 만들어진 시장 기반의 제도로, 일정 영역(지방, 국가, 세계 등) 내 모든 배출에 총량 제한을 설정한 뒤, 이 총량 중 양도할 수 있는 할당량을 개인이나 기업에게 나눠줌으로써 가장 효율적으로 전체 오염 수준을 유지, 축소할 수 있다는 관점이다.

배출권 거래제▪ 또한 어떤 국제적 체제가 교토의정서의 뒤를 이어 나타날지라도 중요한 요소가 될 가능성이 크다. 최근 주로 삼림 지역의 빈곤한 주변부 공동체, 원주민 집단 등을 염두에 둔 '벌목과 삼림 악화로부터 배출 줄이기(Reducing Emissions from Deforestation and Forest Degradation: REDD)'라는 삼림 상쇄 구매 프로그램이 제안되고 있다. 이 프로그램의 메커니즘을 둘러싼 논란은 아직 계속되고 있지만 그 기본적인 요소는 점차 분명해지고 있는데, 배출자들이 탄소 제거를 위한 신용을 매입(비용을 지불)하게 하고 이렇게 얻은 금전적 혜택을 삼림을 보호하고 발전시키는 공동체에 주자는 것이다. 다양한 형태의 상쇄 시도, 특히 주변화된 공동체에서의 시도는 실패한 경우가 많았다. 그럼에도 이 접근이 흥미를 끄는 것은 환경을 보호하는 사람들에게 비용을 지불함으로써 다른 곳의 부유한 산업 국가가 배출하는 탄소를 상쇄한다는 논리 때문이다. 이는 환경의 실제 가치를 찾고 이에 대한 값을 치르는 시장 접근의 이론적 성향과 일치한다.

요약하면, 시장 메커니즘은 온실가스와 인간의 관계를 다시 생각하고 다시 정립하기 위한 이론 이상의 것이다. 탄소 민감 상품, 탄소 저감 서비스, 탄소 시장 등은 자본주의의 교환 체제를 이용해 기후변화 문제를 다루는 가장 활동적인 분야로 보인다. 그러나 몇 가지 이유에서 이러한 접근을 매우 회의적으로 고려할 필요가 있다. 환경에 대한 정치경제학적 접근법의 옹호자들이 던진 질문처럼, 만일 우리를 이러한 혼란으로 끌어들인 것이 자본 축적이라면, 어떻게 그것이 우리를 구해줄 것이라고 확신할 수 있을까?

## 정치경제학: 누가 대기를 죽였는가?

자연과 사회에 대한 정치경제학적 접근은 사회와 환경 위기의 원인이 경제에 있다고 강조한다. 정치경제학자들의 입장에서 볼 때 시장이나 합리적 관리 기구에 의존한다는 것은 문제의 근원으로부터 관심을 돌리는 것, 심지어는 기만을 의미한다. 탄소 배출로 인한 혜택의 대부분은 제도를 통해 자신들의 행동을 규제하는 것에 관심이 없는 소수의 사람이나 기업에게 돌아간다. 이들의 관심사는 소비를 마치 '탄소의 덫'에서 벗어나는 방법처럼 꾸며 더 많은 소비를 부추기는 것이다.

### 녹색 소비도 여전히 소비이다

경제적 관점에서 녹색 거래의 자발적 성격은 시장 메커니즘의 장점이다. 사람들은 자신들의 투자로부터 가치 — 그것의 실체가 자기만족에 지나지 않는다 하더라도 — 를 얻을 때 환경을 위한 노력에 참여할 것이다. 이런 경우 소비자들의 지불 의사 전체의 합은 사회적 선호와 탄소의 가치 양자를 효과적으로 보여준다.

그러나 정치경제학적 관점에서 보면, 장기적인 해결 방안으로서의 자발적 참여는 시장 메커니즘의 가장 커다란 결점이다. 앞에서 지적한 것처럼 상쇄를 위해 돈을 지불할 능력이 있는 사람들은 실제 이산화탄소 배출에 따른 직접적인 기후 영향을 가장 적게 받는 사람들이다. 프랑스, 영국, 미국의 녹색 소비자들은 감정적으로는 상쇄를 위해 지불하려고 할 것이다. 그러나 불균등 발전■으로 피해를 받은, 기후변화로 인해 소득이 감소하고 있는 코트디부아르의 농부는 경제적으로 이 체제를 변화시키는 일에서 가장 무력한 위치에 있다. 빈곤하고 부채를 지니고 있으며 정치적으로 거의 힘없는 농부들은, 자신들의 생존과 관련된 문제임에도 탄소를 거래하는 시장에서 사치스러운

**불균등 발전** 자본주의에서 각기 다른 장소에 매우 다른 종류의 경제적 상황(부유와 빈곤)과 경제적 활동(생산과 소비)을 야기하는 지리적 경향을 말한다.

소비를 할 기회조차 얻지 못한다. 지구 차원의 문제를 금전적 가치로 다루는 방식은 본질적으로 비민주적이고 생태적으로 효과적이지 못하다. '참정권'과 권력은 소수의 사람들, 자신의 행동으로 야기된 영향에서 멀리 떨어진 사람들에게 집중되어 있기 때문이다.

그리고 탄소를 배출하는 곳과 그 영향이 나타나는 곳이 서로 일치하지 않는 것은 매우 심각한 문제이다. 그중에서도 특히 남태평양의 소규모 섬 국가들은 빙하가 녹아 상승하는 해수면에 거의 침수되는 상황을 맞고 있다. 몬순성 강우에 의존하는 인도 등 남부 및 동남아시아 국가들을 포함해, 농업에 의존하는 열대 국가들은 더 빈번하고, 더 길고, 더 심각한 가뭄을 경험할 가능성이 있다(Cruz et al., 2007). 이러한 피해는 자본이 없어 구조나 긴급구호가 힘든 국가에서 심각한 결과를 초래할 것이다.

이 모든 사례에서, 대기에 누적된 총 온실가스 중 무시해도 좋을 만큼 미미한 양의 탄소만을 배출한 지역의 국가, 인구, 경제가 가장 큰 영향을 받게 될 것이다. 부유한 이산화탄소 배출 국가 또한 상당한 기후 관련 비용 지출과 재해를 경험하게 될 것이 확실하다. 2009년 호주를 휩쓴 파괴적인 산불은 오랜 가뭄에 기인한 것이며, 이것은 부분적으로 기후변화에 기인한 것이다. '지구 남부' 국가들 — 이 말은 세계 무역 관계에서 역사적으로 식민지 경험을 한, 발전이 느리고 경제적으로 빈곤한 국가들을 총칭한다 — 은 지구 기후변화에 — 적어도 현재까지는 — 크게 기여하지 않았음에도, 파괴적인 영향을 받을 가능성이 높다.

이산화탄소에 대한 정치경제학적 관점은 더 근본적으로 자본 축적■이 노동과 환경 비용을 피하며 얻는 잉여가치■와 지속적인 소비를 필요로 한다는 사실을 강조한다. 모든 판매자들은 항상 사람들이 가능한 한 많이, 그리고 자주 사고, 이용하고, 버리고, 다시 구입하기를 강렬히 원한다. 녹색 소비도 어쨌든 소비이고, 경제 성장과 투자에 대한 지속적인 보상은 소비의 성장 — 혹은 더 많은 폐기물을 외부로 배출하는 것을 통한 비용의 절감 — 을 필요로 한다. 마찬가지로, 이윤을 추구하는 기업은 경쟁 속에서 홀로 비용을 지불하면서까지 환경에 미치는

**자본 축적** 자본주의에서 이익, 자본재, 저축한 돈, 가치가 특정한 장소에 모임으로써 금전과 권력 모두가 중심화·집중화되는 경향을 말한다.

**잉여가치** 정치경제학(그리고 마르크스주의)에서 사용되는 용어로서, 저임금 노동이나 환경에 대한 과도한 착취를 통해 생산된 가치가 소유자와 투자자에게 축적되는 것을 말한다.

영향력을 줄이는 행위(가령 배출을 억제하는 데 드는 비용을 증가시키는 것)를 하지 못한다. 역사적으로 환경 규제가 없었던 중국과 인도를 포함한 세계의 모든 기업 및 공장과 경쟁해야 할 때는 더더욱 그러하다. 즉, 탄소 순환과 불균등 경제 발전의 공통 특징이라 할 수 있는 기원지와 발생지 간의 분리, 영향을 받은 지역과 영향을 일으키는 지역의 권력 차이, 생산 비용을 낮게 유지하기 위한 지속적인 소비라는 세 가지 사항을 고려해볼 때, 소비에 기반을 둔 시장 기반 접근은 심각한 한계를 드러낸다.

요약하자면, 우리는 탄소 배출에 대한 소비자 기반 해결 방안의 효과를 제한하는 최소한 다섯 가지의 보편적이고 지속적인 요인을 생각해볼 수 있다.

· 회사와 기업은 지속적으로 증가하는 소비 수준을 충족시키기 위해 노력해야 한다.
· 회사와 기업은 생산 비용을 낮게 유지하기 위해 노력해야 한다.
· 탄소 순환은 기원지와 발생지가 극단적으로 분리된다는 특징이 있다.
· 불균등 발전 또한 그 이름이 보여주듯 기원지와 발생지의 분리라는 특징이 있다.
· 시장을 바꿀 힘이 있는 부유한 사람들은 기후변화의 부정적 영향을 감당해야 하는 가난한, 특히 '지구 남부'의 가난한 사람과 멀리 떨어져 있다.

### 탄소 교환과 기타 시장에 대한 비판

비평가 로만(Larry Lohmann, 2006)은 정치경제학적 관점을 앞서 살펴본 제도적 메커니즘 — 탄소를 포집(捕執)하고 거래하려 했던 메커니즘 — 의 문제로까지 확대했다. 탄소 상쇄, 배출거래 등의 제도화된 해결은 매력적으로 보이지만 심각한 한계와 결점이 있다. 첫째, 정보, 확인, 투명성이라는 기본적인 문제가 있다. 탄소 거래가 실제 탄소 감소로 이어지는지 어떻게 알 수 있을까? 나무를 심는 데 들어가는 돈을 생각해보자. 나무를 심는다고 해서 모든 것이 해결되지는 않는다. 그 15달러짜리 나무들이 1.5톤의 탄소를 제거할 수 있을 정도로 성장하지 못한다면, 실제로 상쇄되는 것은 아무것도 없다. 누가 이런 탄소 행적을 확인하고 계산할까? 어떤 가정이 이러한 계산에 필요하며, 이 회계는 어떻게 감독될까? 얼마나 많은 탄소가 거래를 감독하는 기업의 관리와 마케팅 업무에 사용될까? 이들 모호한 과정들은 모든 소비재에 난무하는 위장 환경주의■와 과장, 거짓 정보, 명백한 거짓을 특징으로 하는 마케팅을 고려해볼 때 회의적으로 다루어져야 한다.

**위장 환경주의** 제품, 상품, 서비스가 환경 친화적이라며 허위·과대광고를 하는 것.

부유한 북부 국가와 기업들이 가난한 남부 국가에 지불한 나무 심는 비용과 같이 여러 실패한 상쇄 실험을 추적하며, 로만과 다른 많은 현장 관찰자들은 지역 공동체가 투자에 따른 가치를 거의 얻지 못하는 것을 보았다. 이러한 계획을 위해 지정된 토지는 세계 빈곤자들에게 생존 자원의 손실을 야기했으며, 실제 매우 적은 탄소만이 제거되었다. 우간다의 탄소 삼림의 사례를 보자. 석탄을 연소하는 노르웨이 에너지 회사는 자신들의 발전소 배출을 줄이는 대신 우간다 정부에 나무를 심는 비용을 지불했다. 그 결과는 대체로 다음과 같았다(Bender, 2006; Lohmann, 2006).

· 2만 헥타르에 달하는 대규모의 토지를 구입했지만, 그중 나무가 심어진 땅은 오직 600헥타르뿐이었다. 그나마도 성장이 빠른 이 나무들은 대개 생태적으로 바람직하지 않은 종이거나 외래종이었다.
· 비록 이 토지의 재산 가치는 미화로 1,000만 달러에 달하지만, 여기에 투자한 기업들은 탄소 감축을 위한 산업 설비 지출을 하지 않아도 되었기 때문에 사실상 서류상으로 기대했던 것보다 훨씬 적은 탄소만이 제거되었다.
· 정부에 지불한 금액은 우간다에서 일어난 인플레이션으로 그 가치가 급격히 감소했기 때문에, 50년 동안 토지 이용 요금으로 지불한 돈은 11만 달러가 채 되지 못했다.
· 수백의 농부와 목축업자가 토지에서 쫓겨났지만, 새로 생긴 일자리는 43개뿐이었다.

이 결과는 분명한 식민주의적 함의를 가진다. 비용은 빈곤한 국가에 부과되었고, 혜택은 부유한 국가에서 발생했다. 선의로 가득한 화려한 문체 뒤에는 환경 개선의 한계가 숨어 있다. 이런 거래의 대다수는 불분명하고, 규제되지 않으며, 이미 존재하는 경제적 관계에 포함되어 있기에, 정치경제학적 접근은 이들이 제 역할을 못할 것이라 예측한다. 정치경제학적 접근은 이 계획이 올바르게 '친환경적' 방향으로 가는 대신 실제로는 발전(노르웨이)과 저개발(우간다)이라는 불균등한 경관을 야기한다고 강조하며 이는 그저 생산자를 위한 매우 실용적인 투자일 뿐이라고 주장한다.

### 정치경제학의 기후 정책

궁극적으로, 정치경제적 관점은 시장과 제도적 접근 모두 탄소문제를 다루는 일에서 진전을 이루지 못했으며, 오히려 회사와 엘리트가 세계 – 토지 자원과 대기 모두를 포함한 세계 – 를 소유하고 통제할 권력을 확대했다고 본다. 이들 접근은 일종의 셸 게임(역주: 야바위)에 지나지 않으며, 경제를 둘러싼 비용과 효과를 교묘하게 피해 생산과 소비를 지속시켜왔다는 것이다.

정치경제학적 사고는 이에 대한 대안으로 배출 문제 뒤에 숨어 있는 '구조적' 동기에 초점을 맞추어, 녹색 세금과 기타 비시장적 경제 장려금 및 온실가스에 대해 완고히 고정된 지역별 한계를 정하는 지구차원의 협정과 함께 녹색 기반시설(태양열과 풍력 에너지 생산)에 대한 막대한 공공투자, 보조금 구조의 변화(에탄올 생산보다는 주택 태양광 집열판 설치에 더 많은 세금을 감면), 강력한 규제 제도(산업계의 이산화탄소 배출에 대한 직접적인 한계 설정)를 선호한다. 이러한 접근들은 하나 같이 시장 지향 사고를 가장 비효율적이라고 여기는 것들이다. 하지만 정치경제학적 관점에서 볼 때, 이러한 접근들은 사람들의 관심을 모든 문제의 원천인 모순, 즉 경제 자체를 가능하게 하는 근본적인 조건(지구의 대기와 같은)이 아니라 지속적인 성장에 더 관심을 쏟는 경제 내부의 모순으로 향하게 한다. 이산화탄소 배출의 영향이 점차 뚜렷해지는 상황에서, 이러한 접근들 중 어느 것이 더 가시적이고 즉각적인 결과를 가져올 것인가에 대한 논의는 학문의 영역을 넘어 현실적으로 전개되어야 한다.

## 탄소 퍼즐

이 장에서 우리가 살펴본 내용은 다음과 같다.

· 대기의 이산화탄소는 수백만 년 동안 변화해왔으며, 지구의 생명이 살아가는 환경은 지구상의 생명체와 인간에 의해 바뀔 수 있다.
· 산업 생산의 성장은 전적으로 탄소 의존적인 경제 및 사회의 성장을 의미한다.
· 대기에 집적하는 이산화탄소는 다른 온실가스와 더불어 예측할 수 없는 심각한 지구 기후변화를 유발한다.
· 제도적 접근은 신중한 협상과 효율적인 규칙 설정을 통해 국제적 협력을 도출하는 것을 강조한다.
· 시장 접근은 대기에 대한 환경 친화적 소비와 양도할 수 있는 권리가 효율적이라고 강조한다.
· 정치경제학적 관점은 궁극적으로 경제 자체에 탄소 생산의 문제가 있기 때문에 경제적 탄소 감축 해결 방안은 본질적으로 한계가 있으며 비민주적이라고 강조한다.

위의 내용은 펜실베이니아 서부의 '튜브' 안을 더디게 통과하는 차량들을 상기시킨다. 국제적 규정을 통해 정부가 이들 차에서 배출되는 탄소를 줄여 심각한 문제가 발생하는 것을 막을 수 있을까? 혹, 지구 차원의 기후협약은 본질적으로 피츠버그와 같은 장소에 필요한 지역 차원의 행동을 추진하기에 너무 '피상적'인 걸까? 오직 적은 탄소 발자국을 요구하는 소비자의 목소리만이 백만 대의 자동차를 태양열, 풍력 발전으로 달리는 전기 자동차로 바꿀 수 있는 걸까? 대중 기반시설의 대규모 변화로 피츠버그의 통근을 없앨 수 있을까? 이러한 접근은 너무 비용이 많이 들거나 가혹하지 않을까?

이산화탄소 문제는 현대 사회가 환경체제와 매우 깊숙이 얽혀 있음을 분명하게 보여준다. 지구기후체제는 세계 경제체제와 따로 구분되어 이해될 수 없다.

## 검토 질문

1. 근대 사회는 어떻게 탄소 순환을 극단적으로 바꾸었을까?
2. 온실효과 없이는 지구에 생명체가 존재할 수 없다. 그러나 좋은 것도 너무 많으면 문제가 된다. 설명해보자.
3. '무임승차' 문제가 어떻게 기후변화를 완화시키려는 시도를 방해할까?
4. 탄소 배출권 거래제는 전통적인 규제 방식과 어떻게 다를까?
5. 기후변화에 대한 시장 기반 '해법'이 세계의 불균등 발전을 조장한 사례를 기술해보자. 이 프로그램은 최소한 그들이 표방한 환경적 목표를 달성했을까?

## 연습 문제: 이산화탄소의 윤리

이 장에서는 시장, 제도, 정치경제학이 어떻게 이산화탄소의 문제를 다루는지를 검토했다. 제4장에서 기술한 윤리의 틀을 사용해서, 이 문제를 어떻게 이해할 수 있는지 설명해보자. 인간중심의 접근은 생태중심 접근과 어떻게 다른가? 북극곰은 본원적 가치를 가질까? 실용주의와 공리주의는 탄소를 통제하기 위한 선택사항으로서 고려될 수 있을까? 이산화탄소에 대한 윤리적 접근의 한계는 무엇일까?

**■ 추천 문헌**

피어스, 프레드(Fred Pearce). 2009. 『데드라인에 선 기후: 과학자들은 왜 기후변화의 티핑 포인트를 두려워하는가』. 김혜원 옮김. 서울: 에코리브르.

Intergovernmental Panel on Climate Change. 2007. *Climate Change 2007: The Physical Basis. Contribution of Working Group I to the Fourth Assessment Report of the Intergovernmental Panel on Climate Change*. S. Solomon, D. Qin, M. Manning. et al. Cambridge: Cambridge University Press.

Lohmann, L. 2006. "Carbon trading: A critical conversation on climate change, privatization, and power." *Development Dialogue* 48.

Sandor, R., M. Walsh. et al. 2002. "Greenhouse-gas-trading markets." *Philosophical Transactions of the Royal Society of London Series A - Mathematical Physical and Engineering Sciences* 360(1797): pp.1889~1900.

Thompson, A. 2006. "Management under anarchy: The international politics of climate change." *Climate Change* 78(1): pp.7~29.

# 제9장

# 나무 Trees

자료: en.wikipedia.org/wiki/File:Truck_load_of_ponderosa_pine,_Edward_Hines_Lumber_Co,_operations_in_Malheur_National_Forest,_Grant_County,_Oregon,_July_1942.jpg.




**Keywords**

- 교란
- 극상 식생
- 보존
- 본원적 축적
- 사회적 재생산
- 산성비
- 삼림 복원 이론
- 생물다양성
- 생태계 서비스
- 생태중심주의
- 시장 반응 모형
- 유도된 집약화
- 이차 천이
- 인간중심주의
- 자본주의의 이차적 모순
- 조화생태학
- 천이

## 캘리포니아 버클리의 나무 시위

2008년 9월 8일, 시 당국은 이동식 크레인을 이용해 캘리포니아 대학교 버클리 캠퍼스의 레드우드 나무 위에 올라가 있던 4명의 남자를 체포했다. 거의 2년 동안 주변의 숲을 무대로 이루어졌던 시위대와 시 당국 간의 오랜 교착 상태가 끝난 것이다. 재커리 러닝울프(Zachary Running Wolf)는, 이곳에 운동 시설을 지으려는 대학의 계획을 무마시키기 위해 21개월 동안 계속해왔던 나무 위에서의 시위를 끝냈다. 시위대, 지역 운동가, 환경단체는 대학을 상대로 세 가지 소송을 제기했다. 이들은 스스로를 '운동장 참나무 살리기'라 부르며 건설로 제거될 200년 수령의 참나무 30여 그루를 지키기 위해 노력했다. 시위대 중 한 사람이, "이곳과 같은 참나무 숲은 없다. 몇 그루는 학교가 세워지기 전부터 이곳에 있었다. 개발 계획을 약간 조정하기만 해도 숲의 파괴를 피해갈 수 있으니 나무를 벨 이유가 없다"고 말했다(McKinley, 2008).

나무 보호를 위해 나무 위에서 장기간 생활하던 사람들은 시위 내내 많은 지지자들로부터 물과 음식을 포함한 전폭적 지원을 받았다. 몇 달이 넘는 시위 기간에 나무 숲은 대학에서 만든 울타리로 포위되었다. 시민단체 지도자들 또한 시위에 대한 찬성과 반대, 그리고 대학의 행동 전반을 평가하는 토론에 참여했다. 시 법규는 15cm보다 큰 살아 있는 참나무의 제거나 파괴를 금지하고 있었지만, 대학은 자신들이 독립적 권한을 가진 주정부 기관이라는 이유로 면제를 주장했다.

결국, 시위는 실패했고 경기장 건설을 위해 오래된 숲은 제거되었다. 그러나 그동안 시위는 미국 국내 언론과 국제 언론에 알려졌고, 미국과 세계의 수많은 사람들로부터 관심과 지원을 받았다. '참나무 살리기'의 대변인인 벅월드(Doug Buckwald)는 시위가 세계적 반향을 일으키자 "다른 사람들이 분연히 일어나 단호한 태도를 취하는 것을 볼 때, 사람들은 지금의 자리에서 같은 일을 하는 자신의 모습을 상상할 용기를 얻게 된다. 그리고 나는 참나무 숲에서 이를 보았다"고 말했다(Delcourt, 2002).

이 시위는 어떻게 대중의 상상력을 완벽하게 사로잡고 대중이 이 극적인 충돌에 참여하게 했을까? 사람들이 레드우드 나무 위에서 2년 동안이나 생활하는 것을 가능케 했던 경이로운 자연의 위업을 제쳐놓고 보면, 이와 유사한 시위는 캐나다에서 인도에 이르기까지 사람과 나무의 운명이 경제적 발전, 정치적 대립, 윤리적 논쟁으로 얽혀 있는 세계 모든 장소에서 벌어지고 있다. 어쨌든 나무는 기본적으로 사람들에게 상징적이다. 크리스마스트리나 에덴동산의 나무, 조지 워싱턴의 체리나무, 뉴턴의 사과나무 이야기 등을 생각해보자. 나무는 또한 인류 역사에서 커다란 물질적 비중을 차지한다. 나무는 석유가 이용되기 전까지 오랜 기간 문명화의 연료를 공급했고, 농업과 도시가 확대됨에 따라 점차 지표에서 사라져갔다. 나무는 환경과 사회의 복잡한 관계를 여러 가지 형태로 드러내는 핵심적 표식이다. 벅월드가 관찰한 것처럼, 버클리 참나무 숲의 나무는 그 자체보다 무언가 더 큰 것을 위해 서 있는 듯하다.

## 나무의 간략한 역사

이 장에서는 인간을 위한 나무의 정서적 역할이 오랜 문명화의 역사에서 요구되었던 토지 개간과 삼림 파괴만큼이나 중요하다는 사실을 강조하면서, 나무가 곧 사회를 보여준다는 문제를 소개하고자 한다. 우리는 나무의 재생산 능력이 생태계의 다른 부분들과 마찬가지로 숲을 회복시키거나 새롭게 만들어낼 수 있다는 점을 강조할 것이다. 비록 현재 그것이 파괴될 위기에 놓여 있을지언정 말이다. 또한 삼림 면적의 감소와 회복에 대한 완전히 다른 세 가지 접근법, 즉 인구와 시장, 정치경제학, 윤리학을 검토할 것이다.

특히 이 장에서는, 다른 장과 마찬가지로, 관심의 대상(나무)과 이와 밀접히 연관된 시스템과 문제(삼림과 벌목) 사이의 차이를 강조할 것이다. 이는 독자들이 나무의 구체적 특성과 그 중요성에 대해 생각하고 이를 통해 나무에 관한, 이 책에서 다루는 것 이상의 맥락과 문제에 대해 고려해보도록 권장하기 위함이다. 가령 나무는 도시 환경, 재산 경계를 둘러싼 사람들 간의 다툼, 새로운 형태의 농업 발전과 어떤 관계를 맺고 있을까? 삼림의 면적은 전 세계적 관심사이지만, 삼림보다 관심을 더 기울여야 하는 것은 나무이다. 이런 면에서 논의를 나무 자체에서 시작하려 한다.

나무는 목질 구조를 가진 다년생 식물로 정의된다. 구체적으로 파악하는 것은 불가능하지만, 현존하는 전 세계 식물 종 중 대략 4분의 1인 10만 종 이상을 나무에 포함시킬 수 있다. 나무가 처음 등장한 이후 현재까지 지구 표면 나무의 총량과 범위, 다양성은 매우 역동적으로 변화해왔다. 우거진 삼림이 지표의 대부분을 뒤덮기도 했으나, 빙하기와 다른 지구의 기후변화로 인해 일부 침엽수를 제외한 모든 나무들이 사라지기도 했다. 1만 년 전 마지막 빙하기가 절정에 이르렀을 때, 얼음으로 덮이지 않았던 북아메리카와 유럽 지역에도 비교적 적은 수의 침엽수만이 있었다. 1만 년부터 현재에 이르는 온난 기간이 되어서야 우리가 온대지역이라 부르는 곳에서 낙엽수(참나무, 느릅나무, 물푸레나무)가 나타나 지배적인 종이 되었다(Cohen, 2004).

더군다나 지구에 나무가 전혀 없는 시기도 있었다. 최초의 나무는 약 3억 년 전에 나타났는데, 지구의 60억 년 역사에서는 최근의 사건에 속할 것이다. 이들 거대 양치식물은 이후 현재의 소나무와 같이 꽃이 피지 않는 침엽수로 이어졌고, 가장 최근인 약 1억 4,000만 년 전에는 꽃을 피우는 침엽수가 나타났다.

### 나무와 문명: 복잡한 관계

그럼에도 이들보다 더 최근에 등장한 인간은 그 크기와 수명을 보며 나무와 삼림이 오래전부터 존재했다고 여겼다. 건물 등의 거대한 인공물이 들어서기 이전까지 나무는 아마 가장 거대한 물체였을 것이다. 인간에게 음식, 건축 자재, 중요한 생물종의 서식지로 기능했던 나무의 중요한 역할을 생각할 때, 나무가 숭배의 중심적인 상징이자 장소, 신성물이었다는 것은 놀라운 사실이 아니다. 로마 디아나 네모렌시스(Diana Nemorensis, 숲의 여신)의 나무 숭배, 부처가 깨달음을 얻은 보리수나무, 성경에 등장하는 지혜의 나무, 북유럽 신화에 등장하는 지구를 받치고 있는 나무 위그드라실 등의 수많은 사례에서 볼 수 있듯, 나무는 인간의 종교, 문화, 역사에 빠짐없이 등장한다. 이러한 종교적 연계와 관련되어 나무와 삼림은 위험한 이질적인 장소이자 태고의 진리를 기르는 장소로서 자연을, 환경을, 더 일반적으로는 비인간을 상징하며 그 자리에 서 있었다(〈사진 9.1〉).

'삼림(forest)'이라는 단어는 — 그리고 'forêt'라는 고대프랑스어는 — 최초에는 사유지의 장벽이나 울타리 밖에 있는 나무가 우거진 지역을 가리키는 말이었다. 즉, '야생성'과 '불모지'라는 의미(야생성의 사회적 구성에 대해서는 제7장 참고)로 사용되었던 것이다. 이렇게 삼림은 문화와 동떨어진 장소이다. 이러한 관념은 과거 수천 년 동안 농경과 도시 확장을 위해 나무와 삼림을 제거하는 일을 주저하지 않게 해주었다.

**〈사진 9.1〉** 측백나무과 사이프러스속인 세쿼이아 셈페르비렌스(Sequoia sempervirens)

미국 캘리포니아 세쿼이아 국립공원. 나무는 인간이 사는 세상에서 가장 거대하고 오래 사는 개체이다. 이들이 인간 문화에 미친 영향은 엄청났다.

**자료:** http://www.flickr.com/photos/35425743@N00/2837833051.

한편 삼림과 나무가 존경받거나 낭만적으로 묘사되면, 좋든 싫든 나무 중심적 사고가 등장한다. 19세기 초 유럽과 아메리카에서 삼림 파괴가 주목받기 시작했을 때, 낭만적인 시인과 철학자들은 나무와 삼림을 문명화의 악덕과는 반대되는 미덕과 자유의 상징으로 만들기 시작했다. 이후 정부와 산업은 의도적으로 이런 감성을 조장해 나무심기가 마치 사회와 환경 문제의 만병통치약인 양 권장했다. 미국의 식목일인 아버데이(Arbor Day)는 다름 아닌 원시림 감소에 책임이 있는 삼림 산업의 관심 속에서 제정된 것이다(Cohen, 2004).

이 두려우면서도 낭만적인 사고는 사람이 나무에 미치는 영향과 삼림 피복 변화의 역사적 궤적에 대한 과학적·대중적 가정에 영향을 미쳤는데, 이는 종종 문제가 되기도 했다. 제7장에서 언급했던, 아프리카 북부는 최근까지 나무가 울창했었고, 이 삼림의 손실은 '미개한' 원주민의 행동의 결과라는 이론이 완전한 오류로 드러나게 되면서 문명화, 삼림, 지구 나무 식생의 역사 간의 관계에 대한 가정에 의문이 제기되었다. 이는 우리가 삼림 피복의 실제 손실과 회복에 대한 사회적·생태적 설명을 정

**극상 식생** 특정 기후와 토양 환경에서 천이에 의해 최종적으로 나타나는 이론적인 식물 군집을 이른다.

**교란** 생태계를 어지럽히는 사건이나 충격으로, 이후 생태계는 천이를 통해 회복하거나 새로운 상태로 이동하게 된다.

**천이** 교란되었던 삼림 지역이 생물 종의 침입과 초지, 관목, 나무 피복 순으로 이어지는 성장의 단계를 통해 회복되는 이상적인 경향을 말한다.

리할 때, 나무와 사람 간의 이념적 관련성을 기억해둘 필요가 있음을 상기시킨다.

### 극상, 교란, 이차 천이

나무 식생 변화를 설명하고 탐구하는 생태학자가 이용 가능한 주된 도구는 극상 식생,■ 교란,■ 그리고 천이■라는 개념이다. 삼림 생태학 분야에서 발전된 이 세 가지 연계된 개념은 한 세기 동안 삼림 역학에 대한 사고를 지배했다.

극상 식생이라는 개념은 20세기 초 생태학자로서 북아메리카 지역 현장 기지에서 활동한 클레먼츠(Edward Clements)에 의해 발전되었다. 이것은 특정한 지역의 상황에 '가장 적합'한 식물 종, 즉 마지막에 살아남는 '보통의' 또는 평균적인 식생의 형태를 그 지역의 자연 지리적·기후적 조건으로 설명할 수 있다는 개념이다. 가령, 중앙아시아의 건조한 평원은 딱딱한 다년생 목초로 뒤덮여 있을 것이라 예상할 수 있다. 반면 북아메리카 동부지역에서는 참나무림, 침엽수림이나 너도밤나무, 단풍나무을 포함한 다양한 낙엽수림 형태를 기대할 수 있다.

이러한 지역에 대규모 암석 추락, 산불, 허리케인, 벌목과 같은 주기적 사건이 발생하면, 넓은 면적의 식생이 제거되거나 엄청나게 변할 것이다. 허리케인은 나무를 쓰러뜨린다. 삼림이 전 지역에서 제거되는 것이다. 이와 같은 사건을 일반적으로 교란이라 한다. 교란은 오직 일시적인 변화만을 가져오는 자연적인, 그러나 이례적인 사고로 간주된다. 시간이 지나며 극상 식생이 제거된 지역은 새로운 식물의 침투를 경험하는데, 이들은 서서히 다른 식물에게 자리를 양보하게 되고 결국 그 자리에 극상 식생이 복원된다. 가령, 불이 난 뒤 목초들이 불탄 구획에 침범하고, 이어 다양한 관목이 출현하며, 결국 서서히 나무가 그 자리를 다시 뒤덮는다. 이를 천이라 한다.

이러한 이해가 나무 및 삼림의 보전과 관리에 대해 갖는 함의는 분명하다. 가능한 한 교란을 최소화하고, 인간의 간섭이나 압력을 막음으로써 나무와 삼림이 교란 이후 천이 단계를 거쳐 회복하도록 하는 것이다.

최근의 생태학은 이 모형의 단순함, 그중에서도 교란의 역할에 대해 의문을 제기했다. 특히, 현재의 생태 과학은 몇몇 중요한 ― 또한 종종 전형적이거나 지배적인 ― 생물 종이 재생산되고 제대로 기능하기 위해서는 빈번한 교란이 필요하다는 것을 보여주었다. 가령, 북아메리카의 많은 소나무들은 산불과 함께 진화했는데, 솔방울을 깨기 위해서는 불이, 성공적인 발아를 위해서는 말끔하게 정리된 토지가 필요하기 때문이다. 일부 다년생 목초들은 동물 방목과 동시에 진화해왔기에, 번성을 위해서는 어느 정도 동물의 교란 활동이 필요하다.

이것이 나무와 삼림에 가지는 함의는 무시할 수 없다. 교란이 없는 것이 성공적이고 다양한 생태계를 위해 필수적이라고 가정하는 대신, 교란(가령, 산불)이 발생하지 못하게 진압하는 것은 그것을 자연스레 두는 것보다 더 큰 피해를 줄 수 있음을 고려해야 한다. 삼림의 교란을 방지하는 것이 오히려 이들의 궤적을 사람들이 원하는 '극상' 군집으로부터 멀어지게 할 수 있는 것이다.

전통적인 극상 이론과 관련된 또 다른 비판은, 특정 교란은 지나치게 규모와 형태가 커 생태계가 원래의 상태로 돌아가는 것이 불가능할 수도 있다는 점을 강조한다. 따라서 일부 교란을 허용했다가는 현재의 생태계가 영구적으로 변화할 수도 있다.

삼림 식생의 유지나 성장에 미치는 인간의 역할에 대한 과학적 논쟁은 나무에 대한 거대한 문화적·역사적 논쟁을 그대로 되풀이한다. 삼림이 사회와 별개이기에 번성하도록 그대로 두어야 할까? 특정한 나무 식생을 육성시키기 위해서는 어느 정도로 인간이 간섭해야 할까? 삼림은 어디에 있어야 하고 어디에 만들 수 있을까? 삼림을 보존하거나 만듦으로써, 우리는 다른 종류의 생태계 발전을 향상시킬까, 아니면 제한할까? 인간의 역할과 환경에 대한 생태적 질문은 문화와 자연에 대한 아주 오래된 질문을 반영한다.

### 얼마나 많은 숲이 그곳에 남아 있나?

물론 이러한 논쟁은 세계 삼림 피복이 오랫동안 엄청나게 감소해온 상황에서 발생한다. 세계 삼림과 삼림 지대는 1700년 총면적 62억 1,500만 헥타르에서 1980년 50

**산성비** 산업용 배기가스로부터 대기 중에 배출된 이산화황과 질소산화물로 인해 비정상적으로 높은 산성을 띠는 비나 눈으로, 이러한 형태의 강수는 식물의 생장과 수중 생태계에 해롭다.

억 5,300만 헥타르로 비교적 짧은 기간 동안 거의 5분의 1이 손실되었다고 추정된다(Grainger, 2008). 또한 삼림이 사라지지 않은 곳도 삼림 구성이 상당히 변형되었다고 한다. 이 모든 나무들은 어디로 갔을까?

다수의 증거는 벌목이 인간의 산업화, 도시화, 그리고 농업 확대와 밀접히 연관되어 있음을 보여준다. 삼림은 식량과 상품작물 생산, 그리고 도시 발전을 위해 제거되었다. 기후변화나 북아메리카와 유럽 일대의 삼림에 피해를 주는 산성비■와 같은 대기오염 효과 등 많은 인간 행위의 이차적 효과 또한 삼림을 훼손한다.

그러나 인구 성장과 나무 피복의 감소는 필연적인 비례 관계가 아니다. 유럽과 같이 인구가 지속적으로 증가하는 대다수 장소에 삼림이 회복 상태에 있는 것을 생각해보자. 또한 도시화는 사실 좁은 공간에 인구밀도를 높여, 이론적으로 더 많은 삼림이 성장할 공간을 확보해준다. 마지막으로 농업의 집약화(제1장 참고)는 같은 양의 식량을 생산하는 데 더 적은 토지를 사용하게 해준다. 따라서 사람으로 가득 찬 세상에서도 삼림이 회복될 가능성은 존재한다.

그러므로 무엇이 삼림 피복 쇠퇴와 회복의 원인인가를 더 제대로 판단하기 위해서는 더 상세한 분석이 필수적이다. 그러나 벌목과 삼림 회복의 속도를 추정하기 위해 필요한 신뢰한 만한 자료를, 특히 열대지역과 같이 나무가 많이 남아 있는 곳에서 얻는 것은 복잡하고 어려운 일이다. 인공위성 원격탐사와 같이 과학기술이 계속 발달하고 있음에도 자료의 오류는 많다. 삼림 피복은 제거와 성장이 여러 장소에서 다양한 속도로 진행되며 빠르게 변화하기 때문에, 지역 삼림 피복을 평가해도 극단적으로 다른 결과가 도출될 수 있다. 이것이 나무의 운명을 추적하고 설명하는 작업을 더욱 어렵게 만든다(Delcourt, 2002).

자주 인용되는 유엔식량농업기구의 세계삼림자원평가를 보면 2005년 현재 세계 삼림 피복은 39억 5,200만 헥타르로 육지 면적의 3분의 1에 해당하는 것으로 추정된다. 〈표 9.1〉은 1995년과 2005년 사이의 삼림 피복 변화를 보여준다. 이 수치를 검토하는 데에는 몇 가지 주의가 필요하다. 세계 지역을 구분, 범주화하는 것은 항상

〈표 9.1〉 세계 삼림 피복의 변화 (단위: 천 헥타르)

| | 1995년 | 2000년 | 2005년 | 1995-2005년 | 1995년 기준 비율변화 |
|---|---|---|---|---|---|
| 아프리카 | 699,361 | 655,613 | 635,412 | -63,949 | -9.14% |
| 아시아 | 574,487 | 566,562 | 571,577 | -2,910 | -0.51% |
| 유럽 | 989,320 | 998,091 | 1,001,394 | +12,074 | 1.22% |
| 북부, 중앙아메리카 | 710,790 | 707,514 | 705,849 | -4,941 | -0.70% |
| 오세아니아 | 212,514 | 208,034 | 206,254 | -6,260 | -2.95% |
| 남아메리카 | 890,818 | 852,796 | 831,540 | -59,278 | -6.65% |
| 세계 전체 | 4,077,290 | 3,988,610 | 3,952,026 | - 125,264 | - 3.07% |

자료: 유엔식량농업기구의 2005년 세계 삼림자원평가 자료를 편집. www.fao.org/forestry/32033/en/.

임의적이며, 이는 통계를 왜곡한다. 가령, 삼림 파괴를 오랫동안 지속해왔던 유럽 지역의 삼림 피복 수치가 높은 것은 삼림의 5분의 4를 차지하는 러시아 연방의 광대한 시베리아 삼림을 포함했기 때문이지만, 지리적으로 이곳은 아시아 대륙에 속한다.

## 나무의 미래

이러한 사실을 염두에 두었을 때, 세 가지를 분명하게 언급할 필요가 있다. 첫째, 삼림 면적은 전 세계적으로 지속적으로 감소하고 있으며 특히 아프리카와 남아메리카에서 급격히 줄어들고 있다. 둘째, 그러나 묘하게도 2000년에서 2005년 사이의 삼림 면적 감소는 1995년과 2000년 사이의 감소보다 적어, 삼림의 순제거율(나무의 재성장이나 식목으로 상쇄되는 것을 뺀 벌목의 총합)이 점차 감소해  가까운 미래에 0 이하가 될 가능성을 생각해볼 수도 있다. 셋째, 일부 지역에서는 최근 재삼림화를 실제로 경험하고 있다.

일부 지역에서 나무의 회복은 — 아래에서 길게 논의할 — 복잡한 문제이지만, 몇 가지 과정으로 설명될 수 있다. 첫째, 나무 플랜테이션(조림사업)은 보통 큰 규모로 운영된다. 가령, 미국에는 정부가 목재 회사와 합작해 운영하는 1,700만 헥타르가 넘는 규모의 플랜테이션 삼림이 있다. 이것은 세계 대부분 국가의 삼림 규모보다 큰 수치이다. 또한 농지와 같이 이전에 이용되던 토지가 버려질 때 삼림 피복이 돌아오는 경

**생태계 서비스** 식량 자원, 공기와 물의 정화, 수분(pollination), 생물다양성, 탄소 저장, 에너지, 영양소 순환 등을 포함한 유기체 시스템이 제공하는 혜택이다.

**보존** 자원이나 환경은 그 자체로서 보호되어야 한다는 주장으로 보전과 대비되는 주장이다. 전형적인 사례로 야생 보존 운동을 들 수 있다.

**생물다양성** 지역, 생태계 또는 전 세계에 존재하는 생명체의 전체 다양성과 종류로 일반적으로 환경 체계의 건강함을 측정하는 척도로 사용한다.

우도 있다. 플랜테이션 삼림은 그들이 대체할 원래의 삼림 또는 오랫동안 그 자리에서 성장한 삼림과 생태적으로 유사하지 않다. 그들은 일반적으로 수종이 다양하지 않고, 대다수 같은 연령이어서, 임관(林冠)이 혼합되어 있거나 복잡하지 않다. 플랜테이션은 자연적 생물다양성을 좁은 범위에서만 유지하며 자연 삼림보다 훨씬 적은 생태계 서비스■를 제공한다. 특히 삼림 보호와 플랜테이션은 그 자체로 끝이 아니다. 삼림은 다른 무수한 생물 종에게 중요한 서식지를 형성해주는 보호의 수단으로서 보존■ 가치를 반영하는 목표(제4장 참고)이며, 결국 생물다양성■에 영향을 준다. 이러한 측면에서, 플랜테이션은 기존의 삼림에 비해 많은 생물 종에게 대안으로서 빈약하다.

삼림은 다양한 나무들이 상호작용하는 복잡한 생태를 뜻하기 때문에, 더 많은 나무가 반드시 더 많은 삼림을 의미하지는 않는다. 그럼에도 나무 플랜테이션은 삼림이 경관으로 되돌아가는 데 중요한 요소이다.

둘째, 삼림의 재성장은, 비록 측정하거나 일반화하기는 어렵지만, 스스로의 힘으로 이루어진다. 위에서 언급한 바와 같이 이차 천이는 새로운 종을 개간된 지역으로 불러들이며 이는 머지않아 혼합된 임관으로, 그리고 이전의 삼림과는 상당히 다른 울창한 삼림으로 이어진다. 그렇다 하더라도 나무 피복이 손실된 만큼 삼림 회복에 관심을 기울일 필요가 있다.

이들 모두는 오랜 벌목의 역사를 돌이켜보더라도 현재의 추세가 일반적이지 않다는 것을 보여준다. 그러나 일부 지역의 삼림 피복은 분명히 회복되고 있다. 나무의 이 간략한 역사는 신중한 낙관주의의 근거를 제공한다.

유감스럽게도, 다른 지구적 영향이 세계의 삼림에 작용하고 있다. 그중 가장 중요한 것이 전 지구적 기후변화이다. 잘 알려져 있지는 않지만, 지구의 평균 기온은 1~4도 상승했고, 이로 인해 많은 삼림 체계가 분명한 위험에 처해 있다. 의심할 바 없이 특정 나무 종들의 범위는 삼림의 구성이 변화할 때 함께 변화할 것이다(van Mantgem et al., 2009). 아마존, 애팔래치아 산맥, 그리고 스칸디나비아의 유명한 삼림들 역시 모두 사라지지는 않겠지만 상당히 변화할 것이다.

북아메리카 서부 지역에서 나무의 폐사율이 엄청나게 증가하고 있다. 이는 최근의 오랜 가뭄에 따른 물 부족이 원인으로, 가뭄은 지구 온난화가 계속됨에 따라 이 지역에서 지속될 것으로 예측된다. 나무가 감소하고 나무 병원균과 기생충을 증가시키는 새로운 종이 이곳 삼림 지역에 침입하면서, 미래의 삼림 범위와 건강을 확신할 수 없게 되었다(Vandermeer and Perfecto, 2005).

## 나무, 인간, 그리고 생물다양성

마지막으로 지적할 중요한 사항은, 다시 한 번 강조하지만, 나무(다양한 종과 개체의 조합)와 숲(많은 식물, 동물, 그리고 토양의 체계적인 집합)을 구분하는 것이다. 세계 나무의 상당 비율은 삼림에 있지 않다. 사람과 나무의 상호작용, 특히 농업에서의 상호작용은, 나무가 사람에 의한 복잡한 토지 이용 모자이크의 일부임을 의미한다. 나무들은 보통 아프리카, 아시아, 라틴아메리카 지역에서 농토와 혼재되어 있고, 나무로부터 얻는 농산물은 농업 생산의 상당량을 차지한다. 이 나무들은 주변 환경과 상호작용하며 삼림이나 나무 피복이 없는 농업 공간과는 다른, 가치 있고 복잡한 생태계를 만들어낸다.

하나의 사례로 커피 플랜테이션을 생각해보자. 비록 현대적 커피 생산에서는 생산을 극대화시키기 위해 다른 나무를 커피나무 주변에서 모두 제거하지만, 전통적 커피 생산 방법은 커피나무가 다른 나무들의 임관과 섞이도록 많은 나무를 남겨둔다. 농업과 나무 피복이 섞이면서 이른바 '그늘에서 자란' 커피는 실제로 여러 가지 생태계 서비스를 제공하며, 상품 생산에 이용되면서도 상당한 원시 생물다양성을 유지할 수 있게 한다. 〈표 9.2〉에 나온 코스타리카의 자료는 나무를 포함한 생산 체계와 포함하지 않은 생산 체계 간의 엄청난 차이를 보여준다.

반대의 사례로 집약적 상품작물 재배가 일반적인 인도의 시골에서는, 생산 지역을 그대로 유지하는 것이 원시 삼림을 보전하는 것만큼 생물다양성에 기여할 수 있다.

〈표 9.2〉 코스타리카의 커피 생산 방식 차이에 따른 주요 곤충 종의 수 비교

| | 전통적 생산 | 농약을 이용한 현대적 생산 |
|---|---|---|
| 그늘 나무의 딱정벌레 | 128 | 0 |
| 그늘 나무의 개미 | 30 | 0 |
| 그늘 나무의 말벌 | 103 | 0 |
| 땅 위 개미 | 25 | 8 |
| 커피 나무의 딱정벌레 | 39 | 29 |
| 커피 나무의 개미 | 14 | 8 |
| 커피 나무의 말벌 | 34 | 30 |

자료: Vandermeer and Perfecto(2005)를 편집.

세계 인구의 10%가 소비하는 값비싼 베텔야자의 재배는 심각한 위협에 놓인 코뿔새를 포함한(Ranganathan et al., 2008) 수십 종의 토착종 새에게 나무 서식지를 제공한다. 중요한 조류 종은 인구가 밀집된 농업지역에서도 인근의 보호받고 있는 보전 지역에서만큼 매우 다양하게 서식한다. 이는 인간의 경제활동 가운데에서도 여러 생태계 서비스가 유지되고 이를 통해 생물다양성이 번성하는 조화생태학■ 개념을 강조한다. 나무들은 '삼림'을 떠나서도 오랫동안 생명 세계와 인간의 생산 체계에 통합되어왔다. 이는 환경과 사회에 대한 사고를 새로운 방향으로 진전시킬 것을 강조한다.

## 나무의 문제

나무의 역사에 대한 간략한 검토는 자연과 사회의 관계에 대해 많은 것을 시사한다. 가장 먼저, 농업 혁명, 도시화, 산업화를 포함해 땅 위에서 이루어진 인간 활동의 역사는 좋건 나쁘건 나무와 몹시 얽혀 있다. 아직 교란과 회복의 복잡한 역학은 완전히 밝혀지지 않았지만, 전체 나무 피복과 삼림, 나무가 우거진 지역은 인간 활동에 의해 그 구성이 엄청나게 바뀌었다. 이 검토는 나무의 몇 가지 특징을 강조하며, 아래와 같은 구체적인 문제를 제시했다.

**조화생태학** 인간이 사용하고, 여행하고, 살고 있는 땅에서 발생하는 서식지, 생산적 환경, 생물다양성을 상상하고, 창조하고, 유지하는 과학이다.

· 먼저 나무는 그것이 보편적으로 상징하는 가치로 인해 모든 환

〈글상자 9.1〉 그늘에서 자란 커피

커피는 수요가 많은 작물이다. 식민시대 이후 아프리카와 아시아의 토착종 커피가 중남아메리카로 이식되었고, 시간이 지나면서 점차 집약적으로 재배되었다. 이에 따라 단위 면적당 커피 생산량 역시 증가했다. 일반적으로 커피는 높은 생산성을 위해 삼림을 제거하고, 잡초와 곤충을 박멸하며, 태양에너지가 최대한 성장에 이용되도록 넓은 플랜테이션을 조성해 재배한다.

기존의 커피 생산 방식은 환경 비용이 매우 높다. 특히 플랜테이션을 조성하는 과정에서 원시림은 완전히 파괴된다. 열대와 아열대지역의 삼림 지역은 다양한 꽃, 동물, 곤충을 포함한다. 지난 200년 동안 커피 플랜테이션을 위해 얼마나 많은 열대림과 그에 따른 생물다양성이 손실되었는지 정확히 알기 어렵지만, 지난 10년간 멕시코와 같은 국가의 급격한 삼림 피복 감소는 특히 커피와 같은 상품 생산과 밀접한 관련이 있다. 더욱이 이러한 전통적인 '양지에서 자란' 커피는 집약적인 화학물질을 이용해 관리하기 때문에 곤충과 식물 종을 죽이는 부작용을 일으키며, 토양은 시간이 지나면서 영양소와 구조를 잃고 질적으로 저하된다. 또한 이러한 단작(단일 작물) 커피 플랜테이션은 사회적·경제적 취약성으로 이어진다. 1990년대 후반 커피 가격이 붕괴되었을 때, 많은 커피 생산자들은 회복할 자원이 없어 빈곤에 허덕였다.

이런 모든 이유로 커피 생산을 더 전통적인 형태로, 즉 생태적이며 사회적인 원형으로 되돌리는 것에 대한 관심이 커지고 있다. 커피는 원래 넓게 개방된 지역에서 재배되지 않았다. 생산 수준은 낮지만, 커피나무는 다른 작물과 함께 농작물뿐만 아니라 야생 동식물이 다양하게 서식하는 고지대의 숲에 심어졌다. 이런 '그늘에서 자란' 커피는 삼림 대 커피, 또는 더 일반적으로 환경 대 사회라는 대립 관계없이 토착 식물 속에서 자랐다. '그늘에서 자란' 커피는 집약적 방식이지만 다양한 나무와 간작하는 플랜테이션 방식에서 방문자 눈에는 농업이 이루어지는지를 식별할 수 없을 정도로 토착 삼림 깊숙한 곳에서 이루어지는 방식까지 매우 다양하다.

그러나 이러한 방식의 문제는 명확하다. '그늘에서 자란' 커피는 플랜테이션 재배 방식에 비해 생산량이 낮다. 그리고 최근의 커피 가격 폭락처럼 가격이 낮은 기간에는 농부들을 더욱 경제적으로 취약하게 만들어, 다른 작물을 더 집약적으로 재배하기 위해 삼림을 제거하도록 만든다. 그러므로 그늘에서 자란 커피 재배를 지속하기 위해서는 소비자나 삼림 피복을 유지하는 데 관심이 있는 정부가 환경 친화적이거나 지속가능한 생산에 추가 가격을 지불할 용의가 있어야 하며, 농부들은 협동조합의 지원을 받아 생산과 운송비용을 낮추어야 한다. 그늘에서 자란 커피는 이러한 면에서 조화생태학의 한 좋은 사례이지만, 지속가능한 사업을 지원하려는 우리의 의지에 의문을 제기한다.

경 변화의 대변자가 되어왔다. 이로 인해 나무는 사람들에게 유용한 보전 대상이 될 수 있었다. 그러나 이는 다른 환경 변화를 은폐하거나 모호하게 만들기도 했다.

- 인간의 영향은 수세기 동안 지배적인 나무 구성의 엄청난 변형과 삼림 피복의 쇠퇴를 가져왔다. 그러므로 나무는, 비록 혼란을 주지만, 인간의 경제 성장과 확장의 훌륭한 지표이다.
- 그러나 동시에 나무는 교란과 충격으로부터 회복하는 능력을 보이고 있으며, 삼림 재성장은 삼림 쇠퇴와 마찬가지로 환경 역사의 중요한 부분이다.
- 나무가 인간 생존과 생산 활동의 기본적 부분이었다는 사실은, 지속적인 인간의 경제활동이 반드시 사람 대 나무라는 제로섬 선택으로 이어질 필요가 없다는 가능성을

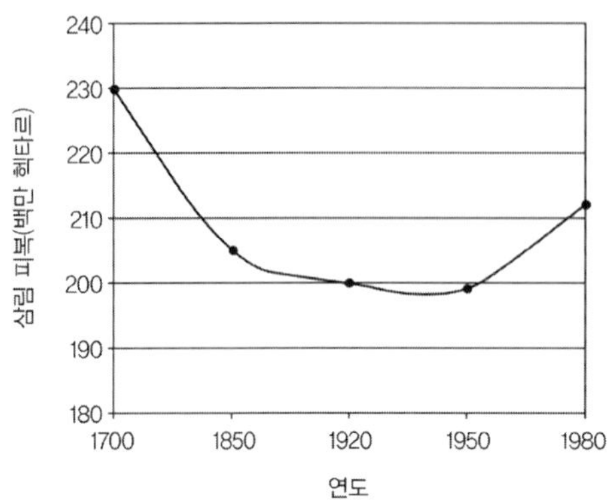


감소와 재성장의 패턴은 이른바 삼림 복원 이론 옹호자의 핵심 주장인 'U자형' 곡선을 상당히 따른다.
자료: Richards(1990)의 자료 수정.

열어둔다. 설령 지구적 기후변화의 실제 위협 속에서도 말이다.

그러므로 나무는 인간이 세상 어디에 위치하는가를 이해하는 데 교훈을 줄 뿐 아니라 다음과 같은 문제를 제시한다. 삼림 피복을 파괴하고 삼림 종의 구성을 바꾸는 인류의 능력과 시간이 지남에 따라 회복하는 나무 피복의 능력을 동시에 고려할 때, 무엇으로 삼림 파괴가 나타나는 지역과 그렇지 않은 지역을 설명할 수 있을까? 무엇으로 삼림 쇠퇴와 회복 패턴을 설명할 수 있을까? 그리고 삼림을 보호하는 것이 지구 환경을 지속시키는 데 중요하다면, 어떻게 삼림의 운명을 우리의 계획, 행동, 환경윤리와 잘 어우러지게 할 수 있을까? 이 질문에 대한 각기 다른 관점들은 다양한 답변을 포함한 다른 통찰력을 제공한다.

## 인구와 시장: 삼림 복원 이론

왜 삼림 피복이 변화하는지를 설명하는 것은 쉬운 일이 아니다. 사람들은 수많은 이유로 나무를 자르고, 심는다. 삼림과 삼림 지대의 건강과 생존은 종종 공기의 질, 기후, 그리고 다른 여러 요인과 연계되어 있다. 전반적인 패턴은 흥미로운 지구적 경향을 보여준다.

유럽 삼림의 운명을 생각해보자. 〈도표 9.1〉은 이 지역 삼림의 면적 변화(여기서는 러시아와 시베리아의 삼림을 제외)를 보여준다(Richards, 1990). 유럽의 삼림 감소는 18세기보다 훨씬 앞선 기원전 약 1,200년 전인 청동기 시대부터 시작되었다. 그렇지만 두드러진 대규모 벌목이 이루어졌던 것은 도시화와 제조업의 성장으로 엄청난 삼림

자원을 사용했던 18세기 산업화 시기이다. 이 시기는 쟁기질만으로는 개간할 수 없었던 토지로까지 농업이 확장된 때이기도 하다. 늘어난 경제활동과 줄어든 삼림 피복 간에는 분명한 관계가 있다. 이로 인해 근래 들어 명백히 나타나는 삼림 회복을 보며 우리는 혼란을 느끼곤 한다. 어쨌든 경제활동은 지난 수백 년간 감소하지 않았다. 오히려 도시, 도로, 농장은 계속 늘고 확장되었다. 인구 추세와 경제활동의 어떤 조합이 이러한 결과로 이어지게 했을까?

제1장과 제2장에서 다룬 바와 같이, 환경 문제에 대한 인구 중심적 사고와 시장 지향적 사고는 종종 직관적인 사실과 반대되는 통찰력을 제공한다. 따라서 인구 변천과 시장 논리를 결합한 접근은, 분명 모순적인 사회·환경 경향의 저변에 숨겨진 패턴을 드러낼 수 있을 것이다. 이러한 사과방식에 따르면 이 역전은 일관성이 없는 것이 아니다. 유도된 집약화■와 시장 반응 모형■의 사고에서 보면 삼림의 초기 감소는 초기 사회경제적 활동을 통해 설명할 수 있으며, 이후 진행되는 성장의 속도와 강도는 삼림 회복의 기회를 제공한 것으로 볼 수 있다. 처음에는 확대되는 인구와 경제활동은 삼림 자원에 압력을 가하고, 나무의 제거는 농업용 토지와 연료, 건축 재료를 제공한다. 그러나 이후 지속되는 압력은 새로운 형태의 토지 이용으로 나타난다. 이는 증가하는 인구 압력뿐 아니라 적은 토지에 더 많은 작물을 재배해야 하는 상업적 농업의 증가로 농업의 집약화(제1장 참고)가 진행되기 때문인데, 이로 인해 불필요한 주변부 토지가 삼림으로 되돌아갈 수 있게 된다. 동시에 도시의 고용 증가로 농촌 지역에서 더 많은 사람이 빠져나가고, 이로 인해 농지 사용률이 낮아지게 되면 마침내 이차 천이■와 재삼림화가 가능해진다. 이론적으로 집약화를 통한 생산성 증가와 후속 산업화의 결과로 나타난 인구 변천은 삼림 속의 잠재적 농업적 토지의 가치를 감소시켜 나무 피복이 되돌아올 수 있게 한다.

또 제2장 인간 경제가 부족에 대응하는 방식을 상기해보자. 일반적인 시장 반응 모형을 따를 경우 귀한 상품에 대한

**유도된 집약화** 농업 인구가 늘어나면 식량에 대한 수요는 기술적 혁신으로 이어져 같은 면적의 토지에서 생산되는 식량이 증가하게 된다고 예측하는 주장이다.

**시장 반응 모형** 자원의 부족이 가격 상승으로 이어져 해당 자원에 대한 수요의 감소나 공급의 증가 또는 양자 모두가 발생하는 형태의 경제적 반응이 나타날 거라고 예측하는 모형이다.

**이차 천이** 산불 이후 삼림이 '극상 식생' 피복을 회복하는 것처럼, 특정 개간 지역이나 교란 지역에 식생이 재성장하고 생물 종이 복귀하는 것을 말한다.

수요는 점차 늘고, 따라서 이들의 공급도 늘게 된다. 매우 발전된 유럽에서는 손실된 삼림 면적을 복구해야 한다는 요구가 늘어났는데, 이는 환경적 요구이자 시장의 반응이었다. 그 결과 19세기부터 20세기에 걸쳐 유럽 전역에서 나무 플랜테이션이 이루어졌다.

이러한 통찰력을 확대해 더 보편적인 규칙을 만들어보자. 인구 기반 접근과 시장 기반 접근을 합친 관점은, 삼림 피복 변화에 대해 삼림 감소기 — 이는 인구 및 경제의 확대와 상관관계가 있다 — 의 뒤를 이어 나타난 경제활동과 성장이 삼림의 회귀와 회복으로 이어진다고 본다. 이 예측은 보통 삼림 복원 이론■이라 불린다.

> 시간의 흐름에 따라 진행되던 삼림 피복의 감소는 특정 시점에서 중단되며, 이후 복원이 시작되면서 상황이 역전되어 삼림 피복이 확대된다. 시간 흐름에 따른 삼림 피복의 변천을 그래프로 나타낼 경우, 그것은 U자형(또는 최소한 역 J자형)을 그리게 된다 (Owusu, 1998: pp.105~106).

삼림을 파괴하는 경제 성장은 삼림의 복구와 회복을 위해 필요한 것이다. 이러한 사고에서는 많은 비용을 지불하면서까지 삼림을 보호하려는 보전 노력은 오히려 역효과를 낳는 것이다. 국가 — 특히 경제적으로는 빈곤하지만 삼림이 풍부한 국가 — 가 삼림을 사용하고 착취하는 것을 지연시키는 형태의 보전은 경제적 변천, 훗날 덜 파괴적인 경제 형태와 더 나은 환경 상태를 만들어낼 경제적 변천에 필수적인 중요 자원의 사용을 지연시키는 것으로 간주되는 것이다.

확실히 이는 세계의 주요 국제 개발 대출 기관의 입장과 일치하는 것이다. 세계은행과 국제통화기금은 1980년대와 1990년대에 개발도상국의 대규모 삼림 이용을 적극적으로 지지했다. 예를 들어, 1990년대 초 국제통화기금이 후원하는 구조 조정 프로그램의 일부로 가나는 1990년대 초 삼림으로부터 1억 달러의 소득을 얻어 대규모 경제활동을 유발하고 거액의 외채 중 상당액을

**삼림 복원 이론** 특정 지역에서 삼림을 자원으로 이용하거나 농업용 토지를 개간하기 위해 벌목이 이루어진 후, 경제가 변하거나 인구가 빠져나가거나 보전 성향이 나타나면서 삼림이 되돌아올 때까지의 기간을 예측하는 모형이다.

갚았다(Owusu, 1998). 확실치는 않지만 위기 이후 한층 안정된 가나의 미래 경제를 가정해보면 더 도시화되고, 덜 농업적이고, 삼림과 농업에 덜 의존하는 국가에서 나무가 더 잘 복원될 것이라 예측할 수 있다.

이론적으로 이 전 지구적 예측은 — 부채 상환 문제를 잠시 접어 두면 — 유럽의 시장경제의 성장, 성공의 과정과 동일한 행보를 밟게 될 것으로 보인다. 그리고 실제 일부 삼림 회복이 개발도상국에서 나타나고 있다는 증거가 있다. 석유 판매를 통해 경제를 성장시키고 있는 알제리나 전적으로 플랜테이션에 기반을 두고 삼림을 확대하는 인도, 이집트, 중국, 그리고 점차 경제가 다변화되는 칠레와 같은 나라들은 모두 장기간의 손실이나 쇠퇴 이후 과거 몇 년 동안이지만 삼림 면적이 증가했다고 보고되고 있다.

## U자형 모형의 한계

유럽의 역사적 삼림 면적 자료는 설득력이 있지만, 삼림 복원에 기초한 나무의 U자형 복구 예측에 결코 문제가 없는 것은 아니다. 첫째, 앞에서 언급한 것처럼 이차 삼림의 생태와 구성은 결코 앞선 일차 삼림과 유사하지 않다. 이 후속 삼림은 생물량(biomass)이 낮고, 나무 종 또한 다양하지 못하며, 종종 원래 삼림 피복에 의존해 서식하던 동물들은 차치하더라도 지역 주민에게도 유용하지 못하다. 더욱이 플랜테이션 삼림은 그 종류가 얼마 되지 않는 속성수가 대부분을 차지하며 토착 나무 피복을 생태적으로 제거한다. 따라서 삼림 회복이 경제 변화의 산물일지라도, 그 회복은 매우 바람직하지 않은 상태로 나타나기도 하므로 일차 삼림의 엄청난 손실을 대체하지 못한다고 할 수도 있다.

더 걱정스러운 것은, 세계 대다수의 국가에서 삼림 파괴가 진행되고 있으며 즉각적인 삼림 복구의 조짐은 거의 보이지 않는다는 사실이다. 앞에서 기술한 가나는 1980년과 1990년 사이 단단한 목질의 오래된 나무숲으로 구성된 삼림 130만 헥타르를 잃어버렸고, 2000년에는 원래의 빽빽이 밀집된(closed-canopy) 습윤 삼림의 11%만이 남게 되었다. 더군다나 삼림 채취로 인해 수입이 크게 늘고 외채가 상당히 축소되었음에도 벌목은 1995~2000년 기간과 2000~2005년 기간 모두 매우 높은 수준인 2%로 줄어들지 않고 계속되고 있다. 원시 생물다양성을 보호하려는 관점에서든 높은 삼림 의존적 경제를 지속하려는 관점에서든, 가나에서의 U자형의 회복은 지금보다 빠른 속도로 진행되어야 할 것이다.

국가 간 불균등한 삼림 복원의 문제는 몇 가지 다른 각도에서 고려될 수 있다. 삼림 복원은 어느 정도 불균등하게 이루어질 수밖에 없으며, 특정 국가와 삼림의 특수한 지리 및 역사는 이러한 경향을 더욱 심화시키는 것인지도 모른다. 가령, 삼림의 재생이 빠르고 계절에 따라 농업이 제한되는 아마존의 삼림과, 노동자 이주와 가구의 자원 수요가 훨씬 크고 경제가 재구조화할 때조차 삼림 피복에 지속적으로 압력을 가하는 멕시코의 건조한 삼림에는 결정적인 차이가 있다(Stone, 1974). 따라서 일부 국가는 삼림 회복이 다른 국가보다 쉽다고 볼 수 있다.

다른 한편, 바로 이 불균등이야말로 나무 피복의 쇠퇴라는 형태로 나타나는 더 커다란 문제의 징후라고 주장할 수도 있다. 특히 한 지역의 삼림 쇠퇴는 다른 지역의 회복과 연계되어 있다는 주장이 나올 수 있다. 세계 경제의 확장은 실제로 빈곤 지역(삼림이 제거되는 곳)에서 채취된 삼림이 원자재와 상품의 형태로 선진 경제(삼림이 회복되는 곳)에 공급되는 것을 촉진한다. 이러한 삼림 피복의 변화에 대한 설명은 또한 빈곤 지역에서 오랫동안 지속되어온 공동체의 삼림 생태계에 대한 강탈과 통제, 그리고 삼림으로부터 나오는 가치가 세계 시장 안에서 순환되는 형태를 면밀하게 검토하려 한다. 이것은 정치경제학적 관점에 뿌리를 두고 있다.

## 정치경제학: 축적과 벌목

제6장에서 경제 성장은 본질적으로 환경에 해악을 끼치는 것으로 간주되었다. 정치경제학의 관점에서 나무 피복의 감소는 무엇보다도 발전의 확대, 특히 자본주의 농업에서 나온 문제이다.

예를 들어, 열대 국가의 소작농은 전통적으로 자신의 농지에서 시장에 판매할 농작물과 생활을 위해 사용할 몇 가지 농작물만을 재배한다. 농지 중 일부는 오랫동안 쉬게 하며, 일부는 나무와 나무 열매를 위해 남겨두고, 세계 어디에서나 그러하듯 일부 삼림 지역은 마을 공동체의 토지나 자원으로 남겨둔다.

벌목은 거대 기업이 정부 관료의 도움 아래 합법적·불법적으로 이 공동 소유 토지의 상당 부분을 빼앗아 가장 효율적으로 상품작물을 내는 플랜테이션 농업을 할 때 이루어진다. 이 강탈(본원적 축적■)로 토지를 잃은 사람들은 어려운 선택의 기로에 선다. 먼저 이들은 토지에 남아 농산물을 낮은 가격에 판매하는 대규모 생산자와 경쟁을 시도한다. 이는 필연적으로 더 많은 토지 경작을 위해 나무를 제거할 수밖에 없게 한다. 또한 생산자는 토지에 더 많은 비료나 농약을 투입하기 위해 가용 현금을 늘려야 한다. 이 추가되는 비용은 다시 나무를 제거해 경작지를 늘리거나 인근 플랜테이션 농장에서 노동을 팔아 충당해야 하기에 생산자를 노동자로 전락시킨다.

더군다나 대규모 플랜테이션 운영자와 농지에 남은 소규모 생산자 양측에 의해 이루어지는 생산의 조방화(extensification, 작물 생산 영역의 확장) 및 생산의 집약화(intensification, 생산량을 늘리기 위해 살충제와 같은 더 많은 자본을 토지에 투입)는 즉각적인 삼림 피복 감소, 오랜 토착 나무 종 식생에 유리한 토양 조건의 쇠락으로 이어지는 생태적 영향을 미친다. 양자는 모두 나무의 회복이나 복원을 저지할 뿐 아니라 바나나와 같은 상품작물의 생산량을 늘려 그 가격을 하락시킨다. 가격이 떨어지면 다시 더 넓은 삼림 지역으로까지 농업이 확대되며, 집약적 생산, 즉 삼림에 악영향을 미치는 기술을 사용할 필요성 역시 커진다.

농업 경제의 전면적인 쇠퇴는 이론적으로 토지의 포기로 인한 삼림 피복의 복원(경제 붕괴로 인한 삼림 복원의 일종)으로 이어질 수도 있지만, 반대의 시나리오가 더 일반적일 가능성이 크다. 생산자는 시장 하락으로 인한 손실을 보충하기 위해 생산을 확대, 집약화하게 되고 이는 더 낮은 가격, 더 많은 벌목, 더 집약적인 토양 경작으로 이어지게 된다. 그러므로 정치경제학적

**본원적 축적** 마르크스주의에서 사용되는 용어로, 역사적으로 공동체에서 집단적으로 소유해온 자연자원이나 물건을 자본가들이 직접적으로 전유하는 것을 가리킨다. 예를 들어, 18세기 영국의 공유지는 부유한 엘리트 계급과 국가에 의해 사유지로 변모하게 되었다.

〈표 9.3〉 일부 주요 열대지역 수출품의 최근 가격 변동과 주요 수출국

| 열대상품 | 최근의 낮은 가격 (2008~2009년) | 주요 수출국 | 벌목율 (2000~2005년) |
|---|---|---|---|
| 로부스타 커피 | kg당 1.50달러 | 콜롬비아 | -0.1 |
| | | 브라질 | -0.6 |
| 카카오 | kg당 1.93달러 | 인도네시아 | -2.0 |
| | | 코트디부아르 | +0.1 |
| | | 가나 | -2.0 |
| 바나나 | kg당 0.82달러 | 에콰도르 | -1.7 |
| | | 코스타리카 | +0.1 |
| | | 필리핀 | -0.1 |
| | | 콜롬비아 | -0.1 |

이들 주요 열대상품은 삼림을 제거하고 개간된 땅에서 재배되는데, 이 작물들의 주요 수출국 대부분에서는 삼림 파괴가 진행되고 있다.

관점에서 벌목은 자본주의 농업에서 불가피한 주기적인 위기의 징후이다.

이러한 지속되는 벌목과 상품 가격의 상승·하락 간의 악순환은 세계의 빈곤 지역, 특히 삼림이 울창한 열대지역의 생태 역사에서 기본적으로 반복되는 일상이다. 〈표 9.3〉처럼 커피, 바나나, 카카오와 같은 수출상품은 삼림이 울창한 적도 국가, 특히 벌목이 진행 중인 삼림 주변지대에서 재배된다.

## 불균등 발전으로 인한 벌목

정치경제학적 관점에서 이러한 발전사의 두 번째 특징은 그 핵심에 더 교활한 지구적 과정이 있다는 것이다. 역사적으로 공동의 소유였던 삼림을 사유화하고, 삼림을 제거해 상품 생산을 위한 토지로 바꾸고, 이렇게 변형된 땅을 자본의 지구적 순환 증대를 위해 사용하는 것은 이들 삼림 지역의 농업 발전으로 생산된 가치를 멀리 떨어진 곳에 축적시키는 경향이 있다. 삼림 피복을 대체한 커피와 바나나 플랜테이션을 소유한 회사, 그리고 이들 상품을 사고, 처리하며, 되파는 회사는 일반적으로 본사가 다른 나라에 있고 삼림 피복이 쇠퇴하는 장소에서 멀리 떨어진 은행과 기업의 투자를 받는다. 이들은 또한 매우 집중되어 있고 그 수가 매우 적다. 가령, 바나나 생

〈표 9.4〉 세계적으로 운영되는 유력 바나나 수출 기업의 시장 점유율과 본사 위치

| 바나나 회사 | 시장 점유율 추정치 | 본사 및 자금 |
|---|---|---|
| Dole Food Co.<br>(이전의 Standard Fruit) | 25 | 미국 |
| Chiquita Brands International<br>(이전의 United Fruit Company) | 25 | 미국 |
| Fresh Del Monte Produce | 15 | 미국(칠레 기반 IAT 그룹, 아랍에미리트 연합 자본) |
| Exportadora Bananera Noboa(Bonita brand) | 9 | 에콰도르(노보아 그룹) |
| Fyffes | 7 | 아일랜드 |

자료: BananaLink(http://www.banalink.org.uk/content/view/61.21/lang.en/).

산과 수출은 5개 회사가 전 세계 상품 무역을 통제하며 일반적으로 미국, 유럽 등에 본사를 두고 투자하고 있다(〈표 9.4〉).

열대의 벌목을 생각할 때 가장 먼저 떠오르는 열대상품은 바나나와 커피이지만, 열대작물은 이들만이 아니다. 콩은 아마 더 놀라운 사례일 것이다. 여러 기후에서 재배되는 콩은 북아메리카와 중국의 주된 상품작물이다. 남미에서 이 작물을 위해 제거된 토지 피복은 놀라울 정도로 증가해 1960년에는 콩을 재배하지도 않았던 브라질이 오늘날 2,000만 헥타르가 넘는 면적에서 콩을 재배한다. 이러한 상품작물의 확장은 모두 미국과 유럽에 있는 기업에 의해 진행되며, 이는 결국 삼림 면적의 감소로 이어진다.

그러므로 유럽과 북아메리카와 같은 곳에서 삼림 재성장을 보조하는 여유는 열대 국가에서 삼림을 제거하며 생겨난 이윤에 기초한 경제 성장과 풍요에서 나온다. 이러한 면에서 발전 국가의 삼림 천이는 다른 곳의 삼림 손실에 달려 있다. 유럽의 삼림 증가는 세계 다른 곳의 지속적인 벌목에 기초한다. 이에 따라 정치경제학적 접근에서는 삼림 복원 자체는 인정하지만, 이것을 삼림 피복이 착취되는 지역에서 축적되는 지역으로 이동한 것이라 본다. 벌목의 위기는 경제 성장으로 해결된 것이 아니라, 단지 주변으로 이동한 것뿐이다.

### 벌목에 저항하기

정치경제학적 사고에 따르면, 이러한 삼림 착취의 결과로 나타난 지역 노동자와 생산자의 생산량 감소 및 빈곤한 경제 상황은 환경 파괴의 개선을 요구하는 조직의 등장으로 이어진다. 이러한 정치적 행동은 자본주의 농업에 내재되어 있는, 필연적으로 환경 체계의 재생산 능력과 경제를 쇠퇴시킬 수밖에 없는 자본주의의 이차적 모순■에 기인한다. 달리 말하면, 경제 발전의 지속은 삼림 피복 제거에 달려 있고 또한 회복을 불가능하게 만든다. 삼림 회복은 오직 한 길, 경제 성장의 실패와 역효과로 등장한 사회적·정치적 행동을 통해서만 가능하다.

이러한 삼림 행동주의는 세계 곳곳에서 목격된다. 1970년대 초반 인도 우타란찰 지역에서 시작된 칩코(Chipko, 칩코는 힌두어로 '굳게 지킴'이라는 뜻) 운동의 사례를 살펴보자. 이곳에서는 정부 허가를 받은 계약자가 이윤을 목적으로 벌목을 하려 하자 지역 주민, 특히 여성들이 나무를 자신들의 몸으로 에워싸 이를 막았다. 이는 전통적인 공동체 토지를 남용하는 삼림 업자와 정부에 제재를 가하는 더욱 광범위한 정치적 행동이 전개될 수 있는 길을 열었다. 이 운동은 수백 년 전에 통치자의 궁전 건설을 위해 삼림을 제거하려고 왔던 나무꾼에 맞서 나무를 에워싸며 보호하려다 살육당한 라자스탄 주의 비시노이(Bishnoi) 교도의 신화적인 사건을 모델로 삼은 것이다. 이 경우 벌목 위협에 대한 대응은 놀랍게도 여성의 행동으로 나타났다. 이것은 제6장에서 언급했듯 가사 활동에서 남녀 간의 차이가 존재하고, 사회적 재생산■의 문제를 주로 여성이 감당하고 있는 한 정치경제적 활동과 저항은 젠더화되는 경향이 있다는 현실을 반영한다.

브라질은 다른 상징적인 사례를 보여준다. 삼림을 관통하는 도로를 건설하려던 정부의 계획, 벌목업자들의 이해와 맞물려 있었던 이 계획은 삼림에 큰 영향을 주지 않았던 전통적인 삼림 이용자들의 연합 국가고무채취위원회(National Council of Rubber Tappers)의 반대에 부딪혔다. 고무 채취자와 다른 소규모 생산자, 기타

**자본주의의 이차적 모순** 마르크스주의에서 사용되는 용어로, 스스로를 영속화하려는 자본주의 체제의 시도가 자연자원의 고갈이나 노동자의 건강 악화 등을 유발함으로써 도리어 환경 조건을 붕괴시키는 상황을 일컫는다. 마르크스주의는 이러한 과정이 최종적으로 자본주의에 저항하는 환경운동이나 노동운동을 낳아 새로운 형태의 경제를 등장시킨다고 본다. 자본주의의 일차적 모순과 비교해볼 것.

**사회적 재생산** 보수 없는 노동, 특히 가사노동 등에 의존하는 경제 부문을 지칭한다. 이 경제 부문이 없다면 공식적인 화폐경제는 난관에 봉착하고 붕괴될 것이다.

토착 공동체 집단에 대한 정부의 오랜 전쟁은 대규모의 폭동으로 이어졌고, 1988년 고무 채취자의 지도자인 멘데스(Chico Mendes)가 살해당했다. 이 사건 이후 부분적으로나마 지역 주민과 삼림 이용자의 권리를 보호하기 위해 아마존에 채취 보존구역이 만들어졌다.

정치경제학적 관점에서는 시장과 경제가 경관을 변화시키는 것을 허용하거나 권장하며 방관하는 것을 어리석다고 본다. 대신 지역 경제와 생계를 방어하려면 칩코 운동이나 고무 채취자들의 투쟁, 기타 많은 운동들이 보여주듯 직접적으로 정치적인 행동을 해야만 성공할 수 있다고 주장한다.

## 윤리, 정의, 형평: 나무는 남아 있어야 할까?

하지만 제6장에서 언급한 것처럼, 사회와 환경의 관계를 전적으로 인간의 경제적 이익으로만 해석하는 정치경제학적 접근의 주장은 몇 가지 결점을 가지고 있다. 가난한 지역 공동체뿐만 아니라 글로벌 엘리트를 포함해 전 지구적 대중들에게 확장되고 있는 환경 의식은 어떻게 설명할 수 있을까? 그리고 일부 사람들이 지지하는 생태중심주의■의 가치는 어떻게 삼림 보호, 관리에 관한 의사결정, 그리고 사회적·환경적으로 더 바람직한 결과로까지 확대될 수 있을까? 어떻게 윤리와 법적 도구를 사회와 나무 간의 관계 회복을 위해 지금 여기에서 사용할 수 있을까?

이 질문들은 나무들이 법정에서 실질적인 법적 권리와 지위를 가져야 하는가를 물었던 법학자 스톤(Christopher Stone)에 의해 가장 직접적으로 다루어졌다(Christopher Stone, 1974). 그는 서양 계몽주의와 관습법 전통의 역사가 초기에는 아무런 권한이 없던 이들이 점차 시간이 지나면서 권한을 갖게 되는 역사라고 주장한다. 가령, 수백 년 동안 서양 법률에서 어린이들은 권리를 가지지 못했다. 이들의 법적 처벌, 노동, 결혼은 가장의 손에 달려 있었다. 전통적 가부장제하의 여성, 노예제하의 흑인, 봉건제하의

**생태중심주의** 생태적 중요성은 인간에 우선하며, 행위의 옳고 그름을 판단하는 데 중심이 되어야 한다고 주장하는 환경윤리 입장으로서 인간중심주의와 대비된다.

토지 무소유자 등도 마찬가지였다. 이 사람들이 다른 이들(특히 성인, 백인, 토지소유자)과 같은 법적 권리를 가지지 못했다는 것이 오늘날에는 터무니없는 것으로 보일 수 있으나, 오랫동안 이것은 실제로 있었던 일이다. 스톤은 법적 권리를 가진 사람과 사물의 수가 서서히 확장되었다고 주장했다. 최근의 법체계에서 가장 놀라운 것은 기업이 실제로 개인으로서의 법적 지위와 권리를 가진다는 것이다.

### 무엇이 권리를 가진다는 것은 어떤 의미일까?

스톤이 말하는 '권리'를 가진다는 것은 형식적·법적 의미에서 권리를 갖는다는 뜻으로, 이것은 다음의 조건을 내포한다. 첫째, 만일 누군가가 구체적인 권리(가령, 투표권)를 가졌다면, 법정과 같은 공공기관은 인간의 권리를 침해할 수 있는 행동에 대해 검토해야 한다. 둘째, 사람은 자신의 권리를 보호하기 위해 법적 행동을 할 수 있는 능력, 또는 그 사람을 대신하는 보호자가 법적 행동을 할 수 있는 능력을 가져야 하며, 법원은 판결을 내릴 때 그 사람의 권리에 대한 침해를 고려해야 한다. 일반적으로 법적 권리가 없는 사물의 경우, 보통 그에 대한 권리를 가진 사람의 재산으로 고려된다.

현 시점에서 나무는 확실하게 권리를 가지고 있지 않다. 가령, 나무를 자르는 것은 나무를 위한 일이 아니지만, 그 일을 한 사람이 나무의 소유자라면 사법기관의 조사를 받을 일은 없다. 만일 나무 벌채가 특정 법(나무가 희귀 조류에게 생존 장소를 제공하는 경우에 적용될 수 있는 미국의 멸종위기생물 종법)을 위반하면 법정에서 조사를 받겠지만, 이 역시 나무를 개인으로서 고려하거나 이것의 권리를 보호하는 것은 아니다.

이것은 모든 종류의 자연적 존재와 대상에게도 마찬가지이다. 가령 강을 오염시키는 행동은 법적으로 금지되어 있다. 하지만 이것은 강이 스스로를 위해 오염에 저항할 권리를 갖는다는 의미가 아니다. 강 가까이에 살면서 물을 마시거나 이용하는 사람이 그 권리를 누릴 뿐이다. 더욱이, 만일 누군가가 강 오염에 따른 피해에 대해 금전적 보상을 해야 한다면, 이는 강 자체에 대한 것이 아니라 하류에 살고 있는 사람에게 지불하는 것이다.

### 나무의 권리는 어떤 것일까?

스톤은 나무를 위한 법적 권리가 벌목의 불법화를 의미하는 것은 아니라고 지적한다. 그는 사람들이 권리를 갖지만, 언제 어느 때고 그것을 행사하지는 못한다는 점을 강조한다. 때때로 개인의 권리는 '제약되고' 제한받는다. 벌목처럼 나무에게 해가되는 모든 행위를 없앨 필요는 없다. 모든 권리가 모든 사물이나 사람에게 적용되는 것은 아니다. 가령, 기업은 법정에서 묵비권을 행사할 수 없다. 따라서 나무도 투표권이나 기타 적절치 못한 특정 권리들을 가질 필요는 없다.

다만 스톤은 현행법에 기초해 자연물의 어떤 구체적 권리의 윤곽을 그려낼 수 있을 것이라고 주장했다. 사물의 특정 권리 침해에 대한 법정 검토를 위해, 법적으로 의무와 기회를 가진 보호자나 대표자가 설정될 수 있다는 것이다. 이는 이미 어린이, 그리고 법정에서 자신의 이해를 온전히 대변할 수 없는 사람들을 위해 행해지고 있다(기업 역시 법적인 무능력자로 간주되어 대표자를 통해 자신의 이익을 대변한다).

어떤 이들은 나무가 자신들의 요구를 표현할 수 없다거나, 토지는 이미 국가 기관 형태의 보호자를 갖고 있다고 주장하기도 한다. 이에 대한 반론은 첫째, 스톤이 지적했던 것처럼 보호자는 항상 자신이 법적으로 대변하는 사람의 요구를 가장 중시해야 하는데, 둘째, 정부 보호자는 문제가 되는 존재, 즉 나무의 이익 대신 정부 자신의 이익을 대변한다는 것이다. 실제로 이 두 가지의 모순으로 발생한 사례는 셀 수 없이 많다. 요컨대, 스톤에 따르면 나무, 어류, 해양, 강 등으로까지 권리의 범위를 확대하는 것에는 그 어떤 법적·실질적·윤리적 문제가 없다.

이러한 접근은 삼림의 문제에 접근하는 시장의 관점과 완전히 다르다. 삼림 감소의 개선에 대한 시장 접근은 아마도 벌목이 인간에 미치는 비용을 평가하고, 삼림 벌채를 단념시키는 경제적 동기를 제공해 재삼림화를 유도할 것이다. 반면 권리에 기반을 둔 시나리오에서는 벌목이 나무 자체에 끼치는 피해를 법정에서 계산하고, 저울질하며, 평가할 것이다.

마찬가지로 이는 벌목에 대한 정치경제학적 접근과도 상당히 다르다. 가령, 정치경제학적 접근은 지역 생산자로부터 가치를 착취하는 거대 기업과 정부의 이익 추구

**인간중심주의** 자연에 대한 인간 행위의 옳고 그름을 따질 때 인간을 중심에 두는 윤리적 관점으로서 생태중심주의와 대비된다.

가 불공평한 행동이라고 강조한다. 또한 문제가 되는 삼림의 생산적 가치의 감소를 지적하고 지역 주민의 권리를 방어하기 위한 직접적인 정치적 행동을 요구한다. 반면, 자연의 권리 접근은 나무 자체에 대한 착취를 인정할 것을 강제하고, 파괴로부터 지역 주민과 나무 자체를 모두 보호하는 법적 메커니즘을 동원할 것이다.

이 접근은 삼림이 이익을 가져다주는 벌목의 대상인 동시에 살아 있는 생명체인 나무로 구성되어 있다고 본다. 이는 인간중심주의■ 사고방식과 반대되지만 삼림을 통해 나무를 보는 가장 좋은 관점일 것이다.

## 나무 펴즐

이 장에서 우리가 살펴본 내용은 다음과 같다.

- 전 세계 삼림의 범위와 구성은 지구와 인류의 역사 속에서 엄청나게 변화해왔다.
- 나무 및 삼림과 인류 사이의 복잡하고 깊은 감성적 관계는 역사적으로 과거의 삼림 파괴뿐 아니라 종종 삼림 회복에 대해 지나친 편집증적 집착을 야기했다.
- 최근 수세기 동안의 인간 활동은 삼림 피복의 전반적인 감소와 분명하게 연계되어 있다.
- 삼림 피복은 실제로 일부 지역에서 증가하고 있지만, 삼림 피복 변화를 추적한 자료는 간단명료하지 않다.
- 삼림 생태학의 역학은 삼림 보호에서, 특히 지구 기후변화의 영향으로 상황이 복잡해졌을 때 인간이 맡는 역할에 대해 의문을 제기한다.
- 벌목 문제에 대한 시장 접근은 삼림 복원 이론과 경제 성장 및 발전을 통한 삼림의 회복을 강조한다.
- 벌목에 대한 정치경제학적 접근은 삼림 피복 감소를 삼림의 가치가 — 주로 상품 생산을 통해 — 다른 곳으로 이동한 결과라고 설명한다.
- 정치경제학적 접근에서 벌목은 오직 생산자, 그리고 영향을 받는 지역 주민들의 직접적인 정치적 행동을 통해서만 거부될 수 있다고 강조한다.
- 윤리학적 기반의 접근은 만연하는 삼림과 나무의 파괴를 다루기 위해 자연물에 법적 권리를 확대 적용하고자 할 것이다.

버클리의 참나무 삼림으로 돌아가 보자. 시위대의 영웅적인 노력과 행동 단체의 법적 노력이 있었음에도 이 나무들은 이제 존재하지 않는다. 버클리와 같은 북아메리카 도시에서 나무의 새로운 가치 평가를 통해 삼림 복원이 이루어질 수 있을까? 시위는 나무보다 운동 시설에 우선순위를 두는 근본적인 정치경제적 구조의 제약에 대한 저항이 아니어서 실패한 것일까? 여태까지 나무의 권리 그 자체가 법적으로 인정받은 전례가 없기 때문에 법적 행동은 불충분한 것이었을까?

이러한 질문에 대한 대답이 무엇이건, 버클리 시위자들은 무언가 근본적인 것을 알고 있었고 그것을 증명했다. 나무는 환경과 사회 간의 상호작용의 역사에서 가장 오래된 문제 중 하나이며, 삼림의 급격한 감소와 회복은 지구상에서 가장 분명하게 나타나는 인류 활동의 흔적이다. 이 문제를 알리기 위해 도끼와 나무 사이에 서는 것은 관심을 얻기 위한 매우 강력하고 효과적인 방법이었다.

### 검토 질문

1. 클레멘츠의 이론에 따라 교란과 천이를 통해 극상으로 변화하는 삼림의 변천을 기술해보자.
2. 클레멘츠의 천이 이론으로부터 관리와 관련된 어떤 함의를 도출할 수 있을까? 현대의 생태 이론은 어떻게 이러한 개념을 바꾸었을까?
3. 일반적으로 삼림 복원 이론은 무엇을 예측할까? 이 예측은 무조건 좋은 뉴스로 받아들여져야 할까?
4. 지구 남부 지역에서의 삼림 감소가 그 지역과 지구 북부 지역 간의 식민관계의 연장이라고 말하는 이유는 무엇일까?
5. 스톤의 주장은 삼림의 보전과 관리를 위한 진정한 생태중심주의적 기반을 확립했을까? 왜 그럴까?

### 연습 문제: 삼림과 제도

이 장은 나무의 문제가 인구, 시장, 정치경제학, 윤리의 관점에서 어떻게 해결될 수 있는지를 검토했다. 삼림 감소에 대한 분석이나 해결 방법을 제도, 집단행동, 공동재산 이론에 기초해 찾아볼 여지가 있을까? 삼림과 벌목이 어떻게 집단행동의 문제가 될 수 있을까? 삼림 피복 감소에 대한 제도적인 해결 방법은 어떤 것일까? 나무를 공공재로 보는 시각의 한계는 무엇일까?

■ **추천 문헌**

Hecht, S. and A. Cockburn. 1989. *The Fate of the Forest: Developers, Destroyers and Defenders of the Amazon*. London: Verso.

Shiva, V. 1988. *Staying Alive: Women, Ecology and Development*. London: Zed Books.

Tudge, C. 2005 *The Tree*. New York: Three Rivers Press.

Vandermeer, I. and I. Perfecto. 2005. *Breakfast of Biodiversity: The Truth about Rainforest Destruction*(2nd edn). Oakland, CA: Food First.

Williams, M. 2006. *Deforesting the Earth*. Chicago, IL: University of Chicago Press.

# 제10장

## 늑대 Wolves

자료: http://commons.wikimedia.org/wiki/File:Wolf_dierenrijk_2009.JPG?uselang=ko.




**Keywords**

- 국가환경정책법
- 남성성
- 멸종위기
- 보전 생물학
- 생물다양성
- 생태중심주의
- 영양 단계
- 윤리/윤리적
- 이해당사자
- 인간중심주의
- 자연자원 관리
- 재야생화
- 적소
- 정점 포식자
- 지속가능한/지속가능성
- 지속가능한 최대 생산
- 정상 멸종 비율

## 1995년 1월 12일, 옐로스톤 국립공원

'루스벨트 아치'는 국립공원 관리청의 가장 유명하고 널리 알려진 상징물 중 하나이다(〈사진 10.1〉). 루스벨트 대통령 재임 초기인 1903년에 만들어진 이 건축물은 세계 최초의 국립공원 북쪽의, 가장 오래된 입구를 표시한다. 미국 의회는 1872년 창립 문서에 언급한 바와 같이 '국민의 이익과 즐거움을 위해' 옐로스톤 국립공원을 만들었다. 공원을 만든 후 123년 동안 1억 명 이상의 방문자가 세계적으로 유명한 간헐천, 폭포, 야생생물을 보고 즐겼다. 대부분의 방문자들은 성수기인 여름 몇 달 동안에 공원에 온다. 옐로스톤의 겨울 시즌 아침은 비교적 한산한 편이다. 그러나 1995년 1월 12일의 아침은 결코 한산하지 않았다. 수백 명의 사람들이 루스벨트 아치 근처의 도로를 가득 메웠다. 지역 및 전국 언론이 치열하게 최적의 카메라 각도를 위해 자리싸움을 하며 공식 인터뷰를 위해 경쟁했다. 도대체 무엇 때문에 그 난리였을까? 무엇이 영하의 날씨에도 이 사람들을 밖으로 나오게 했을까?

군중들은 옐로스톤의 가장 유명한 서식자 중 하나가 귀환하는 것을 목격하기 위해 모인 것이다. 유명 인사의 차량 행렬 중심에는 개조된 말 운반용 트레일러가 있었다. 트레일러 안의 작은 우리 각각에는 늑대 여덟 마리가 갇혀 있었다. 그들의 목적지는 공원 안쪽으로 대략 65km가량 들어간 곳에 위치한 라마 계곡(Lamar valley)이었다. 연방정부는 대담하게도 수십 년 전 그곳에서 사라진 늑대를 다시 공원으로 들여오기로 한 것이다. 이 행렬은 수많은 카메라 세례와 군중들의 환호를 받으며 아치 밑을 지났다. 공원에 들어서 행렬이 멈추었을 때 미국 내무부(정부 산하 공원시설 책임 기관) 장관의 비서 배빗(Bruce Babbitt)과 어류 및 야생동물 협회(멸종위기 동식물 관리 기관)의 소장 비티(Mollie Beattie)가 군중을 향해 짧은 연설을 했다. 배빗은 "구원의 날이자 희망의 날"이라고 말했다(Fischer, 1995: 161). 적어도 몇 시간 동안 그 분위기는 고조되었다가, 금방 반전되었다(〈사진 10.1〉).

그 전날 밤, 와이오밍 농업국(가축 사육을 포함한 농업 이익 대변 단체)은 긴급히 연방법원에 늑대 재반입을 중지시켜야 한다고 제소했다. 이 경우 판사가 제소 검토에 필요한 시간만큼 유예(임시 행위 중단)를 선언하는 것이 일반적 관행이었고, 판사는 늑대의 귀환에 대해 48시간 동안의 임시 중단 명령을 내렸다. 이는 늑대들이 이틀간을 우리에 갇혀 있어야 한다는 뜻이었다. 늑대에게 약물을 투여해 그 시간 동안 우리에 가두어두는 것은 위험한 일이었기에 관리인들은 후속 조치를 위해 분주히 움직였다. 마침내, 판사는 제소에 대해 예상보다 빠른 당일 밤 10시 30분쯤에 임시 중단 조치를 해지했고, 그때서야 늑대들은 우리에서 나와 옐로스톤 눈속으로 풀려날 수 있었다. 환경론자들은 환호했다. 많은 사람들이 옐로스톤이 마침내 다시 '완전'하게 되었다고 말했다. 그러나 농장주와 많은 지역 주민은 분한 마음으로 이 행사를 지켜보았다.

**〈사진 10.1〉** 루스벨트 아치를 통과하는 늑대들

1995년 1월 12일 늑대를 실은 자동차 행렬이 환경론자, 언론, 그리고 소풍을 나온 학생들의 눈앞에서 루스벨트 아치문을 통과하고 있다.
자료: 미국 국립공원관리국(National Park Service).

과거 거의 모든 자연에서, 심지어 국립공원에서조차 의도적으로 제거되었던 늑대에게 어떻게, 그리고 왜 이런 일이 벌어지게 된 것일까? 더 나아가 늑대의 옐로스톤 복귀에 대한 열광과 반대의 감정 양자를 어떻게 설명할 수 있을까?

## 늑대의 간략한 역사

늑대[엄밀히 말해서 'Canis lupus'라는 학명으로 불리는 '회색늑대(gray wolf)']는 갯과 동물(Canidae) 중 가장 몸집이 큰 축에 속한다(〈사진 10.2〉). 다른 갯과 동물로는 여우, 코요테, 자칼, 아프리카 들개, 집에서 기르는 개 등이 있다. 실제로 개는 유전적으로 늑대와 상당히 비슷해 거의 늑대의 아류 종(Canis lupus familiaris)으로 간주된다. 모든 종류의 개들은 생물학적으로 늑대의 후예일 것이다. 회색늑대의 많은 아종도 밝

〈사진 10.2〉 회색늑대(Canis lupus)

자료: http://en.wikipedia.org/wiki/File:Howlsnow.jpg.

혀졌는데, 심각한 멸종위기에 있는 미국 남동부의 붉은늑대(Canis lupus refus), 멕시코늑대(Canis lupus baileyi), 이란늑대(Canis lupus pallipes)가 여기에 포함된다.

회색늑대는 수십만 년 전부터 서서히 진화해 현재의 모습이 되었다. 늑대는 북아메리카에서 진화해 잇따른 빙하기 — 이때는 땅과 얼음으로 이루어진 다리가 북아메리카와 유라시아를 연결하고 있었다 — 를 거치며 북아메리카와 유라시아 전역으로 퍼졌다. 적응력이 매우 뛰어난 늑대는 사막, 초원, 숲, 툰드라 생태계에 서식한다. 성숙한 늑대의 크기는 20kg(가장 작은 종인 아라비아늑대)에서 45kg(가장 큰 종인 북부회색늑대) 이상에 이르기까지 다양하다. 털 색깔 역시 백금색에서 회색, 갈색, 검정색까지 다양하며, 심지어 좁은 지역 안에 분포한 개체끼리도 서로 색깔이 다르다. 대부분의 늑대들은 떼를 지어 사냥하고 주로 유제류 — 발굽이 있는 포유류로 엘크, 사슴, 영양, 버펄로와 같은 야생종과 소, 양, 염소와 같은 가축을 포함하며, 몸집이 크고 넓은 지역에 분포해 있다 — 를 잡아먹는다. 이것은 늑대가 농업에 기반을 둔 인류 사회에서 오랫동안 공포와 우려의 대상이 되었던 주된 이유 중 하나이다. 가축화된 유제류는 세계 각지에 분포해 있었고, 그 모든 곳에서 늑대의 공격을 받았기 때문이다.

인간과 갈등을 겪었음에도 늑대는 역사의 영역을 넘어 현재까지도 우리 곁에 존재하고 있다(〈도표 10.1〉 및 〈표 10.1〉). 유라시아 늑대는 동쪽으로는 러시아 연방의 시베리아 동부, 몽골, 중국의 일부 지역에 살고 있으며, 20세기 초까지는 일본에서도 최소 2개의 아종이 서식하고 있었다. 유라시아 늑대가 가장 많이 서식하는 곳은 시베리아 남서부에서 중앙아시아 국가 일대이다. 또한 아주 심각한 멸종위기에 처해 있기는 하지만 방글라데시에서 인도 대륙을 거쳐 아라비아 반도로까지 서진(西進)한 야생 늑대도 있으며 — 그 분포와 숫자에 대해서는 거의 자료가 없다 — 심지어는 대략 50마리의 아주 적은 수일지언정 아프리카 이집트에 서식하고 있는 늑대들도 있다. 게

〈**도표 10.1**〉 알려진 늑대 개체 수 세계 지도

**자료**: 국제 늑대 센터: http://www.wolf.org/.

다가 놀랍게도 늑대는 현재까지도 유럽 대륙 대부분의 지역에서 돌아다니고 있다. 단지 영국 제도에서만 수백 년 전에 멸종했을 뿐이다. 북아메리카의 경우 유럽인들이 정착한 후 대륙 전체의 늑대 개체 중 절반 정도가 제거되었지만, 알래스카와 캐나다 등지에서는 여전히 상당수의 늑대가 발견되고 있다.

〈**표 10.1**〉 늑대 개체 수가 2,000마리 이상인 국가

| 국가 | 늑대 개체 수 |
| --- | --- |
| 캐나다 | 52,000~60,000 |
| 카자흐스탄 | 30,000 |
| 러시아 | 25,000~30,000 |
| 몽골 | 10,000~20,000 |
| 중국 | 12,500 |
| 미국 | 9,000 |
| 키르기스스탄 | 4,000 |
| 타지키스탄 | 3,000 |
| 벨라루스 | 2,000~2,500 |
| 스페인 | 2,000 |
| 우크라이나 | 2,000 |
| 우즈베키스탄 | 2,000 |

**자료**: Mech and Boitani(2003).

### 늑대 무리의 성공

늑대는 약 다섯에서 여덟 마리의 대가족으로 무리 지어 생활한다. 더 큰 무리가 목격되기도 하지만 극히 드물다. 보통 매년 무리 중 오직 한 마리의 암컷만이 그 무리의 수컷 한 마리와 교미한 후 새끼를 갖는다. 한 번에 태어나는 새끼들의 수는 일반적으로 여섯에서 여덟 마리이지만, 현장 생물학자들은 적게는 한 마리에서 많게는 14마리까지

의 새끼도 발견했다. 눈도 뜨지 못하고 소리도 듣지 못하는, 체중이 겨우 450g인 늑대 새끼들은 육식동물과 적을 피해 은신처인 굴에서 태어난다. 무리 전체가 새끼들을 양육하지만, 가장 열성적인 개체는 생물학적 부모이다. 새끼들에게 처음 몇 주 동안은 집중적으로 젖을 먹이지만, 이후에는 늑대 무리들이 먹고 토해내는 고기를 먹인다. 수개월 만에 새끼들은 날고기를 먹기 시작하며, 그들의 사회 활동은 놀이 이상으로 확대된다. 첫해에는 대부분 무리로 사냥을 한다. 어린 늑대들은 1년에서 4년 6개월 정도 무리에 속한 구성원으로 지낸다.

늑대 무리의 사회 구조는 무리의 생존과 재생산의 모든 면과 밀접하게 연관되어 있다. 늑대 무리에는 계급이 적어도 세 가지가 존재한다. 암컷, 수컷 그리고 성별과 관련 없는 세 번째 계급이 그것인데, 이는 계절마다 바뀐다. '알파' 늑대라고도 불리는 우두머리 수컷과 암컷은 항상은 아니지만 대개 그해에 태어난 새끼들의 부모이다. 또한 늑대는 사회적으로 조직된 활동을 통해 새끼 양육, 영토 방위와 사냥을 수행한다. 어딘가 익숙하지 않은가? 늑대와 인간 사회의 유사성을 다룬 글들을 쉽게 찾아볼 수 있을 것이다.

늑대의 사회 구조는 우리 인간의 그것처럼 진화론적으로 성공적인 것임이 입증되었다. 어린 늑대들은 결국 자신의 무리를 떠나 '분산'하며, 짝과 서식지를 찾는 이 외로운 늑대들이 짝짓기에 성공하면 새로운 무리가 만들어진다. 아일로열 국립공원(Isle Royale National Park, 슈피리어 호수 내의 섬)에서는 어린 늑대 한 쌍이 주인 없는 영역에 자리 잡아 첫해에 일곱 마리의 새끼를 성공적으로 길러낸 적도 있다. 이러한 450%의 증가는 예외적으로 높지만, 늑대는 보통 이렇게 매우 높은 번식률을 보인다. 가장 높은 번식률은 새로이 빈 지역에 정착할 때(예를 들어, 옐로스톤 공원에서 새로운 서식지를 잡은 처음 몇 해간)나 인간 행동이나 질병과 같은 자연적 사망 요인에 의해 개체 수가 상당히 줄어든 이후 몇 년 동안에 나타난다. 일반적으로 연 30~50%씩 증가하는 늑대 개체 수는 보통 2년 안에 두 배로 증가한다.

## 늑대의 생태적 역할

생태계는 자연 환경과 상호작용하는 식물과 동물이 집합적으로 거주하는 지리적 지역으로, 먹이사슬 등 다수의 영양 단계(trophic levels)■를 포함한다. 쉽게 말해, 광합성을 하는 식물을 초식동물이 먹고, 이 초식동물을 육식동물이 먹으며 먹이사슬을 이루는 것이다. 늑대는 정점 포식자(일상적으로 '정상부 육식동물'로 불림)■로 자연적·일상적 약탈자가 없다. 대다수의 생태계는 다양한 정점 포식자를 가진다. 가령, 로키 산맥 북부의 늑대, 회색 곰, 스라소니, 오소리, 검독수리는 모두 정점 포식자이다.

**영양 단계** 생태적 먹이사슬 내에서 이루어지는 에너지 흡수와 전이의 평행 수준을 말한다. 지구 생태계에서 광합성 식물은 영양 단계의 기본을 형성하고, 초식동물, 육식동물이 차례로 그 상위의 먹이 그물 사슬을 연쇄적으로 형성한다.

**정점 포식자** '정상부 육식동물'로 어떤 생태계건 영양 단계의 정상부를 차지하는 동물이다. 최상위 육식동물은 자연적 약탈자가 없다.

**생물다양성** 지역, 생태계 또는 전 세계에 존재하는 생명체의 전체 다양성과 종류로 일반적으로 환경 체계의 건강함을 측정하는 척도로 사용한다.

특정 생태계의 생물다양성■은 무생물 요인과 생물 요인의 수로 결정된다. 무생물 요인은 이용할 수 있는 물, 번개, 폭풍, 혹한 등을 가리킨다. 생물 요인은 경쟁, 질병, 기생, 포식자, 이용 가능한 먹이, 서식지와 같이 생존을 제약하는 요인들을 포함한다. 생태계 내 종의 분포와 풍부함에 영향을 미치는 또 다른 분류 방법은 생물 요인을 '상향식' 과정과 '하향식' 과정으로 나누는 것이다(Mech and Boitani, 2003: 41). 상향식 과정은 먹이사슬의 밑바닥, 최소한 낮은 영양 단계에서부터 시작하는 것이다. 가령 특정 생태계 내의 토착 식물 종의 분포가 도입된 외래종에 의해 급격히 감소하고 이 감소가 특정 초식동물 종의 감소 원인이 되었다면, 이것은 다시 이들 초식동물에 의존하는 육식동물의 감소로 이어지게 된다. 이런 식으로 이루어지는 육식동물 개체에 대한 통제가 바로 **상향식**으로, 소비자와 육식동물의 개체에 영향을 미치는 기반 자원의 한계가 핵심적인 요소이다. 따라서 상향식 효과는 종의 구성, 생물다양성, 생태계의 안정성을 변화시킬 수 있다.

생태계 내 생물 종의 분포와 풍부함은 또한 **하향식** 과정에 의해서도 조절된다. 가령, 육식동물의 **부재**는 먹이 종의 분포, 수, 행동에 영향을 준다. 늑대가 전 세계의 수많은 생태계에서 사라졌던 것처럼 특정한 정점 포식자가 생태계에서 제거된다면 이들의 먹이였던 동물의 수는 최소한 일시적으로라도 증가할 것이다. 이것은 단순히

**적소** 대규모 생태계 내부에서 생태적 기능을 충족하는 유기체나 종의 입지를 가리키는 생태학 용어이다.

포식자 수의 감소나 멸종 이상의 결과를 불러온다. 포식자의 위협으로부터 자유로워진 먹이 종들은 숨거나 피난처를 만드는 데 적은 시간을 소비하게 되어 재생산에 쓸 시간과 에너지가 많아진다.

늑대가 제거된 생태계에 사슴이나 엘크가 더 많아지는 것이 왜 문제일까? 상향식 과정과 마찬가지로 하향식 과정의 영향 역시 먹이사슬 바로 아래쪽의 영양 단계에서 그치지 않는다. 그것은 마치 폭포수가 떨어지듯 여러 단계로 파급된다. 바로 여기에서 우리는 늑대의 생태적 역할 – 생태학자들은 이것을 적소■라 부른다 – 이 얼마나 중요한지를 알게 된다. 앞선 예시에서 만약 늑대가 제거되고 사슴과 엘크 수가 증가하면, 이는 아래의 영양 단계에 영향을 미친다. 초식동물인 사슴과 엘크 수가 증가하면 그 지역 식생에 영향을 미치기 때문이다.

옐로스톤 국립공원은 늑대가 비교적 최근에 사라지고 수십 년 후에 재도입된 곳이기 때문에 이러한 하향식 효과를 볼 수 있는 좋은 실험장이라 할 수 있다. 생물학자 스미스(Douglas Smith)는 늑대를 재도입한 이후의 옐로스톤 국립공원에 대해 "늑대가 있을 때와 없을 때의 야생 체계의 차이를 알 수 있는 최고의 기회"라고 말했다(Smith and Ferguson, 2005: 118).

1995년 재도입된 늑대는 어떤 변화를 일으켰을까? 가장 두드러진 변화 중 하나는 버드나무의 빠른 복원이다. 늑대가 재도입된 후 버드나무를 먹는 엘크는 끊임없이 이동하면서 특정한 버드나무를 집중적으로 먹을 수 없었다. 나아가 버드나무가 회복하자 이것을 이용해 댐이나 집을 짓는 비버가 다시 등장하게 되었다. 이들 댐은 한 번 복구되면 파충류와 양서류의 확산으로 이어진다. 늑대로부터 죽임을 당한 시체들이 있는 지역에서는 독수리, 까치, 까마귀의 증가가 포착되었다. 또한 시체는 딱정벌레와 같은 무척추 종의 먹이가 되거나 흙 속에서 분해되어 유기퇴적물을 공급하는 토양 영양분이 된다. 결론은 간단하다. 옐로스톤 생태계는 늑대가 살게 되면서 이전과 다른 장소가 되었다. 그렇다면 옐로스톤과 같은 거대한 국립공원이 늑대가 제거된 상태를 그대로 유지했다면 어떻게 되었을까?

〈**도표 10.2**〉 미국 내 회색늑대의 서식 범위 추정

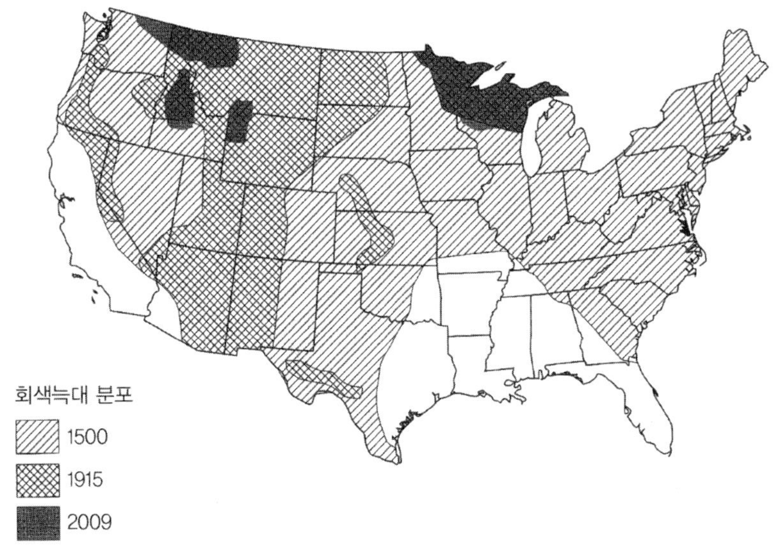


자료: 2009년 분포는 USFWS: www.fws.gov/, Sightline.org: www.sightline.org/을 참조했고, 1915년 분포는 Young and Goldman(1944), 58페이지를, 1500년 분포는 Mech(1970), 31페이지를 참조했다.

## 300년 동안의 학살: 미국에서의 늑대 제거

유럽계 미국인들이 새로운 세계에 정착할 때 늑대는 거의 대륙 전역에 서식하고 있었다. 현재의 캘리포니아 일부 지역과 대평원의 일부 지역에만 늑대가 서식하지 않았다. 넓은 서식지만큼 늑대의 수도 놀라웠다. 미국 서부에서만 적어도 35만 마리가 서식했을 것으로 추정된다(Barclay, 2002). 1958년 미국과 멕시코에서 늑대는 거의 제거되었다(〈도표 10.2〉). 이같이 넓은 지역에 서식하던 많은 수의 지능적이고 적응력 있는 동물의 멸종을 무엇으로 설명할 수 있을까? 3세기가 넘는 동안, 늑대는 체계적으로 진행되어 결국 성공을 거둔 박멸 캠페인의 대상이었다.

정부가 늑대를 죽인 시민에게 지급하던 늑대 보상금은 미국 역사상 가장 오래된 세금 지출 형태 중 하나이다. 미국 식민지에서 지급한 늑대 보상금의 기원은 1630년까지 거슬러 올라가는데, 이는 보스턴에 개교한 최초의 공립학교보다 최소한 5년은 앞선 것이다. 늑대 제거를 위해 배정된 예산은 상당했다. 펜실베이니아 체스터 카운

티는 세수입의 28%를 늑대 보상금으로 지출했다. 18세기까지 다른 수십 곳의 지방자치단체에서도 늑대 포상금으로 예산의 10% 이상을 사용했다(Fischer, 1995). 죽이는 방법은 개별 사냥에서부터 조직화된 단체 사냥, '늑대 구덩이(땅에 구덩이를 파고 그 위를 덮은 지붕에 미끼를 놓아 늑대가 올라설 경우 구덩이에 빠지도록 만들 것)'에 이르기까지 다양했다. 늑대 박멸 캠페인은 성공적이었다. 1700년에는 대부분의 뉴잉글랜드에서 늑대가 사라졌고, 1800년에는 애팔래치아 산맥 동쪽에서도 사라졌다. 19세기에 이르러서는 동부 식민지의 모범을 따라 중서부에서도 보상금을 설정하고 빠르고 효과적으로 늑대를 제거했다. 예외적으로 늑대가 살아남은 곳은 캐나다와 접하고 있는 미네소타, 위스콘신, 그리고 미시간의 북부 삼림지역 정도였다.

남북 전쟁 이후, 대평원 지역에서의 늑대 제거는 역사적으로 잘 알려진 원주민의 보호구역 강제 이주와 동시에 일어났다. 인디언을 정복하기 위해서는 그들의 주요 생존 수단인 버펄로를 제거할 필요가 있었다. 남북 전쟁이 끝나고 수십 년 동안, 버펄로 사냥꾼들은 수천만 마리의 버펄로를 죽였다. 그 뒤를 이어 늑대의 체계적인 제거가 이루어졌다. 지난 19세기의 마지막 30년은 실제 가장 짧은 시간 동안 가장 많은 늑대가 죽은 기간이다.

목장주들이 서쪽으로 이동하면서, 소는 남은 늑대들의 주요 먹이가 되었다. 결국 생태계는 수십 년 만에 야생의 먹이가 풍부한 곳에서 야생의 먹이는 부족하고 가축이 풍부한 곳으로 변모했다. 적응력이 뛰어난 늑대는 유능한 가축 사냥꾼이 되어 서부 축산가들의 경제를 크게 위협했다. 총으로 쏴죽이고, 덫을 놓고, 독약을 사용했음에도, 배회하는 늑대 무리와 영리한 개별 늑대는 수십 년간 살아남았다.

배회하는 늑대 무리 중 다수가 연방정부의 땅에서 살았다. 20세기의 첫 10년 동안, 연방정부는 공식적으로 늑대 살상 사업을 시작했다. 사냥 관리자들은 늑대가 가축뿐 아니라 인간의 사냥감까지도 지나치게 많이 잡아먹는다고 느꼈다. 결국 옐로스톤 국립공원의 늑대는 1926년 공원 순찰대의 덫에 잡혀 사살된 개체 이후로 자취를 감추었다(Foreman, 2004).

20세기 초 수십 년간 미국에서는 민간 사냥꾼, 농장주, 연방 공무원의 손에 대략 수천 마리의 늑대가 죽었다. 1950년대에는 미국 전역에서 늑대를 성공적으로 제거시킨 늑대 박멸 캠페인이 국제적으로 확산되었다. 연방 공무원은 서부의 마지막 늑대들을 제거하는 데 공헌했던 치명적인 독약 '화합물 1080'을 멕시코로 가져갔다. 이후 8년도 채 지나지 않아, 회색늑대의 아류종인 멕시코늑대가 제거됨으로써 북아메리카 늑대 박멸의 대미를 장식했다.

대부분의 환경론자에게는 다행스럽게도, 현재의 환경 보전 시기가 도래함에 따라 늑대 박멸의 역사는 끝을 맺게 되었다. 1940년대 체계적인 늑대 박멸이 거의 끝나갈 무렵, 늑대는 점차 과학자와 보호 단체의 옹호를 받기 시작했다. 유명한 생태학자들은 학술 논문과 과학적이고 대중적인 책을 쓰며 늑대를 생태학의 측면에서 다루었다. 늑대는 자연의 안정을 위협하는 존재가 아닌, 거대한 생태적 과정과 네트워크의 일부로 부각되었다. 1960년대가 끝날 무렵, 현대적 환경보호 운동이 활발해지며 역사적으로 박해를 받던 생물 종이 운동가들의 주요 관심사 — 초기까지만 해도, '고래를 지키자!'라는 슬로건은 실질적으로 환경주의라는 말과 동의어였다 — 가 되었다. 획기적인 주요 법안들이 이러한 대중적 경향과 맞물려 제안되었다. 세계보전연합 구성원들은 1960년대에 '멸종위기에 처한 야생 동식물의 국제거래에 관한 협약(the Convention on International Trade in Endangered Species: CITES)'의 기초를 작성하고, 1973년에 서명했다(www.cites.org 참고). 그 이름에서 알 수 있듯이 CITES는 현재 멸종위기에 놓인, 또는 규제받지 않는 무역으로 위험에 처해진 동식물의 국제 교역을 금지하거나 엄격히 규제하는 내용을 담고 있다. 인도, 파키스탄, 네팔, 부탄의 늑대들은 CITES에서 가장 엄격한 수준의 보호가 필요하다고 규정한 이른바 '부속서 I'에 속한 종이다. 그 외의 모든 늑대들 역시 '부속서 II'에 속해 있어서 이 동물들, 혹은 이 동물들의 몸 일부(늑대 가죽과 같은)의 국제 무역은 감시와 엄격한 규제를 받는다.

1973년 미국은 기존 환경법보다 훨씬 더 광범위하고 의욕적인 멸종위기종보호법(the Endangered Species Act: ESA)을 통과시켰다(〈글상자 4.1〉 '멸종위기종보호법' 참고). 알래스카를 제외한 모든 지역의 늑대들은 ESA에서 제시한 초기 멸종위기종 리스트에 포함되어 있었다. 야생동물보호자(Defenders of wildlife)와 국립야생동물연맹(the

**〈글상자 10.1〉 육식동물 친화적인 소고기와 양모**

제1장에서 우리는 조화생태학, 자연과 사회의 관계에 대한 혁신적이고 지속가능한 모형을 이끌어내는 새로운 협력에 대해 논의했다. 최근 이러한 협력의 감탄할 만한 사례 하나를 로키산맥 북서부에서 찾을 수 있는데, 이곳의 목장주와 환경론자들은 토종 육식동물을 보호하면서도 목장주의 생계를 보장할 수 있는 동맹을 체결했다. 목장주와 환경론자 간의 오랜 역사적 반목 때문에 이 동맹은 유명해졌다. 이 두 집단이 심각하게 갈등했던 원인은 전통적으로 목장주들이 육식동물을 '보는 즉시 사살'하려 들었기 때문이다. 비록 세계 육식동물의 멸종이 온전히 목장주들의 탓만은 아니었지만, 토종 육식동물 보호가 가축업자들의 경제적 어려움보다 중요하다고 생각했던 환경론자들은 그들을 비난했다.

그러나 몇몇 지역의 목장주와 환경론자들은 이러한 입장 차이를 넘어 공공용지의 보존이라는 공동의 목표를 설정했다. 이들 공동의 적은 준교외(exurban) 개발이다. 급격히 성장하는 콜로라도의 포트콜린스, 몬태나의 리빙스톤과 같은 도시나 도회지 근처는 상당량의 공공용지가 구획화, 도로, 쇼핑몰 등으로 잠식되었다. 많은 환경론자들은 이러한 토지 이용 변화에 함께 저항할 최고의 동맹군이 호화저택과 주차장이 개발되는 땅에서 일하며 생활하는 가축 목장주임을 일찌감치 깨달았다. 환경론자·목장주 동맹은 이 지역에서 상당한 영향력을 갖춘 '보전 지역권(地役權)' 네트워크를 형성했다. 일반적으로 지역권은 목장·토지주가 자신들의 토지를 팔거나 분할하지 않겠다고 보증하면, 그 보답으로 이들에게 세금 감면이나 다른 재정적 장려금 등의 혜택을 준다. 이것은 목장주와 환경론자 모두가 윈-윈하는 결과로 이어졌다. 재정적 장려금은 목장주가 지난 수십 년간 이윤이 감소해온 가축 사육을 하면서도 생계를 유지할 수 있도록 도와준다. 또 환경론자의 입장에서 보면 공공용지를 보존하는 것(설령 그곳에서 소를 기른다 할지라도)이 준교외 개발로 서식지가 손실되고 분할되는 것보다 훨씬 더 바람직하다.

보전 지역권 운동으로 발전된 생산적 관계에 기초해, 일부 목장주와 환경론자들은 자신들의 동맹을 더욱 확장시켰다. 한층 새롭고 혁신적인 동맹 중 하나가 바로 '육식동물 친화' 인증 프로그램이다. 몬태나의 보즈먼에 기반을 둔 보전 조직 키스톤 콘서베이션(Keystone Conservation)은 목장주들이 치명적이지 않은 방법으로 가축을 관리할 경우 그들이 생산한 소고기와 양모에 '육식동물 친화' 인증 도장을 찍어준다. 여기에서 '치명적이지 않는 방법'이란 목장주가 엽총이나 독극물 대신 경비견을 사용해 가축들을 지켜내는 것을 말한다. 당연하지만 이때 목장주는 육식동물에게 더 많은 수의 가축을 잃게 된다. 그러나 생산자는 육식동물 친화적으로 생산된 소고기와 양모에 높은 가격을 지불할 의사가 있는 소비자들에게 상품을 판매해 높아진 운영비를 충당할 수 있을 것이다. 현재 육식동물 친화 인증 프로그램은 매우 작은 규모로 이루어지고 있지만, 이것은 인간이 더 생태적이고 지속가능한 형태로 땅에서 살고 일하는 방법을 찾는 창조적 노력의 좋은 사례라 할 수 있다.

**■ 자료**

www.keystoneconservation.us/

National Wildlife Federation)과 같은 영향력 있는 환경보호 단체들은 늑대들이 과거에 살던 넓은 영역에서 다시 서식할 수 있도록 하는 공격적인 프로그램을 제안했으며(www.defenders.org와 www.nwf.org 참고), 결국 1995년 1월 12일, 8마리 늑대를 옐로스톤 국립공원의 눈 속에 풀어놓는 성과를 이룩해냈다.

### 늑대에 관한 문제

늑대의 간략한 역사는 많은 측면에서 자연과 사회의 관계에 대한 통찰력을 제공해준다. 첫째, 이것은 인간과 야생동물, 그리고 가축 간의 관계가 매우 복잡하다는 사실을 드러낸다. 개는 늑대와 생물학적으로 같은 종이지만 인간과 늑대의 관계는 인간과 개의 관계와 다르다. 또 이러한 관계는 시간이 흐름에 따라, 문화에 따라 변화한다. 둘째, 늑대는 어떻게 인간이 아닌 특정 '생물 종'이 인간과 자연의 광범위한 관계를 드러내는 강력한 상징이 될 수 있는지를 보여준다. 더욱이 늑대의 학살과 보전의 역사는 그 생물 종의 운명이 어떻게 문화 상징적 가치와 연계되어 있는지를 보여준다. 셋째, 늑대는 동물이 야생성을 보존하면서 살아남는 것이 어려움을 상기시켜 주는 작은 사례이다. 구체적으로, 늑대는 우리에게 다음과 같은 질문들을 던져준다.

- 때때로 적대적으로 돌변하기도 하는 다른 이 — 여기에서는 늑대 — 와의 관계에 대해 고민해보자. 우리는 어떻게 환경적 우선순위를 주장하고, 어떻게 우리의 행동을 공정하고 민주적인 방식으로 결정할 수 있을까?
- 현재 우리와 늑대의 관계를 비판적으로 평가해보자. 인간중심의 세계에서 늑대를 위한 공간을 어디서 그리고 어떻게 찾을 수 있을까?
- 그리고 우리와 늑대의 역사적 관계를 평가해보자. 이 생물 종에 대한 우리의 박해와 이후의 환영 모두를 어떻게 설명할 수 있을까?

따라서 늑대는 인간성을 들여다볼 수 있는 기회를 제공한다. 우리는 늑대를 통해, 우리의 과학, 산업 그리고 정동이 어떻게 얽혀 있는지 살펴볼 수 있다. 만약 우리가 늑대에 관한 문제들을 해결할 수 있다면, 이는 우리가 인간을 제외한 자연과 지속가능한 관계를 만들어가는 데 한 발짝 더 가까워질 수 있다는 뜻이다.

**윤리/윤리적** 인간 행위에서 옳고 그름의 문제, 즉 도덕을 다루는 철학이다.

**지속가능한/지속가능성** 땅과 자원을 보존해 미래 세대가 이들을 이용할 수 있도록 하는 것을 말한다.

**생태중심주의** 생태적 중요성은 인간에 우선하며, 행위의 옳고 그름을 판단하는 데 중심이 되어야 한다고 주장하는 환경윤리 입장으로서 인간중심주의와 대비된다.

**인간중심주의** 자연에 대한 인간 행위의 옳고 그름을 따질 때 인간을 중심에 두는 윤리적 관점으로서 생태중심주의와 대비된다.

## 윤리학: 북동부의 재야생화

제4장은 환경 문제를 자연에 대한 인간의 잘못된 행동의 문제로, 즉 윤리적 딜레마로 설정했다. 윤리적 관점은 보통 야생동물과 가축의 대우에 관해 질문할 때 적용된다. 그러나 생태적 윤리는 점차 개별 동물의 대우를 넘어 생물 종, 생태계 전체, 그리고 인간의 미래 세대와 비인간을 위한 바람직한 행동이 무엇인가를 다룬다. 생태적 윤리의 관점은 늑대 보전 문제를 해결하는 일에 대해 할 말이 많을 것이다.

### 지속가능성의 환경 중심 윤리

지속가능성 윤리는 우리에게 미래 세대를 위해 환경의 질과 생산성을 유지해야 할 도덕적 의무가 있음을 알려준다. 이 이정표를 따라 우리는 현재의 행동을 비판적으로 평가하고, "이러이러한 행동들이 더, 또는 무한하게 지속될 수 있을까? 그것은 지속가능한가?"라는 질문을 제기할 수 있어야 한다. 만일 이 질문의 대답이 '예'라면 더할 나위 없겠지만, 그렇지 않다면 우리가 해야 할 올바른 선택은 우리의 행동을 바꾸어 이들을 지속가능하게 만드는 것이다. 생태중심주의는 인간중심주의를 바로잡는 역할을 한다. 생태중심적 윤리는 인간을 자연의 일부로 바라보며, 옳고 그름을 판단할 때 협소한 인간중심주의를 넘어 광범위한 생태적 상황을 고려하게 한다.

그러나 가장 극단적인 생태학자조차도 온전히 생태중심적 윤리만을 따를 수는 없다. 우리는 환경 정책과 계획을 수립하는 데 적어도 부분적으로는 인간중심적인 우선순위를 허용해야 한다. 가령 모든 인간은 생태계에서 이용 가능한 담수의 일부를 인간의 이용을 위해 다른 곳으로 옮겨야 한다. 다시 말해, 우리는 환경을 지속시키기 위해 노력함과 동시에 인간 공동체의 필요를 충족시킬 수 있어야 한다.

그러나 엄격한 인간중심적 계산으로는 적절하게 판단할 수 없는 몇 가지 이슈가 있다. 가령, 당신이 뉴잉글랜드나 스코틀랜드에 늑대를 재도입하는 것을 옹호한다면 이는 전적으로 인간중심주의 노선에 따른 주장이라고 말하기 어렵다. 물론 이 지역에 늑대를 재도입하면 옐로스톤 주변의 일부 공동체가 그랬던 것처럼 생태관광이 급격히 증가해 농촌 공동체를 재활성화하는 데 도움을 줄 수도 있을 것이다. 그러나 이것만으로는 늑대 재도입이 실제 가져올 장기적인 경제적 영향을 예측하기 어렵다. 설상가상으로 만일 늑대 재도입이 가져올 경제적 혜택이 미미하거나 전무하다면 어떨까? 이것이 재도입을 하면 안 되는 이유가 될 수 있을까? 대다수 늑대 옹호자들은 단호하게 "아니다"라고 말할 것이고, 이 때문에 많은 환경론자들은 생물 종의 재도입과 같은 문제는 생태중심적 사고로 진행되어야 한다고 주장한다.

이러한 생태중심 정신은 심층 생태학의 철학과 보전 생물학■의 과학에 기반을 두고 이루어지는 '재야생화'■ 운동에서 가장 명백히 드러난다(Foreman, 2004). 심층 생태학은 재야생화 옹호자들에게 지속가능성 윤리를 주장할 철학적 도구(무엇을 왜 보존할 것인가?)를, 보전 생물학은 그곳에 도달할 과학적 지침(이를 가능하게 하려면 무엇이 필요한가?)을 제공한다.

### 재야생화 I : 윤리적 차원

매년 우리는 지구 생물다양성의 상당 부분을 잃고 있다. 멸종위기■의 규모는 무척 걱정스러운 수준이다. 학자들은 현재의 멸종률을 역사적 평균 또는 정상 멸종 비율■의 1,000~1만 배 사이의 값으로 추정한다. 지난 5억 년 동안 역사적으로 중요한 다섯 번의 멸종 사건이 있었는데, 그중 가장 유명한 것은 가장 최근에 벌어졌다. 약 6,500만 년 전, 공룡과 그에 비해 덜 알려진 많은 연체동물들이 멸종되었다. 아마 당신이 어린 시절 배운 것처럼, 많은 과학자들은 이 멸종 사건이 소행성 충돌로 야기된 것이라 본다. 오늘날의 매우 높은 멸종률은 그때와 유사한 수준이다. 과거와 현재의 멸종위기의 차이점은 오늘날의 위기는 인간에 의해 발생한 인위적 사건이라는 점이다.

**보전 생물학** 동식물의 생물다양성을 연구하고 유지하는 데 초점을 둔 과학 생물학의 한 분과이다.

**재야생화** 생태계 내의 자연적·생태적 기능과 진화 과정을 복원하는 것으로 재야생화는 종종 거대한 육식동물의 생태계 재도입이나 복원을 필요로 한다.

**멸종위기** 동식물들이 인위적인 이유에서 역사적 평균 또는 정상 멸종 비율보다 1,000~1만 배가량 높은 비율로 멸종하고 있다고 추정되는 지금의 시대를 가리킨다.

**정상 멸종 비율** 보통 연간 동식물의 종 수로 나타내는, 장기적 지질연대 동안 벌어진 멸종(대량 멸종 제외)의 평균적인 추정 비율을 이른다.

오늘날 멸종위기의 인위적 원인으로는 서식지의 파편화, 생태과정의 손실, 외래종 침투, 공기와 물의 오염, 기후변화 등이 있다(Wilson, 1993). 멸종위기로 인해 적응과 진화의 과정 속에서 얻어낸 유전적 다양성이 메마르게 되었다. 따라서 멸종위기의 가장 큰 문제는 그것의 잠재적인 비가역성과 지속성이라고 할 수 있다. 최근에 매우 빈번히 거론되고 있는 환경 문제인 열대 삼림 파괴(제9장 참고)와 비교해보자. 열대 우림조차 활력을 회복하기까지는 1~2세기가 소요되었다. 이것은 우리가 열대 우림을 베어낼 때마다 1~2세기 동안 이룩해낸 생태적 활동의 가치를 '없애'버린다는 뜻이다. 그리고 이것을 지구상 모든 생물 종의 50% 혹은 그 이상이 멸종되는 것과 비교해보자. 저명한 생물학자 윌슨(Edward Osborne Wilson, 2002)은 이러한 일이 현 세기에 발생할 수 있다고 믿는다. 여기에 더해 진화가 크게 늦춰졌다는 사실과, 이를 제거된 삼림이나 고갈된 어류 이상으로 걱정하는 이들에 대해 생각해보자. 우리는 수천만 년 동안 일구어낸 지구의 생물학적 유산을 없애버리고 있는 것인지도 모른다.

이를 고려한다면, 생태중심의 세계관을 가진 많은 사람들이 멸종위기를 되돌리고 진화 과정을 새롭게 하는 일을 환경 우선순위 목록의 맨 위에 놓는 것은 놀라운 일이 아니다. 이 모든 것이 늑대와 어떤 관련이 있을까? 많은 보전 생물학자들은 경관을 재야생화해 진화 과정을 다시 활기차게 만들어야 한다고 주장한다. 정점 포식자를 이전의 서식지로 다시 도입하는 것은 재야생화 계획의 핵심이다.

### 재야생화 II: 어떻게 이룰 것인가?

보전 생물학은 생물다양성 위기에 대한 과학적 연구이자 대다수 운동가들의 전문 분야이다. 비록 일부는 여전히 의문을 제기하지만, 보전 생물학자들은 적극적으로 변화를 추구한다면 생물다양성 위기를 저지하는 데 도움을 줄 수 있을 거라 믿는다. 많은 북아메리카의 보전 생물학자들은 대륙의 재야생화를 적극적으로 추진했다. 재야생화 옹호론자들은 "스스로의 의지를 가진 지역의 광활한 공간은 보호되고 회복되어야 한다"고 주장한다(Barlow, 1999: 54). 이러한 옹호론자들은 앞에서 언급한 거대한 육식동물의 중요한 하향식 생태 기능 없이는 진화 역시 지속될 수 없고 활기를 되찾을 수 없을 것이라고 주장한다.

북아메리카의 재야생화 지지자들은 대륙적 · 지구적 규모에서 생물다양성과 진화를 재생시킨다는 광대한 목표가 이루어지려면 공식적으로 지정된 야생구역의 바깥 지역도 특별한 관심을 받아야 한다는 것을 알게 되었다(Sessions, 2001). 실제 심층 생태학의 창시자인 내스(Arne Naess)가 언급한 것처럼, 공식적인 야생 지역 외부에도 '자유로운 자연'을 지닌 많은 지역이 있다. 자유로운 자연 구역이란 인간이 드문드문 거주하며 자연과 잘 접촉하지 않는 자연 생태계로, 자연의 생태 · 진화 과정이 완전한 형태로 복원되고 유지될 수 있는 곳이다(Nie, 2003). 늑대들은 정부가 관리하는 땅을 넘어 사람들이 살고, 목축하며, 농사를 짓고, 놀이를 하는 지역에 다시 도입되어 관리를 받아야 할지도 모른다.

### 야생의 경고: 심층 생태학과 민주주의

우리에게 남은 '오직' 한 가지 작은 문제는, 사람이 사는 곳에 재도입된 늑대를 구체적으로 어떻게 관리하는가이다. 심층 생태학은 인간중심적 윤리와 이에 수반되는 생태적 파괴에 대한 매력적 대안으로 생태중심주의를 제시할 것이다. 그러나 심층 생태학은 이정표 이상의 역할을 하지 못한다. 즉, 어떻게 민주적 의사결정의 형태를 유지하면서 이것을 실현할 것인가라는 질문에 답하는 데 큰 도움을 주지 못하는 것이다. 일부 비평가들은 심층 생태학을 본질적으로 권위주의적인, 또는 '생태 권위주의적인' 정치로 보기까지 한다. 개별적인 자성(自省)의 가능성이 있음에도, 실제 장소에서 실제 자연을 관리하는 문제에 맞닥뜨리면 대다수의 심층 생태학 옹호자들은 항상 의사결정의 최종 수단으로 과학적 생태학에 의지한다. 그러나 생태학과 같은 과학은 충분한 경험이 없는 사람에게는 접근하기 어려운 엘리트 중심의 지식을 생산한다. 재도입된 늑대와 관련된 모든 관리 업무의 책임을 과학적 생태주의자에게 부여하는 것은 문자 그대로 그들에게 권위주의적 힘, 곧 민주주의를 형성하는 감시와 균형의 구속을 받지 않는 의사결정 권한을 주는 것이다. 이것은 '급진적 민주주의(사회의 모든 계층이 의사결정권을 유지하는 데 전적으로 헌신하는 사회운동)' 지지자들이 이따금씩 단독으로 정치를 좌우하는 과학을 경계하는 주된 이유이다.

다행히 생태학과 민주주의 중 하나를 '선택'해야 한다는 것은 잘못된 딜레마이다. 야생의 자연과 민주주의를 모두 얻는 것도 가능하기 때문이다. 늑대 관리라는 문제에서 벗어날 수 있도록 하는 윈-윈 생태학의 전도유망한 한 가지 형태가 미네소타 노스우드에서 등장했다.

## 제도: 이해당사자의 관리

늑대는 유일무이한 존재는 아니지만 자원으로서는 특별한 존재이다. 만일 우리가 자원을 '인간에게 유용한 것'이라는 전형적인 의미로 정의한다면, "늑대는 누구에게, 어떻게, 왜, 유용한가?"라는 질문이 제기될 것이다. 확실히 늑대는 — 최소한 합법적인 영역 안에서는 — '소비적' 의미에서 유용하지는 않다. 즉, 우리는 이들을 어느 특정한 용도를 위해 '자연'으로부터 제거(블루베리를 따거나 열대어를 잡아 집 어항에 넣는 것처럼)하지는 않는다. 늑대의 가치를 정확히 밝히는 것은 어렵다. 앞 절에 나왔듯, 늑대는 생태계 기능을 복원하는 데 도움을 준다는 점에서 가치를 가진다. 또한 그들은 상징적 가치를 가진다. 이들의 존재는 많은 사람이 세상에 대한 호감을 느끼게 한다. 최소한 지구의 한 구석에는 길들여진 땅보다 더 야생적인 공간이 있다고 여기게끔 만들기 때문이다. 물론 어떤 이는 늑대를 심벌로 삼는 야생동물 보호단체의 수백 만 달러 예산을 보며 "그래, 상징적 가치로군. 늑대가 티셔츠를 팔아주잖아"라며 냉소하기도 하지만 말이다.

그러나 늑대의 가치에 대한 질문은 뒤집어 생각해볼 수도 있다. 객관적으로 봤을 때, 늑대의 존재는 어떤 이들에게 득보다 실을 더 많이 가져다준다. 가축 소유자들이 가장 대표적인 예이다. 늑대는 가축을 죽인다. 늑대가 주변에 있으면 이미 경제적으로 어려운 가축 소유주들은 더 큰 경제적 손실을 입는다. 또한 늑대가 있으면 그 지역의 사냥 게임이 쇠퇴하고 사냥 안내원도 고객을 잃게 된다.

요약하면, 사람들은 늑대의 가치를 그 나름의 이유로 긍정적 또는 부정적으로 평가한다. 이것이 늑대 관리 문제를 어렵게 한다. 이는 삼림의 일부나 해양의 어류와 같이 누구에게나 가치 있는 자원을 어떻게 분배하는가를 평가하는 일이 아니다. 하지만 어떤 면에서 늑대는 공동의 자원이다. 제3장에서 우리는 공공재의 관리가 종종 제도, 즉 "자연자원을 질서정연하면서도 절제된 형태로 이용하게 만드는 …… 체계"를 통해 성공적으로 해결되는 것을 보았다. 늑대 관리의 문제도 이와 다르지 않다. 늑대들을 – 최소한 해당 지역의 주민들을 강제로 퇴거시키는 일 없이 – 존속시키려면, 환경론자들은 자신들이 이 동물을 '사용'하는 것을 제한해야 한다. 곧, 늑대들이 아무 곳에나 살게 해서는 안 되고, 이들의 개체 수가 무한정 늘어나게 해서도 안 된다. 사냥꾼이나 가축소유자들 또한 늑대에 대한 전통적인 현장 사살을 억제해야 한다. 이렇게, 사람들은 새로운 제도적 방법을 실험하고 있다.

물론 늑대 관리는 매우 복잡하다. 이는 뚜렷이 구별된 찬성 또는 반대 입장의 사람들이 각각 단합해 한 목소리를 내는, 단순한 두 집단 간의 문제가 아니다. 여기에는 다양한 목소리와 관점을 가진 집단들이 연결되어 있다. 언젠가 이들 '이해당사자'■ 모두가 집합적으로 규칙과 책무를 고안해낼 때, 늑대를 위한 최선의 희망이 나타날 것이다.

## 일반인의 자원 관리 참여

미국에서의 자연자원 관리■는 대부분의 시간 동안 극도로 중앙에 집중된 '전문가' 업무였다. 1960년대까지 자원 관리는 일반인들의 의견이 거의 수용되지 않는 상태에서 전문적으로 훈련된 목장 관리자, 야생동물 관리자, 삼림 전문가들에 의해 '과학적으로' 지속가능한 최대 생산■을 위해 이루어졌다. 1960년에 많은 자원 전문가들이 생태적으로 생각하기 시작하면서, 자원 생산을 극대화하기 위한 노력에 생태적 연계와 생태계 건강에 관한 평가를 더하게 되었다. 그러나 관리 방안이 진화했음에도 늘어난 환경운동가

**이해당사자** 경쟁적 행동의 결과에 이해가 얽힌 개인이나 집단을 말한다.

**자연자원 관리** 인간을 위한 도구적 효용에서 생태적 지속가능성에 이르는 다양한 사회적 목표를 위해 환경 상황, 상품, 서비스의 관리에 전념하는 전문적인 학문 분야이다.

**지속가능한 최대 생산** 무한정 수확할 수 있는 특정 자연자원(가령 목재, 어류)의 계절별·연별 최대 생산량을 말한다.

국가환경정책법 미국 정부에서 자연 환경을 보호하고 개선하기 위해 1970년에 제정한 법으로, 이에 따라 환경에 미치는 영향이 큰 정부 행동은 환경영향평가 보고서를 작성해야 한다.

를 포함한 일반인들은 대다수 의사결정 과정에서 배제되었다.

참여적인 관리는 1970년 국가환경정책법(National Environmental Policy Act: NEPA)이 통과되며 시작되었는데, 여기에서 정부의 행동에 대해 '환경영향평가(Environmental Impact Statements: EIA)'를 내리도록 한 것은 큰 혁신이었다. 특히 평가 과정 중 일반인의 의견 수렴과 참여는 의무사항이었기 때문에, 이를 계기로 환경 관리에 일반인이 참여하기 시작했다(Andrews, 1999).

옐로스톤 늑대 재도입을 포함한 많은 멸종위기종 보호 계획은 일반인 참여를 포함한 환경영향평가 과정의 전 요건을 충족해야 했다. 그런데 옐로스톤의 늑대 재도입은, 비록 관리 우선순위가 박멸에서 보전으로 전환되었음을 알리는 사건이기는 했지만, 그 관리 방식을 보면 새로운 시대의 도래라고 하기는 어렵다. 서두의 이야기를 떠올려보자. 두 명의 고위 연방 공무원인 배빗과 비티는 트럭에서 늑대가 갇힌 우리를 내려 그들을 눈이 흩날리는 초원에 풀어주었다. 일부 사람들은 연방정부에 의해 상명하복식으로 이루어진 늑대 재도입을 강력하면서도 부정적이고 상징적인 제스처로 여겼다. 가령 몬태나와 아이다호 주의 많은 거주자들은 늑대 재도입을 보며 동부 해안 지역을 우선시하는 연방정부가 언제나처럼 자신들에게 귀찮을 일을 떠넘겼다고 받아들였다. 일부 환경론자들은 이 늑대 재도입이 좋은 영향만큼이나 나쁜 영향도 미쳤으며, 결과적으로 이 지역에 환경 보호 옹호론자와 반대론자 간의 양극화를 초래한 사례로 본다(Fischer, 1995). 늑대 보전이 매우 불안정해진 상황 속에서, 몇 년 지나지 않나 일반인의 단순한 의견수렴에서 벗어나 진정한 의미의 참여 구조를 지향하는 새로운 늑대 보전 모형이 등장해 시험대에 오르게 되었다.

### 이해당사자의 늑대 보전

1998년, 미네소타 주는 미국에서 처음으로 늑대 관리 계획의 이해당사자 모형을 실행했다. 2,500마리의 늑대가 살고 있는 미네소타는 가장 많은, 가장 안정적인 늑대 개체 수를 보여 연방정부로부터 다른 주에 비해 많은 재량권을 부여받았다.

늑대 관리를 위한 과정은 주 전역에서 12회에 걸친 정보교환 모임으로 시작했는데, 참석자들은 주정부의 계획을 듣고 그 과정에서 추가적인 의견을 제시하거나 권고를 할 수 있었다. 12번의 회의 후, 늑대 관리 '원탁회의'가 소집되었다. 이 원탁회의는 환경단체(시에라클럽), 농업 이해집단(미네소타농업국), 늑대 관련 단체(늑대구명운동), 사냥관련 단체(미네소타사슴사냥협회), 원주민 대변자(미네소타에 있는 11개의 원주민보호구역 대표) 등이 참여했다. 또한 지역 대표 및 과학자들도 동석했다.

원탁회의에는 미네소타 주의 늑대 관리 계획을 발전시킨다는 임무가 부여되었는데, 그 계획은 온전히 동의를 통해, 즉 원탁회의의 모든 구성원이 계획을 지지하거나 반려하는 과정을 통해 수립되었다. 10시간짜리 최종 회의를 포함한 수차례의 모임 후, 원탁회의는 만장일치로 관리 계획을 정했다. 이 계획의 주 내용은 다음과 같다.

· 주의 늑대는 그 개체 수와 활동 범위를 확대하는 방향으로 관리한다.
· 토지 소유자는 늑대가 가축이나 애완동물을 약탈하다 잡힌 경우에 죽일 수 있다.
· 최소 5년 동안 늑대를 사냥하거나 덫을 놓을 수 없다.
· 가축과 애완동물 소유자는 손실에 대해 보상을 받을 수 있다.
· 주정부는 치명적이지 않는 방법으로 가축을 보호할 것을 권장한다.
· 불법 늑대 사냥에는 2,500달러의 무거운 벌금이 부과될 수 있다.

이 계획을 주정부 자연자원 담당 부서에 제출한 후 대부분의 원탁회의 구성원들은 자신들이 합리적인 동의안을 만들었다고 느꼈으며, 대다수의 미네소타 주민들 역시 그 과정에 긍정적인 인상을 받았다. 그러나 얼마 지나지 않아, 원탁회의 구성원들은 수개월간 쉼 없는 노력 끝에 이루어낸 자신들의 계획이 의도된 방향으로 흘러가지 않는다는 것을 깨닫게 되었다. 계획은 실현되지 않았다. 계속해서 최종 인가를 보류하던 미네소타 주 의회가 원탁회의가 제시한 최초의 계획을 거의 무시하고 사냥과 덫 설치를 포함한 자신들만의 계획을 발표했던 것이다. 대중들의 야유가 있은 후에야 협상을 포함한 수정 계획이 등장했다. 수정된 계획은 이해당사자들의 계획을 늑

〈**도표 10.3**〉 미네소타의 늑대 관리 구역

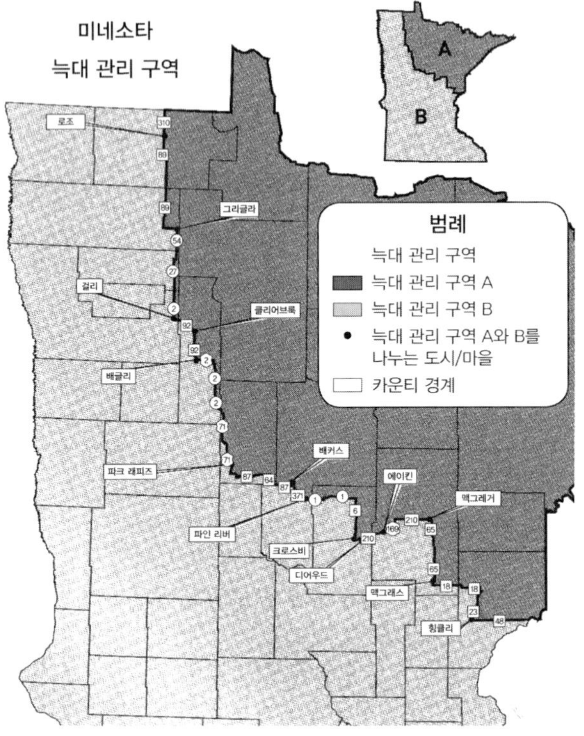


A구역은 이해당사자 회의에서 만들어진 계획에 따라 관리된다. 이 구역은 주 늑대 서식지의 90%, 개체 수의 98%를 포함한다. B는 '농업 구역'으로 지정된 구역으로 지주와 관리자들이 재산이나 가축을 위협하는 늑대를 사살할 권리를 얻는, 상당히 유연한 관리가 가능한 지역이다.

**자료**: 온라인 주 관리 계획: http://wildlife.utah.gov/wolf.

대 서식지의 90% 지역에서 실행하고(〈도표 10.1〉), 나머지 10%는 '농업 구역'으로 지정해 토지 소유자가 마음대로 늑대를 사살할 수 있도록 했다(Williams, 2000).

### 결과 평가

당초 예상되던 대로, 원탁회의와 거기에서 도출한 관리 계획에 장점이 있는지에 대해서는 의견이 갈린다. 최종 결과를 지지하는 사람들은 원탁회의 단체의 합의로 만들어진 계획이 정부 과학자들로부터 생물학적으로 건전하다는 평가를 받았다는 사실을 강조한다. 지지자들은 또한 의사소통의 연결망을 구축해 미래의 늑대 관리 문제 – 또는 그 밖의 문제 – 를 더욱 쉽게 해결할 수 있도록 한 원탁회의의 과정이 중요하다고 지적한다. 그러나 비판도 많다. 몇몇 환경단체는 최종 계획에 너무 많은 타협이 이루어졌으며, 이것으로는 늑대 복원이라는 진정한 책무를 온전히 수행할 수 없을 거라는 인상을 받았다. 대부분의 친늑대파가 계획에서 가장 강렬하게 반대한 부분은 주를 두 개의 관리 구역으로 나눈다는 결정이었다.

어느 것이 가장 공정한 평가일까? 이 과정은 분명 완벽하지 않았고 이해당사자들은 처음부터 자신들의 한정된 권한을 인식하고 있었다. 그러나 늑대 보호 옹호자들은, 심지어 협상을 가장 단호하게 반대했던 사람들조차, 결국에는 자신들이 생각한 것보다 더 많은 것을 얻게 되었다. 베테랑 늑대 생물학자인 미치(David Mech)에 따르면 늑대 재도입을 실패로 이끄는 가장 확실한 방법 중 하나는, 이들을 과잉보호해서 가축 소유자들의 '골칫거리'로 만드는 것이다. 이것은 실제로 폴란드에서 벌어진 일이다. 그 어떠한 재량적 통제 없이, 완전한 보호를 받으며, 세 번에 걸쳐 재도입된 늑대들은 세 번에 걸쳐 토지 소유자들에 의해 남김없이 사살되었다(Emel, 1998). 이 때문에 미네소타에서는 의사결정 과정에 가축 소유자, 사냥꾼, 덫 사냥꾼을 포함시켜서 늑대에 대한 사람들의, 주로 '현장 사살'로 나타나던 농업중심적 태도를 바꾸고자 했다. 즉, 모든 관련인들이 늑대와 함께 사는 것이 최선의 선택지라고 생각하도록 만든 것이다. 미네소타가 이 고비를 넘기기만 한다면, 이해당사자들에 의한 관리라는 새로운 제도를 통해 늑대들은 이전에 없던 장기적인 복원의 기회를 맞게 될 것이다. 그러나 늑대에 대한 인간(환경론자이건 목축업자이건)의 관점을 바꾸는 것은, 각각의 공동체마다 늑대의 강력한 사회적 구성이 자리 잡고 있기 때문에 쉬운 일이 아니다.

## 사회적 구성: 늑대와 남성남성성

제7장에서 우리는 자연의 사회적 구성을 소개했다. 자연을 태초부터 존재하던 것

〈**사진 10.3**〉 잔인한 늑대 사냥

20세기 초 정부가 고용한 늑대 사냥꾼이 한배 새끼들을 죽이고 살려둔 새끼 한 마리를 나무에 묶고 있다. 새끼의 울음소리를 듣고 돌아온 어른 무리는 현장에서 사살된다. 성체 늑대를 죽인 후 '살려둔' 새끼도 사살될 것이다.

자료: 미상.

이 아니라 사회적 구성, 즉 인간의 이미지, 고정 관념, 문화적 규범으로부터 생겨난 결과와 과정으로 보는 것은, 여러 가지 면에서 생산적이라 할 수 있다. 늑대의 문제에서 사회구성주의적 분석은 보편적으로 묘사되는 늑대의 모습과 이 동물에 대한 우리의 취급 및 태도 간의 관계를 이해하는 데 도움을 줄 수 있을 것이다.

### 사악한 사냥꾼인 늑대, 의로운 사냥꾼인 남성

유럽계 미국인들이 늑대를 상당히 광범위한 서식지에서 근절시켰다는 사실은 비극이지만 특별히 놀랄 일은 아니다. 애초에 초기 미국 이주민들에게는 경작지 너머에 있는 숲과 '비어 있는' 땅에 사는 야생동물을, 또 그들의 야생성을 무서워하는 문화가 자리 잡고 있었기 때문이다(제7장 참고). 게다가 늑대는 농사를 짓는 정착자들에게 정말로 골칫거리였다. 비록 늑대에 관한 서구의 미신이 그런 믿음을 심어주기는 하지만(동화 「빨간 모자」를 생각해보자), 어쨌든 늑대는 사람을 죽이지는 않는다. 하지만 늑대는 가축을 죽였고 지금도 여전히 죽이고 있다. 하지만 이 두 가지 요인(야생에 대한 두려움과 농업 생산의 교란)만으로 늑대를 사살하는 광신적 행동을 설명할 수 있을까? 이들 요인이 늑대를 죽이는 데 사용된 잔인한 기술과 무자비함을 설명할 수 있을까? 이들이 모든 늑대를 제거하기 위해 사용된, 예기치 않게 다른 많은 가치 있는 종을 포함한 수천의 생물 종에까지 치명적인 영향을 미친 독약을 설명할 수 있을까? 덫에 걸린 늑대를 사람들 앞에서 학대하고 태우는 것은 어떠한가? 아니면, 한배 새끼 중 한 마리만 남기고 모두 죽인 다음 이 새끼의 발을 나무에 묶어 울음소리를 듣고 돌아온 어미를 사살하는 것은 어떠한가(〈사진 10.3〉)? 지리학자 에멜(Jody Emel)은 이에 대해 곰곰이 생각했다.

> 도대체 이것이 무슨 짓거리인가? 이것은 그저 가축을 보호하기 위함이 아니다. …… 경제 위기가 끝난 이후에도 학살은 오랫동안 지속되고 있기 때문이다. 미국 대륙에서 늑대를 본 사람이 거의 없는 오늘날까지도 학살은 계속되고 있다(Emel 1998: 201, 강조 첨가).

이 시기의 남성성■의 구성에 대한 검토는 이 사태의 원인을 한층 온전하게 이해하고 역사가 되풀이되는 것을 막는 데 도움을 줄 수 있다. 첫 번째 단서는 역사적으로 오랫동안 이상적인 남성으로 추앙받아온, 특히 오늘날 남성에 관한 정형화된 이미지 중 하나인 '신사적인 사냥꾼'이다. 20세기로 접어들던 미국에서 신사적인 사냥꾼은 남자다움의 최고봉이었다. 그는 미국인에게 필요한 자질, 즉 이상적인 강인함과 독립성을 갖추고 있었다. 그는 자연의 순리를 이해하고 그 속에서 살아남으며, 어설픈 남자라면 공포에 빠질 고독을 견딜 줄 아는 남자였다. 그는 또한 자신이 사용할 만큼만 죽이는, 선별과 절제의 미덕을 아는 사람이었다.

늑대 역시 사냥꾼이다. 그것도 아주 뛰어난 사냥꾼. 아마도 많은 남성들은 그 수완에 부러움을 느낄지도 모른다. 하지만 사냥꾼으로서의 늑대는 '사냥'의 문화적 기준에는 미달한다. 무엇보다도 늑대는 무리지어 사냥한다. 이것은 사람들이 이상적으로 생각하는 '외로운 사냥꾼'에 비해 비겁하게 보인다. 또한 늑대는 때때로 필요 이상으로 사냥해 '남긴' 고기를 흩뿌려둔다. 물론 이것은 거의 모든 육식동물이 보이는 행동으로, 이를 통해 육지와 해양 생태계에 필수적 존재인 청소동물들이 생태적 적소를 제공받게 된다. 그러나 과거에는 늑대의 사냥을 이런 관점으로 보지 않았다. 늑대는 신사적인 사냥꾼, 즉 사냥에서 자비를 베푸는 인간적인 사냥꾼과 대조되는 잔인하고 무자비한 사냥꾼으로 여겨졌다. 이런 태도는 20세기 초 유명한 자연사학자인 호너데이(William Hornaday)가 말한 "비열함, 배신, 잔인함에는 그 어떠한 격조도 없다. 달갑지 않게도 늑대는 바로 이런 속성들을 계승하고 있다"는 표현에 단적으로 나타난다(Hornaday, 1904: 36). 야생에 빛을 가져온다는 사람들의 소망(〈그림 7.3〉)을 실현시키려면, 이 동물들을 없애야 했다.

**남성성** 특정 사회 내에서 지지를 받는, 남성의 행동에서 나타나는 특성이다. 이것은 문화, 지역, 역사적 시기에 따라 각기 다른 형태를 띤다.

두말할 것도 없이 이 일을 할 수 있는 사람은 늑대의 적, 야생에 질서를 가져올 의인, 즉 신사적인 사냥꾼이었다. 늑대 사냥꾼들은 영웅이었다. 물론, 흉악한 늑대와 의롭고 영웅적인 사냥꾼이라는 대립 구조, 이 사회적 구성에 어느 정도의 인과관계가 있는지를 정확하게 평가하는 것은, 불가능하지는 않더라도 어렵다. 또한 그 당시 미국 사회에 적용되고 있던 모든 이중 잣대를 파헤치는 것 역시 어렵다. 가령, 당시 대평원에서 자행된 무자비한 버펄로 학살을 목격, 심지어 보조까지 하던 사회는 어떻게 동시에 '악한 늑대'라는 사회적 구성을 당연시할 수 있었을까? 설령 이런 질문에 최종적인 답을 낼 수 없다 할지라도 우리는 사회적 구성의 힘, 즉 우리의 행동을 유도하며 허용되는 행동과 그렇지 못한 행동에 관한 개념을 규정하는 힘을 인식할 수 있을 것이다. 수세기 동안 늑대에 대한 부정적인 구성이 이들을 향한 극단적 증오에 기름을 부었으며, 이 증오는 사회 전반에서 거의 문제시되지 않고 이루어진 끔찍한 살상으로 드러났다.

### 늑대는 야생을 구원할 수 있다. 하지만 누구를 위해?

그러나 늑대에 대한 비판적 구성주의 분석이 20세기 초반의 '반늑대' 태도에만 국한되어 이루어져서는 안 된다. 분석의 칼끝은 그 반대로도 향해야 한다. 오늘날 늑대에 관한 구성은 한 세기 전에 비해 특별히 약화되지 않았다. 적어도 북아메리카에서 이제 늑대는 '야생'이라는 말과 거의 동의어가 되었다. 하지만 제7장에서 검토했듯 야생성 자체도 순수한 사회적 구성과는 거리가 멀다. 야생에 관한 일반적인 구성은 '인간 통제 밖의 땅'이지만, 사실 실제 야생 지역은 그 사용을 규정하는 일련의 공식적 법률을 통해 정해진다. 위의 '윤리학' 부분에서 검토했듯 야생의 생태적 '이용'은 야생 보존을 위한, 비교적 최근에 생겨난 명분이다. 1960년대 후반까지만 해도 야생의 주요 공식적 명분은 여가였다. 이것은 미국식 야생 지역 지정을 공식화한 1964년의 야생법(the Wilderness Act)으로 성문화되었다. 흔히 하는 말로, '인간'은 근대 도시 문명에서 벗어나 고독을 즐길 장소가 필요하기 때문이다.

따라서 야생은 기계의 동력을 쓰지 않으며 환경에 미치는 영향이 덜한 카누 타기, 배낭여행, 낚시와 같은 활동을 통해서만 이용할 수 있다. 그런데 이 모든 것들은 성별이나 사회 계층을 기준으로 볼 때 상당히 배타적인 활동들이다. 야생은 과거나 현재나 중산층 남성의 영역이다. 가령, 6일 동안 아이다호 주의 프랭크처치 강(Frank Church-River of No Return Wildness, 역주: 1980년 미국 의회에서 상원의원 프랭크 처치를 기리며 지정한 야생보호구역으로 몇 개의 산맥, 다양한 야생 동식물, 유명한 래프팅 장소인 새먼 강을 포함하는 광활한 구역을 가리킴)을 따라 새먼 강을 여행하는 데에는 시간과 돈이 필요하다. 성별에 따른 배타성 역시 마찬가지이다. 가령, 아이를 키우는 노동계층의 여성 중 일주일 동안, 또는 매일 오후마다 조용히 야생 속에서 여가를 즐길 자유를 누릴 수 있는 이가 얼마나 될까? 야생 구역에 대한 논쟁은, 토지 일부를 사용하느냐 마느냐에 관한 것이라기보다는 이를 누가, 어떤 방식으로 사용하는가에 관한 것이다.

그러나 당연하지만, 백인 남성의 휴식을 위해 야생을 보호하던 시대는 쇠퇴했다. 오늘날에는 '생태적 기반'이 토지 보존의 더 일반적인 명분이다. 늑대를 생각해보자. 오늘날 늑대의 존재가 만들어내는 것 – 더 정확하게는 '구성해내는 것' – 은 '재야생화된' 땅, 즉 야생이다. 공식적인 '야생' 구획과는 무관하게 늑대를 재도입하는 것, 야생성을 구성하는 것은 특정한 토지 이용 및 토지 이용자들에게 이익을 가져다준다. 가령, 버몬트 북부의 늑대들은 스노모빌(snowmobile)이 많이 이용되는 지역을 피하기 때문에 스노모빌 사용 반대론자에게 힘을 실어준다. 부유한 숙박 여행객들은 스노모빌의 엔진 소리가 아니라 늑대의 울부짖는 소리를 듣기 위해 이 지역을 방문한다고 주장한다면, 반대론자들은 한층 수월하게 일을 진행할 수 있을 것이다.

늑대 재도입은 또한 보전 생물학 연구를 통해 지역 산업의 성장에 박차를 가할 수도 있다. 늑대 재도입을 주장하면서, 과학자들은 해당 지역 – 이제는 '생태계'로서 구성된 지역 – 으로의 개인적인, 그리고 다소 배타적인 접근권을 주장한다. 물론, 이것이야말로 그들의 주장 뒤에 자리 잡은 진짜 동기라고 주장하는 것은 부당하고 냉소적인 태도일 것이다. 그러나 성공적인 재도입이 이루어졌을 때 과학자들이 개인적·직업적으로 얻는 것이 있다는 사실 또한 부인할 수 없다. 또한 이전에 이루어진 야생의 사용과 마찬가지로 거대 육식동물학에 종사하며 '진흙투성이 부츠'를 신고 오지를 답사하는 사람들 중 높은 수준의 교육을 받은 백인들의 수가 압도적이라는 사실도 부인할 수 없다. 미네소타와 버몬트 등지의 늑대 재도입과 같은 야심찬 재야생화 노력에 대해 많은 농촌 거주자들이 침묵했던 것은, 아마도 늑대에 대한 오래된 혐오 때문만은 아닐 것이다. 많은 이들은 늑대가 곧 야생이라고 믿어 의심치 않으며, 일부 사람들은 특정 지역의 야생을 완벽한 휴양지와 실험실로서 누릴 수 있을 것이다. 하지만 그로 인해 배제되고 곤란을 겪게 될 사람도 있을 것이다. 농촌 거주자들의 침묵은 그러한 인식에서 기인한 것이다.

## 늑대 퍼즐

이 장에서 우리가 살펴본 내용은 다음과 같다.

- 늑대는 성공적으로 진화한, 뛰어난 적응력을 갖춘 생물 종이다.
- 인간은 수천 년 전 늑대 가축화에서 최근의 체계적인 박멸 프로그램, 그리고 더 최근의 늑대 보전 경향에 이르기까지 오랜 역사 동안 늑대와 긴밀한 상호작용을 해왔다.
- 인간은 전 세계 늑대 개체 수 감소의 가장 중요한 원인이다.
- 늑대 보호의 새로운 제도적 모형은 이 생물 종의 건강한 생존을 보장할 수 있는 한층 민주적이며 한층 효과적인 방법을 제공한다.
- 생태중심적 윤리는 늑대가 번성할 수 있을 정도의 충분한 공간을 확보하려면 우선 인간의 유용성이라는 틀을 넘어서는 사고가 필요하다고 주장한다.
- 보전 생물학은 늑대의 운명이 지구 생물다양성과 진화 과정의 광범위한 운명과 연계되어 있을 수 있다고 주장한다.
- 늑대의 사회적 구성은 시간에 따라 변해왔으며, 이것은 사회적 규범 및 고정관념과 긴밀하게 연결되어 있다.
- 늑대의 사회적 구성은 효력을 발휘했다. 그것은 우리가 이 거대한 동물을 어떻게 대하느냐와 깊은 관련을 맺고 있다(주: 이 주장의 아이러니는 우리에게도 적용된다. 우리는 늑대라는 거대한 동물 그 자체가 우리의 문화를 반영하고 실제로 효력을 발휘하는 구성이라는 것을 깨닫게 되었다).
- 늑대의 사회적 구성은 또한 우리가 서로를 어떻게 취급하는가와도 관련되어 있다.

이 문제는 우리가 옐로스톤으로 돌아가게끔 만든다. 이 글을 쓰는 지금, 옐로스톤 늑대들은 잘 살아가고 있다. 실제로 2009년 4월 미국 내무부 장관은 늑대를 연방정부의 멸종위기 생물 종 목록에서 제외하려 했다. 만일 제외된다면, 미네소타에서와 같이 늑대 관리는 주정부 — 이곳에서 이루어지는 행정은 전통적으로 가축 산업의 강한 영향을 받는다 ─ 의 손으로 넘어간다. 옐로스톤 내부에서는 어떨지 몰라도, 그 주변부에서 이루어지는 늑대 보전은 향후 10년에서 20년 동안 1) 변화하는 사회·환경적 우선순위, 2) 경쟁하는 사회·환경 담론, 3) 증가하는 환경·제도적 실험을 적나라하게 보여줄 것이다.

전 세계적으로 늑대의 복원을 요구하는 목소리는 높아질 것이다. 인도늑대의 운명은 어떻게 될까? 이집트늑대나 덴마크늑대는 어떻게 될까? 몇몇 사람들의 주장대로 스코틀랜드의 고원에 늑대가 재도입될까? 당연하지만 이에 대한 대답은 장소와 그곳에 사는 사람들에 따라 각기 다를 것이다. 한 가지 희망은, 우리가 과거로부터 교훈을 얻을 수 있고 우리가 상호작용하고 있는 복잡한 공간을 자세히 살펴볼 수 있다는 사실이다. 확실히 늑대는 자연과 사회에서 어렵고, 지속적이며, 흥미로운 문제 중 하나이다.

### 검토 질문

1. 자신의 집 주변에서 볼 수 있는 먹이사슬 속 각 영양 수준에 해당하는 생물의 종류를 생산자에서 정점 포식자에 이르기까지 목록으로 작성해보자.
2. 늑대 재도입은 옐로스톤 국립공원과 주변 생태계에 어떤 영향을 미쳤을까?
3. 미국 북동부에서 늑대 재도입에 대한 찬성이나 반대 주장을 윤리에 기반을 두고 서술해보자.
4. 미네소타에서 이루어진 늑대에 관한 '원탁회의'와 전통적인 '전문가 기반'의 늑대 관리를 대비시켜 설명해보자.
5. '늑대의 존재는 야생을 구성하는 데 도움을 준다'는 진술을 설명해보자.

### 연습 문제

이 장은 늑대라는 문제에 윤리, 제도, 사회적 구성의 측면에서 어떻게 접근할 수 있는지를 검토했다. 그렇다면 제1장에서 설명한 인구 중심적 관점에서는 이 문제를 어떻게 이해할 수 있는지 설명해보자. 인구 성장은 현존하는 늑대 개체 수와 서식지에 어떤 영향을 미치며, 이는 늑대 보전에 어떤 과제를 제시할까? 늑대에 대한 인간 중심적 접근의 한계는 무엇일까?

**■ 추천 문헌**

팔리, 모왓(Farley Mowat). 2003. 『울지 않는 늑대』. 이한중 옮김. 서울: 돌베개.

Lopez, B. 1978. *Of Wolves and Men*. New York: Scribner.

Steinhart, P. 1995. *The Company of Wolves*. New York: Alfred A. Knopf.

Walker, B. L. 2005. *The Lost Wolves of Japan*. Seattle, WA: University of Washington.

## 제11장

# 참치 Tuna

자료: https://www.flickr.com/photos/36401696@N00/3212798883.




**Keywords**

- 건착망 어업
- 녹색 소비
- 도덕적 확대주의
- 돌고래 안전 참치
- 동물권
- 배타적 경제수역
- 부수어획
- 사회적 구성
- 생산조건
- 소비자 불매운동
- 유토피아/유토피아적
- 자본주의의 이차적 모순
- 주낙 어업
- 지속가능한/지속가능성
- 지속가능한 최대 생산
- 초국적 기업
- 포드주의
- 포스트포드주의

## 블러드 투나

레오나르도 디카프리오(Leonardo DiCaprio)와 자이먼 혼수(Djimon Hounsou)가 출연한 2006년 영화 〈블러드 다이아몬드〉는 관객들에게 충격을 주었다. 이 영화는 전 세계를 무대로 펼쳐지는 환상적인 줄거리의 액션 영화도 아니었으며, 서양의 관객들이 누리는 편안한 삶과도 거리가 먼 내용을 다루고 있었다. 이 영화는 다이아몬드를 가진 많은 관객들이 작중 묘사되는 폭력에 연루되었다는 메시지를 던져주었다. 비록 할리우드 특유의 과장된 방식으로 묘사되었지만, 〈블러드 다이아몬드〉는 서아프리카 다이아몬드 국제 무역에서 벌어지는 폭력과 유혈사태를 폭로했다. 충격을 받은 관객들은 자신들이 다이아몬드를 구입함으로써 의도치 않게 살인, 강간, 밀수, 고문, 불법 감금을 수반하는 무의미하고 무자비한 전쟁을 후원했을지도 모른다는 사실을 깨닫게 되었다. 이 폭력의 노출은 국제 다이아몬드 시장에 몇 가지 중요한 변화를 불러왔다. 많은 소비자들이 이제 '잔인하지 않은' 또는 '분쟁 없는' 다이아몬드 인증서를 요구하며 구입하게 되었다. '블러드 다이아몬드' 반대 운동은 수십 년 전에는 생각할 수조차 없었던 고급 합성 다이아몬드라는 패션 유행을 낳았다. 물론, 다이아몬드만이 그 상품 속에 아픈 역사를 숨기고 있는 유일한 자연자원은 아니다.

이미 18년 전에도 비슷한 반응과 결과를 불러온 영화가 있었다. 1988년에 개봉된 이 영화는, 하지만 할리우드에서 제작한 작품이 아니었다. 생물학자 라부데(Samuel LaBudde)는 파나마의 참치 잡이 선박인 '마리아루이사호'에 탑승해 소형카메라로 촬영한 장면을 편집한 저예산 영화를 만들었다.

> 라부데가 촬영한 첫 번째 돌고래들은 자신들을 뒤덮은 그물에 주둥이를 들이밀고 있었다. 그들의 휘젓는 꼬리는 바다를 하얗게 만들었다. 그들은 숨을 쉬기 위해 한꺼번에 수면 위로 떠올라 필사적으로 분수 구멍을 뻐끔거리고 있었다. 공포에 질린 그들이 내는 소리와 울부짖음은 사람이 들을 수 있는 범위를 넘어서 점점 높아져갔다. 라부데는 비명이라도 지르고 싶어졌다(Brower, 1989: 37).

라부데는 일종의 스파이였다. 훈련받은 생물학자였던 그는 마리아루이사호에 요리사로 취직해 승선했지만, 실은 돌고래 학살을 촬영한다는 숨은 목적을 가지고 있었다. 일부 지역의 돌고래들은, 아직도 그 이유가 밝혀지지 않았지만, 참치 무리 위에 떼 지어 출몰한다. 태평양 일부 지역의 참치 잡이 어선들은 약 30년간 쉽게 발견되는 돌고래를 표적으로 삼아 그 밑에서 무리를 이루는 참치를 포획했다. 잡힌 참치는 미국 참치캔 시장으로 가 돈이 된다. 30년 동안 거대한 참치 그물에 걸려 죽은 돌고래는 600만 마리 이상이다. 이들 중 대부분은 풀리기도 전에 익사해버린 것이다(Gosliner, 1999). 라부데는 자신의 목적을 이루었다. 돌고래의 죽음과 죽어가는 장면을 담은 그의 영화는 미국과 세계 전역에서 상영되었다. 영화를 본 사람들은 참치캔, 학교의 급식 등에 쓰이는 이 무해한 상품이 피의 길을 걸어왔다는 사실에 충격을 받았다. 소비자들은 훗날 다이아몬드에 얽힌 진실을 알았을 때 그러했듯 훨씬 더 저렴하고 일상적인 상품인 이 '블러드 투나'에 대한 이야기에도 대대적으로 반응했다.

실제 야생에서 포획하는 식량 중 참치처럼 보편적으로 분포하는 것은 거의 없다. 일부 참치 종은 연간 어획량이 수십만 톤에 달한다. 그러나 대부분의 다른 동물 상품들과 마찬가지로, 참치는 자연의 역사와 생태 또는 바다에서 식탁에 도달하는 데 투입되는 인간의 노동에 대한 고찰 없이 우리의 식탁에 도달한다. 참치는 도대체 어떤 생김새 – 참치캔에 묘사된 참치의 모습과는 전혀 다르다 – 를 하고 있을까? 그들을 어떻게 잡았을까? 어디에서 잡았을까? 누가 잡았을까? 참치 잡이가 참치 개체 수, 더 크게는 해양 생태계에 미치는 영향은 무엇일까? 이 장은 이러한 질문을 시장, 정치경제학, 윤리학의 관점에서 검토한다. 참치의 문제를 면밀히 검토하면서 세계의 해양이 겪고 있는 문제, 음식 소비가 생태계에 미치는 거대한 영향, 그리고 윤리와 경제의 불편한 관계에 대해 알게 될 것이다.

〈사진 11.1〉 날렵하고 힘 있는 참다랑어[Thunnus thynnus]

참치 중 가장 큰 종으로, 현재까지 잡힌 것 중 가장 큰 것은 678.5kg에 달한다. 1960년대 이전만 해도 참다랑어는 '잡어'로 분류되어 주로 스포츠 목적의 어획이 이루어졌고, 종종 애완동물 사료로 팔려나갔다. 거대한 참다랑어는 이제 바다의 가장 비싼 생선이다. 200kg짜리 참다랑어가 도쿄의 경매장에서 17만 3,600달러에 팔린 적도 있다.

자료: http://commons.wikimedia.org/wiki/File:Group_of_tuna.jpg.

## 참치의 간략한 역사

'참치(tuna)'는 고등어과(Scombridae)에 속하는 삼치(bonito)와 고등어(mackerels)를 포함한 모든 유사 어종을 일컫는 비공식적 명칭이다. 대부분의 참치는 다랑어(Thunnus)속이지만, 상업적으로 중요한 가다랑어(Katsuwonus pelamis)를 포함해 몇 종은 여기에 포함되지 않는다. 모든 참치는 비슷한 모양으로, 몸의 중간 부분이 가장 두껍고 앞과 뒤로 가면서 점점 가늘어진다. 그들은 독특한 "반달형의 …… 위아래가 비대칭인 꼬리지느러미를 가졌다"(Ellis, 2008: 22). 그들의 힘 있는 꼬리, 유선형의 몸, 크고 튼튼한 근육, 독특한 생리적 결합은 참치를 바다의 가장 빠른 수영선수 중 하나 — 참치는 시속 110km에 가까운 속도로 수영한다 — 로 만들었다. 참치는 상어류와 일부 포식 어류에서만 나타나는 특이한 생리적 적응력을 가지고 있다. 그들은 온혈 동물의 특성인 내온성(內溫性)을 통해 대부분의 힘을 얻는다. 복잡하고 다면적인 생물적 적응을 간단하게 설명하자면, "온혈의 한 가지 장점은 근육으로의 산소 공급을 증가시킨다는 점이다. 많은 산소는 곧 많은 힘을 만들어낸다"(Whynott, 1995: 33). 그들은 빠르기만 한 것이 아니라 체력도 좋다. 참치는 계절에 따라 이동하는 많은 다른 동물들처럼 6,500km의 장거리를 이동한다. 이는 그 자체로 대단히 인상적일 뿐 아니라 사회경제적 함의 또한 가지고 있다. 누구도, 어느 나라도, 어디에서도 참치를 독자적으로 통제할 수 없다. 넓은 서식지로 인해 참치의 장기적인 보전은 전 세계적인 노력을 통해서만 성공할 수 있는 것이다(〈사진 11.1〉).

참치는 또한 다양한 방식으로 요리할 수 있는 매우 가치 있는 생선이다. 우선 회로 썰어 먹을 수 있으며 최근에는 살코기를 야외에 설치된 그릴에서 '스테이크'로 만들어 먹는 사람도 늘어나고 있다. 다양한 방식으로 조리해 만드는 참치 스프와 차우더(chowder)도 세계 각지에서 인기를 끌고 있다. 그리고 물론 미국의 많은 어린이들이 '참치 물고기'로 알고 있는 캔 형태로도 가공된다. 상업적으로 가장 중요한 참치 종은 참다랑어(bluefin), 황다랑어(yellowfin), 눈다랑어(bigeye), 날개다랑어(albacore), 가다랑어(skipjack)이다. 이들이 가진 시장은 각각 독자적인데, 가령 눈다랑어는 일본과 한국에서 많이 먹고, 날개다랑어는 미국에서 '화이트 투나'라 하여 캔 형태로 소비된다(Ellis, 2008).

이 장에서는 참다랑어와 황다랑어에 대해 논의한다. 이들은 여러 가지 면에서 상징적인데, 먼저 두 개체 모두 우리가 친숙하게 소비할 뿐 아니라 세계의 해양에서 남획으로 인해 위기(특히 참다랑어)를 겪고 있으며, 어획 시 다른 종들에 부수적인 피해(특히 황다랑어 어획의 경우 돌고래에게)를 주는 문제가 제기되고 있기 때문이다.

## 참다랑어: 전갱이에서 양식된 초밥까지

참다랑어는 북방참다랑어(Thunnus thynnus), 남방참다랑어(Thunnus maccoyii), 태평양참다랑어(Thunnus orientalis) 3종으로 나누어진다. 북방참다랑어는 가장 큰 참치로, 1마리의 무게가 보통 450kg이 넘는다.

알려진 것 중 가장 오래된 참다랑어 어획은 지중해에서 이루어진 어획이다. 최초의 참다랑어 잡이는 현재의 레바논 근처의 동지중해 해안에 살던 페니키아인들에 의한 것으로, 수천 년 동안 덫과 몰이를 통해 울타리 안에 가둔 참치를 작살로 잡는 기발한 방법으로 이루어졌다. 이 포획은 고대 그리스를 포함하는 해안 문화의 중요한 일부분으로, 서양 문명의 발달에 중요한 역할을 했다(Ellis, 2008). 그러나 현대 대부분의 시기 동안 참다랑어는 상업적으로 가치 있는 사냥감이 아니었다. 이 어류가 북아메리카에 '전갱이(horse mackerel)'로 알려졌을 때는, 인간이 먹을 수 없는 식재료로 여겨져 개나 고양이 먹이로 판매되었다. 이후 참치는 스포츠 목적으로 이루어지는 어획의 목표로서 인기를 누렸다(Ellis, 2008: 84).

참다랑어의 운명은 1960년대 '마구로(큰 참다랑어로 만든 회)'가 최고급 생선회로 귀하게 여겨지며 극적으로 바뀌었다. 해산물은 수천 년 동안 일본인의 식단에서 중심을 차지하고 있었고, 최소한 17세기부터는 다양한 형태의 생선회가 등장하기 시작했다. 그러나 마구로 — 특히 대리석 무늬를 띤 참다랑어의 붉은 복부살 '도로(toro)' — 의 맛은 매우 최근에 알려졌다. 일본은 1960년대가 되어서야 비로소 수 주간 바다에 머무를 수 있는 냉동 참치 화물선 함대를 구축할 수 있었고, 이를 통해 멀리 떨어진 거대한 참다랑어 어장에서 물고기를 잡고, 얼려서 자국의 시장으로 가져왔다. 많은 양이 공급되면서 마구로의 인기는 어획량보다 더 빠르게 늘어났다. 일본 어부 외에도 미국과 캐나다, 지중해의 어부들이 재빠르게 참다랑어 시장에 가담했다. 수백 kg의 참다랑어 한 마리가 kg당 수백 달러 이상으로 판매되는 엄청난 시장에 많은 어부들이 참여하는 것은 당연한 일이었다. 마구로와 도로가 국제적으로 고급 요리가 되면서, 거대 참다랑어에 대한 수요는 한층 증가했다. 실제 2008년 뉴욕시에서 가장 비싼 음식점은 '스시 바'였고, 한 끼 식사 비용이 1,000달러 이상인 곳도 있었다(Gosliner, 1999: 152). 돈이 되기에 어획은 더욱 집중적으로 이루어졌다. 참다랑어는 세계에서 가장 많이 남획되는 어종이 되었고, 곧 생물학적 멸종에 직면하게 되었다.

참다랑어 생산을 최대화하기 위한 어부들의 노력 중 하나는 '양식장'을 운영하는 것이다. 남태평양과 지중해에서 대부분의 어린 참다랑어는 '건착망(purse seine net)'■으로 잡는다. 이것은 그물로 물고기 떼를 둥글게 둘러싼 후 그물 아랫부분을 지갑(purse)의 줄을 당기듯 좁히는 데서 붙여진 이름이다. 이 거대한 그물에 잡힌 참치들은 사육시설로 보내져 비육장에서 가축을 살찌우는 것과 그리 다를 것 없는 방식으로 살찌워진 뒤 수출 — 대부분 일본으로 간다 — 된다.

걱정스럽게도, 참치 양식은 야생 참다랑어 개체를 엄청나게 줄여 멸종위기를 가속화시켰다. 참다랑어 양식이 야생 개체 수에 가하는 압력은 주로 두 가지 형태로 이루어진다. 첫째, 참치 양식은 거의 규제되지 않는다. 양식을 위해 잡은 참치는 야생 개체 수에서 영구히 제거되지만, 법률로 정한 어획 배당에는 포함되지 않는다. 그러나 양식되는 참치는 갇힌 상태에서 새끼를 치지도 않기 때문에 양식 규제를 받

**건착망 어업** 수면 가까이에 무리지어 다니는 종을 효과적으로 어획하는 방법으로 어획 대상 주변에 거대한 그물을 두른 후, 지갑의 줄처럼 그물 아랫부분을 좁혀 포획하는 방법이다.

지도 않는다. 둘째, 양식이 야생 개체의 연령 구조에 영향을 준다는 점이다. 양식이 시작되기 이전의 대규모 어획은 주로 가장 덩치 큰 참치를 잡기 위해 이루어졌다. 그런데 지금은 어린 참치 역시 돈벌이가 되면서 야생에서 사라지는 어린 참치의 개체가 점점 늘어나고 있다. 미래의 참다랑어 개체를 보충하기 위해 필요한 바로 그 참다랑어들이 줄어들고 있는 것이다. 점차 커지는 건착망 어선, 주낙 어선■, 참치 양식 등의 기술 발전을 끝없이 증가하는 생선회 수요와 더불어 고려해보면, 전 세계 참다랑어는 과거의 지속가능한■ 수준을 훨씬 넘어서 어획되고 있다.

야생에서 어획되는 다른 수십 종의 해양 어류처럼 참다랑어도 남획되고 있다. 간단히 말해, 이들 종에 대한 상업적 어업으로 잡히는 양이 자연적으로 재생할 수 있는 수준보다 많다는 뜻이다. 남획은 사회적으로도, 생태적으로도 바람직하지 않다. 사회적으로 보면, 남획은 고기잡이에 의존하는 어촌 마을에 큰 곤경을 가져올 수 있다. 많은 사례에서 소규모의 '영세 어업'이 가장 먼저, 그리고 가장 많은 고통을 받았다. 일반적으로 국제적 어선단이 특정 어류에 몇 년간 집중할 경우 그 어류 개체는 심각하게 고갈된다. 이러한 선박은 기업이나 개인이 상당한 자본을 투자해 소유·운영되는데, 현재의 대상 어종이 남획되어 감소하면, 목표를 다른 어종으로 바꿀 수 있다. 그러나 경제적인 제약과 다른 요소로 인해 지역 어종에 구애되는 소규모 영세 어업에서는 이동이 불가능하다. 슈퍼마켓에서 쉽게 구할 수 있는 잘 알려진 어종들도 심각하게 남획되고 있다(〈표 11.1〉). 그러나 남획은 해양 생태계를 둘러싸고 있는 여러 중요한 문제 중 하나일 뿐이다. 현대적인 대규모 어선 운영 및 참치 논쟁과 직접적으로 관련된 또 다른 문제는 바로 부수어획,■ 즉 상업적 어업에서 의도치 않게 잡히는 생물들이다.

### 태평양 동부 열대지방의 황다랑어 어장

참다랑어만큼은 아니지만 황다랑어도 꽤 커서 180kg이 넘는 개체도 있다. 20세기 대부분의 시간 동안 황다랑어는 미국 시장에서 '라이트(light)' 참치라 불리며 캔에 담겨 팔렸다. 하

**주낙 어업** 수백, 수천의 낚시에 미끼를 달아 바다 속에 펼치는 산업적 어업 방식으로, 이때 펼쳐지는 주낙은 보통 수 km에 달하며 빈번히 부수어획이 발생하게 된다.

**지속가능한/지속가능성** 땅과 자원을 보존해 미래 세대가 이들을 이용할 수 있도록 하는 것을 말한다.

**부수어획** 상업적 어업에서 의도치 않게 우연히 잡히는 생물로 여러 어종뿐 아니라 다수의 새, 해양 포유동물, 바다거북 등을 포함한다.

〈표 11.1〉 블루오션 연구소에서 지정한 남획된 '멸종위기종'

| 어종 | 어업 방법 | 흥미로운 사실 |
|---|---|---|
| 비막치어(Chilean sea bass, Patagonian toothfish) | 주로 주낙(bottom longlines) | 주낙으로 인해 멸종위기종인 신천옹이 다수 잡히는 등 부수어획이 발생. |
| 대서양넙치(Atlantic halibut) | 주낙, 대낚시(pole and line) | 수백 년 동안 과도한 어획. 야생종은 멸종되었을 것으로 추정. |
| 오렌지러피(Orange roughy) | 저인망(bottom trawling) | 100년 이상 살 수 있음. 몇 종류의 멸종위기 상어종을 포함하는 생물들의 부수어획 발생. |
| 그루퍼(Grouper) | 주낙, 덫, 대낚, 작살 등 다양함 | 미국에서 팔리는 그루퍼의 98.5%가 이들의 보전을 위한 관리 계획이 없는 멕시코에서 옴. |
| 대서양대구(Atlantic Cod) | 저인망, 대낚시 | 공식적으로 1992년부터 상업 목적의 어업은 금지, 북대서양 대구 개체는 다시 되살아날 조짐이 없음. |

멸종위기종은 상업적으로 이용 가능한 물고기들 중 생태적으로 가장 문제가 되는 어종들을 이른다.
자료: Blue Ocean Institute, www.blueocean.org.

지만 세계의 다른 지역에서는 날로 먹거나 다양한 방법으로 요리해 먹는다. 황다랑어 회는 참다랑어보다 저렴해 인기가 많다. 또한 신선한 황다랑어는 그릴에 구워 먹는 참치 스테이크로도 많이 팔리고 있다.

세계에서 가장 상업적 가치가 높고, 역사적으로 가장 많은 참치가 잡히는 곳은 태평양 동부 열대지방(East Tropical Pacific)의 황다랑어 어장이다. 태평양 동부 열대지방은 캘리포니아 남쪽부터 남미 해안까지 걸쳐 있는데, 그 면적은 약 1,800만 $km^2$가량으로 값비싼 황다랑어 어장은 그중에서도 남쪽 끝, 멀리 칠레에까지 이른다. 1930년대 냉동 기술이 향상되고 미국의 참치 잡이 선단이 바다에 오래 머물며 더 먼 열대 바다까지 진출할 수 있게 되면서, 이 어장에서는 처음으로 상업적인 개발이 이루어졌다. 흔히 사용되던 면 그물은 따뜻한 남쪽 바다에서 빠르게 훼손되었기 때문에, 황다랑어를 잡는 남쪽 선단은 대낚시를 사용했다(Gosliner, 1999).

대낚시는 건착망에 비해 훨씬 더 노동집약적이었지만, 몇 년 동안은 수익성이 있었다. 하지만 1950년대 값싼 수입 참치가 미국 시장에 넘쳐나게 되고 대낚시 황다랑어 잡이의 수익성이 떨어지면서 두 가지 기술적 혁신이 이루어지는데, 이 두 기술은

〈글상자 11.1〉 주낙 어선

저인망, 유망, 대형 건착망과 함께 주낙은 바다에서 광범위한 남획과 셀 수도 없는 부수어획을 유발하는 집약적이고 현대적인 어업 방식 중 하나이다.주낙이란 긴 낚싯줄을 이르며, 수 km에서 종종 100km에 이르는 중심선과 여기에서 가지를 치며 연결된 수백 개의 부수적인 선으로 이루어진다. 각각의 선에는 수백에서 천 개에 이르는 낚시가 달려 있다. 대다수의 주낙 어선(longliners, 주낙을 배치하는 배)은 상어, 참치 그리고 황새치와 같은 크고, 높은 영양 단계에 속한 자유 유영성의 원양 어종을 목표로 한다. 몇몇 주낙 어선들은 멸종위기의 비막치어(Patagonian toothfish)와 넙치(halibut)와 같은 해저종을 잡는다(확실히 말해두지만 비막치어 어획은 불법이다).

상상할 수 있겠지만 주낙은 무차별적인 어업 방법이다. 가령, 황새치는 1960년대부터 대부분의 상업적 어업이 대낚시와 작살 대신 주낙으로 이루어지면서 상당한 개체 수 감소를 겪었다. 주낙 어선은 이전보다 많은 성인 황새치를 잡을 뿐 아니라, 표적이 아니었던 어린 황새치까지도 엄청나게 죽인다. 당연하지만 황새치를 가장 선별적으로 잡는 방법은 작살이다. 상업 목적의 어부라면 판매가 허용되지 않는 조그만 황새치를 위해 작살을 쏠 이유가 없다. 또 대낚시의 경우에도 낚시에 걸렸다 해방된 치어의 생존율이 매우 높다. 하지만 주낙은 다르다. 낚시에 걸려 오랫동안(많은 경우 하루 이상을) 방치된 치어는 설령 배로 올라올 때까지 숨이 붙어 있더라도, 해방된 뒤에 금방 죽는다. 주낙 어업은 파괴적인 영향을 끼친다. 20세기 초, 포획된 황새치의 무게는 평균 135~180kg 사이였다. 오늘날은 평균 40kg 전후이다. 그러나 어린 황새치는 주낙 어선으로 인한 부수어획의 수많은 문제 중 하나일 뿐이다.

주낙에 부수적으로 잡히는 바다거북과 신천옹(albatross)과 같은 바다새도 논란이 된다. 전 세계 바다거북은 지구상 가장 심각한 멸종위기 동물 중 하나이다. 2001년, 미국 국립해양어업국은 주낙 어선을 두 멸종위기 거북종인 대서양 붉은바다거북(loggerhead)과 장수거북(leatherback)에 대한 가장 큰 위협으로 못 박고, 이들 멸종위기종을 보호하기 위한 후속조치로 북대서양 260만 평방해리의 어장에서 주낙 어선이 상업적인 어업을 하는 것을 금지했다. 대형 바다새인 신천옹은 종종 주낙어선을 따르며 미끼를 먹으려다 낚시에 걸려 물밑으로 끌려가 죽는다. 합법, 불법을 통틀어 주낙 어선은 매년 10만 마리에 달하는 신천옹을 죽이는데, 이는 이 새들을 멸종위기종으로 만드는 주된 이유 중 하나이다.

■ 자료

Chambers, J. 2001. "Going, going, gone." Big Game Fishing Journal, Jan-Feb.

Ellis, R. 2003. The Empty Ocean: Plundering the Worlds Marine Life. Washington, DC: Island Press/Shearwater Books.

심각한 생태적 결과의 전조가 되었다. 하나는 따뜻한 물에서도 해체되지 않는 나일론 그물이다. 다른 하나는 상상하기 힘들 정도의 큰 그물을 더 힘 있게 끌어 올리는 양망기(power block)이다. 앞에서 설명했듯이 어선들이 건착망으로 복귀하는 속도는 매우 빨랐다. 실제로 몇 년 만에 태평양 동부 열대지방 남쪽의 거의 모든 배들은 황다랑어 무리를 잡기 위해 거대한 나일론 건착망을 사용하게 되었고, 이전보다 많은 어획량과 수익을 일구어냈다(Joseph, 1994).

황다랑어는 가다랑어(skip-jack, 이름에서 알 수 있듯이 수면을 깡충깡충 뛰어 배나 정찰기에 잘 발견됨)와 달리 깊은 바다 속에서 이동해 발견하기가 어렵다. 하지만 태평양

〈도표 11.1〉 1960~1997년 태평양 동부 열대지방의 바다에서 건착망 참치 잡이를 사용하는 미국 선적에 의해 죽은 돌고래 수

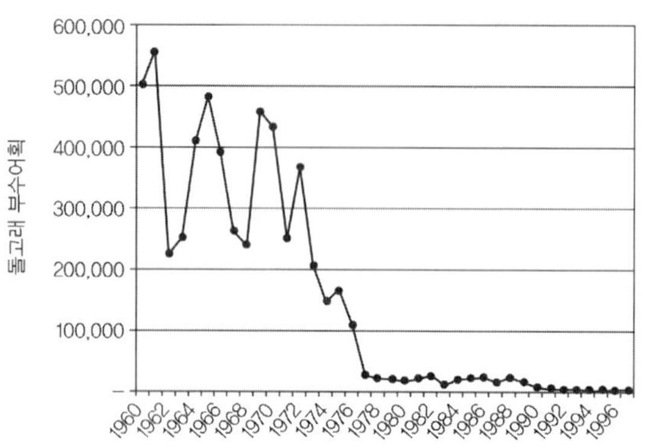


자료: Gosliner(1999) 자료 인용.

동부 열대지방 황다랑어들은 특이하게도 돌고래 무리 아래에서 헤엄치고는 하는데 — 다른 지역의 황다랑어들에게서는 발견되지 않는 행동으로, 생물학자들조차 이러한 행동의 원인을 밝혀내지 못하고 있다 — 이 때문에 이곳 어부들은 참치 무리를 추적할 때 먼저 수면에서 자주 뛰어올라 쉽게 발견되는 돌고래부터 찾는다. 1960년까지 이것이 황다랑어를 찾는 주된 방법이었다. 돌고래 무리를 발견하면, 고속 보트 선단이 돌고래를 '울타리' 안으로 몬다. 이후 1.6km 이상의 길고 거대한 건착망으로 돌고래 무리 주변을 감싸면 그 아래에 있는 황다랑어를 포획할 수 있다.

이렇게 돌고래를 이용하는 건착망 어획의 초기까지만 해도, 돌고래들의 의도치 않는 죽음을 줄이려는 노력은 거의 이루어지지 않았다. 극소수 돌고래만이 그물을 빠져나와 목숨을 건졌고, 대부분은 그물에 끌려 배 위로 올라왔다. 그중 몇 마리는 살아서 바다로 던져졌지만, 대부분은 그물에 걸렸을 때 이미 익사한 상태였기 때문에 죽은 채로 던져졌다. 1960년대에 이러한 어업으로 인해 죽은 돌고래의 수는 충격적이다(〈도표 11.1〉), 이 숫자가 1968년 언론에 공개되었을 때 엄청난 대중들의 항의와 정치적 반향이 있었던 것은 그리 놀라운 일이 아니다(Joseph, 1994). 당시는 참치 어업 종사자에게는 대단히 불행한 시기였다. 당시 비핵운동과 함께 주목을 받고 있던 환경운동이 의욕적으로 해양 포유류 보전의 기치('고래를 지키자!')를 내걸고 있었기 때문이다. 당시 인기를 누렸던 텔레비전 방송 〈플리퍼(Flipper)〉는 가공의 해양보호구역에 거주하는 관리소장의 가족과 함께 살며 그들에게 도움을 주는 큰돌고래의 이야기로, 1964년부터 1967년까지 방송되며 미국에서 돌고래에 대한 관심을 고조시켰다. 따라서 라부데의 폭로 이전에 이미 돌고래에 대한 관심은 높아지고 있었다고 볼 수 있다. 오늘날의 참다랑어 남획처럼 '참치·돌고래 문제'는 중요한 이슈로, 지구 차

원의 영향력을 가진 인간과 환경의 문제가 되었다.

### 참치에 대한 문제들

'참치'라 불리는 물고기에 대한 지금까지의 설명은 인간과 전 세계 바다 사이의 빠르게 변하는 관계에 관한 골치 아파 보이는 문제들을 드러낸다. 이 검토는 시간의 흐름에 따른 사회의 변화 — 미각의 진화, 기술적 발전, 옳고 그름에 대한 새로운 시각, 세계화된 경제 등을 포함한 변화 — 가 참치를 잡고 먹는 방식을 어떻게 바꾸었는가를 보여준다. 그리고 당연하지만 이러한 변화는 또한 바다에서 잡히는 어류의 양을 자릿수가 바뀔 정도로 증가시켰다. 구체적으로, 우리가 다음과 같은 사실을 인식할 때 참치는 문제로 부상한다.

- 인간과 달리, 비인간의 자연에 속한 나머지 생물들처럼 참치에게는 정치적 경계가 없다. 그러나 그들의 운명은 지정학적 결정과 밀접히 연계되어 있다.
- 참치에는 가치가, 그것도 거의 설명할 수 없을 정도의 가치가 있다. 참치에 대한 수요는 끝이 없지만, 야생 참치는 절대적으로 한정된 자원이다.
- 참치는 상점 선반을 포함해 우리 주변의 어디에서나 볼 수 있어서, 야생 개체 수의 감소를 알아차리기 쉽지 않다.
- 그들이 돌고래와 같은 다른 해양 생물과 맺고 있는 불가사의한 관계는, 다른 생물 종에 영향을 주지 않고 참치를 어획하는 것을 매우 어렵게 만든다.

따라서 참치는 우리의 미각, 유행, 기술, 문화가 자연에 미치는 영향을 볼 수 있는 창이라 할 수 있다. 참치는 우리에게 중요한 문제를 제시한다. 국제 사회가 자유롭게 돌아다니는, 그런데 엄청나게 가치가 있는 생물의 야생 개체 수를 보존하기 위한 협정을 맺을 수 있을까? 전 세계적으로 물고기가 인간에게 가장 커다란 단일 단백질 공급원임을 고려한다면, 사람과 참치가 불가분의 운명을 함께한다고 말하는 것은 과장이 아닐 것이다. 태평양 동부 열대지방의 참치·돌고래 논쟁을 시장과 상품, 정치경제학, 윤리학과 생태중심주의의 관점에서 세밀하게 검토함으로써, 우리는 각기 다른 관점들과, 그것들이 지금 이루어지는 논쟁의 역사를 매우 다른 방식으로 그려내는 모습을 볼 수 있을 것이다. 나아가, 이 관점들은 어획과 그 너머에 있는 문제에 관해 각자 다른 유형의 해결책을 우리에게 제시할 것이다.

## 시장과 상품: 구제를 위한 친환경 라벨?

우리는 제2장에서 "더 많은 이용이 더 많은 생산을 유발할까?"라는 이상한 질문으로 시장과 상품에 대한 논의를 시작했다. 이와 같은 논리가 남획된 해양 자원에도 적용될 수 있을까? 단도직입적으로 말해, 자유 시장이 자신들이 고갈시킨 바로 그 자원을 구원할 수 있을까? 얼핏 생각하면 그럴 수 없을 것 같지만, 이 질문을 살짝 비튼다면 최근의 가장 의욕적이고 광범위한 보전 노력의 정곡을 찌를 수 있다. 바람직한 어류를 소비하면 우리의 바다를 구할 수 있을까?

최근 많은 과학자, 정부 관료, 환경주의자, 수산식품 기업들의 자금이 바로 여기에 투입되고 있다. 이미 수백 년 동안 과도한 해양 자원 채취가 이루어졌고, 수십 년간 지역적·국가적·초국가적 규모의 정부 규제가 행해졌으며, 환경단체가 모든 노력을 다해 황폐화되는 바다의 모습을 고발하고 있음에도, 바다에서 이루어지는 남획은 지금도 점점 증가하고 있다. 누군가는 이러한 경향을 바꿀 수 있는 최선의 방법이 계몽된 녹색 소비■를 통해 시장의 힘을 통제하는 것이라고 말한다. 만일 사회가 지속가능한 해양 자원을 원한다면 방법은 간단하다. 우리가 바람직한 것을 사야만 한다.

참치캔의 '돌고래 안전'■ 라벨 캠페인을 생각해보자. 수십 년 동안 수많은 돌고래가 참치 어업 중 '부수어획'으로 죽었다. 초기 '돌고래 안전' 라벨 프로그램은 시장에서 이루어지는 소비자의 선택을 통해 생산자에게 환경적으로 바람직한 어획을 강제하려는 시도였다. 이 라벨은 매우 대중화되어 의회는 '돌고래 안전' 라벨

**녹색 소비** 의도적으로 환경 친화적인, 또는 환경에 덜 해로운 제품을 구입하는 것으로 기업이나 산업의 행동 변화를 규제보다 소비자 선택에 의존하는 모형이다.

**돌고래 안전 참치** 부수어획으로 돌고래를 죽이지 않고 잡은 참치를 말한다.

사용을 표준화하는 법을 통과시켰고 더 나아가 돌고래 안전을 무시한 참치의 수입을 금지했다.

### 입법을 통한 해결책 찾기

태평양 동부 열대지방에서 황다랑어 포획용 건착망으로 죽어가는 돌고래에 대한 대중의 지탄은 1972년 미국 의회의 해양포유류보호법(Marine Mammal Protection Act) 통과로 이어졌다. 이 법은 미국 내에서 해양 포유류나 그들의 신체 일부를 살상, 판매, 수입, 수출하는 행위를 가장 포괄적으로 금지한 법률이다. 그러나 이 법률은 태평양 동부 열대지방 참치 잡이에 많은 혼란을 주는 동시에 서로 충돌하는 예외 조항을 포함한다. 법령의 어떤 부분에서는 참치 어업으로 잡히는 돌고래가 '지속가능한 최적의 개체 수'를 위해 관리되어야 한다고 명시했다. 이는 돌고래 개체 수가 생물학적으로 수용할 만한 최소치 아래로 줄지 않는 경우에 한해 죽이는 것을 허용한다는 뜻이다(Gosliner, 1999: 1). 그러나 이 법령의 다른 한편에서는 돌고래 사망률을 점차 줄여나가 0%에 이르도록 하라고 어부들에게 명령한다. 어류 관리 입장에서 이들은 서로 충돌한다. 법은 모호하고 혼란스러운 허점이 여러 군데 있어, 돌고래 사망률은 해양포유류보호법이 통과된 이후에도 지속적으로 수치가 매우 높았다(〈도표 11.1〉).

그럼에도 1976년의 해양포유류보호법 개정으로 돌고래의 사망률은 상당히 감소했다. 이것의 성과 중 하나는 '퇴각절차'의 정착이었다. 퇴각절차는 그물이 반쯤 당겨졌을 때 배를 그냥 후진시키는 것이다. 이럴 경우 그물 고리의 끝은 수면 아래로 잠기게 된다. 이와 동시에 소형 고무보트가 그물 안의 돌고래를 가라앉은 그물 부위로 '몰아' 이들이 그 위로 헤엄쳐 도망갈 수 있게 한다. 또 다른 성과는 그물에 추가된 '머디나 패널[발명자 조지프 머디나(Joseph Medina)의 이름을 딴 것이다]'이다. 이 패널은 대다수의 돌고래가 걸리는 위치인 그물의 후미에 설치되는 세밀한 망사이다. 패널을 그곳에 붙이게 되면 돌고래들은 그물을 뛰어넘거나 퇴각절차가 이루어질 때 헤엄쳐 나가 그물에서 벗어날 수 있게 된다.(〈사진 11.2〉). 하지만 이런 변화와 더불어 돌고래 사망률의 기록을 감독하는 공무원의 배치에도 건착망 어부들에게 사망률 0%라는

〈사진 11.2〉 머디나 패널

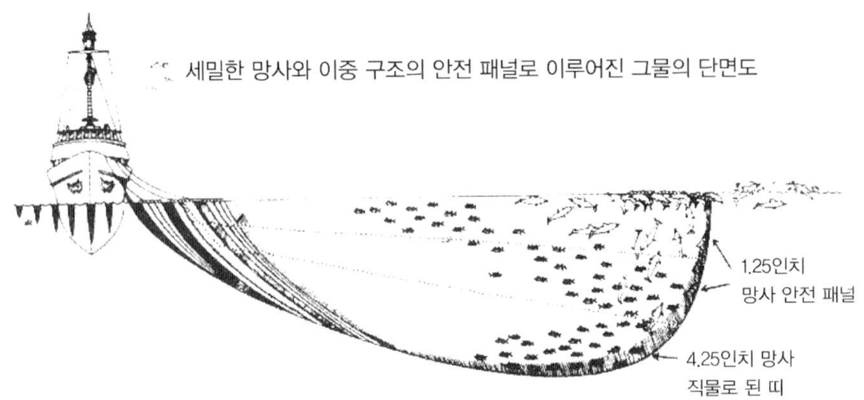


이 기술적이면서도 실용적인 변화는 돌고래의 사망률을 줄이려는 참치 어부들의 노력 끝에 만들어졌다. 이 덕분에 부수어획으로 잡히는 돌고래의 수는 급격하게 줄어들었지만, 완전히 없어지지는 않았다.
자료: 유엔 식량농업기구(Food and Agriculture Organization of the United Nations), http://www.fao.org/fishery/equipment/medinapanels/en, 허가 후 재인용.

목표는 도달하기 어려운 것이었다. 실제 1984년 해양포유류보호법 개정안은 미국 선박 — 이때는 미국 외에도 여러 국가가 태평양 동부 열대지방에서 건착망으로 참치를 잡았다 — 이 연간 2만 500마리까지 돌고래를 죽일 수 있도록 허용했다(Joseph, 1994).

## 구조를 위한 소비 행동주의자

환경주의자들은 해양포유류보호법 제정되고 10여 년이 지나서도 돌고래 사망률이 수용할 만한 수준으로 감소하지 않는다는 사실에 불만을 토로했다. 규제는 만족스럽지 못했다. 다른 행동이 필요했다. 1980년대 후반, 비정부 환경 조직인 지구섬협회(Earth Island Institute)는 참치캔에 대한 소비자 불매운동■을 일으켜 생산자들이 돌고래를 죽이지 않고 제품을 만들었다는 것을 입증할 때까지 구매를 삼가달라고 소비자들에게 촉구했다. 불매운동은 상당했으며, 1988년 상영된 라부데의 영화가 여기에 힘을 실어주었다. 이 영화가 전국에 상영되자 불매운동은 한층 강렬해져

**소비자 불매운동** 소비자들이 특정 물품을 사지 않도록 촉구해 대상 기업에 압력을 행사하고, 이를 통해 해당 기업이 관행을 변화시키도록 유도하는 항의 방법이다.

참치의 판매가 감소했고, 환경주의자들은 대규모 참치 생산자들과 정치인들에게 편지쓰기 캠페인을 시작했다. 지구섬협회에 의해 주도된 환경단체 연합은 돌고래를 해치지 않고 잡은 참치에 붙이는 '돌고래 안전' 라벨을 고안해 이를 실행에 옮겼다.

1990년, 캠페인은 자신들의 획기적인 성공을 축하했다. 미국의 3대 참치 브랜드인 '스타키스트(StarKist)', '치킨오브더시(Chicken of the Sea)', '범블비(Bumblebee)'가 '돌고래 안전' 참치만을 판매하는 데 동의한 것이다(Newsweek, 1990). 이들 통조림 회사들은 미국 시장의 90% 이상을 차지했으므로 환경주의자들에게는 틀림없는 대성공이었다고 할 수 있다. 연방정부는 통조림 회사들이 '돌고래 안전' 라벨을 사용하려면 지구섬협회 연맹이 정의한 기준을 준수해야 한다는 법을 통과시켰다. 미국 소비자들은 '돌고래 안전' 라벨이 붙은 참치를 돌고래를 추격하거나 포획하지 않고 잡은 참치라고 이해했다. 의회는 또 미국의 참치 어업 규정과 '비슷한' 참치 잡이 규정이 없는 국가의 참치 수입을 금지시켰다(Bonanno and Constance, 1996: 6). 이는 거대한 참치 선단 ― 아직도 돌고래를 이용해 참치를 찾는 선단 ― 을 운영하는 멕시코, 베네수엘라, 파나마를 미국이라는 가장 거대한 수출시장에서 배제시키는 효과적인 방법이었다.

### 라벨은 그대로 유지되고 있다

라틴아메리카 국가 연합은 이후 차별적 보호규정을 통해 자유무역협정을 위반했다며 미국을 상대로 소송을 제기했으나, 건착망으로 잡은 참치를 미국 시장에 판매하려는 그들의 시도는 결국 실패했다. 압력은 때로 미국 내부에서 생기기도 했다. 실제로 두 번(첫 번째는 클린턴 행정부 때, 두 번째는 10년 뒤 부시 행정부 때)에 걸쳐 대통령 행정부의 지원하에 '돌고래 안전' 기준을 완화해 자유무역을 촉진하려는 시도가 있었다. 그러나 법원은 두 번 모두 기존에 있었던 기준을 관철시켰다. 따라서 국내·국외의 정치적 압력 속에서도, 지구섬협회에 의해 정의된 최초의 '돌고래 안전' 기준은 그대로 유지되고 있다고 할 수 있다.

여러 가지 면에서, 태평양 동부 열대지방의 돌고래 보호 캠페인은 보전을 위한 시장의 힘이 완벽하게 성공했음을 보여주는 사례이다. 1960년대에 절정을 이루었던 돌고래 사망은 운동가들이 캠페인을 시작한 이후 99%에 육박하는 감소를 보였다. 더욱이 운동가들은 주요 참치 가공업자에게 '돌고래 안전' 참치만 판매하라는 압력을 가했다. 미국 소비자들은 자신이 구입하는 참치캔에서 몇 가지 종류의 돌고래 라벨을 — 미국 법은 연방 규제를 준수하기만 한다면 참치 가공업자들이 자신의 상품에 어떤 로고를 붙이든 '돌고래 안전' 라벨로 인정해주고 있다 — 보게 될 것이다. 대다수의 소비자는 구매에 만족할 것이고, 자신의 샌드위치가 돌고래의 피로 물들지 않았다고 생각하며 안도할 것이다. 또 비록 '돌고래 안전' 라벨과 완전히 동일한 기준을 준수하는 것은 아니지만, 미국에서 벌어진 것과 유사한 라벨 붙이기 운동이 많은 유럽 국가, 호주, 뉴질랜드에 등장했다.

그러나 이러한 실천의 전반적 영향에 대한 의문을 제기할 수도 있다. 가령, 얼마나 많은 소비자들이 '돌고래 안전' 라벨을 보고 그 의미를 이해할 수 있을까? 얼마나 많은 사람들이 '돌고래 안전'이라는 문구를 '생태 친화적' 또는 '생태적으로 지속가능한'이라는 말과 동일시할까? 이는 참치 어획이 전반적으로 남획, 오염, 기타 여러 영향 등을 통해 해양 생태계에 심각한 압력을 가하고 있는 한 문제가 되는 가정 — 이 문제는 뒤에 나오는 환경윤리 부문에서 논의될 것이다 — 일 것이다.

더 일반적으로는, 녹색 보증 상품이 보증받지 않은 상품에 비해 생태적으로 바람직하다고 말할 수 있을까? 아마 그렇지는 않을 것이다. 녹색 라벨이 만연할 경우, 일반 소비자가 모든 '녹색' 보증에 관한 적법성과 규제를 추적하는 것이 가능할까? 의심할 바 없이 아니다. 그러나 한 가지는 확실하다. 녹색 보증서의 증가는 소비자 상품을 통제하는 주체와, 그 방식을 정하는 권력의 변화를 보여주는 것이다. 정치경제학적 관점의 도움을 받아 우리는 권력의 변화를 평가할 수 있다. 지금부터 '돌고래 안전' 참치와, 더 범위를 넓혀 '친환경' 해산물에 대해 논의할 것이다.

## 정치경제학: 어업을 다시 규제하기

제6장에서 인간과 자연의 관계는 경제를 통하지 않고서는 이해할 수 없다고 언급했다. 또한 경제와 정치가 어떻게, 그리고 왜 불가분의 관계인지도 보여주었다(그렇기 때문에 '정치경제학'이다). '시장과 상품' 관점에 초점을 둔 시각도 시작은 유사하게 경제에 관심을 보이지만 전혀 다른 가정을 전제한다. 가령, 정치경제학은 '자유 시장'이 미래의 모든 대안에 가장 적합한 사회 체제라는 가정에 동의하지 않는다. 문제가 발생했을 때 오직 시장 기반의 해법만을 찾는 방식과는 반대로, 정치경제학은 자본주의 생산이 문제를 유발하는 과정을 분석하며, 무수히 많은 수정을 거친다 해도 자본주의 생산이 절대 그 자체의 위기와 모순에서 벗어날 수 없다는 접근법을 취한다.

### 따라서 너무 빨리 가정하지 말자

예를 들어 태평양 동부 열대지방 황다랑어 어업의 경우, 우리는 자본주의의 이차적 모순■이 작동하고 있음을 볼 수 있다. 참치 어부가 돌고래 떼를 목표로 하는 순간, 그들은 자신들의 생계의 밑바탕이 되는 생태계를 악화시키게 된다. 앞으로 수십 년 동안 끊임없이 공격받은 끝에 결국 태평양 동부 열대지방의 돌고래들 – 그리고 그들과 짝을 이루고 다니는 황다랑어들 – 이 생태적 위협에 빠진다 해도, 우리는 – 고맙게도 – 그 사실을 눈치 채지 못할 것이다. 어부들은 다른 많은 어장에서와 마찬가지로 남획을 위해 태평양 동부 열대지방을 포기하지 않았다.

북대서양대구는 악명 높은 사례라 할 수 있다. 한때 세계에서 아마도 가장 수익성이 높은 어업이었던 북대서양대구 잡이는 1992년 캐나다 정부가 상업적 어업을 영원히 금지할 때까지 이어졌다. 위에서 본 참다랑어 어업 역시 붕괴 직전인 상황이다.

설사 황다랑어 그 자체에 대한 남획이 이루어지지 않았다 해도, 수십 년간 치열한 경쟁 속에서 만들어진 생산수단(배와 나일론 건착망)은 환경을 악화시켜 생산 과정에 심대

**자본주의의 이차적 모순** 마르크스주의에서 사용되는 용어로, 스스로를 영속화하려는 자본주의 체제의 시도가 자연자원의 고갈이나 노동자의 건강 악화 등을 유발함으로써 도리어 환경 조건을 붕괴시키는 상황을 일컫는다. 마르크스주의는 이러한 과정이 최종적으로 자본주의에 저항하는 환경운동이나 노동운동을 낳아 새로운 형태의 경제를 등장시킨다고 본다. 자본주의의 일차적 모순과 비교해볼 것.

한 악영향을 끼쳤다. 참치 산업은 생산조건■을 훼손하지 않고는 지속적으로 생산을 늘릴 수 없다는 모순을 분명하게 보여준다.

전 세계적 자본주의가 등장하지 않았다면 대낚시에서 대규모 건착망으로의 어업 방식 변화는 발생하지 않았을 것이라고 주장할 수 있을 것이다. 결국 이 변화는 저렴한 생산비로 수확을 늘리기 위해 나타난 것이기 때문이다. 황다랑어 어업이 노동집약적 방식에서 자본집약적 방식으로 바뀌며 수백 명의 어부들이 해고되었고 지구 차원에서도 수십만 개의 직업이 사라졌다. 1959년 이전 태평양 동부 열대지방에서 대낚시로 참치를 잡던 시기, 배 소유주는 때때로 선장이자 '회사'의 소유주였다. 하지만 어업에 고용된 대다수는 단지 노동자로 노동에 대한 임금을 받으며 사업주의 이윤을 만들어주었다.

어부들을 '단지' 노동자라고 언급하는 것은 이들의 생계와 노동을 격하시키려는 것이 아니라, 이들의 소모성을 강조하기 위함이다. 노동자들이 배, 냉동장치, 고기잡이 도구를 소유하고 통제했더라면, 그리고 값싼 수입 참치가 국내로 들어오지 못하게 시장을 통제할 수 있었다면, 이들이 그물을 더 큰 것으로 바꾸거나 참치를 더 쉽게 잡기 위해 돌고래를 따라다니며 그물을 던질 이유는 없었을 것이다. 즉, 그들은 자신들을 직장에서 몰아낸 요인들을 도입할 필요가 없었을 것이다. 어쩌면 어부들은 생계와 생태적 조건 모두를 유지하는 이상적인 형태로 작업을 할 수 있었을지도 모른다. 물론, 우리는 시간을 거슬러 올라가 어부에게 배를 선물할 수 없다. 또한 우리는 과거로 돌아가 정부에게 노동집약적 어업을 외국과의 경쟁으로부터 보호하는 법령을 수립하라고 강요할 수도 없다. 또한 우리는 정부의 보호를 받는 노동자 소유의 어업 조합이 반드시 생태와 조화를 이루는 형식으로 작업을 할지, 또 거기에 필요한 지식과 통찰력을 갖추고 있는지도 확신할 수 없다.

이러한 추측에 근거한 분석은 다소 유토피아■적이고, 따라서 현실 세계의 결과물을 측정하는 데 쓸 신뢰할 수 있는 척도라 할 수도 없다. 그럼에도, 정치경제학적 관점은 자본주의 축적이 사

**생산조건** 정치경제학(그리고 마르크스주의)에서 사용되는 용어로서, 특정의 경제가 기능하기 위해 필요한 물질 또는 환경 조건이다. 이것은 공정과정에 필요한 물에서 작업을 하는 노동자들의 건강에 이르기까지 다양한 것을 포함한다.

**유토피아/유토피아적** 가공의 이상적인 사회적 상황으로, 경쟁보다는 협력을 유도하는 사회정치적 체계를 지향한다.

회와 자연 양자 모두에 압력을 가하고 있음을 알려준다. 이러한 관점은 유토피아적 이건 아니건 어떻게 대안적 사회관계가 생태적으로 장점을 가지는지를 짧게나마 볼 수 있게 해준다.

자연과 사회의 문제에 대한 정치경제학적 접근의 또 다른 장점은 자원이 채취되고 규제되는 방식을 설명해준다는 것이다. 왜 참치는 현재의 방식으로 규제될까? 참치 생산과 소비에 관한 세계적인 변화는 해양의 규제에 어떤 영향을 미쳤을까? 아래에서 우리는 태평양 황다랑어의 사례를 정치경제학적 관점에서 접근해 해양 규제는 어류 자원의 통제를 위한 국제적 경쟁을 반영하며, 식량 경제에서 발생한 전 지구적 격변은 참치 생산에 대한 분산된 다국 간 체제를 유도했고, 이 새로운 체제는 몹시 미심쩍은 '친환경' 자율 규제라는 형태를 취하게 되었다는 것을 살펴볼 것이다.

### 참치의 지정학

미국과 라틴아메리카의 참치 어획 국가들은 태평양 동부 열대지방 황다랑어 어장을 유지하기 위한 노력의 일환으로 지속가능한 최대 생산■ 예측에 기초해 1949년부터 연간 참치어획량을 정하는 데 합의했다. 이 어획 한계는 잡을 수 있는 물고기 수의 총량을 정한 것인데, 정작 어획은 선착순으로 이루어졌기 때문에 가장 빠르게, 가장 많은 물고기를 잡는 사람이 어획의 승리자가 되었다. 일단 할당이 차면, 그 이상의 참치를 어획할 수 없었다. 이는 더 큰 배와 그물로 무장한 무분별한 '어획 경쟁'으로 이어졌다(Bonanno and Constance, 1996: 131).

1970년대에 이르러 태평양 동부 열대지방 어업은 규제에도 불구하고, 어쩌면 규제 때문에 수많은 나라들이 참치를 더 많이 잡기 위해 경쟁하는 한층 복잡한 양상으로 바뀌었다. 이 시기 멕시코와 태평양 연안의 다른 4개 라틴아메리카 국가들은 1973년 배타적 경제수역(EEZs)■을 발표한 미국을 따라 자신들의 배타적 경제수역을 해안에서 200해리까지로 연장했다. 멕시코 정부는 자신들의 배타적 경제수역에서 허가 없이 작업하는 미국 어선을 체포했다. 여기에 참치 개체 수를

**지속가능한 최대 생산** 무한정 수확할 수 있는 특정 자연자원(가령 목재, 어류)의 계절별·연별 최대 생산량을 말한다.

**배타적 경제수역** 보편적으로 주권 국가가 해안으로부터 200해리의 범위 안에 있는 어류와 광물자원에 대한 소유권을 주장하는 해양 구역이다.

감소시킨 엘니뇨 현상, 미국 어선의 멕시코로의 선적 소속 변경, 미국 어선의 태평양 서부로의 진출 등 여러 요인으로 태평양 동부 열대지방에서 작업하는 미국 어선은 이 시기에 엄청나게 감소했다.

그러나 멕시코 참치 어선은 새로운 어업에서의 우위를 이용해 수익을 내는 데 실패했다. 세계적인 과잉생산은 오히려 참치 가격을 낮추었다. 게다가 멕시코에게 가장 중요한 미국 시장은 돌고래를 보호하지 않는 멕시코산 참치의 수입을 금지했다. 1949년 이래 앞선 기술과 자본을 할당 체제에서 십분 이용해 매년 '어획 경쟁'에서 승리했던 미국은 새로운 규제까지 강제해 개발도상국의 접근을 막은 것이다. 태평양 동부 열대지방 어장에서 벌어진 이러한 갈등과 투쟁은 단지 시장의 영향뿐 아니라, 미국이 이 지역에서 행사한 권력의 흥망성쇠를 반영한다(Bonanno and Constance, 1996; Constance and Bonanno, 1999). 달리 말하면, 환경 규제는 지속가능성을 위한 제도이지만, 때로는 자연자원의 생산과 이윤을 통제하기 위한 지정학적 투쟁의 산물이 되기도 한다. 동시에 생산체제의 변화 또한 새로운 형태의 규제로 이어지게 된다.

### 포드주의에서 포스트포드주의 어업으로

1950년대에서 1980년대까지 미국의 초기 어업 주도권은 정치경제학자들이 말하는 '포드주의'■의 전형을 보여준다. 헨리 포드(Henry Ford)와 포드 자동차 회사에서 초기에 생산한 모델의 이름에서 따온 말인 포드주의는 고임금, 대량생산, 대량소비를 한데 묶은 생산관계를 말한다. 포드주의는 회사가 머리끝에서 발끝까지 생산 사슬을 소유하거나 통제하는 수직 통합된 국내 기업과, 값싼 외국 경쟁 상품에 관세를 부과해 거대 회사의 이윤을 유지시켜주는 정부 권력이라는 특징을 가지고 있다.

1950년대에서 1980년대 초기까지의 참치 산업은 이 포드주의 모형에 아주 잘 맞는다. 미국이나 일본과 같은 대규모 참치 소비 국가들은 또한 대규모 참치 어획 및 가공 국가들이기도 하다. 미국의 참치 배는 잡은 참치를 미국의 통조림 회사에 팔고, 이는 다시 미국 소비자들에게 판매된다. 몇몇 참치 배는 참치 가공회사

**포드주의** 20세기 초기 수십 년간 많은 산업 국가에 막강한 영향을 끼쳤던 생산관계로 대규모, 수직 통합형 기업, 높은 임금과 빠른 소비 속도, 막강한 정부 권력 등의 특징을 갖고 있다.

가 소유해 수직 통합된 포드주의적 기업의 전형을 보여준다. 미국 정부는 앞에서 언급한 것처럼 태평양 동부 열대지방에 대한 영향력을 확보해 이 산업의 이윤을 유지시켰다. 1970년대 동안에도 미국 정부는 해양포유동물보호법(Marine Mammal Protection Act: MMPA) 적용 면제와 무역 선박 출항 금지 조치를 통해 이에 반대하던 환경주의자 및 외국의 경쟁자들을 좌절시켰다.

**포스트포드주의** 20세기 후반에 나타난 이래 대부분의 산업 국가에서 운용되는 현재의 생산관계로 분권화되고 전문화된, 때로는 하청에 의해 이루어지는 생산, 두드러진 초국적 기업, 감소된 정부 권력 등의 특징을 갖고 있다.

**초국적 기업** 시설을 두 개 국가 이상에서 운영하는 기업으로 보통 다국적 기업이라고도 불린다.

그러나 정부가 할 수 있었던 것은 이후 광범위한 분야에 영향력을 미치기 시작한 새로운 경향으로부터 미국 선단을 일시 보호하는 것에 지나지 않았다. 포드주의가 '포스트포드주의'■라 불리는 새로운 생산관계로 전환되며 권력의 중심은 정부에서 초국적 기업■으로 이전했다. 수직 통합된 미국 참치회사가 1980년대에 해체되는 모습은 세계 참치 산업의 재구조화를 보여준 일이라 할 수 있다. 이러한 경향은 공장식 농장(제3장 참고)에서 만들어진 값싼 소고기 및 기타 육류 공급의 증가 등 여러 요소들과 맞물리며 촉진되어 결국 참치 수요의 감소로 이어졌다. 수요의 감소는 점차 과잉생산의 위기(제6장 참고)로 번지게 되었고, 지속적인 가격 하락으로 이어졌다. 결과적으로 수직 통합된 이전의 회사들이 상당수의 공장에서 철수하고, 건착망 배를 매각하며, 계약으로 참치를 구입하고, 가장 가격이 저렴한 어류를 찾게 되면서 예전 체계는 붕괴되었다. 미국의 '3대' 브랜드 가공 공장은 저비용 노동을 이용하기 위해 캘리포니아에서 푸에르토리코로 이전되었다. 결국 미국의 거대 참치 브랜드는 아시아의 초국적 기업에 흡수되었다. 상당량의 통조림 가공은 이제 하청으로 이루어진다. 따라서 참치 '회사'는 이제 제품을 생산하기 위해 가장 저렴한 재료와 노동을 찾아 세계를 돌아다니는 거대 초국적 기업에 의해 소유된 단순한 '브랜드'일 뿐이다. 세계 참치 산업의 이러한 포스트포드주의로의 전이는 이제 완성되어(Klein, 2007), 세계의 어업 규제에 영향을 미친다.

**〈사진 11.3〉** 알라스카 연어 통조림에 찍힌 해양관리위원회의 인증 마크.

해양관리위원회의 인증 마크를 표시한 알래스카 연어 통조림의 상표(아래 그림은 인증 마크를 확대한 것임). 이 마크는 해양관리위원회에서 인증한 세 가지 상품 중 하나로 알래스카 연어 통조림에만 붙어 있다. 다른 해산물에는 표준화된 친환경 마크가 없지만, 슈퍼마켓 계산대에서 지속가능한 방식으로 어획된 해산물을 판매하겠다는 표시는 볼 수 있다.

## 포스트포드주의 규제: 해양관리위원회

완전히 분권화된 세계 참치 생산 체계는 국내에 기반을 둔 전통적 규제 방식을 유지하기 어렵게 만들면서 새로운 방식의 규제를 등장시켰다. 1997년 세계야생동물기금(World Wildlife Fund)과 농산품을 취급하는 거대 초국적 기업 유니레버(Unilever)는 해양관리위원회(Marine Stewardship Council)를 설립했다. 해양관리위원회는 2년 뒤 자체적으로 기금을 관리하는 완전히 독립된 조직이 되었다. 이 위원회의 임무는 '지속가능한' 방법으로 해산물을 잡은 기업에 시장 기반의 보상을 제공해 세계 해양에서 이루어지는 남획을 개선하는 것이다. 이 단체에서 제시한 지침에 따라 어획을 할 경우, 해당 해산물은 해양관리위원회의 인증 마크를 받을 수 있게 된다(〈사진 11.3〉). 소비자는 '돌고래 안전' 라벨과 유사하게 '옳은 일을 하는' 회사의 해산물을 구입함으로써 문제 해결에 일익을 담당할 수 있다. 이러한 친환경 소비 모형은 분명 매력적이다. 하지만 소비자들은 몇 가지 이유에서 이를 완전히 신용하지 못한다.

사회 정의의 관점에서, 해양관리위원회는 이미 남반구(1차 생산과 그것의 수출에 의존하는 과거 식민지 경험을 했던 힘없는 국가들)의 영세 어부들, 즉 인증을 받는 데 필요한 최소한의 접근 수단과 자본이 없는 이들이 위원회의 인증에서 배제된다는 문제를 지적받은 바 있다. 거대 기업들이 과거 빈곤한 국가들이 물고기를 잡던 바다로 새로이 진출하는 동안 빈곤 국가의 어부들은 '친환경' 라벨로 인해 부유한 국가의 시장에서 배제되어 결국 세계에서 가장 빈곤한 지역에서조차 일자리, 시장, 기회를 잃어버리게 되었다. 이런 식으로 빈곤 국가의 생산자들은 세계가 자유 시장으로 '개방'되면서 나타난 불공평한 '충격'을 감내해야 했다(Klein, 2007). 다소 역설적이게도 친환경 라벨은 소규모 수공 생산자보다는 대규모, 기업, 재벌을 선호하는 것이다.

더군다나 해양관리위원회처럼 자유 시장 해법 및 초국적 기업과 구조적으로 결속되어 있는 단체가 여타 비시장 기반의, 대안적 형태로 이루어지는 규제를 옹호할 것이라고 상상하기는 어렵다. 풀뿌리 민간 환경주의자들에게도 유사한 우려가 제기된다. 세계야생동물기금 등의 유력 집단과 동맹한 해양관리위원회와 같은 단체가 특히 기업 활동을 제약하는 환경 관리 계획을 성공적으로 저지할 수 있을까? 정치경제학적 관점을 가진 민주주의의 옹호자들은 새로운 환경 규제와 규제 주체를 평가할 때, 그것이 사람들의 요구를 얼마나 반영할지, 또 관리와 책임 간의 균형을 어느 정도로 맞출 수 있는지에 중점을 둘 것이다. 해양관리위원회와 같은 새로운 포스트포드주의의 규제 형태는, 규모면에서 점차 기업화되고 초국가화 되면서 이들이 대체하고 있는 포드주의식 정부 규제 이상으로 시민들(소비자는 빼고)이 접근하기 어렵게 되어가고 있다. 친환경 인증 체계가 민주적 구조와 생태적 지속가능성을 향상시키는 데 일조할 경우, 그것은 지지를 받을 수 있을 것이다. 그러나 이것을 무비판적으로 수용해서는 안 된다. 이러한 관점에서 우리는 라벨 뒤에 무엇이 있는지를 잘 확인해야 한다. 이는 특히 우리가 개별 생물 종을 위해, 더 나아가 생태계를 위해 각기 다른 형태의 규제를 포함하는 복잡한 윤리적 타협을 고려하기 시작하면 더욱 그러하다.

## 윤리학과 생태중심주의: 매력적인 생물 종의 사회적 구성

> 참치는 재미있는 음식이다. 사람들은 참치를 잡는 과정에서 돌고래와 같은 숭고한 창조물이 괴롭힘이나 죽임을 당했다는 이야기를 들으면 이는 잘못된 일이라고 성토한다. 그러니 앞으로 몇 년 지나지 않아 돌고래 밑에서 헤엄치는 것이야말로 참치가 목숨을 보전할 수 있는 가장 확실한 방법이 될 것이다.

스타키스트 참치 브랜드를 소유하고 있던 식품회사 헤인즈(Heinz)의 부사장 테드 스미스(Ted Smyth)의 말이다(United States Fish and Wildlife Service, 2008). 라부데의 영화 속 장면은 어떻게 그 많은 사람들의 실제 행동을 촉발시켰을까? 참치 선박의 갑판원이 죽은 돌고래를 배 밖으로 던지는 사진은 어떻게 환경적 범죄의 아이콘이 되었을까? 수천 명의 사람들이 역사상 가장 효과적인 소비자 불매운동 중 하나를 펼쳤다. 그러나 그 시간 동안에도 다른 수많은 어장은 남획으로 인해 생태적 위기에 처하고 있었다. 가장 지속불가능하게 어획된 해양 어종인 참치가 돌고래 보전과 아주 밀접히 연계되어 있다는 사실이 역설적이지 않은가? 돌고래 보호를 위한 참치 캠페인이 성공을 거들 때 참치를 포함한 해양 어장 보전을 위한 노력은 처참히 실패했다. 이것을 검토하는 한 가지 방법은 동물권을 생태적 윤리보다 우위에 두는 것이다.

## '고결한 창조물'을 위한 권리: 돌고래와 환경이 충돌하는 사례

'보전'이나 '생태학'을 언급할 때, 대다수의 옳고 그른 행동에 대한 논의는 생물 종의 멸종을 중심으로 이루어졌다. 가령 1973년 미국은 멸종위기종보호법을 통과시켰다. 이 법의 의도는 식물이나 동물의 멸종을 막는 것이었다. 이 법은 몇 가지 놀라운 성공담과 수많은 실패를 포함한 복잡하고 뒤엉킨 역사를 가지고 있다. 멸종위기종보호법의 성공 사례 중 하나인 미국 악어를 예로 들어보자. 악어는 미국의 노스캐롤라이나 남부에서 텍사스 동부에 이르는 지역의 습지에서 산다. 1950년대까지 악어 수는 서식지 감소와 판매용 사냥으로 거의 모든 토착지에서 사상 최저치로 줄어들었다(Ellis, 2008). 1973년 멸종위기종보호법이 공표될 때 악어는 멸종위기종 리스트에 올랐다. 따라서 악어 사냥은 금지되었고, 서식지 보전법이 제정되었다. 1987년 미국의 멸종위기종 관리 책임 당국인 어류야생동물국은 악어가 완전히 복구되었고 멸종위기 목록에서 빠졌다고 발표했다. 목록에서 빠진 후, 악어가 서식하는 모든 주의 정부는 악어 사냥 계절을 정했다. 악어 개체 수가 관리되고 이에 따라 악어들이 두 번 다시 멸종의 위기에 처하지 않게 되면서, 정부는 악어의 사냥을 허용하거나 악어 서식지 파괴에 대해 어느 정도의 재량을 발휘할 수 있게 된 것이다.

이와 같이 멸종위기종의 보호는 생태적 윤리의 표현이다. 사회는 연방정부법을 통해 인간의 행동으로 종이 소멸하게 하는 것을 잘못된 것으로 간주해왔다. 그러나 우리, 즉 사회는 악어를 죽이는 일 자체가 잘못된 것이라고 말한 적은 없다. 달리 말하면, 사회는 개별 악어의 과거나 미래의 취급에 대한 윤리적 명령을 내린 적이 없는 것이다. 따라서 이러한 법규는 생태적 윤리의 표현이지 동물권▒의 선언이라고 할 수는 없다. 그러나 싱어는 환경윤리에서 제기하는 질문이 생물 종의 수준에서 멈추어져서는 안 된다고 주장했다.

**동물권** 인간 외의 동물, 특히 지능이 높은 포유류는 인간과 동등한, 최소한 유사한 윤리적 주체로서 권리를 누려야 한다는 윤리적 태도 및 사회적 운동이다.

**도덕적 확대주의** 인간은 도덕의 범위를 인간 세계 너머까지 확대시켜야 한다는 윤리적 원리로, 지능이나 감성을 가진 동물들은 윤리적 주체가 될 가치가 있다는 주장이 이의 좋은 사례이다.

제4장에서 검토한 것처럼, 싱어는 우리가 이해관계를 맺는 모든 창조물에까지 윤리적 관심을 확대해야 한다고 주장했다(Singer, 1975). 분명히 말하지만, 그의 도덕적 확대주의▒는 모든 존재가 동등하기 때문에 동등한 권리를 갖는다는 의미가 아니다. 오히려 동물들은 인간과 각기 다른 형태의 관계를 맺고 있다. 이러한 고려는 개별 동물에 대한 옳고 그른 행동을 논의할 때 영향을 미친다. 돌고래 안전 캠페인의 성공은 이러한 감성적인 측면이 매우 보편적이라는 것을 보여주는 증거라 할 수 있다. 돌고래는 영리하며, 고통을 느낄 수 있는 매우 진화된 동물이다. 이로 인해 돌고래는 싱어의 — 그리고 말할 것도 없이 모든 동물권 운동가의 — 관심 순위에서 매우 높은 위치를 차지하고 있다. 따라서 참치 그물에서 매년 수만의 돌고래가 익사하는 것이 잘못된 일이라고 규정하는 것은 쉬운 일이다. 마찬가지로 참치 그물로 돌고래를 죽이는 것은 잘못된 일이라는 주장 역시 나올 수 있으며, 실제로 나왔다. 수많은 사람들이 감각기관을 가진 생명체가 끔찍한 운명을 맞이하는 라부데의 영화 속 장면에 엄청난 충격을 받았던 것은 놀라운 일이 아니다.

과거부터 현재까지 특정한, 또는 모든 해양 포유류에 대한 살상을 완전히 금지하는 것은 언제나 대중의 전폭적인 지지를 받는 일이었다. 생물학적으로 풍족한 밍크고래만을 죽이는 일본의 '과학을 위한 고래잡이' 프로그램이 거센 국제적 반대에 부딪히는 모습을 보자. 태평양 동부 열대지방의 돌고래 사망률과, 일본의 고래잡이 프로그램에 대한 대중의 분노는 이들이 모두 동물권과 관련된 사안임을 보여준다.

반면 참치는 이러한 관심 순위에서 높은 위치를 차지했던 적이 없다. 대다수의 운

〈사진 11.4〉 참치는 권리를 가질까?

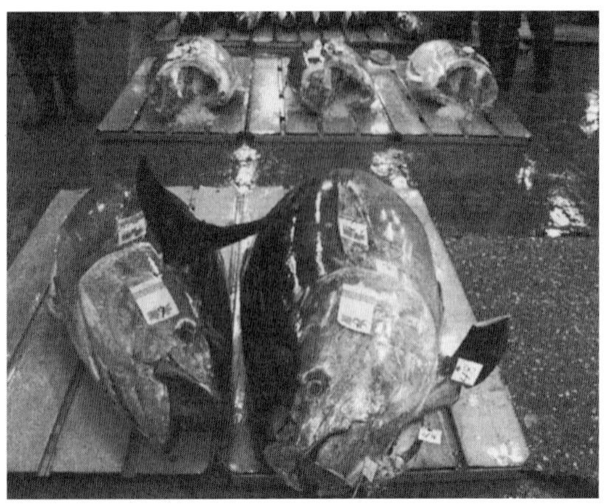

일본 도쿄의 해산물 도매상 받침대에 절단된 참치가 놓여 있다. 이 이미지는 과잉 어획 참치 재고에 관한 treehugger.com에 있는 논문의 사진이다. 참치를 잡기 전이나 잡은 후 그들의 권리나 존엄성이 침해되었다는 언급은 없다.

자료: Ping-Yi Yee, Singapore.

동가들이 참치에게 보내는 관심은 돌고래에 보내는 그것만 못하다. 우리 역시 돌고래에게 하듯 참치에게 공감하거나 그들과 우리를 동일시하지는 않을 것이다. 절단된 참치(〈사진11.4〉)가 돌고래였을 때 나타날 격렬한 반응을 상상해보자. 물론 이러한 참치 취급은 일부 채식주의자와 급진적인 동물권 운동가에게는 몹시 혐오스러운 장면일 것이다. 그러나 대다수 사람에게 이것은 단지 팔려고 내놓은 생선의 사진일 뿐이다. 더구나 돌고래 안전 캠페인은 참치와 돌고래의 서식지나 해양의 전반적 상황에 미치는 인간의 영향을 경감하는 데 거의 또는 전혀 도움을 주지 못한다. 따라서 돌고래 안전 캠페인의 성공은 생태적 윤리보다는 동물권의 승리로 기록될 것이다. 이는 또한 돌고래를 참치나 다른 해양 생물보다 매력적인 종으로 구분함으로써 이 혼란스런 윤리를 만드는 사회적 구성■(제7장 참고)이라고도 말할 수 있다.

### 권리의 승리가 생태적 패배를 불러올까?

돌고래와 참치 논쟁에서 때때로 충돌하는 두 환경윤리, 즉 동물권과 생태적 윤리를 보면, 왜 해양 보전이 해양 포유류 보전보다 훨씬 더 뒤처져 있는가에 대한 실마리를 찾을 수 있다. 한 가지 답은 이것이다. 해양 포유류 보전은 언제나 동물권에 대한 대중적 감성을 원동력으로 삼아왔다는 점이다. 반면 물고기는 이러한 박애적인 시선의 대상이 아니다. 이를테면 베스트셀러 저자 그레이(Zane Grey)는 1925년 바다에서 겪은 모험을 담은 책 『미개척 바다에서의 낚시 이야기(Tales of Fishing Virgin Seas)』에서 황다랑어를 '멍청한 돼지'라고 기술했다(Safina, 2001: 185). 한편, 어류보전법은 지속가능한 최대 생산을 목표

**사회적 구성** 사람들의 사회적 동의로 인해 특정한 특징을 가졌다고 이해되는 모든 범주, 상황, 사물을 가리킨다.

로 하는 관리 관점에 따르고 있다. 항상 어획량을 극대화시켜야 한다는 말은, 해양 생태계가 유지될 수 있는 양 이상의 어획이 이루어질 수밖에 없다는 뜻이다. 설령 어획 목표가 과학적 연구의 자문을 받아 설정된 양이라 할지라도 말이다. 이는 바다에 대한 사회의 생태적 윤리가 부족하다는 말이 아니다. 오히려 최대한의 수확을 위해 ― 또는 최대한의 이익을 위해 ― 바다를 관리하는 것이야말로 옳다는 것이 지배적인 윤리이다. 이 윤리는 어류 관리에 보전적인 또는 예방적인 접근으로 발전할 수 없기 때문에, 이전에 아무런 규제 없이 이루어진 남획, 즉 해양 '공유지의 비극'에서 조금 나아진 정도라 할 수 있다. 이는 많은 생태 윤리학자들의 일반적인 주장, 즉 사회가 진정한 생태적 윤리를 발전시키기 전까지 자연에 대한 지속불가능한 착취가 계속 증가한다는 주장의 근거가 된다.

이것은 해양에 어떤 함의를 가질까? 이것을 생각해보자. 미국에서는 엄청나게 많은 양의 참치가 판매되고 있다. 더군다나 미국에서 팔리는 모든 참치 통조림은 돌고래 안전 라벨을 달고 있다. 그렇다면, '돌고래 안전' 캠페인이 자신들의 제품에 대한 수요를 급격하게 감소시켰을 때, 태평양 동부 열대지방에서 돌고래를 추적하며 참치를 잡던 배에서는 어떤 일이 일어났던 것일까? 한 가지는 확실하다. 그들은 순순히 대낚기 어업으로 돌아가지 않았다. 대낚기 어업은 황다랑어에게 주는 스트레스를 줄이고, 돌고래에게 주는 스트레스를 완전히 없애며, 어부에게 새로운 일자리를 만들 수 있었지만, 선박 소유주의 입장에서는 비용-효율적인 선택이 아니었기 때문에 현실적인 선택지로서 고려조차 되지 않았다(앞서 다룬 정치경제학 부분 참고).

건착망으로 어업을 하던 이들은 두 가지 중 하나를 선택했다. 태평양 동부 열대지방에 남은 이들은 돌고래를 쫓는 대신 통나무나 기타 부유물 주변에 건착망을 설치했는데, 이는 황다랑어가 돌고래 떼의 밑에서처럼 부유물 밑에 모이는 경우가 많았기 때문이다. 문제는 돌고래 밑의 황다랑어가 통나무 밑의 황다랑어보다 훨씬 '더 깔끔하게' 잡힌다는 점이다. 통나무에 설치된 그물에서는 "돌고래 주변에 치는 것보다 수백 배 많은 부수어획이 이루어졌다"(Bloomberg Newswire, 2008: 436). 부수어획으로 잡힌 생물의 30~40퍼센트가 바다로 던져지기 전에 죽고, 살아서 바다로 던져진다 해도 그 대다수가 스트레스로 금방 죽는다는 사실을 고려할 때, 두세 자릿수 단위로 증가한 부수어획은 돌고래의 생명을 위해 치른 엄청난 생태적 대가라 할 수 있다.

태평양 동부 열대지방에서 돌고래 부수어획이 문제가 되지 않는 태평양 서부 열대지방의 바다로 옮겨간 이들도 있다. 그 결과 태평양 서부 열대지방의 황다랑어는 엄청나게 남획되어 이제 완전히 고갈된 상태에 이르게 되었다. 실제로, 태평양 일부 지역에서 황다랑어가 거의 고갈되자 어업의 붕괴를 염려한 태평양의 섬나라 8곳에서는 알래스카 정도 넓이의 어장에서 이루어지는 참치 어업의 국제적인 중단을 요청하기도 했다(Back et al., 1995).

많은 소비자들은 '돌고래 안전' 라벨을 보고 자신들이 생태 친화적인 상품을 산다고 생각한다. 소비자들은 친환경 통조림 참치를 기분 좋게 산다. 물론, 수천수만에 이르는 돌고래가 이 캠페인 덕분에 구제된 것은 사실이다. 그러나 핵심적인 생태적 문제는 심화되었다. 부수어획은 더 증가했으며 남획 역시 그저 서쪽으로 이동한 것에 지나지 않는다. 무엇이 잘못되었나?

## 참치 퍼즐

이 장에서 우리가 살펴본 내용은 다음과 같다.

- 바다에는 상상할 수조차 없을 정도의 많은 참치들이 있었지만, 이제 이들은 거의 모든 곳에서 지속이 불가능할 정도로 남획되고 있다.
- 여러 새로운 어업 기술(건착망, 주낙, 양식)이 해양으로부터 얻는 어획량을 늘려주었지만, 이로 인해 야생 참치 수는 줄어들고 있다.
- 참치는 비싼 가격에 팔리는데, 늘 그렇듯 큰돈을 벌 수 있는 일에서 생태적 고려는 뒤로 밀려나게 된다.
- 태평양 동부 열대지방의 거대한 황다랑어 무리는 쉽게 눈에 띄는 돌고래 떼 아래에서 유영하기 때문에, 소비자들은 돌고래를 희생한 대가로 값싼 참치캔을 구입할 수 있었다.
- 녹색 소비자 캠페인은 '돌고래 안전' 라벨을 이용해 성공적으로 참치 생산을 규제함으로써, 소비자가 시장을 통해 기업의 '올바른 일'을 유도할 수 있음을 보여주었다.
- 이와 반대로 정치경제학적 관점은 시장을 통한 성공담, 심지어 '친환경'의 성공담에서조차 변화된 권력의 위치와 규모가 반영되어 있기 때문에 시장 기반 해법을 면밀히 평가할 수 있는 비판적 안목을 갖추어야 한다고 강조한다.
- 윤리적 접근은 바다에 대한 우리의 생태적 윤리가 최소한 동물권을 옹호하는 수준만큼은 진전해야 함을 보여준다.

참치는 세계 해양의 복잡하게 얽힌 네트워크 중 단지 하나의 작은 마디에 지나지 않는다. 지구온난화는 말할 것도 없고 수많은 어종의 과도한 어획, 해양 오염, 그리고 그물 속에 엉켜 죽어가는 돌고래 등 수많은 영향은 빠르게 해양을 변형시키고 있다. 그럼에도, 참치는 우리의 소비 선택이 지구 생태계에 영향을 미치고 있으며 동시에 해양이 세계 무역 구조의 일부로서 자리 잡고 있음을 보여주는 한 사례이다. 참치 어업에서 개량이 이루어진 만큼, 바다가 직면하고 있는 지구적 위기를 해결하기 위한 새로운 방법도 등장할지 모른다. 그러나 현실에서 어획을 억제하려는 대규모의 노력은 단지 이름뿐인 생태적 변화로 나타났을 뿐이다. 참치의 사례는 앞으로도 갈 길이 멀다는 것을 보여준다.

### 검토 질문

1. 100년 전 참다랑어는 얼마나 가치가 있었을까? 오늘날은 어떨까? 이러한 변화가 어획에 어떻게 영향을 미쳤을까?
2. 상업적 어업의 세 가지 방법, 즉 대낚기 어업, 주낙 어업, 건착망 어업을 설명해보자. 지난 수십 년간, 어떤 방법이 쇠퇴하고 어떤 방법이 늘었을까? 왜 그랬을까?
3. 누가 태평양 동부 열대지방의 돌고래를 구하기 위해 불매 운동을 시작했을까? 성공적이었을까?
4. 어업 관리 관점에서, 해안에서 200해리 내에서 이루어지는 해양 어업은 더 먼 바다에서 이루어지는 개방된 바다 어업과 무엇이 다를까?
5. 참치와 돌고래 중 어느 것이 더 일반적인 도덕적 확대주의의 대상일까? 왜 그럴까?

### 연습 문제: 생태라벨 붙이기와 증명서

참치는 '안전하고,' '친환경적이며,' '지속가능한' 소비를 나타내는 라벨이 붙는 수많은 제품 중 하나일 뿐이다. 그런데 이러한 제품의 증명서는 어떤 조직에서 감독할까? 어떤 과정을 거칠까? 여러 라벨이 경쟁하고 있다면 이들은 어떻게 다를까? 생태라벨이 붙은 제품을 찾아, 아래의 질문에 대해 최선의 답을 내려보자.

1. 라벨이 보증하는 것은 무엇일까?
2. 라벨 덕분에 제품의 특징이 개선되었을까? 아니면 이 제품을 만드는 회사의 환경적 실천이 변했을까? 라벨의 이름이 의미하는 것은? 라벨이 보증하지 않는 것은?
3. 누가 라벨을 감독하는가? 그들은 회사와 관련 없는 사람 또는 집단의 '제삼자'일까?

4. 제품이 그 라벨을 얻기 위해 어떤 과정을 거쳤을까? 그리고 이것은 어떻게 확인될까?
5. 다른 집단이나 회사에서 제작한, 같은 것을 보증하는 경쟁 관계의 라벨이 있을까? 이들은 어떻게 다를까?

더불어 이제 다음 문제를 생각해보자.

1. 문제가 되는 라벨이 신뢰할 수 있음을 확인하기 위해 얼마나 많은 시간과 노력이 기울여졌을까? 그리고 이것은 무엇을 말할까? 우리는 이러한 주장을 확인할 수 있을까?
2. 위와 같은 질문을 우리가 소비하는 모든 제품에 던졌을 때, 이에 답하기 위해서는 무엇이 필요할까? 라벨을 어느 정도 신뢰할 수 있을까? 그것은 제대로 된 것일까?

**■ 추천 문헌**

Grescoe, T. 2008. *Bottom-Feeder: How to Eat Ethically in a World of Vanishing Seafood*. New York: Bloomsbury USA.

Mansfield, B. 2004. "Neoliberalism in the oceans: 'Rationalization', property rights, and the commons question." *Geoforum* 35: pp.313~226.

Rogers, R. A. 1995. *The Oceans are Emptying: Fish Wars and Sustainability*. Cheektowaga, NY: Black Rose.

# 제12장

## 생수 Bottled Water

자료: https://www.flickr.com/photos/53326337@N00/2495540223.



**Keywords**

- 공공재
- 과잉생산
- 본원적 축적
- 상품
- 생애주기 분석
- 위험 평가
- 위험 소통
- 위험 인지
- 담수화(탈염화)
- IPAT

## 생수에 관한 두 가지 이야기

루이사 구즈만(Luisa Guzman)은 약 20kg에 달하는 20L 생수를 들고 멕시코 티후아나(Tijuana) 외곽에 있는 임시 계단을 오르고 있다. 바람이 부는 가파른 골목 옆으로는 하수가 흐르고 있으며, 이 모든 것은 세계에서 가장 빠르게 성장하는 도시의 언덕 위에 만들어진 미로 같은 길의 일부이다. 루이사는 무거운 짐을 들고 콜로니아(colonia, 정부의 승인 없이 무계획적으로 형성된 불법 거주지)에 난 길을 걸으며 높은 언덕 위에 있는 집으로 향하고 있다. 그녀는 가족을 위해 매일 이런 힘든 걸음을 한다. 이 생수가 가족의 유일한 식수원이기 때문이다.

티후아나 공공서비스 위원회(Comisión Estatal de Servicios Públicos de Tijuana)는 500만 명의 시민에게 물을 공급해야 하지만, 예산이 부족해 대다수 거주 지역에 상수도를 공급하지 못하고 있다. 이 때문에 티후아나 거주자 중 약 25%가 '공공시설이 없는 구역'에 살며 수돗물을 공급받지 못하고 있다. 그 결과 도시 거주자들은 물을 확보하기 위한 매우 창의적인 방법을 고안해냈다. 루이사는 지붕에서 빗물을 모아 큰 플라스틱 통에 저장한다. 그녀의 이웃은 지방정부 파이프에 불법으로 수도관을 연결해 물을 얻는다. 이들 가구는 이렇게 얻은 물을 목욕과 같은 기본적인 용도로 우선 사용한 뒤, 다시 세탁에 사용하고, 마지막으로 마당 정원에 버린다. 이런 식으로 티후아나 주민을 비롯한 멕시코 사람들은 세계에서 가장 효율적으로 물을 쓴다.

그러나 먹는 물만큼은 어찌할 수 없기에, 대다수 가구들은 전적으로 병에 든 생수에 의존한다. 플라스틱 용기에 담긴 20L의 물은 트럭을 타고 시 전역을 활보하는 판매상들이 판매한다. 20L의 물을 구입하는 데 드는 돈 10페소(약 800원)는 루이사의 가계에서 아주 큰 비중을 차지한다고는 할 수 없지만, 무시할 수 없는 몫이다. 콜로니아 거주자뿐 부유한 가구를 포함한 도시 전체에서 생수는 모두 이 가격에 팔리고 있다. 생수는 대부분 지역 수원에서 채취된 뒤, 정부의 기본 서비스를 받지 못하는 루이사와 같은 시민에게 판매되고 있으며, 상당한 수익을 거두고 있다.

이곳에서 북쪽으로 몇 km 떨어진 곳에 있는 미국 샌디에이고에서는, 카를로스 페

레즈(Carlos Perez)가 자가용을 운전하던 중 하버(Harbor) 도로를 빠져나와 바다가 보이는 곳에 있는 세븐일레븐 편의점으로 간다. 그는 냉장고에서 450g짜리 '다사니(Dasani)' 물을 꺼내 계산대로 가져간다. 그는 1.49달러를 — 이 가격은 대략 20L에 60달러 정도이다 — 지불하고 집으로 간다.

대다수의 샌디에이고 주민처럼, 카를로스는 지방정부의 상하수도 시설을 통해 언제나 물을 공급받는다. 그럼에도 그는 일 년에 약 110L — 이것은 미국인 평균에 해당하는 값이다 — 의 생수를 소비하며, 자신의 세금으로 무상 공급되는 물을 사기 위해 일 년에 수백 달러를 지출한다. 물론, 그는 가게에서 파는 물맛을 좋아하고 '역삼투압(reverse osmosis)'으로 정수된 물이 더 안전하다고 생각한다. 그렇다 하더라도 루이사의 물처럼 카를로스의 물 또한 지역에 공급되는 수돗물을 처리한 것 그 이상도 이하도 아니며, 티후아나에 공급되는 것과 똑같은 콜로라도 강의 물이다. 그러나 티후아나에서 판매되는 생수와 달리 샌디에이고에서 판매되는 물은 코카콜라사에 의해 멋진 푸른색 상표로 포장되어 있고, 멕시코의 물보다 60배 정도 높은 가격이며, 4L 당 10원에도 못 미치는 수돗물 가격보다 수백 배 비싼 가격에 판매된다.

지구의 어디에서나 자유롭게 흐르고, 모든 생명의 기본 구성물인 물이 어떻게 세계 도처에서 저장, 판매, 분배되는 것일까? 물의 판매에는 실제 물 부족의 현실과 건강 위험에 대한 대응, 그리고 영리한 영업 간부의 속임수가 어느 정도까지 반영되어 있는 것일까? 그리고 그것은 멕시코의 루이사와 미국의 카를로스, 그리고 세계 나머지 지역들에 어떤 함의를 가질까?

## 생수의 간략한 역사

아마 인간은 수천 년 전 토기 시대 초기부터 물을 용기에 담았을 것이다. 물은 공간적 — 흐르는 강물과 우물은 정해진 위치에서만 이용할 수 있다 — 으로도 시간적 — 비와 눈은 특정 계절에만 나타나는 현상이며, 이를 예측할 수 없는 경우도 많다 — 으로도 불균등하게 분포되어 있기 때문에, 이러한 물을 저장하는 것은 전혀 새로운 일이 아니다.

그러나 판매되는 상품으로서의 물은, 특히 먼 거리에 있는 장소에서 판매, 소비하기 위해 물을 채취하는 것은 상대적으로 최근의 현상이다. 초기의 생수 시장은 '온천수'에 뿌리를 두고 있다. 사람들은 영국의 배스(Bath)나 프랑스의 빅키(Vicky)와 같은 유럽 전역의 온천에서 나오는 물이 몸에 좋고 의료적 가치를 지닌다고 생각했는데, 이로 인해 일찍이 18세기부터 온천수가 채수되어 전 세계로 판매되었다. 이러한 물의 판매 사업은 화학이 발전하며 쇠퇴하다가 19세기에 이르러 대부분 손실로 돌아서게 되었다. 여기에 1907년 미국의 '식품위생과 약품에 관한 법(Pure Food and Drug Act)'이 통과되고 이와 유사한 법률이 세계 여러 나라에서 만들어지면서, 의료적으로 이용되던 온천수는 뱀기름(snake oil)과 같이 부정하게 효능을 부풀려 이익을 챙기던 상품들과 나란히 종언을 고했다. 반면 병에 담은 광천수가 건강에 좋고 귀하다는 인식은 이후에도 계속되어 19세기에서 현재에 이르는 생수의 지속적인 소비로 이어졌다(Beverage Marketing Corporation, 2009).

20세기가 시작되며, '우물' 용천수(湧泉水)나 다른 자연에서 채취된 물이 새로운 시장, 특히 북아메리카 시장에 등장했다. 오늘날 친숙한 상표(예를 들어, Poland Springs)들은 19세기 중반 처음으로 등장한 것들인데, 이들은 당시 치료적 처치나 목욕에 이용되는 용천수와 깊은 관련을 맺고 있었다. 따라서 이들 생수 상품은 일부 엘리트 계층을 위한 비싼 물이었으며, 지방정부에서 수돗물을 공급하기 시작할 무렵 미국, 영국, 유럽의 사람들이 일반적으로 소비하던 물과 달랐다(〈사진 12.1〉).

병에 담겨 팔리는 생수는 이 시기 세계 다른 지역에서는 생소한 것이었으며, 어쩌면 몹시 기괴한 것이었을 수도 있다. 1900년까지만 해도 인도, 멕시코, 이집트, 중국의 평범한 농부나 농촌 거주자들은 우물이나 저수지를 통해 깨끗한 물을 이용할 수 있었다. 물론 공동 지역에서 무료로 이용할 수 있는 물을 얻으려면 중노동을 — 주로 여자가 — 감수해야 했지만 말이다(〈사진 12.2〉). 오늘날까지도 세계 많은 곳에서는 물을 무료로 이용하고 있고 공동체의 공공재■ 일부로 여긴다.

**공공재** 비소유자들이 자원의 혜택을 향유할 수 있거나 소유자들이 다른 사람의 행동으로 인해 비용을 지불해야 하는, 완전한 봉쇄나 분할이 어려운 통신대역, 목초지, 바다와 같은 상품이나 자원을 말하며, 대개 창의적인 제도적 관리를 필요로 한다.

## 오늘날의 세계 생수 시장

2009년 시점에서, 소비자는 엄청나게 많은 종류의 생수 상품을 이용할 수 있다. 이 상품들은 매우 다양하며 국내외의 법률에 따라 각기 다르게 취급된다. 구체적으로 생수의 종류는 다음과 같다.

- **용천수와 우물 용천수**: 지하에 있는 수원에서 끌어올린 물이다. 용천수는 지하에서 자연적으로 흘러나오거나 펌프를 이용해 지표면으로 끌어올린 것이며, '우물' 용천수는 폐쇄된 대수층(帶水層)에 고여 있다가 지표로 올라온 지하수를 말한다.
- **광천수**(mineral water): 진정한 광천수는 0.00025% 이상의 광물을 포함해야 하며, 자연에 있는 수원에서 채취되어야 한다. 실제 광물은 엄청나게 다양하지만, 특히 독특한 향을 내는 칼슘, 나트륨, 마그네슘, 불소가 포함한다.
- **정수된 물**(purified water): 생수의 가장 보편적 형태로, 강이나 하천과 같은 지표수로부터 얻지만 때로는 지역 수원에서 채수하기도 한다. 이 물은 여과를 거치는데, 주로 '역삼투압' 등의 기술을 이용한다. 이 물은 비싼 수돗물이라 할 수 있으며, 생수 시장에서 대다수를 차지한다.

**〈사진 12.1〉** 1910년 폴란드 스프링의 '스프링하우스'

다른 자연적으로 솟아나는 샘물처럼, 이 물의 수원지는 1800년대 엘리트 계층의 여행지가 되었다. 이 물은 사치와 건강, 부유의 상징으로, 당시 배관을 통해 물을 공급받기 시작했던 노동자는 이용하기 어려웠다.

**자료**: 폴란드 샘 보존 협회의 허락하에 사용.

**〈사진 12.2〉** 인도 라자스탄의 여성이 공동 우물에서 물을 긷는 모습

지하수 감소로 이 지역의 물 공급이 위기에 처했음에도, 마을 사람들은 여전히 생존을 위해 무료로 이용할 수 있는 공공 수원에 의존한다. 매일 물을 긷고, 옮기고, 이용하는 데에는 상당한 여성의 노동이 요구된다.

**자료**: Trevor Birkenholtz.

· 강화된 상품(fortified products): 비타민이나 전해질과 같은 영양분이 추가된 새로운 종류의 여러 생수들을 말한다.

**〈도표 12.1〉** 미국의 일인당 생수 소비(1988~2007)

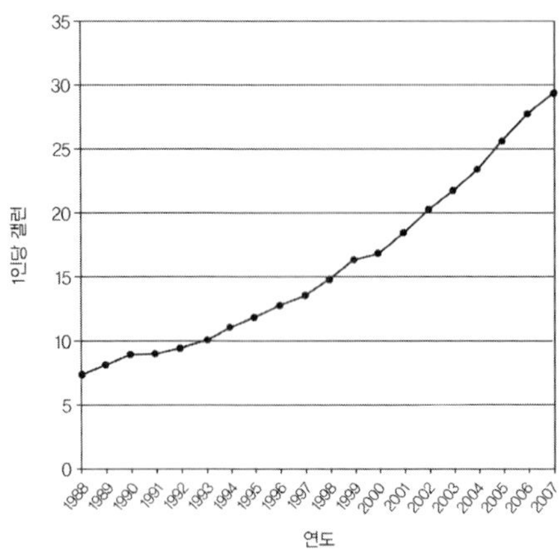


생수 소비는 계속 증가하며 감소 기미를 보이지 않는다. 소비는 지난 20년 동안 4배 증가했다.
자료: Landi(2008)에서 변용.

2002년에서 2007년 사이, 모든 생수의 세계적 소비량은 연간 128억 L에서 185억 L로 연 7.6%의 증가를 보였다. 주요 생수 소비 국가는 다양하며 시장 형태 또한 엄청나게 다르다. 전체 생수 소비 중 가장 많은 비중을 차지하는 국가는 미국으로 거의 24억 L를 소비한다. 다음으로 멕시코가 15억 L를 소비한다. 일인당 소비로 보면 세계 최다 소비 국가는 아랍에미리트이며 그다음이 멕시코, 유럽의 몇몇 나라, 그리고 미국이다. 멕시코는 2007년 일인당 평균 257L의 생수를 소비했다. 같은 해 미국에서는 일인당 약 113L를 소비했다. 세계의 모든 사람들은 매년 더 많은 생수를 소비한다(Landi, 2008)(〈도표 12.1〉).

생수 시장은 경제적으로 급격하게 성장하고 있는데, 2007년 미국에서 생수는 1억 1,000만 달러 이상 판매되어 미국 전체 음료 시장에서 탄산음료에 이어 판매액 2위를 차지했다. 생수 가격은 상표에 따라 극에서 극을 달리는데, 세계적으로 거래되는 '피지(Fiji)' 그리고 몇몇 지리적으로 인증된 샘물은 시장에서 고급품으로 취급된다. 대다수의 시장은 코카콜라 소유의 '다사니'와 펩시 소유의 '아쿠아피나(Aquafina)'로 갈리며, 한 국가 안에서 보통 중간 가격대의 상품으로 자리 잡고 있다. 이들 중간 가격대 상품은 판매되는 도시의 현지 수원에서 직접 채취된다.

부분적으로, 빈부를 막론한 생수 소비의 증가는 전통적인 현지 수원이 위태롭다는 맞을 수도, 틀릴 수도 있는 인식에서 기인한다. 최근 수인성 질병(〈글상자 12.1〉에 나오는 와포자충과 같은), 질소 경보 등의 위기가 발생하며 물의 질에 대한 소비

**생애주기 분석** 특정 재화, 서비스, 대상물이 생산되고 버려지기까지의 모든 과정에서 만들어내는 환경 영향을 정밀하게 분석한 것으로, '요람에서 무덤까지 분석'으로도 알려져 있다.

〈글상자 12.1〉 와포자충 발생

와포자충(cryptosporidium, 크립토스포리디엄)은 작은 원생동물성 기생충으로, 주로 급성 설사를 유발하지만 면역이 부족한 사람에게는 더 치명적인 결과를 유발할 수도 있다. 이것은 숙주를 감염시키고 빠르게 재생하는 — 이 과정에서 심각한 질환이 나타난다 — 방법으로 퍼지며, 극히 미세하고 두꺼운 벽으로 둘러싸인 포자(또는 접합자)의 형태로 숙주의 배설물을 통해 배출된다. 감염된 사람이나 동물의 배설물에 노출된 물이나 음식은 오염되고, 기생충은 새로운 숙주로 옮겨가 다시 새로운 순환을 시작한다.

공중 보건은 두 가지 이유에서 이 놀라운 적응력을 가진 질병을 다스리기가 어렵다. 첫째, 이 접합자는 몇 달 동안 생존할 수 있기 때문에 감염의 가능성이 줄어들지 않으며, 이는 곧 질병의 창궐로 이어질 수 있다. 둘째, 이들 포자는 염소 표백을 포함한 일반적인 살균에 상당한 내성을 가지고 있다. 염소화는 물을 처리하는 전형적인 방식이기 때문에, 낡은 물 처리 시스템을 거친 물은 이 질병에 취약하다. 더욱 나쁜 소식은, 이 질병이 기본적으로 불치병이라는 사실이다. 이 질병은 탈수 환자나 에이즈 환자처럼 면역 체계가 손상된 사람에게 더욱 심각한 질병을 유발하기 때문에, 최악의 경우 정맥주사와 항생제로 처치해야 한다. 이 질병의 일반적인 대응은 저절로 치유되는 것을 기다리는 것이다.

근래에는 북아메리카와 영국에서 몇 차례 와포자충이 발견되었다. 가장 유명한 것은 1993년 봄 밀워키 주의 공공 상수도가 와포자충 기생충에 완전히 감염된 사건이다. 몇 주 동안 40만 3,000명이 이 병에 감염되었고, 이중 4,400명이 입원했다. 이후 이에 대한 연구는 몇 가지 요인이 이 병의 발발을 더욱 심각하게 만들었다고 밝혔다. 첫째, 질병의 원인인 와포자충에 대한 대중적 지식의 부족, 그리고 검출해내려면 특별한 검사가 필요한 이 기생충의 특성으로 인해 문제의 원인을 발견하는 것이 늦어졌다는 점이다. 이 질병의 원인은 소 도축 시설이나 사람들의 쓰레기로 추정된다. 더욱이 밀워키 물 처리 시설 중 최소 한 곳은 이 질병을 제거하는 데 부적합했다. 오래된 시설과 필요한 것 이하의 관리 기준 — 비록 기술적으로는 합법적이었을지언정 — 역시 문제의 원인이었다(MacKenzie et al., 1994). 수질 기준은 이후 몇 년에 걸쳐 갱신되었다.

이 질병은 평범한 건강 상태의 사람에게는 심각한 병을 유발하지 않으며, 전체 발발 횟수와 빈도도 아주 낮아 희귀한 위해로 간주된다. 하지만 위험의 정치는 이 사례에서 우리가 미지의 질병 — 비록 영향력은 낮을지언정 — 을 경험하고 있다는 사실에 중점을 두고 국가와 지방의 수질 기준에 의문을 제기할 것이다. 최근 발생한 이러한 사건들로 압박을 받은 사람들은 물 공급에 대한 위험을 다르게 인식하게 되었다. 생수 회사들은, 비록 상당수가 같은 지역의 수원에서 물을 채취함에도, 공적으로 공급되는 물에서 와포자충이 발생한 것을 판매 기회로 이용했다.

■ 자료

MacKenzie, W. R., N. J. Hoxie, M. E. Proctor, et al. 1994. "A massive outbreak in Milwaukee of cryptosporidium infection transmitted through the public water supply." New England Journal of Medicine 331(3): pp.161~167.

자의 관심이 높아졌다. 생수를 건강하고 환경 친화적 생활과 연관시키는 '자연적'이라는 사회적 구성은 빈약한 논리에 근거하고 있음에도 부유한 국가 소비자들에게 상당한 설득력을 발휘한다. 확실히, 시장을 지배하고 있는 옥수수 시럽이 든 청량음료에 비해 생수는 더 나은 것이라 할 수 있을지도 모른다.

멕시코, 인도, 이집트와 같은 국가에서는 물 시스템이 최근 엄청나게 바뀌어 농촌과 도시 지역 모두에서 생수의 수요가 늘고 있다. 이러한 수요는 부분적으로 서론의 이야기에서와 같이 급격한 도시화로 인한 것일 수 있다. 즉, 공공서비스 시설이 확충되는 속도가 지방 도시의 성장 속도를 따라잡지 못하는 것이다. 그러나 이보다도 중요한 요인은 세계적으로 나타나고 있는, 물을 소유하고 관리하는 방식의 변화이다. 많은 나라에서 물 공급 서비스는 무능한 정부의 관리로 인해 민영화되었고, 물 배분은 시장의 통제를 받게 되었다. 이런 상황에서는, 물 — 병에 담긴 것이든 물탱크 트럭에 담긴 것이든 — 을 사는 것이 일상생활이 된다.

### 생수의 환경 영향

생수가 주는 친근한 '녹색' 이미지나 원시적인 산의 하천을 묘사하는 상표와는 대조적으로, 생수는 의심할 여지없이 환경 비용과 외부효과를 유발한다. 첫째, 포장 자체를 생각해보자. 용기는 석유에서 추출한 플라스틱(PET 또는 폴리에틸렌)으로 만들어진다. 1kg의 용기를 만들기 위해서는 대략 2kg의 석유가 필요하다. 모든 용기는 소비되면서 대기 중으로 탄소를 방출한다. 둘째, 그냥 물을 이동시키는 것만으로 발생하는 에너지와 물질적 영향을 고려해보자. 대다수의 생수는 현지 수원에서 나오지만 — 대개 이들이 판매되는 도시의 수돗물과 같다 — 이들 물을 병에 담고, 트럭이나 배에 실어 옮기는 일은 석유를 소비하며 이산화탄소를 배출한다. 실제 물은 대다수 소비자의 바로 곁에 있음에도 생수 제품은 환경적 비용을 추가로 발생시킨다. 셋째, 생수 용기의 생애는 십중팔구 토지 매립으로 끝을 맺으며, 이는 쓰레기 관리 비용과 환경 영향을 수반한다. 여기에는 운반에 따르는 비용과 영향, 쓰레기 매립을 위한 땅을 필요로 한다. 2007년 3,000만 톤 이상의 플라스틱이 지방정부의 고형 폐기물로 배출되었는데, 여기에서 재활용된 것은 7%에도 미치지 못했다(Päster, 2009). 생수 용기는 재활용이 가능하지만, 실제로 재활용된 것은 그중 극히 일부에 지나지 않았다.

물 한 병의 전체 발자국은 상표와 생산자에 따라 차이가 있기 때문에 이 상품의 전체 생애주기 분석■은 파악하기 어렵다. 최초의 시작점이 다를 경우 계산으로 나온 값이 극적으로 달라질 수 있기 때문이다. 모든 생수 중 가장 이국적인 상표인 피지를 대상으로 이루어진 계산은 경이적인 결과를 제시한다. 병 자체는 생산 과정에서 그

안에 담기는 물보다 많은 물을 필요로 한다. 또한, 중국에서 병을 생산하는 데 약 160g, 피지로 배달하는 데 2g, 유럽이나 미국의 상점으로 배달하는 데 18g의 화석연료를 필요로 한다(Hunt, 2004). 수돗물 한 컵이 필요로 하는 거의 무시할 만한 환경 비용에 비해 생수의 환경 발자국은 너무나도 크다.

### 생수의 문제

생수의 역사에 대한 간략한 검토는 환경과 사회의 관계에 대한 몇 가지 사실을 드러낸다. 첫째, 생수는 비교적 최근에 등장한 것으로, 인간 생활의 변화를 설명하지 않고는 이 제품을 설명할 수 없다. 둘째, 생수는 비록 건강하고 청결한 이미지로 포장되어 있지만, 환경적으로 부정적인 함의를 가진 제품이다.

이 검토는 생수에 대한 몇 가지 구체적인 문제를 강조한다.

- 생수는 역사적으로 고상하게 건강을 지키려는 엘리트 계층의 소비 패턴과 관련되어 있으며, 이러한 욕구는 단순한 합리적 선택 이상의 것이다.
- 산업 국가에서 소비되는 생수는 공공서비스로 공급되는 물이 건강에 좋지 못하다는 인식과, 상품화된 '라이프스타일'을 선택함으로써 부를 과시하려는 경향으로 인해 지난 10여 년간 급속히 증가했다.
- 반면 '미개발' 국가나 빈곤 국가에서는 전통적인 공동 수원의 고갈, 오염, 심지어 사유화로 인해 생수의 이용이 늘고 있다.
- 산업 국가, 빈곤 국가 모두에서 물은 점점 더 비싸지고 있으며, 생수의 소비는 생산, 운송, 매립 과정에서 환경에 미치는 인간의 영향을 증가시키고 있다.
- 이 모든 것은 무료로 이용할 수 있고, 생태적으로 무해하며, 역사적으로 공공재였던 자원이 몇 해 안되는 짧은 시간 동안 사유화되어 환경적으로 해로운 상품으로 변해가는 이상한 사례를 보여준다.

따라서 생수는 각기 다른 발전 상황에서 이루어지는 인간의 자원 이용이 시간의 흐름 속에서 어떻게 진화하는지를 이해하는 데 도움을 주지만, 그와 함께 문제를 제시한다. 급속도로 상품화하는 생수는 물 부족 문제에 대한 해법을 제시하는가? 그것은 수질 악화에 대한 합리적인 대응인가? 아니면, 이윤을 위해 인위적으로 만들어진 시장의 상품일 뿐인가? 이 책에서 탐구한 다른 대상들과 마찬가지로, 이러한 질문에 대한 다양한 관점은 매우 상호 모순되는 답변과 함께 다양한 시야를 제공한다.

## 인구: 부족을 위한 생수?

일반적으로 지구상의 물은 어디에나 존재하지만 매우 부족한 자원으로 알려져 있다. 지구에 존재하는 물의 수치를 개략적으로 보면, 비록 사람들이 가장 필요로 하는 장소에 가장 필요로 하는 형태로 나타나지는 않지만, 충분한 물이 존재한다는 것을 확인할 수 있다. 지구에 있는 대략 15억 $km^3$의 물 중 97%는 바다의 염수이다. 나머지 물의 대다수는 빙하와 지하수로, 전체 물의 0.01%만이 호수, 강, 대기를 순환하고 있다. 이렇게 보면 물은 절대적으로 부족하다. 더군다나 빠르게 성장하는 미개발 국가에서는 인구의 25%가 깨끗한 식수 없이 생활하고 있다. 물과 관련된 질병으로 1998년 한 해에만 전 세계에서 350만 명이 사망했다는 점을 생각한다면, 이는 심각한 문제이다(Rogers, 1996).

지난 20년 동안 인구는 빠르게 성장(제1장 참고)한 반면 이용할 수 있는 물의 양은 고정되어 있기 때문에, 자원의 감소와 수요 증가에 따른 부족을 메우는 해법으로 생수라는 결론에 도달할 수 있다. 현지에서 이용할 수 있는 물은 접근하는 것이 어렵거나 인간의 행위로 오염·소진되었기 때문에 우리는 중간 상인 — 풍족한 지역에서 가져온 물에 가격을 매기고 팔아 자신이 들인 비용을 충당하는 상인 — 에게 의지하는 목마른 지구를 상상해볼 수 있다.

그러나 어떻게 보면 물 부족은 상대적인 문제이다. 비록 고르게 분포되었거나 효율적으로 이용되지는 않지만, 지구상에는 상당량의 담수(약 5만 5,000$km^3$)가 존재한

〈**표 12.1**〉 세계의 담수 사용

| 세계 지역 | 일인당 연간 채취량($m^3$) | 농업용 채취량 (%) | 산업용 채취량 (%) | 가정용 채취량 (%) | 가정용 채취량 ($m^3$) |
|---|---|---|---|---|---|
| 북아메리카 | 1,663 | 38 | 48 | 14 | 233 |
| 오세아니아 | 900 | 72 | 10 | 18 | 162 |
| 중미 및 카리브해 연안 | 603 | 75 | 6 | 18 | 109 |
| 남미 | 474 | 68 | 12 | 19 | 90 |
| 유럽 | 581 | 33 | 52 | 15 | 87 |
| 중동 및 북아프리카 | 807 | 86 | 6 | 8 | 65 |
| 아시아 | 631 | 81 | 12 | 7 | 44 |
| 아프리카 남부 사하라 | 173 | 88 | 4 | 9 | 16 |

일인당 평균 담수 채취량은 지역별로 엄청나게 차이가 난다. 각 지역 용도별 사용량 역시 상당한 차이를 보인다.
**자료:** World Resources Institute, Earth Trend Data Tables에서 변용.

다. 예를 들어, 아프리카 남부 사하라에서 이용할 수 있는 담수의 총량은 일인당 6,000$m^3$이다. 이 지역 주민들은 이중에서 단지 2%만을 농업용, 산업용, 가정용으로 이용한다. 반면, 캐나다와 미국에서는 이용 가능한 물의 최소 25%를 사용한다. 〈표 12.1〉은 매년 각 분야에서 이용되는 물의 비율과 가정에서 평균적으로 사용하는 물의 양을 포함해 세계의 재생 가능한 담수(지표수와 지하수 포함) 자원의 사용 현황을 보여준다.

주목할 것은 분야별, 지역별로 다르게 나타나는 물 사용의 상대적인 차이이다. 유럽은 물의 3분의 1을, 아시아는 5분의 4를 농업에 이용한다. 눈에 띄는 또 하나의 차이는 북아메리카 지역에서는 아프리카 남부 사하라 지역보다 15배 정도 더 많은 물을 가정용으로 사용한다는 점이다. 만일 멕시코와 같은 미개발국에서 병에 담긴 생수의 이용이 증가한다면, 이는 빈약한 기반시설로 인해 이용 가능한 물이 가정으로까지 전달되지 않기 때문일 것이다. 아니면 비가정용 목적으로, 특히 농업을 위해 물을 사용하거나 낭비해서 생긴 결과일 수도 있다.

더 면밀하게 분석해보면, 미국 가정의 평균적인 물 사용은 놀랍다. 〈표 12.2〉를 보면 대부분의 가정용 물은 물을 많이 사용하는 수세식 화장실과 기타 편의시설에 사용된다. 이들은 모두 기술적 개선과 보전 노력으로 상당량 줄일 수 있다(가정에서

〈표 12.2〉 선진국의 전형적인 실내 물 사용 비율

| 사용 | 비율 |
|---|---|
| 화장실 | 28.4 |
| 세탁기 | 21.2 |
| 샤워 | 21.2 |
| 수돗물 | 11.7 |
| 목욕 | 8.9 |
| 화장실 누수 | 5.5 |
| 식기세척기 | 3.1 |

수돗물 사용은 평균 가정 사용량의 최소치이다.
자료: Rogers(1996).

사용하는 물의 5%는 화장실 누수로 버려지는 것이다!). 만일 미국에서 물이 부족하다면, 이는 대부분 비효율성으로 인한 것이라 할 수 있다.

소비할 물이 부족한 것은 여러 측면에서 문제이다. 가령, 상당량의 물이 농업에 이용되는 곳에서는 물을 다른 용도로 사용할 때 관개의 기술적 효율성이 중요하게 작용한다. 이스라엘에서처럼 매우 효율적인 물방울 관개(역주: 세류 관개라고도 불리는데, 밸브와 가는 관의 연결망을 통해 물을 조금씩 천천히 식물의 뿌리에 닿도록 떨어뜨리는 방식)를 사용하면 많은 물을 가정용으로 돌릴 수 있을 것이다. 마찬가지로, 물을 적게 사용하는 변기로 교체해 가정용 물의 사용을 효율화하면 인구에 비례해 절약되는 물의 전체 양은 엄청나게 늘어난다.

### 누가 생수를 마시나?

생수 시장이 점차 거대해지고 있는 국가들의 물 사용을 비교해보면 더욱 복잡한 그림이 그려진다. 〈표 12.3〉은 가장 많이 생수를 소비하는 세 국가인 아랍에미리트, 멕시코, 이탈리아를 포함한 몇몇 국가의 내역을 보여준다. 아랍에미리트의 경우 연간 생수 소비량이 매우 많다. 이 군주국 연합은 인구가 많지 않은 소국이지만 부유한 원유생산국이며, 담수 자원이 거의 없는 사막에 위치하고 있다. 따라서 엄청나게 많은 생수를 소비하는 것은 그리 놀라운 일이 아니다. 반면, 담수가 풍부한 멕시코의 상황은 수문학(水文學)과 기후만으로 설명되지 않는다. 빠르게 도시화되는 이 지역의 빈약한 기반시설은 시민들의 수요를 충족시키지 못하기 때문에, 물을 구하는 것은 상당히 어려운 문제이다. 이 장의 도입부에서 기술한 것처럼, 상당한 빈곤과 대규모의 무허가 도시 주거지라는 상황을 고려할 때 이곳 사람들이 생수를 선택하는 것은, 비록 상당히 다른 이유에서이기는 하지만, 놀랍지 않다. 크로아티아와 태국의 사정 역시 이와 매우 유사하다.

〈표 12.3〉 2007년 기준 일인당 생수를 많이 소비하는 국가

| 순위 | 국가 | 일인당 생수 소비 (L)[1] | 연간 일인당 재생 가능한 물자 ($m^3$)[2] | 2002년 기준 인구밀도 ($km^2$당 인구수)[2] | 2008년 기준 일인당 지역내총생산 (달러)[3] |
|---|---|---|---|---|---|
| 1 | 아랍에미리트 | 259.7 | 49 | 32 | 40,000 |
| 2 | 멕시코 | 204.8 | 4,357 | 52 | 14,200 |
| 3 | 이탈리아 | 201.7 | 3,336 | 191 | 31,000 |
| 5 | 프랑스 | 135.5 | 3,371 | 108 | 32,700 |
| 9 | 미국 | 110.9 | 10,333 | 30 | 47,000 |
| 15 | 크로아티아 | 92.0 | 23,890 | 82 | 16,100 |
| 18 | 태국 | 89.3 | 6,459 | 125 | 8,500 |

자료 1) 음료판매기업(2009)에서 인용.
자료 2) 세계자원기구, 지구경향자료.
자료 3) CIA 세계정보책자.

하지만 이탈리아, 프랑스, 미국의 경우 앞의 두 가지 설명은 설득력이 없다. 이들은 적절한 인구와 잘 발달된 기반시설, 비교적 풍부한 물 자원을 갖춘 국가이다. 그럼에도 이들은 상당한 생수 시장을 유지하고 있다. 우리가 앞으로 보겠지만, 이러한 소비는 공적으로 풍부하게 공급되는 물의 질을 의문시하는 인식에 기초한 것이다. 설령 질이 문제가 아니라 하더라도, 생수는 사람들이 바람직하다고 여기는 특정한 생활양식을 상징한다.

지구상의 인구 증가가 전 세계의 수자원 체계에 대한 압력을 증가시키는 것은 사실이다. 하지만 각 국가가 처한 각양각색의 상황은, 물 사용을 판단할 때 제1장에서 제시되었던 IPAT■ 공식처럼 부와 기반기술이 핵심적인 역할을 한다는 것을 보여준다. 이 공식에서는 인간이 환경에 미치는 영향을 여러 요인이 합쳐진 결과물로 보며, 전체 인구(population)로 야기된 영향은 이 인구의 부(affluence)와 생존을 위해 사용할 수 있는 기술(technology)에 의해 더 악화되거나 완화될 수 있다. 이것은 실제로 몇 가지 사례에서 사실로 확인된다. 앞에서 언급했던 것처럼 물을 이용하는 기술은 가정용 및 기타 소비를 위해 사용할 수 있는 물의 양에 상당한 영

**IPAT** 인간의 영향(Impact)은 전체 인구(Population), 전체 부(Affluence) 그리고 기술(Technology)의 함수라는 이론적 공식. 이는 인구만이 영향에 비례한다는 단순한 가정에 대한 대안적 공식을 제공한다.

**담수화(탈염화)** 물에서(특히 해수에서) 염분과 다른 광물을 제거하는 기술을 가리킨다. 대체로 많은 비용이 필요하며, 최신 기술일수록 많은 에너지를 소비한다.

향을 미친다. 물 처리 시설 — 그리고 이러한 시설이 현저하게 부족한 많은 미개발 국가의 상황 — 도 생수의 공급과 수요에 큰 영향을 미친다. 이렇게 생각해보면 중요한 변수는 물을 소비하는 인구가 아니라 물의 흐름을 통제하는 기술과 자본이다. 따라서 음용수 부족을 인구만의 문제로 강조하는 것은 지난 수십 년간 세계에서 폭발적으로 늘어난 생수 소비를 설명하지 못한다.

그럼에도 여전히 물은 매우 다양한 지역 상황 및 사람들의 기대와 맞물리며 상대적으로 부족한 것이라 여겨진다. 누군가는 생수가 물 부족에 대처하는 방법 중 하나라고 판단할 수도 있겠지만, 그러려면 적어도 세 가지 종류의 부족(수문학적 의미의 부족, 기술·경제적 의미의 부족, 인식적 의미의 부족)을 고려해야 한다. 첫 번째로 수문학적 부족은 걸프 만의 산유국 등에서 발견된다. 이곳의 기후, 부, 그리고 인구의 독특한 결합은 불가피하게 생수를 소비할 수밖에 없는 수문학적 체제를 이룬다. 이러한 장소들은 또한 해수의 담수화(탈염화)■를 포함한 물 부족 해결책을 모색하기 위해 자본과 에너지에 의존한다.

두 번째로 기술·경제적 부족은 성장하는 지역에 빠른 속도로 인구가 유입됨에 따라 미개발 상태가 한층 더 악화되는 상황에서 발견된다. 이러한 도시의 부족한 물 공급과 처리 시설은 대규모 생수 시장의 등장을 예측할 수 있게 해준다. 자연적인 물 공급은 충분함에도 급수 부족이 나타나는 것이다.

마지막으로 물이 충분하고 물 처리 시설이 완비되어 물을 안정적으로 이용할 수 있음에도 생수가 안전하고 건강에도 좋다는 인식이 있을 경우 이 또한 물 부족의 일종으로 생각할 수 있다. 이것이 인식적 부족이다. 이 상황에서 부유한 소비자들은 풍족한 자원 대신 그것의 대안에 의존한다. 도시 인구가 급속히 증가하고, 소득이 매우 계층화되어 있는 동시에 기반시설이 불균등하게 발전되었으며, 기후와 물 분포 또한 변화무쌍한 멕시코와 같은 국가에서는 세 가지 부족을 모두 예측할 수 있다.

## 위험: 생수의 건강과 안전?

세계 빈곤 지역에서 안전한 물이 공급되지 않는다는 문제는 후반부에 다루기로 하고, 우선은 선진국의 소비자들이 생수를 마시기로 결정할 때 위험 평가를 하는지 하지 않는지부터 물어볼 필요가 있다. 풍족한 수돗물을 이용할 수 있는 부유한 소비자들이 다사니나 에비앙을 구매하는 것은, 공적으로 공급되는 물의 실제 상태와 수질에 대한 사람들의 인식에 의문을 제기한다. 생수나 수돗물의 맛과 관련된 문제를 잠시 접어둔다면 – 이에 대해서는 좀 더 뒤에서 다시 언급하겠다 – 생수를 마시는 사람의 상당수는 건강과 안전을 위해 생수를 구입하는 것이라 볼 수 있다. 이에 대해서는 여러 조사가 이루어졌지만, 대체로 생수 소비자의 절반가량은 생수가 "건강한 선택"이라거나 수돗물이 생수에 비해 "더 위험하다"고 응답한다(Napier and Kodner, 2008).

이는 생수를 매우 흥미로운 문제로 만드는데, 여기에서 우리는 위험 분석과 위험 인지 분야의 통찰력을 발휘해볼 수 있다(제5장 참고). 이러한 환경과 사회 문제에 대한 접근은 세상을 인간에게 위험할 수도 위험하지 않을 수도 있는 위해의 측면에서 검토한다. 위해를 다루는 이 분야는 특정한 결정이 얼마나 위험한지뿐 아니라, 어째서 사람들이 전문가들의 조언과는 완전히 다른 기준으로 위험을 평가하고 그에 따라 행동하는가를 연구하는 동시에 위험(해를 입을 확률)의 역할을 검토한다.

물과 관련된 문제에서, 우리는 수돗물에 어떤 위험이 있는지를 이성적으로 물을 수 있다. 다시 말해, 위험 평가■를 할 수 있는 것이다. 만일 수돗물에 깃든 실제 위험이 사람들이 상상하는 것과 다르다면, 우리는 위험 인지,■ 즉 사람들이 상품이나 행동의 위험을 평가할 때 항상 합리적이지 않으며, 사회적 또는 문화적으로 영향을 받는다는 문제를 고려할 수 있다. 사람들이 수돗물의 위험을 잘못된 형태로 인식하고 있다면, 우리는 최종적으로 기술적 정보(가령, 물에 포함된 요소를 추적)를 전달하고, 더 나은 정보에 기반을 둔 의사결정을 가능하게 해주는

**위험 평가** 어떤 결정의 위험(바람직하지 않은 결과가 도출될 가능성)을 판단하기 위해 논리와 정보를 엄격하게 적용하는 것. 최선의 합리적 결과를 도출하기 위해 이용된다.

**위험 인지** 특정한 상황이나 결정으로 야기되는 위해에 대한 평가는 항상 합리적으로 이루어지는 것이 아니라 개인의 편견, 문화 또는 성향의 영향을 받는데, 이러한 현상 자체 또는 이를 다루는 학문 분야를 가리킨다.

위험 소통 사람에게 도움이 되는 위험 관련 정보를 표현, 전달하는 최선의 방법을 이해함으로써 최선의 합리적 결과에 도달하는 데 집중하는 연구 분야이다.

위험 소통■의 기술을 고려해야 한다.

## 위험 평가: 생수는 '건강'하거나 '덜 위험'한가?

가장 초기의 생수는 온천수로, 판매자들은 이것이 광물질을 함유하고 있어 건강에 좋다고 선전했다. 이론적으로 볼 때, 용천수에 포함된 칼슘과 마그네슘 등 여러 광물질은 인간의 몸에 이롭다. 그러나 물에 함유된 성분은 매우 다양하기 때문에 이것에 대한 연구는 통일된 결론에 이르지 못하고 있다. 이는 세계 모든 곳의 수돗물도 마찬가지여서, 건강상의 이유로 수돗물 대신 생수를 선택한다는 것은 설득력이 없다. 많은 생수가 수돗물이기에 이 비교는 더욱 헛된 것이다. 병에 들어 있는 물은 어쩌면 소비자의 정원 호스에서 나오는 물보다 더 나을 것이 없을지도 모른다(Landi, 2008).

물론 다른 음료와 비교하면, 물은 좋은 선택이다. 가령, 생수 판매가 청량음료 판매보다 적고 맥주와 비슷한 미국에서 물을 더 시는 것은 평균 소비자의 음료 소비를 한층 개선하는 일이라 할 수 있다.

생수 산업 또한 이 논리를 강력하게 옹호한다. 지난 수십 년간 생수 시장은 청량음료 시장의 고객들을 빼앗으며 성장할 수 있었다. 미국과 같은 나라에서는 성인 당뇨병 환자가 점점 늘고 있는데, 이는 보통 다량의 설탕이 함유된 식품을 소비하는 것에서 기인한다. 점점 늘어나는 의료비를 생각할 때, 콜라와 루트비어(root beer, 역주: 생강과 다른 식물 뿌리로 만든 탄산음료)를 생수로 바꾸는 것은 많은 사람에게 유익한 일이라 할 수 있다. 또 의료비가 사회 프로그램과 보험 비용을 통해 모인 사회 구성원 전체의 돈이라는 것을 생각할 때, 이것은 사회 전반에도 유익하다.

반면, 평소에 생수를 마시는 이들의 대부분은 이미 유기농 식품과 '건강' 식품을 소비하는 사람들이기 때문에, 생수의 보편화가 국가 소비 전반을 얼마나 건강하게 바꾸었는지에 대한 의문이 제기될 수도 있다(Doria, 2006; Napier and Kodner, 2008).

생수가 수돗물보다 안전한가라는 질문 또한 위험 평가를 받아야 한다. 확실히 물 공급이 전반적으로 부족한 곳, 그리고 와포자충 발생 등으로 인해 물 비상사태가 선언된 기간에는 생수가 수돗물보다 훨씬 덜 위험하다.

그러나 생수에 대한 한층 세밀한 조사는 그것이 다른 일상적 자원, 특히 정부에서 관리하는 상수도보다 더 안전한가라는 현실적인 의문을 제기한다. 가장 잘 알려진 것은 1999년 미국 국가자원보호위원회(NRCD)가 작성한 혁명적인 보고서로, 여기에는 미국 전역의 생수를 광범위하게 검사하고 규제를 검토한 내용이 담겨 있다. 이 연구는 생수의 3분의 1 정도가 아무런 가공도 거치지 않고 포장만 한 수돗물이라는 결론을 내렸다(Napier and Kodner 2008).

물론 도시 수돗물은 상당한 처리과정을 거친다. 가정의 수도로 전달되는 물은 호수, 강, 지하수를 포함해 매우 다양한 수원에서 채취되는데, 이들은 살아 있는 박테리아에서 바이러스와 금속에 이르는 다양한 오염원에 노출되어 있다. 도시 수돗물은 엄격히 규제 – 미국에서는 안전음용수법(Safe Drinking Water Act)에 의해 규제된다 – 되고, 다각적으로 처리된다. 일반적으로 물은 수원지에서 채취되어 여과 장치들을 거친 후 침전과 응고를 위해 탱크에 담아두는데, 여기에 미세한 부유물을 가라앉히기 위해 백반(alum)과 같은 화학물질이 첨가된다. 이러한 과정을 통해 일반적으로 99%의 바이러스와 다른 오염물이 제거된다. 이후 물은 모래와 자갈을 통과하는 여과 과정을 거치는데, 이때 불소를 첨가하는 처리를 거치고 종종 염소 처리도 이루어진다. 오존 가스를 통해 남아 있는 세균을 제거하는 오존화가 행해지기도 한다. 몇몇의 경우 자외선을 쬐기도 한다. 따라서 수돗물과 수돗물을 담은 생수는 매우 안전하다.

그러나 NRDC는 생수가 수돗물보다 더 안전하지 않으며, 심지어 더 위험하다는 결론을 내렸다. 이 연구는 미국의 수돗물이 미국 환경보호청에서 설정한 엄격한 기준을 충족해야 하는 반면, 식품의약국의 규제를 받는 생수는 이 과정을 면제받거나 교묘하게 빠져나가고 있다고 강조했다. 가령, 더 최근의 연구는 몇몇 생수가 건강에 부정적인 영향을 끼치는 비소와 같은 미량금속[역주: 아연(Zn), 구리(Cu), 망간(Mn), 셀렌(Se), 몰리브덴(Mo), 크롬($Cr^{3+}$), 니켈(Ni), 규소(Si), 주석(Sn) 등 생체에 필요한 미량원소와 비소(As), 수은(Hg), 카드뮴(Cd), 납(Pb) 등과 같이 식품, 음료수 등에 혼입될 경우 생체에 유해한 미량원소]을 포함한다고 밝혀내 주목을 받았다(Doria, 2006).

물 산업은 이와 관련해 신중한 태도를 보이고 있다. 물 산업의 80%가 참여한 국제 생수협회(International Bottled Water Association)는 자발적으로 회원사가 따라야 할 지침을 채택했다. 이것은 생수 광고에 자신들의 제품과 도시 수돗물 간의 직접적인 안전성 비교를 하지 못하도록 하는 내용을 포함한다(Napier and Kodner, 2008).

또 다른 연구는 생수의 내용물이 아니라 그것이 담긴 병 자체의 위험성에 대해서도 의문을 제기했다. 과학자들이 신중하고 엄격한 과정을 거쳐 생수에 내린 평가 이상으로 그것이 위험하다는 도시전설이 인터넷상에서 확산되면서, 그에 대한 연구가 수행된 것이다. 우선, 투명하고 단단한 합성수지 플라스틱 병에 담긴 물, 즉 일반적 생수는 일정 기간이 지나면 에스트로겐 효과(역주: 세포분열을 촉진시키는 스테로이드성 여성 호르몬의 일종으로 유해한 것으로 알려져 있다)를 일으키는 비스페놀A와 같이 바람직하지 않은 화학물질을 증가시킨다고 한다. 또한 한번 뚜껑이 열렸던 생수에 다시 물이 채워지면 다양한 박테리아가 살게 될 수 있다는 의문도 제기되었다. 이때 어린이와 연장자에게 특히 위험한 병원성 유기체가 포함될 가능성도 있다고 한다. 이러한 도시전설에 관한 연구의 최종적인 결과가 무엇이든지, 확실한 것은 플라스틱 병에 담긴 물이 수돗물보다 안전하지 못하다는 것이다(Anadu and Harding, 2000).

생수가 수돗물보다 더 몸에 좋거나 안전하지 않다는 것을 숙지한 상황에서, 미국과 영국과 같이 어디서나 수돗물이 이용 가능하고 엄격히 관리되는 나라에서 생수의 구매 및 소비가 증가하는 현상은 이성적으로 설명할 수 없다. 따라서 그 현상에 대한 위험 분석 또한 큰 의미가 없다. 이는 위험 인지의 문제로 생각하는 편이 나을 것이다. 이러한 면에서 사람들이 생수에 대해 어떻게 생각하고, 왜 그렇게 생각할까에 대해 알아볼 필요가 있다.

### 수질에 대한 위험 인지와 위험 소통의 한계

수돗물이 건강과 안전에 위험하다고 생각하는 사람들은 항상 있다. 생수 사용자들은 수돗물을 마시지 않는 주된 이유가 건강과 안전 때문이라고 한다. 실제 생수 음용자의 약 25% 정도는 생수가 오염원으로부터 완전히 자유롭다고 믿고 있다(Napier and Kodner, 2008).

위험 인지 과학에서의 일반적 경향을 고려하면 이러한 결과는 놀랍지 않다. 제5장을 되새겨보면, 사람들은 자신이 직접적으로 통제할 수 있는 대상보다 그럴 수 없는 대상을 훨씬 더 불신하는 경향이 있다. 대다수의 사람들은 음용수의 질과 공적으로 공급되는 물이 거치는 복잡한 처리 체계를 직접적으로 통제할 수 없다. 또한 수질 위험은 볼 수 없기 때문에 – 와포자충은 육안으로 볼 수 없다 – 직접적으로 수질을 알 수 있는 객관적인 방법은 거의 없다. 결과적으로 사람들은 맛이나 색깔에 기초해 자신들의 물을 판단하는 성향이 있다. 그러나 모든 수원은 그 지역 특유의 고유한 맛을 내기 때문에, 공적으로 공급되는 물의 안 좋은 맛을 수질이나 안전성에 대한 지표로 삼을 수는 없다. 따라서 사람들은 공공 수돗물의 위험을 여러 이유를 들며 비이성적으로 과장한다(Anadu and Harding, 2000). 반면에, 이 두려움이 언제나 비이성적이기만 한 것은 아니다. 공적으로 공급되는 물이 오염된 적이 있었던 곳에 사는 사람들은, 그러한 문제가 없었던 곳의 사람들보다 수질에 대해 더 큰 우려를 느낀다고 알려져 있다(Johnson, 2002).

여전히 대부분의 수돗물은 안전하게 통제되고 있고, 많은 생수는 단지 수돗물일 따름이다. 인식의 편견은 물 공급에 대한 투명한 정보를 통해 극복될 수 있을까? 위험 분석에 따르면, 사람들이 이 문제에 대해 생각하는 방식에는 개선될 여지가 많다. 위험 소통의 향상은 이러한 불합리함을 적어도 이론적으로는 극복할 수 있을 것이다. 의사결정 과학자들은 사람들이 자신들의 수돗물을 다른 도시나 공공시설의 수돗물, 생수와 비교하는 일에 점점 관심을 갖게 되었다고 주장한다. 이러한 비교는 과거 다른 지역의 수돗물이나 생수보다 좋지 않다고 잘못 보도되었던 수돗물에 대한 두려움을 가라앉히는 데 도움을 줄 것이다.

이전에 이루어진 한 가지 실험은 상당히 의미심장하다. 도시 수돗물의 질이 생수의 그것과 별 차이 없는 어떤 지역에서 '블라인드 테스트'를 실시한 것이다. 이 실험에서 사람들은 이 두 가지 물을 구분할 수 없었고, 이후 그들은 자신들이 공급받는 물을 괄시하지 않게 되었다. 즉, 자신들의 수돗물을 좋아하지 않던 성향을 극복할 수 있게 된 것이다. 그러나 이러한 새로운 인식이 사람들의 실제 행동, 특히 생수를 구매하는 일에 영향을 미치지는 않은 것으로 나타났다. 앞선 실험의 비교 결과를 본 사람들은 도시 용수에 대한 불만을 덜 갖게 된 동시에 생수가 더 건강하거나 안전하지 않다는 것을 알게 되었지만, 여전히 생수를 구입했다(Anadu and Harding, 2000).

이러한 결과는 위험 소통을 향상시키는 것만으로는 생수 시장을 다룰 수 없음을 보여준다. 이것은 또한 위험/위기 접근법으로 사람들의 행동을 설명하는 데 한계가 있음을 보여준다. 더 나은 정보가 더 합리적 행동으로 이어질 것이라는 기대가 무색하게도, 깊숙이 뿌리내린 행태는 지속된다. 정치경제학적 관점에서는 개인적·집단적 인식을 넘어, 생수를 고집스럽게 추구하는 권력의 존재를 지적한다. 이 관점은 생수를 거대하고 은밀하게 진행되는 공공재 사유화, 즉 가난한 이들로부터 강탈한 공공재를 거짓된 상품으로 만들어 부유한 이들에게 판매하는 한 사례로 본다.

## 정치경제학: 봉쇄된 공공재에 대한 수요의 생산

수천 년 동안, 음용수는 우물이나 강에서 채취되며 비공식적인 공동체의 규칙이나 제도(제도에 관해서는 제3장 참고)를 통해 관리되어온 고전적인 공공재였다. 실제로 세계 여러 나라에서 물은 무료로 이용할 수 있다. 과도한 이용이나 오염으로부터 공동체의 물을 지키기 위한 몇 가지 규제만 지킨다면 말이다. 한 예로, 코란은 모든 사람은 음용수에 대해 보편적인 권리를 갖는다는 차파(Chafa, 목마름에 대한 권리)를 명시하고 있다. 세계 음용수 공급의 상당수는 이렇게 공동체가 유지하고 운영하는 수원과 제도에 의존하고 있었다.

수 세기에 걸쳐 대도시가 성장한 곳에서는, 이러한 비공식적 메커니즘이 정부가 관리하는 대규모 도시 용수 공급 체계로 바뀌었다. 4,500년 전 남아시아 인더스 문명의 도시들은 신중하게 계획된 우물과 수조 체계를 보유하고 있었다. 중국 고대 도시들의 수많은 운하만큼이나 로마의 수로 역시 유명하다. 문명의 역사를 통틀어 음용수는 공동의 재산이었으며 정부 기구와 공학자들에 의해 감독되고 공급되었다.

19세기 미국에서 도시 물 공급을 민간 기업에 넘기려는 시도가 있었지만, 이 초기의 시도들은 대부분 실패했다. 로스앤젤레스와 같은 대도시로부터 물 공급을 일시적으로 위탁받았던 민간 기업은 물을 충분하게, 공평하게 배분하지 못했고, 이는 '자치화', 즉 도시 정부가 시민들에게 물을 공급해야 한다는 기대와 법적 의무를 낳았다. 현대적 물 공급 체계와 복잡한 물 처리 시설은 100년이 넘은 도시계획의 산물이다.

20세기, 전 세계에서 도시의 발달과 통치란 기본적으로 사람들에게 수돗물 – 그리고 하수 및 쓰레기 처리장과 도로 – 을 제공하는 것을 의미했다. 물론 모든 곳이 이러한 서비스를 제공하지는 못했고, 재원과 세금을 가지고 있었던 일부 도시와 국가만이 이러한 기반시설을 발전시켰지만, 그럼에도 전 세계적으로 대부분의 지방정부와 중앙정부에게 발전이란 곧 안전한 음용수를 시민들에게 제공하는 것을 의미했다.

## 물 상품의 등장

그러나 이런 물에 대한 기대는 1980년대와 1990년대 새로운 사고방식의 도전을 받게 되었다. 더 효율적인 운영을 위해 공공서비스의 공급을 점차 '기업' 조직이 맡게 되었고, 그 비용을 충당하기 위해 물에는 일정한 수준의 사용료와 가격이 부과되었다. 일부 지역에서는 공공서비스의 주체가 모두 민간 기업과 물 판매사로 대치되었다. 아르헨티나의 부에노스아이레스, 인도네시아의 자카르타와 같은 도시에서는 지방정부의 물 자원과 그 배분에 대한 통제를 완전히 민간 기업에게 양도했다. 민간 기업에 의한 물 공급이 어려운 지역은 여전히 정부가 서비스를 제공했지만, 공급이 쉽고 더 많은 이윤이 남는 도시 지역은 '선별적으로' 점차 민간업자에게 양도되었다. 그리고 이러한 새로운 방식에 대한 법적인 체계가 구성되지 못했기 때문에, 기존의 규제는 완화 혹은 폐기되었다. 경제학 이론으로 무장한 효율성과 시장논리의 옹호자들은 이런 변화를 더욱 조장했다(Bakker, 2004; Grand Rapids Press, 2007; 제2장 참고).

생수의 등장은, 비록 물 공급의 사유화와는 별개의 사건이었지만, 이 과정과 동시에 이루어졌다. 도시 물 공급의 사유화와 마찬가지로 생수는 물 공급이 민간 관리와 기업 이윤의 영역으로 이동했음을 반영하는 사례이다. 정치경제학적 관점에서는 이

**상품** 그 본연의 모습이 아닌, 경제적 가치로 평가되는 대상(가령, 돼지고기가 특정한 돼지의 일부가 아니라 상품으로 인식되는 것처럼). 정치경제학(그리고 마르크스주의)은 이것을 교환을 위해 만들어진 대상으로 보고 있다.

**본원적 축적** 마르크스주의에서 사용되는 용어로, 역사적으로 공동체에서 집단적으로 소유해온 자연자원이나 물건을 자본가들이 직접적으로 전유하는 것을 가리킨다. 예를 들어, 18세기 영국의 공유지는 부유한 엘리트 계급과 국가에 의해 사유지로 변모하게 되었다.

**과잉생산** 정치경제학과 마르크스주의에서, 생산되는 재화와 서비스가 수요 및 소비 능력을 초과하는 경제 상황을 이른다. 이는 경기 후퇴를 일으키고 잠재적인 사회경제적 위기를 잉태한다.

를 바람직하지 못한 비관적인 경향의 하나로 본다. 구체적으로, 물 사유화의 여러 형태 중에서도 생수로의 전환은 물을 이윤을 위해 판매되는 상품■으로 바꾼다. 이 과정은 정치경제학의 두 근본적 개념인 본원적 축적■과 과잉생산■의 위기를 실체화하게 된다(이에 대한 자세한 논의는 제6장 참고).

## 생수의 축적: 자연을 다시 팔기

역사적으로 무료로 이용할 수 있었던 세계의 물 자원은 점차 사적으로 통제되고 있다. 미국 용천수의 역사가 이를 보여준다. 18세기 용천수가 처음 '발견'되었을 때, 이 자원은 원주민에 의해 통제되고 그들 공동체 내에서 무료로 이용할 수 있는(물론 다른 종족이나 공동체에게도 그랬던 것은 아니지만) 개방된 공공재였다. 하지만 북아메리카가 정복되면서 원주민의 통제권은 박탈당했고, 이 자원의 이용권과 판매권은 사적 이익집단의 손에 넘어갔다. 이러한 물 자원들 중 아주 드물게 국가에서 관리하는 공원(옐로스톤 국립공원과 같이) 내부에 있던 것들은 국유화되었지만, 일반적으로는 사유화되었다. 정치경제학의 언어로, 이는 공동체와 대중의 자원을 직접적으로 전유하면서 이루어진 자본의 축적이다.

생수의 경우도 민간 기업으로의 양도가 더 작은 규모에서 이루어졌다. 가령, 네슬레사는 정부로부터 99년간 임대 받은 미시간의 대수층으로부터 1분에 825L의 물을 뽑아 올린다. 이 물은 지역 호수나 강으로 흐르던 물이다. 네슬레사는 이곳에 회사를 세운 덕택에 무료로 물을 뽑아 사용하고 세금까지 감면받으며 '아이스마운틴'이라는 상표를 붙인 병에 생수를 담아 판매한다. 지역 공동체는 이 물이 인근에 있는 아스프레이(Osprey) 호수와 습지로 흘러가야 한다고 주장하며 생수 판매에 반대했다(Marketing Week, 2005). 결과적으로 공공의 물은 민간의 물이 되었고, 소유권을 빼앗긴 소비자에게 다시 판매되고 있는 것이다.

개발도상국에서는 생수와 공공 물 자원의 관계가 더욱 복잡하면서도 불분명하다.

가령 인도의 물 판매자는 공공 수도 시설에서 나오는 물을 합법적 계약과 불법적 뇌물을 통해 통제하면서, 가구 또는 시장 상인에게 판매한다. 앞에서 언급한 티후아나의 경우는 공공 소유 자원, 즉 지방정부의 물을 무료로 병에 담아 공공 수도 공급을 받을 수 없는 사람들에게 이윤을 붙여 판매한다.

시장 중심적 관점에서는 자본가들이 수요를 충족시키고 있다고 주장할 수 있을 것이다. 이 관점에서 보면, 혁신적인 기업가들은 시민에게 제대로 물을 공급하지 못하는 티후아나를 대신해 빈곤한 사람을 도와주며 적절한 이윤을 얻는 것일 뿐이다. 그러나 정부는 납세자의 비용으로 물을 공급, 처리하기 때문에 공공재를 민간 상품으로 바꾸고 이용하는 것은 기본적으로 도둑질이라 할 수 있다. 더군다나 정치경제학에서는 정부가 이러한 행동을 승인하거나 보조해 민간에게 '주도권'을 넘겨주는 것을 시민에 대한 정부의 책임을 포기하는 것으로 본다. 이 물은 실질적으로 '무료로 공급되는 재화'이다. 그런데 기업은 이 물을 적정하다고 생각되는 양만큼 생산한 뒤, 적정하다고 생각되는 가격을 붙여 시장에 판매한다. 물 공급에서의 이러한 본원적 축적은, 이전에는 공동체 소유였던 자연의 물을 통해 기업이 무료로 돈을 벌 수 있게끔 한다. 이렇게 만들어진 물 상품은 병에 담겨 다시 대중에게 판매된다.

### 생수의 과잉생산: 수요를 생산하기

티후아나의 사례와 달리 샌디에이고처럼 여전히 공적으로, 거의 완벽하게 물을 공급하는 곳의 경우, 문제는 공급이 아니라 수요에 있다. 실제 소비할 수 있는 것보다 더 많은 탄산음료, 맥주, 주스 등이 생산되는 문화에서 음료에 대한 수요를 늘리기는 어렵다. 이는 펩시나 코카콜라와 같은 거대 다국적 기업의 주식을 사들여 이익을 추구하는 기업과 투자자들에게 자본 축적의 한계를 의미한다. 수천만 달러의 시장을 가진 음료 산업은 한계에 도달해 시장 침체를 예견하고 있다.

이 문제에 대한 유일한 해결 방안은 수요 **창출**, 즉 사람들이 자신들의 상품을 찾도록 만드는 것이다. 앞에서 본 것처럼 생수의 경우 공급 자체는 공공의 자원인 물을 확보해 병에 넣는 것이니 그리 복잡하지 않다. 그러나 수요를 만들어내는 것은 훨씬 더 뛰어난 능력을 요구한다. 산업은 이제 가치 있는 상품을 확보하는 대신 물, 건강, 위험, 안전, 그리고 좋은 삶 등에 관한 대중의 인식을 바꾸는 것에 관심을 둔다. 그 결과, 생수 투자에서 포장과 판촉에 가장 많은 부분이 할당된다.

생수 상품의 총 상표 수가 이를 분명히 보여준다. 네슬레사 한 곳에서만 15개 정도 되는 서로 다른 상표의 생수를 판매한다. 이러한 브랜드화는 사람들이 특정 상품을 자신들의 라이프스타일과 정체성의 필수요소로서 선택하게 만든다. 생수 시장의 확대는 사람들의 생활에 남아 있는 비상품재(예를 들어, 수돗물)를 잠식하는 것을 목표로 한다. 이는 판매가 정체된 상황을 극복해 시장 확대와 경제적 성장을 이룩할 수 있는 유일한 방법이다.

놀랍게도 최근 생수 소비에 따른 환경적 영향(플라스틱, 운송, 에너지 비용 등)에 대한 관심이 생수의 판매를 감소 또는 정체시키고 있다. 그 결과, 물 산업은 젊은 소비자와 아이들의 소비 습관에 영향을 미쳐 장기적인 상표 충성도를 높이려 한다. 한 판촉 무역 잡지가 불평하듯, 사람들이 수돗물을 지나치게 신뢰하게 되면서, 정보에 둔감한 새로운 소비자를 찾아야 하는 것이다.

> 수돗물에 대한 소비자의 신뢰가 커지고 레스토랑이나 술집에서 수돗물을 요구하는 이들이 많아진 것은 성인 수요의 잠식과 소비 증가를 결정하는 핵심적 열쇠가 될 것이다. 그러나 어린이들 역시 간과할 수 없는데, 그들의 태도와 행동은 성인이 되어서도 지속적인 소비 패턴으로 이어지기 때문이다. 따라서 이러한 경향에 대처하는 것이야말로 장기적인 수용 증가를 위해 중요한 일이 될 것이다(National Petroleum News, 2007: 34).

이 책자는 생수 병 제조 산업의 유일한 업계지(業界誌)이다! 플라스틱 생산에서 생수 포장을 주요 성장분야로 여기고 있는 세계 석유 산업 또한 엄청난 관심을 가지고 생수 소비의 성장에 주목하고 있는 것이다.

정치경제학의 입장에서, 사람들이 이미 무료로 얻고 있던 무언가에 대해 금전을 지불하도록 만들려 하는 것은 더 큰 문제인 과잉생산의 징후이다. 이 관점에서 보면,

회사가 소비재를 생산하는 능력은 회사가 지불하는 한정된 임금으로 살아야 하는 노동자들의 욕구나 소비 능력을 훨씬 초과한다. 이는 곧 저소비의 위기, 즉 경제가 이윤을 유지할 수 있을 정도로 빠르게 상품(맥주와 음료와 같은)을 소화하지 못하는 상황으로 이어진다. 이러한 경제를 억지로라도 유지하려면 상품에 대한 새로운 수요가 창출되어야 하며, 가급적이면 소비자가 그 상품을 반드시 필요한 것이라고 생각하게끔 만들어야 한다. 생수는 여기에 완벽하게 들어맞는다. 생수를 지방정부의 수돗물보다 낫다고 생각하는 사람들이 계속 늘어나는 한, 상품으로서의 물을 소비하는 일은 지속될 것이다. 물 자체가 생존을 위해 필수적인 물질이라는 사실을 염두에 둔다면, 정부에 의한 물 공급이 간과되거나 중단될 경우 생명 그 자체도 판매할 수 있는 상품이 되고 말 것이다.

물론 생수의 출처가 수돗물과 크게 다르지 않다는 것을 안다면 과거 생수를 둘러싸고 있던 환상을 간파하는 것은 어렵지 않다. 그러나 앞에서 언급한 것처럼 사람들은 자신들의 지식에 따라 행동하지 않는다. '자연' 및 '건강과 안전'이라는 매력으로 무장해(가령 'Ice Mountain', 'Polar Springs', 'Mountain Valley', 'Deer Park'와 같이) 사람의 마음을 끄는 포장은 수요를 만들어 안정적인 소비자 기반을 유지시킨다. 요약하면, 정치경제학적 관점에서 부족은 생산될 수 있는데, 이것은 시민과 노동자에게는 불편하지만 회사에는 이익을 준다.

정치경제학적 관점을 모두 고려하면, 생수에 대한 두 가지 서로 연계된 경향을 볼 수 있다. 첫 번째, 빈곤한 지역과 국가에서는 공동체로부터 빼앗은 물을 병에 담아 다시 판매하려는 경향이 있다. 두 번째, 부유한 소비자가 있는 발전된 지역에서는 이미 깨끗한 물을 충분히 이용할 수 있음에도 생수에 대한 수요를 만들기 위해 노력한다. 비판적으로 보면 이들은 같은 시스템의 다른 면모이다.

## 생수 퍼즐

이 장에서 우리가 살펴본 내용은 다음과 같다.

· 지난 20년 동안 전 세계적으로 생수 소비는 엄청나게 증가했으며, 이제 생수는 다른 음료와 경쟁하며 그것들을 대체하고 있다.
· 생수의 생산, 포장, 운송 과정은 그것을 소비하는 것이 환경적으로 그다지 바람직한 일이 되지 못한다는 것을 보여준다.
· 세계 전역에서 급속한 도시화와 도시 성장이 이루어지면서, 물에 대한 사람들의 수요를 충족시키기 어려워지고 있다. 생수는 이러한 수문학적·사회경제적·인식적 물 부족이 인지되는 상황에서 그에 대한 대응책으로 부상했다.
· 생수 소비의 핵심적 동기 중 하나는, 다른 형태로 공급되는 물이 위험하다거나 건강에 좋지 않다는 인식이다.
· 위험 평가는 생수가 수돗물에 비해 괄목할 만한 이점이 없음을 보여주며, 사람들의 위험 인지 속에 자리 잡은 편견에 대해 의문을 제기한다.
· 미개발 국가와 부유한 국가 양쪽 모두의 시장에서 생수 소비가 늘고 있다는 것은, 물 사유화의 배후에는 공통의 경제적 동기와 자연의 상업화가 있음을 의미한다.

다시 티후아나와 샌디에이고의 물 소비자에게 돌아가 보자. 오늘날 생수는 정말로 부유한 사람과 가난한 사람 모두에게 가장 효율적이고 안전하게 음용수를 공급하는 방식일까? 그렇지 않다면, 이는 그저 사유화되는 환경을 보여주는 사례일까? 도시 용수를 — 또는 깨끗한 공기, 쓰레기 수거, 공원 등을 — 시장 대신 사회적 권한의 설정을 통해 세계 빈곤층이 이용할 수 있도록 만들 수 있을까? 그리고 그렇게 해야 할까? 물에 대한 — 또는 시금치, 땅콩, 장난감 등에 대한 — 위험과 위협에 관한 더 나은 위험 소통은, 소비자로 하여금 정보에 근거해 더 나은 판단을 내리도록 만들 수 있을까? 기업이 물 — 또는 공적인 공간, 보존 지역, 나무 등 — 의 채취와 배분을 통제하는 것은 공급의 효율성을 높일까? 아니면 불필요한 소비를 늘려 환경에 대한 공적 통제를 어렵게 할까? 기업의 통제를 어느 정도까지 허용해야 전자의 상황이 나오고, 어느 정도까지 허용해야 후자의 상황이 나올까?

생수는 다양한 자연 상품 및 환경 서비스와 여러 가지를 공유하고 있는 문제이다. 전 세계 생수 시장의 급속한 성장은 바람직한 소비자 혁명의 최첨단일 수도 있고 서로에 대한, 그리고 지구에 대한 우리의 책임감 감소를 경고하는 신호일 수도 있다.

## 검토 질문

1. 미국에서 가장 잘 팔리는 생수 상표는 '다사니'와 '아쿠아피나'이다. 누가 이 상표를 소유, 판매할까? 이들은 생수를 어디에서 얻을까?
2. 최근 멕시코, 인도, 이집트와 같은 국가에서의 급속한 도시화는 어떻게, 왜 생수 수요에 영향을 미칠까?
3. 세계 생수 소비를 급속히 증가시키는 세 가지 유형의 부족에 대해 논해보자.
4. 세계 여러 곳에서 신선한 물의 '축적'이 목격되고 있다는 말은 어떤 의미일까?

## 연습 문제

이 장은 인구, 위험, 정치경제학의 관점에서 생수에 어떻게 접근할 수 있는지를 검토했다. 그렇다면 이 문제를 제7장에서 기술한 사회구성주의적 시각에서 접근해 설명해보자. 병의 상표가 실제로 어떻게 보이는지를 고려해볼 필요가 있다. 그것들은 어떤 이미지와 글을 이용할까? 또는 어떤 자연, 지리, 역사 관념을 인용할까? 이것들은 소비자가 자신과 상품에 대해 생각하는 방식과 어떤 연관이 있을까? 환경에는 어떤 함의를 가질까?

■ **추천 문헌**

로이트, 엘리자베스(Elizabeth Royte). 2009. 『보틀마니아: 20세기 최대의 마케팅 성공작, 생수에 관한 불편한 진실』. 이가람 옮김. 서울: 사문난적.

Cech, T. V. 2003. *Principles of Water Resources: History, Development, Management, and Policy*. New York: John Wiley and Sons.

Kahrl, W. L. 1982. *Water and Power*. Berkeley, CA: University of California Press.

Opel, A. 1999. "Constructing purity: Bottled water and the commodification of nature." *The Journal of American Culture* 22(4): pp.67~76.

Senior, D. A. G., and N. Dege(eds.). 2005. *Technology of Bottled Water*. New York: Wiley-Blackwell.

Wilk, R. 2006. "Bottled water: The pure commodity in the age of branding." *Journal of Consumer Culture* 6(3): pp.303~325.

# 제13장

# 프렌치프라이 French Fries

자료: https://www.flickr.com/photos/gudlyf/3862654181.




**Keywords**

- 게놈
- 공간적 조정
- 단일작물
- 보전
- 보존
- 생태중심주의
- 세계화
- 인간중심주의
- 콜럼버스적 교환

## 음 …… 맛있군

대학생인 당신은 방학을 맞아 차를 몰고 고향으로 가는 중이다. 장거리 운전에 대비해서 먹을 것을 많이 챙겨왔다. 그러나 운전이 길어지면 길어질수록, 지나쳐 가는 휴게소의 외식업체들이 당신을 부른다. 맥도날드의 상징인 황금색 아치가 뜨겁고 바삭바삭한 프렌치프라이를 상기시키며 당신을 유혹한다. 당신이 어설프게 만들어놓은 배낭 속 샌드위치보다 훨씬 더 매력적이다. 게다가 조금만 더 운전하면 그곳에 당도할 수 있다. 가능하면 이런 유혹을 떨쳐버리고 싶지만, 어느새 당신은 맥도날드의 드라이브 스루(drive through) 입구 앞에 와 있는 자신을 발견한다. 아뿔싸, 그런데 당신 앞에는 이미 줄지어 늘어선 십여 대의 차량이 있다. 하필이면 점심시간인 것이다.

다른 많은 프랜차이즈 외식업체와 마찬가지로, 이 맥도날드 매장도 프렌치프라이를 담당하는 점원은 단 한 명뿐이다. 90여 분이 지났다. 창문 저편 매장 안에서는 점원이 완벽하게 같은 크기로 썰린 감자를 튀김 바구니에 담고 뜨거운 식물성 기름 속에 집어넣는다. 몇 분이 지나자 타이머가 신호를 알린다. 프렌치프라이가 아주 먹음직스러운 색깔로 튀겨져 있다. 점원은 튀김 바구니를 꺼낸 후 바로 옆의 보온 칸 속에 프렌치프라이를 쏟아낸 다음 준비된 소금으로 버무린다. 거기에서 점원은 큰 숟가락으로 프렌치프라이를 미디엄, 라지, 그리고 당신이 주문한 슈퍼사이즈 등 다양한 크기의 패키지에 떠 담는다. 점심시간 동안에만 같은 과정이 수천 번 반복된다.

다행히 앞줄이 빨리 빠지자, 당신은 계산대 점원에게 돈을 지불한 후 그다음 창문에 가서 당신이 주문한 프렌치프라이를 기다리다, 하얀색의 큰 종이봉투를 받아든다. 그 안에는 당신이 주문한 슈퍼사이즈 프렌치프라이와 몇 개의 케첩, 냅킨이 함께 들어 있다. 드라이브 스루 출구를 빠져나온 후, 당신은 한 손으로 프렌치프라이에 케첩을 뿌리기 위해 애쓰면서, 다른 한 손으로는 차량의 운전대를 잡고 전방을 주시하며 엑셀을 밟는다. 드디어 한 개의 프렌치프라이를 꺼내어 입에 넣는다. 당신이 상상한 바로 그 맛이다. 뜨겁고, 바삭바삭하고, 짭짤하다. 음 …… 맛있군.

당신을 비롯한 수백만 명의 사람들이 매일 프렌치프라이를 소비한다. 당신은 여태까지 프렌치프라이를 먹었던 수십억 인구 중 하나에 지나지 않는다. 미국뿐 아니라 세계 도처의 사람들이 프렌치프라이를 먹는다. 당연히 지역에 따라 조금씩 차별화되어 있다. 영국에서 칩(chips)이라 불리는 프렌치프라이를 주문하면 소금과 함께 식초를 준다. 멕시코에서 파파스프리타스(papas fritas)라 불리는 프렌치프라이를 주문하면 할라페뇨 살사(jalapeno salsa)를 곁들여준다. 하지만, 영국이든 멕시코든 프렌치프라이는 미국과 똑같다.

이처럼 똑같은 프렌치프라이가 전 세계적으로 공급되기 위해서는 어떤 대가를 치러야 할까? 당신이 주문한 슈퍼사이즈 프렌치프라이는 전 세계의 다른 소비자들과, 나아가 환경과 어떻게 연결되어 있을까? 이 장에서는 이러한 질문들에 대해 탐구해 본다. 우선, 프렌치프라이의 간략한 역사를 살펴보자. 저급하고 유해한 식품으로 간주되던 감자는 어떻게 오늘날 수많은 사람들이 소비하는 식품으로 탈바꿈할 수 있었을까? 그 뒤 제5장, 제6장, 제4장에서 배운 위험 접근, 정치경제학적 접근, 윤리학적 접근 내용을 토대로 오늘날의 프렌치프라이에 얽힌 문제를 풀어볼 것이다.

## 프렌치프라이의 간략한 역사

프렌치프라이라는 환경 문제를 이해하기 위해서는 우선 핵심 재료인 감자를 이해해야 한다. 오늘날 감자는 옥수수, 밀, 쌀 다음으로 많이 생산되는 작물이다(Jackson, 1985). 생산된 감자의 대부분은 음식 재료로 사용된다. 감자는 막 수확된 신선한 상태에서 소비되기도 하지만, 대부분은 냉동식품을 만드는 데 이용되며 그중 다수가 외식업체로 공급되고 있다. 매년 1,000만 톤에 달하는 감자가 소비되고 있다.

야생 감자는 식용에 적합하지 않고, 맛이 쓰며, 심지어 독성까지 있다. 오늘날 프렌치프라이를 만드는 데 사용되는 적갈색 버뱅크 감자와는 현저히 다르다. 이 절에서는 남아메리카 주민들의 식량작물이었던 다양한 종류의 감자에서부터 오늘날 단일작물■로 재배되는 산업용 감자까

**단일작물** 다른 작물의 수확을 완전히 배제하고 재배되는 한 종류의 작물을 가리킨다.

**세계화** 여러 지역의 경제, 사회, 문화가 전 세계에 구축된 네트워크를 통해 계속 통합되어 가고 있는 과정을 지칭한다.

**콜럼버스적 교환** 대서양을 사이에 두고 신세계와 구세계 간에 이루어진 다양한 생물 종의 이동을 가리키는데, 이는 생태학적으로 큰 변동을 야기했다.

지 두루 살펴볼 것이다. 감자의 여행을 살펴보는 과정에서는 특히 식민주의의 역사, 산업적 농업의 도래, 세계화,▪ 그리고 식량 생산과 식량 소비가 점차 분화되는 현상에 초점을 둘 것이다.

### 길고도 이상한 여정: 신세계에서 구세계로의 이동, 그리고 신세계로의 귀환

감자는 여러 야생종이 서식하던 안데스 산지의 알티플라노(Altiplano)에서 7,000년 전에 처음으로 재배되었다. 파란색, 빨간색, 노란색, 오렌지색 등 각양각색의 감자가 있었고, 맛 역시 쓴 것에서 고소한 것, 달콤한 것에 이르기까지 다양했다. 안데스 산지의 주민들은 개별 환경에 적합한 종자들을 개량하며 감자 종류의 다양성을 확보하는 한편 작물 자체의 크기도 증대시켜 나갔다. 또한 의도적인 교차재배를 통해 재배된 감자와 야생 감자 사이의 잡종을 만들었다.

스페인 사람들이 남아메리카에 도착했을 때, 그들은 은, 금, 염료를 수탈했을 뿐 아니라 많은 식량작물도 유럽에 도입했다. 이러한 과정을 콜럼버스적 교환▪이라 하는데, 이는 대서양을 사이에 두고 신세계와 구세계 간에 이루어진 다양한 생물 종의 이동을 가리키는 용어로서 생태학적으로 큰 변동을 일으켰다. 어떤 사람들은 이때 교환된 생물 중 가장 중요한 것이 바로 감자라고 주장하는데, 감자가 도입됨에 따라 유럽의 인구가 폭발적으로 증가할 수 있었기 때문이다. 그러나 유럽에 감자가 전래된 것은 거의 우연에 의한 것이었다(Pollan, 2001).

유럽에서 감자를 본격적으로 재배하기 시작한 곳은 아일랜드였다. 1588년 이곳에 처음 전래된 감자는, 새로운 기후환경에 잘 적응했음에도, 그것에 대한 문화적·인습적 편견으로 인해 다음 세기까지 다른 유럽 국가들에 널리 확산되지 못했다. 이 새로운 작물은 나병을 일으키고 도덕을 타락시키는 원인으로 간주되었다. 땅 밑에서 자라는 감자의 특성은 이러한 의심을 가중시켰다. 게다가 감자가 성경에서 전혀 언급되지 않았다는 점, 아메리카에 거주하는 '미개한' 종족의 음식이라는 점 또한 감자에 대한 의심을 부채질했다. 식민주의의 역사 속에서 나타난 근거 없는 인종차별은 음식에도 자취를 남겼던 것이다. 게다가 19세기에 영국이 아일랜드를 식민지로 병합한 후, 감자는 다시 한 번 영국, 프랑스, 독일 사람들에 비해 열등한 민족 – 즉, 다른 민족의 식민 통치를 받는 민족 – 이나 먹는 작물로 간주되었다. 사실 감자가 아일랜드에서 성공을 거둘 수 있었던 것은 그곳의 토양에서 다른 곡물에 비해 훨씬 더 많은 식량을 생산했기 때문이다. 그러나 영국의 관리들은 아일랜드적인 것이 부도덕하고, 문명화되지 않았으며, 건강에 해롭다고 보고 영국에서 감자 재배가 확산되는 것을 막았다. 한편, 감자는 아일랜드가 군사적·경제적으로 월등히 강했던 영국에 대한 의존에서 벗어나 자립할 수 있도록 도와주었다. 감자는 잘 자랄 뿐 아니라 키우기도 쉬웠다. 감자는 유럽 대륙에서 널리 재배되던 다른 곡물들처럼 일렬로 파종될 필요가 없었으며, 비옥하지 않은 환경에서도 자랄 수 있었다. 영국의 식민주의로 인해 많은 아일랜드의 농부들이 척박한 토지로 쫓겨났기 때문에, 이들에게 감자는 최적의 작물이었던 것이다.

그러나 감자에 대한 이러한 식민주의적 편견도 그것이 곡물 흉작으로 먹을 것이 없어진 유럽 대륙에 확산되는 것을 막지는 못했다. 처음에는 유럽의 지배층과 농민층 모두 감자 재배를 받아들이지 않았지만, 유럽의 왕실에서는 차츰 감자가 신민들의 굶주림에 대한 대안이 될 수 있을 거라고 생각하기 시작했다. 독일에서는 프리드리히 대왕이, 러시아에서는 예카테리나 여왕이 농민들에게 감자를 재배하도록 했다. 또한 프랑스에서는 루이 16세가 명민한 방법으로 감자 재배를 장려했다. 그는 마리 앙투아네트에게 머리에 감자 꽃을 달고 다니게 했으며, 감자를 심은 자신의 땅에 경비를 붙여 자정까지 삼엄하게 감시하라고 명령했다. 농민들은 왕이 삼엄하게 감자를 지키는 모습을 보며 그것이 매우 귀중한 식물일 거라고 생각했고, 자정이 지난 후에 몰래 농장 안으로 들어와 감자를 훔쳐 달아났다. 가장 마지막으로 영국은 19세기가 되어서야 비로소 감자 재배를 허락했다. 1794년에는 북부 유럽 전역에 걸친 밀의 흉작으로 인해 감자를 대체 작물로 재배할지의 여부를 두고 논의가 벌어졌다. 이 논의에서 중점적으로 거론된 것은 아일랜드의 상황이었다. 감자는 정말로 아일랜드 사람들의 자급자족을 도왔는가? 그리고 그럼으로써 자신이 재배할 만한 가치가 있는 식량작물임을 입증했는가? 혹, 감자는 그저 아일랜드의 인구 급증을 야기함으로써 — 맬서스는 감자 재배가 출산 증가의 원인이라고 생각했다 — 임금 하락을 초래해 아일랜드인이 더욱더 감자에 의존하게 만든 것은 아닌가? 하지만 감자를 둘러싼 고담준론(高談峻論)은 일단 먹고 살아야 한다는 현실적인 목소리를 이기지 못했고, 결국 영국은 감자를 재배하기로 결정했다.

한편 감자에 대한, 더 정확하게 말하면 아이리시 럼퍼(Irish Lumper)라 불리는 단일 감자 품종에 대한 아일랜드의 높은 의존도는 치명적인 결과를 불러왔다. 1845년 늦여름, 그리고 1847년과 1848년에 걸쳐 아메리카에서 유입된 감자역병균은 감자마름병이라는 질병을 일으켰고, 이것은 아일랜드 전역의 감자 농업을 황폐화시켰다. 3년 동안 100만 명이 사망했으며 셀 수도 없이 많은 사람들이 질병에 시달렸다. 이 재난은 아일랜드에 대한 영국의 식민화와 무관하지 않았다. 영국 지배자들은 아일랜드의 농부들을 척박한 주변부의 토지로 내쫓았을 뿐 아니라 무역을 통제해 아일랜드인들이 다른 식량을 구할 수 없도록 만들었기 때문이다. 기존의 구빈법(제1장 참고)은 상황을 더욱 악화시켰다. 4분의 1 에이커 미만의 농토를 소유한 사람만이 통치 당국의 식량 원조를 받을 수 있었기 때문에, 수많은 아일랜드인들은 식량 원조를 받기 위해 자포자기하는 심정으로 농토를 포기하거나 미국으로 이주했다.

감자 기근이 일어나기 전인 18세기 즈음 미국으로 이주하던 아일랜드인의 손에 들려, 감자는 '다시' 아메리카 대륙으로 돌아왔다. 그러나 당시만 하더라도 감자는 널리 재배되거나 소비되지 않던 작물이었다. 그저 일부 선교사들이 북아메리카 원주민들과 친교를 유지하기 위해 감자를 이용하면서 제한적으로 확산되었을 뿐이다. 예를 들어, 1836년에 아이다호에 감자를 처음으로 들여온 것은 라프와이(Lapwai)를 중심으로 선교 활동을 벌였던 장로교 선교사 헨리 하먼 스폴딩(Henry Harmon Spalding, 1804~1874)이었다. 그는 네즈퍼스(Nez Perce) 인디언들에게 기독교를 전파하기 위한 노력의 일환으로 수렵이나 채취를 대체할 수 있는 정착 농경 방식을 가르쳤다. 감자는 이때 스폴딩이 이용한 작물 중 하나였다. 그러나 이후에도 지속된 북아메리카 원주민과 선교사 간의 적대적 관계, 그리고 아일랜드인들에 대한 편견으로 인해 감자는 1872년 이전까지 주된 식량작물로 취급받지 못했다. 1872년은 바로 미국의 원예 농업학자였던 루터 버뱅크(Luther Burbank, 1849~1926)가 오늘날 적갈색 버뱅크 감자라 불리는 아이다호 감자를 개발한 해이다. 버뱅크는 스코틀랜드계 아일랜드인들이 미국으로 이주하면서 들여온 여러 품종의 감자들을 개량하면서 질병에 강한 적갈색 껍질의 감자를 개발했다. 그는 이 신품종에 대한 특허권을 150달러에 팔았고, 그 돈을 다시 감자 품종 개량에 투자했다. 20세기에는 적갈색 버뱅크 감자가 아이다호 전역에서 재배되었다. 1882년에 미국 농무부가 처음으로 아이다호 주의 감자 생산량을 집계했는데, 이에 따르면 조사를 시작한 첫해 아이다호 감자 시장의 규모는 25만 달러였다. 그로부터 20여 년이 지난 1904년, 아이다호의 감자 시장 규모는 130만 달러에 달했다.

### 프렌치프라이의 출현과 미국의 세기

오랫동안 감자를 저급하고 유해한 농작물로 여겼던 미국에서 감자는 느린 속도로 확산되었지만, 이후 유럽으로부터 들여온 다양한 감자 조리법이 개량·발전되기 시작했다. 처음으로 감자를 튀겨먹기 시작한 곳이 프랑스인지 벨기에인지에 대해서는 해묵은 논란이 있다. 19세기 초 미국의 토마스 제퍼슨(Thomas Jefferson)이 프렌치프라이를 만들었다는 설도 있지만, 미국 전역에서 프렌치프라이가 대중화되기 시작한 것은 제1차 세계대전 때 유럽으로 갔던 미국 병사들이 돌아온 이후였다.

비록 미국에서 태어난 음식은 아니었지만, 프렌치프라이는 미국 음식 문화의 상징이 되었다. 처음 퇴역 군인들을 중심으로 프렌치프라이에 대한 수요가 팽창하던 시기에는, 감자를 튀길 수 있는 요리 시설을 갖춘 외식업체가 주로 프렌치프라이를 판매했다. 프렌치프라이가 드라이브 스루 및 패스트푸드점이라는 새로운 형태의 외식 문화의 탄생과 깊은 관계를 맺기 시작한 것도 바로 이 시기였다. 드라이브 스루 외식업체는 1921년 달라스에서 처음으로 등장했다(Plummer, 2002). 그 뒤를 이어 화이트 타워가 재빠르게 등장했는데, 이는 표준화된 매장과 메뉴를 갖춘 최초의 외식업체였다. 제2차 세계대전 이후 자동차의 폭발적인 증가는 이러한 추세를 더욱 가속했다.

1951년은 밀크셰이크 세일즈맨이었던 레이 크록(Ray Kroc)이 제안서를 들고 캘리포니아 샌버너디노(San Bernadino)에서 햄버거 가게를 운영하던 리처드 맥도날드(Richard McDonald)와 모리스 맥도날드(Maurice McDonald)를 찾아간 해이다. 1955년 최초의 맥도날드 매장이 일리노이 주의 시카고 변두리에 위치한 데스 플레인즈(Des Plaines)에서 문을 열었다. 빨갛고 흰 건물과 황금색 아치가 최초로 사용된 것이 바로 이 매장이었다. 곧이어 2호점과 3호점이 문을 열었다. 1965년 즈음에는 이미 700개에 달하는 맥도날드 매장이 미국 전역에서 운영되었다.

맥도날드의 프렌치프라이 이상으로 상징성을 가진 프렌치프라이는 아마 없을 것이다. 처음에 레이 크록은 모든 프렌치프라이는 신선한 감자를 손으로 썰어서 만들어야 한다고 주장했다. 그러나 1960년대가 되자 이를 계속 구현하는 것이 어려워졌다. 1966년, 레이 크록은 비용을 절감하고 효율성을 높이기 위해 냉동 감자를 유통할 수 있는 기술을 갖춘 회사를 찾아 그곳의 소유주인 존 심플롯(John R. Simplot)과 계약을 맺었다. 심플롯은 그의 공장 중 하나를 오직 냉동 프렌치프라이를 생산하는 일에만 써달라는 요구를 받아들였다. 그 후 수십 년 동안 냉동 감자 요리는 미국 전역에서 큰 인기를 끌게 되었다. 1960년대의 미국 소비자들은 연간 1.8kg의 냉동 감자와 36kg의 생감자를 소비했지만, 40년이 지난 2000년에는 13.5kg의 냉동감자와 22.5kg의 생감자를 소비했다(Schlosser, 2001). 맥도날드는 오늘날에도 여전히 미국에서 가장 많은 감자를 구입하는 곳이다. 그러니 미국 내에서 소비되는 감자의 90% 이상이 패스트푸드점에서 프렌치프라이로 판매된다는 자료는 그리 놀랄 만한 것이 아니다. 게다가 이 현상은 미국만의 독특한 현상인 것도 아니다. 전 세계적으로 냉동 감자 상품의 수출 – 냉동 감자 상품의 90%가 냉동 프렌치프라이이다 – 은 2000년 기준으로 20억 달러에 육박하고 있다(Yen et al., 2007).

### 적갈색 버뱅크 감자의 수요와 오늘날의 냉동 프렌치프라이 생산

패스트푸드점이 대중화되며 냉동 감자를 안정적으로 공급할 필요성이 대두되었고, 이는 적갈색 버뱅크 감자 생산에 큰 영향을 미쳤다. 앞서 논의한 바와 같이, 적갈

〈표 13.1〉 미국에서 감자 1헥타르를 재배하는 데 투입되는 에너지와 비용

| 투입물 | 투입량 | Kcal | 비용($) |
|---|---|---|---|
| 노동 | 35시간 | 1,964,000 | 350.00 |
| 기계 | 31kg | 574,000 | 300.00 |
| 디젤 | 152L | 1,735,000 | 31.92 |
| 휘발유 | 272L | 2,750,000 | 78.88 |
| 질소 | 231kg | 4,292,000 | 142.60 |
| 인 | 220kg | 911,000 | 121.00 |
| 칼륨 | 111kg | 362,000 | 34.41 |
| 종자 | 2,408kg | 1,478,000 | 687.00 |
| 황산화물 | 64.8kg | 0 | 73.00 |
| 제초제 | 1.5kg | 150,000 | 13.50 |
| 살충제 | 3.6kg | 360,000 | 14.40 |
| 살진균제 | 4.5kg | 450,000 | 180.00 |
| 전기 | 47kWh | 135,000 | 3.29 |
| 운송 | 2,779kg | 2,307,000 | 833.70 |
| 합계 | - | 17,470,000 | 2863.70 |
| 감자 생산량 | 40,656kg | 23,296,000 | 투입된 Kcal : 생산된 Kcal = 1 : 1.33 |

자료: Pimentel et al.(2002).

색 버뱅크 감자는 상대적으로 최근의 품종으로서 안데스 산지의 수많은 감자 품종 중 한 가지에 지나지 않지만 오늘날 전 세계적으로 가장 많이 재배되는 감자이다. 반면, 아이리시 럼퍼 감자는 오늘날 거의 사라졌다. 적갈색 버뱅크 감자가 전 세계적으로 널리 재배되는 데에는 이 품종이 19세기와 20세기에 걸쳐 미국에서 빠른 속도로 확산된 것에 힘입은 바가 크다. 그러나 이는 역사적 우연이기도 하다. 적갈색 버뱅크 감자에 대한 수요가 크게 늘어난 것은 제2차 세계대전 이후 드라이브 스루 및 패스트푸드점이 자동차의 보급과 함께 크게 확산되었기 때문이다.

적갈색 버뱅크 감자는 대중적이지만 재배가 쉽지는 않다. 좀 더 정확하게 말하자면, 냉동 프렌치프라이 생산에 적합하도록 크기와 형태가 균일한 감자를 생산하는 일이 어렵다. 냉동 프렌치프라이용 적갈색 버뱅크 감자를 대량생산하는 데에는 물, 화학물질, 에너지 등 다양한 투입물이 요구된다(〈표 13.1〉).

마이클 폴란(Michael Pollan)의 『욕망하는 식물(The Botany of Desire: A Plant's Eye View of the World)』에 등장하는 한 감자 재배 농부의 행보를 따라가 보자(Michael Pollan, 2001). 우선 토양 소독에 사용되는 훈증제를 살포한다. 그다음 감자를 심는 과정에서 토양 내에 살충제를 함께 첨가한다. 감자 줄기의 키가 15cm 정도 자라면 제초제를 뿌린다. 그다음부터 1주일 간격으로 계속 화학 비료를 준다. 그리고 밭고랑이 메워지기 시작할 즈음에 살진균제를 살포한다. 많은 경우 진딧물과 같은 해충을 막기 위해 항공 방제를 실시하기도 한다. 물론 이런 여러 과정이 이루어지는 동안에도 작물에는 연강수량으로 따졌을 때 500~700mm 정도의 물이 필요하다(Food and Agriculture Organization). 다른 곡물과 비교할 때 이 정도의 물은 그리 많은 편이라 할 수 없지만, 그럼에도 프렌치프라이 1인분에 해당되는 감자를 생산하는 데 20L가 넘는 물이 사용된다고 볼 수 있다. 이 외에 관개 및 에너지 비용 등을 포함한 평균 비용으로 감자 재배 농부들이 지불하는 액수는 1에이커(약 4,000m$^2$)당 1,950달러이다. 패스트푸드 기업들은 1에이커당 평균 생산량인 20톤의 감자에 대해 2,000달러를 지불한다. 이처럼 이윤율이 매우 낮기 때문에, 감자 재배 농부들은 생산의 쳇바퀴에서 거의 벗어날 수 없다. 설령 농부들이 비용이 덜 드는 다른 품종의 감자를 재배하려고 해도, 패스트푸드 기업들은 적갈색 버뱅크 감자를 공급해달라고 요구하기 때문에 어쩔 수 없다. 그래서 농부들은 조금이라도 산출량을 늘리기 위해 더 많은 화학물질과 물, 에너지를 사용한다. 물론 그렇게 해도 이윤의 증가폭은 매우 미약한 수준이다.

그러나 냉동 프렌치프라이를 생산하는 데 드는 환경 비용은 농장에서 그치지 않는다. 감자가 수확되어 공장으로 운송된 후의 공정 과정도 많은 에너지를 필요로 한다. 감자는 우선 건조 과정을 거쳐야 하고, 얇게 절단된 후 조리 과정을 거쳐 냉동된다. 또한 연간 900만 톤에 달하는 냉동 프렌치프라이를 운송하는 데 드는 비용도 막대하다. 냉동 기술 덕분에 다양한 식품이 전 세계적으로 유통될 수 있게 되었지만, 우리는 그만큼 추가적인 에너지 비용을 지불해야 한다.

### 프렌치프라이의 문제

프렌치프라이가 없는 곳은 없다. 그렇기에 프렌치프라이는 대단찮은 물건으로 보인다. 감자를 썰고, 튀기고, 먹으면 끝이다. 그러나 앞서 살펴본 감자의 사회적·자연적 역사에 나온 것처럼, 프렌치프라이에는 우리가 단순히 보거나 먹는 것보다 훨씬 더 많은 것들이 담겨 있다. 프렌치프라이를 풀어야 할 환경 문제의 하나라고 생각한다면, 우리는 다음과 같은 프렌치프라이의 특징을 고려해야 할 것이다.

- 프렌치프라이는 아무 감자로나 만들 수 있는 것이 아니다. 프렌치프라이의 대량 생산과 대량 소비가 가능하려면, 산업적인 생산 공정을 견뎌낼 수 있는 선택된 품종의 감자가 공급되어야 한다. 이런 이유 때문에 전 세계적으로 단 한 가지의 품종만이 재배되고 있다.
- 적갈색 버뱅크 감자는 유럽의 식민주의부터 미국 내 원주민 정복에 이르는 역사적 과정에서 탄생한 우연의 산물이다.
- 이 감자는 농업의 집약화를 가중시키는 원인이기도 하다. 많은 농업용수, 비료, 살충제 등의 투입물을 요구하기 때문에 환경에 미치는 영향도 그만큼 크다.
- 프렌치프라이는 일종의 문화적 현상으로 자동차 교통 및 패스트푸드점의 급속한 확산, 세계화라는 문화적 균질화 과정과 관련되어 있다.
- 소비자들은 세계 어디를 가든 균일한 맛의 '프렌치프라이'를 기대하기 때문에, 패스트푸드 산업에서는 감자를 대량으로 가공하는 공정이 이루어지고 있다.
- 이러한 이유 때문에 프렌치프라이는 오늘날 우리가 어떤 유형의 음식을 먹는지, 또 그것이 인간의 몸과 환경에 어떤 영향을 미치는지에 관한 논쟁의 한가운데에 있다.

따라서 프렌치프라이의 환경 문제는, 그것이 슬로베니아에서 괌에 이르기까지 전 세계적으로 성공을 거두었고, 이로 인해 다양한 생산 체계의 등장을 야기했다는 점에 있다. 이는 우리가 먹거리를 마련하는 방식과 우리가 살아갈 환경을 재창조하는 방식 간의 관계에 대해 생각해보게 한다. 다음 절에서 우리는 이 문제의 함의에 대해 생각해볼 것이다. 우선은 프렌치프라이의 소비를 개인적인 음식 선택의 관점에서 살펴볼 것이다. 여기에서 우리는, 우리가 몸속으로 밀어 넣는 음식이 얼마나 위험 평가의 과정과 복잡하게 얽혀 있는지를 이해할 수 있을 것이다. 또, 이러한 개인적 선택이 사회 및 전 세계 규모로 벌어지는 생산과 소비의 맥락 안에서 이루어진다는 점도 살펴볼 것이다. 따라서 프렌치프라이의 환경 문제는, 정치경제학적 틀을 통해 이해될 수 있다. 마지막으로 프렌치프라이와 같은 대규모로 판매되는 식품의 생산이 왜 음식 소비의 윤리와 관련된 어려운 질문을 우리에게 던지는가를 살펴보고자 한다.

## 위험 분석: 선택한 것을 먹는 것과, 먹는 것을 선택하는 것

우리는 제5장에서 사회적·환경적 문제가 위험과 위해라는 틀에서 어떻게 설명될 수 있는지에 대해 논의했다. 이 절에서는 프렌치프라이가 우리의 몸에 미치는 영향을 줄이는 데에 이러한 틀이 어떻게 도움이 될 수 있는지를 살펴보고자 한다. 2005년 소비자권익단체인 밴트랜스팻(Ban Trans Fats: BTF)은 맥도날드사에 소송을 걸었다. 맥도날드사가 트랜스지방 — 이성질체 지방산인 트랜스를 포함하고 있는 불포화지방을 통상적으로 일컫는 용어로 식물성경화유지라고도 불린다 — 의 사용을 줄이겠다는 2002년의 약속을 이행하지 않았다는 이유였다. 맥도날드사는 이에 대한 합의금으로 190만 달러를 미국심장협회에 기부했다(이 단체의 활동사에 대해서는 www.bantransfats.com의 자료를 참고).

왜 맥도날드를 포함한 많은 패스트푸드 기업들은 음식을 튀길 때 불포화지방 대신 건강에 더 이로운 기름을 사용하라는 압력을 받는 것일까? 트랜스지방의 사용은 점차 소비자들이 용납할 수 없는 위험이 되었을 뿐만 아니라, 일정 수치 이상의 트랜스지방은 실제로 건강에 악영향을 미치기 때문이다. 바로 여기에서, 우리는 인간의 신체라는 측면에서 프렌치프라이의 환경 문제를 검토할 것이다. 우리는 대개 환경을 우리와 분리된 것으로 생각하는 경향이 있지만, 앞서 살펴본 환경윤리, 정치경제학,

사회적 구성에 관한 논의에서 알 수 있듯 많은 학자들과 운동가들은 인간과 자연을 분리할 수 없는 것으로 인식해야 한다고 주장해왔다. 이런 측면에서 보자면 인간의 건강과 지구의 건강은 매우 밀접하게 얽혀 있다. 우리가 섭취하는 식품보다 이러한 얽힘을 더 잘 설명해줄 수 있는 것이 있을까?

식품영양학에서는 오랫동안 식품이 인간의 건강에 미치는 영향을 연구해왔다. 음식이 우리의 몸에 끼치는 영향에 대한 인식은 역사적으로 변화해왔다. 유럽인들이 처음에 감자 재배를 거부했던 이유를 상기해보자. 우스꽝스럽게 생겼고, 성경에서 언급되지 않았으며, 아메리카의 '미개한' 부족 및 아일랜드인과 연관된 작물이었기 때문이 아니었는가? 이런 식으로 먹을 것과 먹어서는 안 될 것을 정하는 것은 오늘날에야 매우 괴상하게 보이지만, 이는 당시 사람들이 가지고 있었던 건강, 음식, 도덕성에 대한 관념을 반영한다. 깨끗한 식품은 땅 위에서 수확된 것이어야 하고, 곧은 줄기에서 자란 열매여야 하며, 규칙적인 모양을 가진 것이어야 했다. 따라서 땅 밑에서 열매를 맺고 모양도 울퉁불퉁한 감자는 사람이 먹기에 적절하지 않은 것이라고 여겨졌다. 오늘날에도 많은 종교는 도덕적 또는 윤리적 이유에서 특정 식품의 섭취를 금지하고 있지만, 이러한 음식 금기가 해당 음식의 영양적 가치 그 자체와 관련되어 있다고 주장하는 사람은 거의 없다.

또한 이러한 관념이 오늘날의 미국이나 유럽에서 음식에 대해 생각하는 방식과 크게 다르다고 볼 수도 없다. 결국 우리 역시 깨끗하고 조명도 밝은 현대적 외식업체에서 팔리는 고른 모양의, 검게 그을린 부위가 없는 프렌치프라이를 먹고 싶어 하기 때문이다. 특정 음식을 소비하는 과정에서 이루어지는 건강 위험(부정적 결과를 초래할 가능성)에 대한 우리의 판단은, 식품과 영양에 관한 과학적 연구에 기반을 둔, 그러나 각기 다른 이해에 의해 형성된다. 식품에 관한 각기 다른 유형의 정보와 그에 대한 접근은, 어떤 음식을 먹을 것인가 대한 사람들의 판단에 큰 영향을 끼치고 있다.

가령 트랜스지방의 경우, 과학자들은 프렌치프라이를 먹는 행위의 위험성을 어느 정도로 설정했으며, 이를 대중들에게 어떻게 전달했는가? 이 정보를 전해들은 이들은 자신들이 먹는 음식에 대해 어떤 의사결정을 하는가? 만약 음식의 선택과 관련된 위험들이 있다면, 이러한 위험을 줄이는 것은 누구의 책임인가?

### 좋은 지방과 나쁜 지방에 대한 과학

트랜스지방은 우리가 흔히 생각하는 쓰나미, 화산 폭발, 가뭄과 같은 전형적인 환경 위해가 아닐 수도 있다. 그러나 제5장에서 살펴본 것처럼, 트랜스지방은 우리의 건강을 위협하는 '생산된' 재해라고 할 수 있다. 트랜스지방은 수소첨가의 과정에서 발생한다. 수소첨가는 수소 원자에 강한 압력을 주어 식물성 지방이나 기름과 같은 불포화지방산으로 바꾸는 과정이다. 부분적 수소첨가는 음식물의 밀도가 희망하는 값에 다다를 때까지만 수소원자를 첨가하는 과정을 말한다. 이는 1890년 한 프랑스의 화학자가 개발한 것으로, 그는 나중에 이 개발로 노벨상까지 받았다. 1902년에 빌헬름 노르만(Wilhelm Normann)은 조리용으로 쓰이는 안정된 기름을 생산하기 위해 수소첨가 과정을 거치는 공법은 개발해 특허를 받았다. 최초로 인간이 만든 지방인 트랜스지방은 이후 식품 조리에 사용되기 시작했다. 1911년 미국의 프록터앤갬블(Procter and Gamble)사는 일반 식료품점에서 구입할 수 있는 최초의 트랜스지방 상품 크리스코(Crisco)를 개발했다. 초기까지만 해도 크리스코와 그 경쟁 제품들(마가린과 같은)은 널리 유통되지 않았다. 그러나 제2차 세계대전 동안 버터의 공급이 원활하지 않자 마가린 및 기타 트랜스지방 제품들이 널리 보급되기 시작했다.

1957년, 미국심장협회는 버터 등 동물성 제품에 들어 있는 포화지방이 심장병을 유발하는 요인이라고 공식적으로 발표했다. 이는 트랜스지방이 상대적으로 건강에 덜 위험하다는 의미였다. 1984년 소비자권익단체들은 이 정보를 토대로 패스트푸드점이 튀김 제품을 요리할 때 소기름 대신 트랜스지방을 사용하도록 강제하는 데 성공했다. 이 덕분에 트랜스지방의 사용량이 급증했다. 더군다나 이때는 패스트푸드가 급속하게 인기를 얻던 시기였기 때문에, 트랜스지방은 미국에서뿐 아니라 유럽의 일부 지역에서도 식단의 중요한 부분을 차지하게 되었다.

그러나 트랜스지방이 건강에 이롭다는 여러 사람들의 주장이 무색하게도, 1990년대 초반 일부 과학자들은 트랜스지방이 사람들의 체내에 오늘날 나쁜 콜레스테롤이라 불리는 저지방단백질(LDL)을 증가시킨다고 주장했다. LDL 수치가 증가할 경우 심장병과 당뇨병 등의 심각한 질병이 야기되는 것으로 알려져 있다. 이로부터 10년이 채 지나지 않아 미국에서 모든 식품 제조업체들이 자사 식품의 영양성분표에 트랜스지방 사용량을 표시하도록 하는 법안이 발의되었지만 결국 통과되지 못했다. 그러나 2003년 덴마크에서는 영양성분 표기보다 한 걸음 더 나아간 조치를 취했다. 덴마크에서는 특정 식품에 대한 트랜스지방의 최대 사용 허가량을 규정했다. 이와 같은 해, 소비자권익단체의 지속적인 운동 덕분에, 미국 식품의약국에서는 영양성분표에 트랜스지방 사용량을 표시하는 것을 의무화하기 시작했다. 많은 식품 제조업체들과 외식업체는 트랜스지방 사용량을 줄였지만, 밴트랜스팻과 같은 압력 단체들에게는 만족스럽지 못했다. 이 때문에 앞에서 소개했던 소송이 벌이지게 되었다.

### 더 좋은 정보가 더 건강한 선택을 낳는다?

식품을 선택하는 과정에서 쓰이는 건강 위험에 관한 정보가 변화하면서, 사람들의 행태 또한 이에 맞게 적응했다. 2007년 4월 미국심장협회는 "지방에 맞서라(Fact the Fats)"라는 소비자 교육 캠페인을 시작했다. 이 단체는 캠페인의 성공 여부를 평가하기 위해 트랜스지방에 대해 사람들이 얼마나 이해 · 지각하고 있는지, 그리고 사람들의 식품 섭취 행태가 여기에 얼마나 영향을 받았는지를 조사했다. 의사, 영양 분석가, 마케팅 연구자 등으로 구성된 연구팀의 조사 결과에 따르면, 2006년에서 2007년 사이 트랜스지방에 대한 미국인들의 인식은 확실하게 높아졌다고 한다(Eckel et al., 2009). 미국심장협회가 지속적으로 소비자 교육 캠페인을 통해 사람들에게 트랜스지방을 1일 에너지 소비량의 1% 이상 섭취하지 말라고 경고했기 때문이다. 또한 2006년 1월 미국 식품의약국은 모든 포장 식품에 대해 트랜스지방 함유량을 영양성분표에 별도 표시할 것을 의무화했다. 연구자들은 2006년과 2007년 사이에 음식 내에 포함된 지방 함량 및 지방의 종류에 대한 사람들의 관심이 증가했다고 보고했다(〈도표 13.1〉). 또한 같은 기간 트랜스지방에 대한 뉴스 보도는 516건에서 1,138건으로 2배나 증가했다.

〈**도표 13.1**〉 지방의 양과 종류에 관한 관심

**당신이 소비하는 지방의 양에 얼마나 관심을 갖고 계십니까?**

4 또는 5를 선택한 비율

지방의 양에 관한 관심

2007 [n=1000] 6% 6% 26% 34% 28% 62%

2006 [n=1000] 6% 9% 29% 34% 21% 55%

**당신이 소비하는 지방의 종류에 얼마나 관심을 갖고 계십니까?**

4 또는 5를 선택한 비율

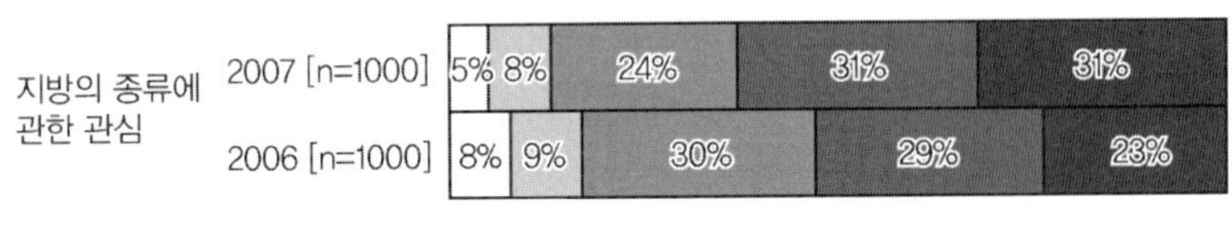


□ 1 – 전혀 관심 없음 □ 2 □ 3 □ 4 ■ 5 – 매우 큰 관심이 있음

자료: Eckel et al.(2009).

점점 더 많은 소비자들이 트랜스지방에 대해 알게 되었으며, 특히 2007년에는 건강 위험을 트랜스지방과 연관시켜 생각할 수 있게 되었다. 트랜스지방이 심장병의 잠재적 원인이라고 생각하는 사람들의 수가 2006년 한 해에만 10% 증가했고, 응답자의 73%가 트랜스지방이 심장병에 걸릴 위험을 증가시킨다고 대답했다. 또한 2007년의 경우 응답자의 29%가 식품을 구입하기 전에 트랜스지방의 함량 정보를 살펴본다고 대답했는데, 이는 2006년의 23%에 비해 상당히 증가한 것이다. 이 응답자 가운데에 '트랜스지방 0%' 라벨이 붙은 상품을 찾는 사람들의 비율도 매우 높았다. 또한 점점 더 많은 사람들이 일반적으로 트랜스지방이 많이 포함되어 있는 식품이 무엇인지를 알게 되었다. 바로 이때부터 프렌치프라이는 트랜스지방을 함유하고 있는 대표적인 식품으로 부상하게 되었다. 2007년의 경우, 응답자의 무려 53%가 이런 사실을 알고 있었는데, 이는 전년도의 41%에 비해 증가한 수치이다. 사람들이 트랜스지방에 대해 매우 심각하게 생각하기 시작한 것이다.

### 위험, 선택, 통제

트랜스지방과 위험한 식품에 대한 사람들의 지식이 연구되면서 패스트푸드, 위험, 지각에 관한 다른 연구들도 이루어지게 되었는데, 이것들은 지식이 항상 사람들의 행태를 바꾸지는 않는다는 점을 강조했다. 예를 들어 중소도시에 거주하는 몇몇 여성 집단을 사례로 한 연구에 따르면, 그녀들은 패스트푸드점이 자신들이 살고 있는 동네에 해로운 존재라 여기고 있었다(Colapinto et al., 2007). 그러나 사람들은 패스트푸드가 자신들의 건강에 미치는 위험에 대해 알고 있었음에도 패스트푸드를 사먹었다. 즉, 많은 사람들에게 식품이 장기간에 걸쳐 미치는 위험은 편리함을 능가할 만큼 중요하거나 즉각적인 요소가 아니었던 것이다. 살모넬라균의 감염, 멜라민 오염, 음식 알레르기와 같은 위험은 매우 즉각적이고 가시적인 변화를 유발하는 반면, 프렌치프라이 등 패스트푸드가 야기하는 부정적인 결과는 음식을 소비하고 오랜 시간이 지난 후에야 나타나기 때문이다. 따라서 더 좋은 정보를 알고 있다 할지라도, 프렌치프라이가 가진 위험이 항상 사람들의 즉각적인 반응을 이끌어낸 것은 아니다.

패스트푸드를 선호하는 식사 행태나 뚱뚱한 사람들을 여러 가지 이유 — 생산성이 낮다는 것부터 의료보험의 부담을 가중시킨다는 것에 이르는 여러 이유 — 로 비난하는 것은 쉬운 일이지만(Guthman and Depuis, 2006), 사실 음식을 선택하는 과정에서 나타나는 사회적·경제적·정치적 맥락의 강력한 영향력은 무시할 만한 것이 아니다. 가령 앞서 언급한 트랜스지방 연구에서, 트랜스지방이 건강에 미치는 영향에 대한 사회 전체적 인식은 증가했지만 모든 집단에서 이러한 인식 변화나 그로 인한 행태의 변화가 고르게 나타나지는 않았다. 트랜스지방에 대한 인식과 행태가 달라진 집단은 주로 여성, 45세 이상, 대학 졸업 이상의 학력, 연소득 7만 5,000달러 이상, 미국 북동부 및 남부 거주자들에 집중되어 있었다.

그렇다면 어떤 대응이 필요한가? 프렌치프라이 등의 패스트푸드를 먹는 것의 위험성이 이미 입증되었고 공중보건 측면에서 비만의 '전염성'에 대한 우려가 높아지는 상황에서 우리는 누가, 무엇을 먹을 것인가를 어떻게 결정해야 할까? 개인적 선택과 자유 시장이 이러한 식습관 행태를 결정하도록 해야 할까? 아니면 전체 공중보건의 수준을 고려해 프렌치프라이와 같은 패스트푸드를 금지시켜야 할까? 거기에는 충분히 타당한 이유가 있을까? 많은 사람들이 전자의 주장을 지지할 것 같지만, 미국의 경우 2008년에 대략 20개 주가 외식업체나 학교에서 사용하는 트랜스지방의 양을 줄이는 법안을 제출했고, 11개 시와 카운티에서는 외식업체의 트랜스지방 사용을 완전히 금지하는 조치를 채택했다. 트랜스지방이라는 위협을 통제하고 이와 관련된 위험을 줄이는 데 많은 사람들이 동의하는 주된 이유는, 우리가 어떤 음식을 먹을 것인가에 대해 사실상 선택권이 없기 때문이다. 우리의 선택은 우리의 직접적인 통제 밖에 놓인 정치경제적 맥락을 따르게 된다. 달리 말해, 음식의 정치경제학은 프렌치프라이에서조차 작동하고 있다. 다음 절에서 이에 대해 살펴보고자 한다.

## 정치경제학: 프렌치프라이를 먹어라!

제6장에서 우리는 정치경제학적 틀이 환경 문제를 생각하는 일에서 어떤 통찰력을 제시하는가에 대해 살펴보았다. 이 틀의 핵심은 사회·환경적 대상물이 자본주의 체제 안에서 어떻게 포장되어서 잉여가치 창출에 이용되는가를 이해하는 것이다. 우리가 테니스화를 구입할 때 발생하는 잉여가치의 생산 및 순환 과정은 우리가 먹는 음식에도 똑같이 적용된다. 이 절에서는 프렌치프라이라는 환경 문제를 정치경제학적 틀에서 파악하고자 한다. 이를 통해 우리는 사람들의 음식 선택에 관한 것뿐 아니라 패스트푸드 마케팅, 주변부 공동체로 몰려드는 패스트푸드점, 패스트푸드점의 세계화, 식품 생산 그 자체 등과 같은 한층 넓은 사회경제적 조건에 대해 질문을 제기할 수 있다.

### 우리가 원하라고 말하는 것을 당신은 원한다: 마케팅과 식품 선택

패스트푸드점에 갈 때마다 점원이 묻는다. "무엇을 드실래요?" 어떤 곳에서는 심지어 "당신 방식대로 즐기세요(Have it your way)"라고 말한다(역주: 버거킹이 햄버거의 내용물을 기호에 따라 넣고 뺄 수 있도록 하면서 내세웠던 광고 문구). 당신의 대답이 "프렌치프라이에 셰이크요"와 같이 즉각적인 것이든 "음, 글쎄요, 뭘 먹을까…… 햄버거 세트에 치킨스트립하고 콜라 한 잔 더 추가해 주실 수 있을까요?"와 같이 다소 시간이 걸리는 것이든, 선택은 당신의 몫이다. "애플파이로 시킬 걸 그랬어"라며 자신의 선택을 후회할 수도 있고, "잠깐, 다음 주에 해수욕장에 가야 하니까, 다이어트 콜라를 마시는 게 낫겠어"라며 자신의 선택을 좀 더 나은 방향으로 바꿀 수도 있다. 그러나 이 모든 것이 그렇게 단순한 일일까? 우리는 선택을 할 때 여러 가지의 대안의 경중을 따져본 후에 최선의 선택을 하는 것일까? 혹 무언가 다른 일이 일어나고 있는 것은 아닐까? 무엇이 우리로 하여금 선택을 하도록 만들까?

식품학자, 영양학자, 의사, 체중감량 상담사, 헬스 트레이너, 미용 잡지 편집자 등은 사람들의 식품 선택을 설명하는 여러 이론들을 신봉하고 있다. 스트레스와 같은 정신 상태, 특정 영양결핍, 운동 부족, 특정 호르몬 과다, 동료의 압박 등은 합리적인 식품 선택을 위해 고려해야 할 요소들이다. 결국, 개인은 이러한 모든 것들을 고려해 보다 합리적인 선택을 하기만 하면 된다.

그러나 우선 위와 같은 개인의 선택은 실제로 어느 정도나 개인적일까? 이러한 사회적 결정들은 고립된 개인의 손에서 얼마나 벗어나 있는 것일까? 음식은 문화적 현상이기 때문에, 문화에 따라 음식을 먹는 방식도 달라진다. 때때로 식민주의나 인종적 착취의 역사 — 적대적인 식민주의가 자행되던 아일랜드의 사람들에게 식량을 공급했던 아이리시 럼퍼의 엄청난 공헌에도, 대다수의 사람들은 그것을 먹으려 하지 않았다는 사실을 기억하라 — 와 관련되기도 했지만, 음식은 사람들이 자신의 문화적 정체성에 자긍심을 갖도록 만들었다. 그러나 음식 선택에는 이러한 문화적 요인을 넘어, 정치적·경제적 요인들이 개입하기도 한다. 상업 광고와 미묘한 판매 전략(이를테면 크기를 거론하는 식의) 등을 모두 고려했을 때, 이러한 마케팅은 우리가 식품을 선택하는 과정에 어느 정도 영향을 미칠까?

패스트푸드의 발전은 브랜드화의 역사이다. 초창기 화이트타워의 트레이드마크는 매장 건물 그 자체의 형태였고, 이는 오늘날에도 마찬가지이다. 도로변에 세워진

황금색 아치를 보는 순간, 머릿속에 떠오르는 것이 있을 것이다. 이러한 연상은 현실을 반영한다고 할 수 있다. 브랜드화는 상품의 표준화와 함께 이루어지기 때문이다. 사람들은 어렵지 않게 쿼터파운더치즈, 와퍼, 주니어디럭스, 더블더블의 차이를 구분할 수 있을 것이다. 그렇다면 이 경우 그들이 어떤 한 가지를 선택하도록 만드는 힘은 무엇일까? 바로 그들이 본 광고이다. 당연하지만 이것이야말로 누가, 어디에서 패스트푸드를 먹을 것인가를 결정하는 핵심적인 요인이다. 패스트푸드 기업은 매년 엄청난 돈을 광고에 투자한다. 이 기업들은 그렇게 할 수밖에 없다. 우리가 제6장에서 정치경제학에 대해 살펴본 바와 같이 기업은 잠재적인 고객 감소를 상쇄할 수 있는 특정한 전략이 없을 경우, 기업 간 경쟁에 따른 잉여가치의 하락을 피할 수 없기 때문이다. 많은 경우 기업들은 인건비를 줄임으로써 잉여가치를 유지한다. 반면 특정 기업의 브랜드화 전략은 그들의 상품이 다른 것들과 기본적으로는 별반 차이가 없음에도 차별화된 것처럼 보이게 만들어, 소비자의 구매 충성도를 높이고 이를 통해 고객층을 유지한다.

일단 외식업체가 당신을 끌어들인 이후에는 이윤을 확보하기 위한 또 다른 전략들이 펼쳐진다. 스몰 사이즈의 프렌치프라이를 본 적이 있는가? 크기를 늘리는 것은 이윤율을 늘리기 위해 자주 사용되는 수법이다. 이런 전략이 광범위하게 퍼짐에 따라 — 이에 대한 비판은 영화 〈슈퍼 사이즈 미〉에 잘 나타나 있다 — 1인분의 크기에 대한 인식도 변화하게 되었다. 패스트푸드 광고에 노출된 아이들 중 몇몇은 이러한 슈퍼 1인분을 당연한 것으로 여긴다는 보고도 있다(Schlosser, 2001). 회사의 수지타산에는 좋겠지만 그만큼 소비자의 허리는 굵어진다. 어쩌면 사업의 세계에서는 모든 이가 공정한 것이 아니냐고 반문할 수도 있겠다. 설사 광고가 우리에게 영향을 끼친다고 할지라도, 우리가 원한다면 얼마든지 더 건강한 음식을 선택할 수 있으니 말이다. 물론 당신은 그럴 수 있을지도 모른다. 그러나 이 또한 당신이 어디에서 일하며 살아가는지에 따라 다르다. 어떤 곳의 경우 선택권마저도 없기 때문이다.

### 수요냐 공급이냐: 패스트푸드의 지리학

에릭 슐로서(Eric Schlosser)의 책 『패스트푸드의 제국』에 따르면, 1970년만 하더라도 60억 달러였던 패스트푸드의 시장 규모가 2000년에는 무려 1,100억 달러로 성장했다. 프렌치프라이는 미국에서 가장 널리 팔리는 식품이 되었다. 현재 미국에서 식품 소비에 지출되는 돈의 50%가 외식업체, 특히 패스트푸드 시장에 흘러들어가고 있다. 이러한 사실이 그리 놀랍지는 않을 것이다. 더 놀랄 만한 것은 따로 있다. 바로 패스트푸드의 소비 – 혹은 건강에 더 이로운 식품의 소비 – 는 사람들이 어디에 살고 있는가에 따라 크게 달라진다는 점이다. 그동안 이루어진 많은 연구들에 따르면, 패스트푸드 광고는 특정한 곳에 집중되어 있을 뿐 아니라 실제 매장들의 입지 또한 일정한 패턴을 나타내고 있다.

저소득층이 거주하는 지역의 대다수에서는 패스트푸드점의 밀도가 매우 높다. 즉, 단위면적당 매장 수가 다른 지역에 비해 많다는 것이다. 외식업체의 밀도, 사회경제적 지표, 비만율에 대한 연구에 따르면(Larson et al., 2009) 슈퍼마켓에 대한 접근성이 좋은 반면 편의점에 대한 접근성은 상대적으로 제한되어 있는 지역에서는, 주민들이 건강에 이로운 음식을 많이 먹을 뿐 아니라 그들의 비만율도 낮은 경향이 있다. 또한 패스트푸드점에 대한 접근성이 제한된 지역의 주민들도 건강에 이로운 식사를 많이 하고 비만율도 낮다. 반면, 저소득층 및 소수민족집단의 비율이 높은 지역이나 농촌에서는 슈퍼마켓 및 건강에 이로운 음식에 대한 접근성이 낮다. 패스트푸드점이나 칼로리가 높은 식품을 쉽게 구할 수 있는 곳은 대체로 저소득층 및 소수민족집단이 많이 거주하는 곳이었다. 연구자들은 이러한 사실에 주목하면서 건강에 이로운 음식에 대한 접근성을 공간적으로 더 균등화할 수 있는 정책적 개입이 필요하다고 지적했다(Apple, 1996; Larson et al., 2009). 결국 식품 소비는 개인적 선택의 문제인 것처럼 보이지만, 실제로는 정치경제적 요인들과 밀접하게 얽혀 있다고 할 수 있다.

### 맥도날드화를 통한 세계화

1970년대에 짐 하이타워(Jim Hightower)라는 농업 운동가는 미국에서 진행되는 맥

**공간적 조정** 자본주의에서 불가피하게 발생하는 주기적인 위기를 새로운 시장 개척, 새로운 자원 개발, 새로운 곳으로의 생산기지 이전 등을 통해 일시적으로 해결하는 경향을 지칭한다.

도날드화(McDonaldization)에 대해 경고했다. 그는 미국의 식품 경제가 점차 대기업에 의해 지배되어 결국 등질화로 귀결될 것이라 본 것이다. 하지만 오늘날의 현실은 하이타워가 경고한 것보다 훨씬 더 심각하다. 미국 내에서뿐 아니라 전 세계적으로 이러한 변화가 나타났기 때문이다. 패스트푸드점이 없는 곳은 이제 없다. 어떤 사람들은 맥도날드화라는 용어를 전 세계에서 벌어지는 음식 문화의 등질화 경향을 기술하는 데 사용한다. 시장주의적 접근에 따르면 이러한 변화는 글로벌 수요에 대한 기업적 대응의 결과이지만, 정치경제학적 입장에서 볼 때 이는 공간적 조정■의 결과이다. 자본주의는 새로운 시장을 개척하고, 새로운 자원을 발굴하며, 새로운 생산 기지를 구축함으로써 불가피하게 발생하는 주기적 위기를 일시적으로 해결해나가기 때문이다. 지난 수십 년간 가파르게 증가한 미국 내 패스트푸드의 소비로 인해 기업 간의 경쟁이 심화됨에 따라, 각 업체가 얻을 수 있는 이윤은 상당히 줄어들었다. 패스트푸드 업체는 이제 미국 내에서 새로운 소비자를 찾는 대신 – 사실 미국에서 패스트푸드를 먹지 않는 새로운 소비자를 찾아내는 것은 거의 불가능하다 – 미국 밖의 전 세계에서 새로운 소비자들을 찾아내고 있다. 패스트푸드에 대한 소비를 다른 장소로까지 확장함으로써 잉여가치의 감소 문제를 돌파하려는 것이다. 1990년대 초반 맥도날드는 미국 밖에 3,000여 개의 매장을 가지고 있었지만, 지금은 120여 개 국가에 3만 개에 육박하는 매장을 가지고 있다. 산술적으로 본다면 맥도날드는 하루에 5개의 매장을 늘려나가는 셈이고, 그중 4개가 해외에서 생겨나고 있다. 미국에서 볼 수 있는 과체중이나 비만의 문제가 이제 전 세계의 다른 국가들로 퍼져나가는 것을 보여주는 많은 증거가 있다(Schlosser, 2001). 패스트푸드에 대한 전 세계의 소비량은 확연히 증가하고 있다. 우리는 기업과 기계를 먹여 살리기 위해 더 많은 자원을 쏟아붓고 있는 셈이다.

### 더 많은 프렌치프라이를 향하여!

우리의 개별적 의사결정이 심리학의 영향을 받든 마케팅의 영향을 받든 아니면 선

**〈글상자 13.1〉 슬로푸드**

미국의 전형적인 식단으로 음식을 차릴 경우 단 몇 분 만에 식사를 끝마칠 수도 있다. 역설적인 것은, 음식에 쓰이는 재료의 총 이동시간과 이동거리는 천문학적인 수준에 가깝다는 사실이다. 평범한 한 끼의 점심 식단은 막대한 수입의 결과물이다. 미국으로 수입되는 식품은 채소나 과일에 국한되지 않는다. 닭고기, 쇠고기, 해산물, 유제품도 들어온다. 또 이들이 점심 테이블 위로 올라오기까지는 보관, 냉동, 해동, 가열, 조리 등의 상당한 가공 과정을 거쳐야 한다. 이러한 음식의 편리함은 두말할 나위 없겠지만, 이것들이 건강(오랫동안 냉동 보관된 재료는 건강에 이롭지 않다)과 환경(식품의 지리적 이동은 그에 비례하는 탄소 배출량의 증가를 의미한다)과 정신(당신은 정말로 이런 음식을 즐겁게 먹을 수 있는가?)에 미치는 영향은 측정할 수 없을 정도로 크다.

1980년대에 시작된 슬로푸드 운동은 이러한 식습관 경향에 반대하며 생긴 운동으로, 다음 세 가지 원칙에 토대를 둔다. 식사는 첫째, 음식의 질과 먹는 경험의 질이라는 측면에서 '좋은' 것이어야 하고, 둘째, 재료의 생산과 조리 과정에서 환경적으로 가벼운 발자국을 가진 '깨끗한' 것이어야 하며, 셋째, 사회적으로 정의로운 식품 경제를 추구해야 한다는 측면에서 '공정한' 것이어야 한다.

슬로푸드 운동은 식사가 개인적·경험적 차원에서 여유 있게 준비되고, 소비되어야 한다고 주장한다. 따라서 슬로푸드 운동은 현대적인 생활 스타일에 변화를 가져오려 하며, 쉼 없이 돌아가는 우리의 일상생활에 브레이크를 건다. 더 급진적인 경우, 슬로푸드 운동은 완전히 새로운 식품 경제의 기치를 내걸고 사라져가는 다양한 지역 음식들 — 희소한 사과부터 지역 특산 치즈에 이르는 여러 가지 음식들 — 의 보존을 주장한다. 이 운동은 슈퍼마켓이나 공장식 농장이 아닌, 소규모의 마을 시장과 재래식 농업을 선호한다. 또한 작은 음식점이나 주방에서 만들어진 지역 음식의 중요성을 강조한다. 이 운동은 이탈리아에서 시작되어 유럽을 중심으로 전개되었고, 오늘날에는 영국과 미국을 포함해 전 세계적으로 확산되고 있다.

슬로푸드 운동이 걸어온 길을 살펴볼 때, 이 운동은 엘리트주의적이라는 비판을 받을 수도 있다. 미국 연방정부의 법률은 노동자들의 점심시간도 근로시간에 포함된다고 규정하고 있지만, 노동자들의 점심시간 보장을 의무화하고 있지는 않다. 일반 노동자들의 점심시간은 대개 30분이고, 이는 근로시간에 포함되지 않고 있다. 또 유기농 식품은 대체로 다른 것들에 비해 비싼 경향이 있다. 가난한 이들의 대다수는 식료품점과 너무 멀리 떨어진 곳에 거주하고 있다. 누가 슬로푸드를 즐길 시간과 돈을 가지고 있는가? 따라서 새로운 식품 경제는, 우리가 먹는 방식의 문제만이 아니라 전 세계에 걸친 부와 노동시간을 둘러싼 문제 역시 언급해야 할 것이다.

그렇다고 해도, 슬로푸드 운동은 환경의 지속가능성과 단조로운 생활양식에 관심을 둔 많은 이들에게 설득력 있는 대안이 되고 있으며, 미래의 새로운 사회와 환경이 나아가야 할 방향에서 행복한 수렴점을 지향하고 있다.

**■ 자료**

Petrini, C. and G. Padovani. 2006. *Slow Food Revolution: A New Culture for Eating and Living*. New York: Rizzoli.

택 대상의 공간적 분포의 영향을 받든지 간에, 확실한 것은 우리가 우리 몸속으로 삼켜버리는 것들은 우리 자신에게뿐 아니라 전 세계 규모의 사회와 환경에도 영향을 끼친다는 점이다. 비판 교육의 전문가로 유명한 마이클 애플(Michael Apple)은 「교육, 정체성, 싸구려 프렌치프라이(Education, Identity, and Cheap French Fries)」라는 짧은 글에서 이러한 영향과 관련된 슬픈 이야기를 소개한다(Michael Apple, 1996). 그는 '멀리 떨어져 있는 아시아 국가'에 있는 친구와 동료들을 방문했다. 그들은 뜨겁게 이

글거리는 태양 밑에서 무덥고 습한 공기를 가르며 이차선 도로 위를 달렸다. 애플은 차 안에서 고등교육에 관한 생각에 골몰하다가 도로가에 우뚝 세워진 친근한 표지판에 눈길이 쏠렸다. 그 표지판은 너무나 낯익은 것이었다. 그의 책에 정확한 이름이 명시되지는 않았지만, 그것은 미국의 패스트푸드 업체의 상징물이었다. 애플은 너무 놀랍기도 하고 황당하기도 해서 친구에서 저 표지판이 왜 세워져 있는지 물어 봤다. 주변에는 그 패스트푸드점이 없었기 때문이다. 그러나 놀란 것은 그의 친구도 마찬가지였다. 친구는 "마이클, 정말 이 표지판이 무슨 의미인지 모른다는 거야? …… 이건 이 나라의 교육이 안고 있는 문제를 아주 정확하게 보여주는 표지판이야"라고 말이다(p.2).

이어서 그 친구는 자기네 나라가 해외 투자를 유치하기 위해 얼마나 많은 땅을 농산업 부문의 다국적 기업들에게 제공하고 있는지에 대해 설명했다. 그들이 지나친 땅은 헐값에 판매되어 표지판에 나온 그 패스트푸드 업체의 프렌치프라이에 쓰일 감자를 재배·공급하려는 목적으로 이용되고 있었다. 이 덕분에 회사는 아주 저렴한 가격으로 감자를 생산할 수 있게 되었다. 미국에 본사를 둔 이 회사의 농장 노동자들은 노동조합을 만들려 노력하기도 했지만, 이 아시아 국가에서는 거의 불가능한 일이었다. 사실 이 땅은 새로운 생산 기술을 적용하기에 최적의 조건을 갖추고 있었다. 한 가지 문제만 빼면 말이다. 이 땅에는 수백 명의 주민들이 거주하고 있었다. 정부는 그곳에서 수백 년 동안 거주했지만 공식적인 토지 소유권이 없었던 그들을 쫓아내버렸다. 결국 집약적인 감자 재배라는 진보가 이 땅에 찾아왔다. 그러나 이 진보는, 수백 명의 사람들이 먹고 살아가는 데 필요한 곡물 재배지를 앗아간 것 이상의 비용을 수반했다. 정부는 그 지역을 감자 재배지로 개발하는 대가로 해당 업체에게 상당한 세금 감면 혜택을 주었기 때문에, 학교를 건립하는 등 필수적인 공공서비스를 제공할 수 있는 재정적 여력이 없었다. 애플의 친구는 "마이클, 값싼 프렌치프라이 같은 것들 덕택에 여기에는 학교가 없어"라며 이야기를 끝냈다(p.4).

패스트푸드 업체의 입장에서 볼 때 잉여가치를 계속 확보하기 위해서는 소비의 국제화뿐 아니라 생산의 국제화도 반드시 필요했다. 오늘날 국제적으로 볼 때, 수백 년

〈**표 13.2**〉 1991~2007년 세계 감자 생산 단위: 백만 톤

| 국가군 \ 연도 | 1991 | 1993 | 1995 | 1997 | 1999 | 2001 | 2003 | 2005 | 2007 |
|---|---|---|---|---|---|---|---|---|---|
| 선진국 | 183.13 | 199.31 | 177.47 | 174.63 | 165.93 | 166.93 | 160.97 | 159.97 | 159.89 |
| 개발도상국 | 84.86 | 101.95 | 108.50 | 128.72 | 135.15 | 145.92 | 152.11 | 160.01 | 165.41 |
| 합계 | 267.99 | 301.26 | 285.97 | 303.35 | 301.08 | 312.85 | 313.08 | 319.98 | 325.30 |

**자료**: FAOSTAT(faostat.fao.org), www.potato2008.org/en/world/index.html.

만에 처음으로 개발도상국에서의 감자 생산이 선진국을 앞지르게 되었다(〈표 13.2〉). 이 중 소량만이 해당 지역의 수요를 위해 소비되며, 상당량은 냉동 프렌치프라이 시장에서 소비된다. 애플의 사례에서도 살펴본 바와 같이, 이것은 오늘날 경관을 변화시키는 가장 강력한 요인이기도 하다.

공장식 농장의 등장으로 소규모 상업농이나 자급자족하는 농부들이 토지에서 쫓겨나면서, 다양한 작물을 재배했던 시골의 경관은 대규모의 단일작물 경작지로 바뀌고 있다. 생산 방식을 기계화하면 한 장소에서 한 작물을 재배하는 것이 가장 효과적이다. 경작에 필요한 장비나 기타 필요한 투입물을 바꿀 시간이 없기 때문이다. 앞서 검토한 바와 같이, 프렌치프라이의 생산에는 화학비료, 살충제, 물, 에너지 등 수많은 투입물이 필요하다. 또한 특정 작물을 원산지가 아닌 곳에서 재배하려면 투입물의 총량은 더 증가한다. 아이다호의 감자 재배 농부가 경험했던 투입과 산출의 쳇바퀴가 전 세계에서 반복되고 있다고 상상해보라!

점점 더 많은 사람들이 시장에서 도태되고 있는 현실 – 비록 이들은 토지를 가지고는 있지만, 냉동식품 업체에 공급할 감자를 재배할 만큼의 재정적 여유가 없다 – 과 더불어, 재배에 필요한 투입물이 증가한다는 것은 환경적 손상 또한 가중되고 있음을 의미한다. 게다가 냉동 프렌치프라이의 생산이 세계적 규모로 이루어지고 있는 것과는 대조적으로, 환경 비용은 국지적인 차원(지역의 토양, 하천, 대기 등)에 부과된다는 사실도 유념해야 한다. 물론 이들의 대부분은 순환한다. 하천의 오염은 한 지점에서 끝나는 것이 아니라 하류 지역에도 영향을 끼친다. 그러나 글로벌 생산에서 혜택을 보는 사람들은 이러한 환경 비용의 영향에서 멀리 떨어져 있다. 게다가 새롭게 나타난 전

세계 규모의 노동 분업으로 재배된 식품을 소비하는 이들은 생산자들과 사회적·공간적으로 멀리 떨어져 있는 이들이다. 어떤 사람들은 이것이 제2장에서 살펴본 시장과 계약의 문제라고 주장할 수도 있지만, 정치경제학적 측면에서 볼 때 이것은 환경 정의의 문제이다. 작은 아시아 국가에서 살고 있는 사람들이 생계를 잃고 자신들의 토지와 하천이 오염되는 모습을 보고 있는 동안 다른 곳의 사람들이 저렴한 가격에 프렌치프라이를 먹는 현실을 과연 공정하다고 할 수 있을까?

정치경제학적 관점을 비인간 세계로까지 확장시킨다면, 이러한 정의의 문제를 윤리적 측면에서 생각해볼 수도 있다. 프렌치프라이 생산에 의한 농업의 변화는 전 세계의 환경에 어떤 변화를 야기하고 있는가? 적갈색 버뱅크 감자의 혁명 이후, 지구의 생물다양성과 관련해 인간은 어떤 책임을 져야 하는가? 먹고 살아가는 대가로서 우리는 지구에게 어떤 빚을 지고 있는가? 이제 프렌치프라이라는 사회적·자연적 문제를 윤리적 측면에서 생각해 봄으로써, 이러한 질문들의 답을 알아보기로 한다.

## 윤리학: 감자 유전자를 보호할 것인가? 조작할 것인가?

우리는 제4장에서 환경 문제에 대한 윤리적 접근에 대해 살펴보았다. 이 접근은 환경 가치에 관한 문제와, 우리가 어떻게 그것을 측정해서 인간의 요구와 조화시킬 것인가의 문제를 제기한다. 이 문제들에 대한 논의는, 종의 가치와 다양성을 중심으로 전개되고 있다. 우리는 이 절에서 프렌치프라이를 둘러싼 윤리적 문제 중 특히 생물 종에 초점을 두고자 한다.

### 작물종의 다양성

프렌치프라이 문제에 대한 윤리적 접근을 논의하기 위해 다시 안데스 산지와 그곳에서 재배되던 다양한 감자에 관한 이야기로 돌아가보자. 감자가 유럽으로 전래되었다가 다시 아메리카로 도입되는 과정에서, 새로운 품종이 개발되기도 했지만 그 이상의 품종이 지구상에서 사라졌다. 한때 아이리시 럼퍼 감자가 전 세계적으로 재배되기도 했다. 그러나 이 종은 현재 사라졌고, 대신 프렌치프라이 시장에 공급되는 적갈색 버뱅크 감자가 가장 널리 재배되어 사실상 유래 없는 지배력을 보여주고 있다(Pollan, 2001). 물론 식량작물종의 부상과 확산, 소멸은 전혀 새로운 일이 아니다. 콜럼버스적 교환의 시대 이후, 지구상에서 상당한 수의 감자 품종이 사라졌다. 감자뿐 아니라 아메리카의 많은 식량작물종들이 유럽의 '탐험가들'이 신세계로 가져온 종에게 밀려났다. 밀과 같은 작물이 아메리카 대륙 전역에 도입되면서, 많은 토착종들을 지워버렸다(Crosby, 1986). 반면, 유럽인들의 전 세계적 이동으로 아메리카의 토착종들이 다른 풍토에서 정착, 재배되기도 했다(United Nations, 2008). 그렇지만 역설적이게도 이 과정에서 가장 큰 성공을 거둔 종은, 적갈색 버뱅크 감자와 같이 전 세계 농업의 선택을 받았던 가장 취약한 종이었다.

우리는 단일작물 재배와 이에 따른 투입물의 증가에 대해 앞에서 살펴보았다. 이러한 투입물은 작물의 품질을 균일하게 유지시킴으로써 상업적 수요를 충족시킬 뿐 아니라, 그 종의 번식 자체를 보호하는 데에도 필요하다. 특정한 하나의 종을 다른 종과의 교배 없이 자체적으로 번식시키는 상황이 지속될수록, 그 종은 질병을 포함한 다양한 종류의 위험에 훨씬 취약해진다. 적갈색 버뱅크 감자를 대규모로 재배함으로써 우리는 다른 수많은 감자 품종들과 그것들에 의존해 살아가던 여러 생물들 – 미세한 박테리아에서부터 큰 포유류에 이르는 생물들 – 의 멸종을 방조했다. 이것은 환경윤리에 대한 생태중심주의적▪ 접근에 위배된다. 하지만 문제는 여기에서 그치지 않는다. 우리는 선택된 단일 품종의 흉작 가능성을 높임으로써, 인간을 위한 식량 공급 자체도 위험에 빠뜨리고 말았다. 이것은 자연에 대한 인간중심주의적▪ 가치에 위배된다. 우리는 결코 잊어서는 안 된다. 감자역병균으로 고통을 겪었던 것은 아이리시 럼퍼 감자만이 아니라는 사실을 말이다. 그것으로 인해 100만 명이 사망했고 셀 수도 없이 많은 사람들이 질병에 시달렸다.

환경윤리를 생태중심주의적 관점에서 정의하든 인간중심주

**생태중심주의** 생태적 중요성은 인간에 우선하며, 행위의 옳고 그름을 판단하는 데 중심이 되어야 한다고 주장하는 환경윤리 입장으로서 인간중심주의와 대비된다.

**인간중심주의** 자연에 대한 인간 행위의 옳고 그름을 따질 때 인간을 중심에 두는 윤리적 관점으로서 생태중심주의와 대비된다.

의적 관점에서 정의하든 우리가 직면하고 있는 문제는 분명하다. 바로 '올바른 행동은 무엇인가?'이다. 프렌치프라이를 생산하기 위한 전 세계 규모의 기업적 농업이 야기하는 작물종의 쇠퇴 현상을 어떻게 받아들여야 하며, 어떻게 이 상황을 고쳐나갈 수 있을까? 수많은 대안들이 있겠지만, 우리는 크게 두 가지 길에 초점을 맞추고 이들을 한층 상세히 살펴보고자 한다. 전 세계적으로 감자가 재배되는 것은 주로 냉동 프렌치프라이 생산에 필요한 한 종류의 감자를 공급하기 위함이지만, 일부 지역의 경우 주민들이 그 지역의 상황에 맞게 종자를 개량하고 대안적인 농업 네트워크를 형성함으로써 종의 다양성을 회복하기 위해 노력하고 있다. 이것이 첫 번째 길이다. 반대로, 논란의 여지가 있는 생명공학기술을 사용함으로써 적갈색 버뱅크 감자를 질병으로부터 보호하고 재배에 필요한 투입물을 줄이고자 노력하는 이들도 있다. 이것이 두 번째 길이다.

### 다양성의 회복: 미래로 되돌아가기?

감자의 이야기가 시작되었던 페루 안데스 산지에서, 오늘날의 주민들은 크게 네 가지 종류의 감자를 재배하고 있는데 이 중 세 가지는 이 지역 인근에서만 재배되는 감자이다. 2008년 페루 정부는 국가적인 감자 등록 체계를 구축함으로써 다양한 지역 감자의 유전학적 정보를 관리하기로 했다. 이것은 도시나 외국에서 소비될 감자를 상업적으로 재배하는 과정에서 많은 토착 감자종과 생물다양성이 위협받는 현실에 대응하기 위한 조치였다. 이와 함께, 종의 보존을 위한 추가적인 조치들이 행해지고 있다.

사카라농부커뮤니티의 회원인 리노 마마니(Lino Mamani)는 인근 5개 커뮤니티의 사람들과 함께 48km$^2$ 규모의 감자 공원을 만들었다. 이는 국제감자센터의 지원이 있었기에 가능한 일이었다. 마마니에 따르면, 이 공원에는 1,000종에 달하는 감자들이 재배되고 있으며, 이중 400종은 국제감자센터로부터 종자를 받아 심은 것들이다. 이 감자들은 공원 도처에 널리 퍼져서 자라기 때문에, 각 종이 그들에게 가장 적합한 고도에서 생육할 수 있도록 되어 있다. 고대 잉카 제국의 농경 시스템에서와 마찬가지로, 각 종은 각자의 적소에서 자신들과 근친 관계에 있는 야생종들과 나란히 자랄 수 있다. 이러한 시스템은 감자 공원의 회복력을 강화하는 데에 기여한다. 마마니는 UN 웹사이트에 게재된 '2008 세계 감자의 해' 페이지에서 다음과 같이 말했다. "이 공원에 오면 볼 수 있겠지만, 우리의 토착종은 주변의 다른 야생종들과 잘 어울려 살아갑니다. 이들은 마치 가족처럼 좋은 관계를 유지하고 있습니다. 반면 현대적인 품종들과는 잘 어울리지 못하지요. 이곳의 감자들은 우리의 일부입니다. 우리는 이 감자들을 조상들로부터 물려받았고, 우리의 아이들에게 물려줄 것입니다"(Sullins, 2001). 뒤를 이어 마마니는 상업용 감자가 얼마나 많은 투입물을 필요로 하는지, 그리고 이런 과정이 얼마나 국지적 환경을 황폐화하는지에 대해 설명했다.

**보존** 자원이나 환경은 그 자체로서 보호되어야 한다는 주장으로 보전과 대비되는 주장이다. 전형적인 사례로 야생 보존 운동을 들 수 있다.

**보전** 시간이 흐르더라도 자원의 생산성을 지속시킬 수 있는 자원 관리 시스템을 의미한다. 대개 어업이나 임업과 같은 집합적 재화를 과학적으로 관리하고자 하며, 이러한 측면에서 보존과는 다른 개념이다.

이러한 프로젝트는 토착종을 그들의 원산지로 돌려보냄으로써 생물 종과 그 다양성에 대한 우려를 해결하려 한다. 그러나 이러한 프로젝트에는 한계가 있다. '토착' 환경을 재생산하려면 언제로 '되돌아갈' 것인가를 결정해야 하는데, 이는 많은 논란을 불러올 수 있다. 진정한 보존주의자라면 모든 인간의 활동이 완전히 배제된 본원적 자연을 추구할 것이다. 이러한 보존주의▪ 윤리에서 볼 때 이 공원은 바람직한 방향을 지향하고 있기는 하지만, 여전히 그 안에서 사람들에 의한 재배와 수확이 이루어지기 때문에 불완전하다고 할 수 있다.

한편, 보전주의▪ 입장에서도 이곳은 충분히 만족스럽지 않을 것이다. 이 공원에서는 인간의 토지 이용을 장려하고 있기는 하지만, 그 목표가 땅의 효율성을 극대화하는 것도, 미래의 생산성을 보증하는 것도 아니기 때문이다.

제3의 길을 걷고 있는 이 감자 공원은 알도 레오폴드가 제시했던 대지 윤리를 반영하는 것일 수도 있다(제4장의 논의 참고). 레오폴드의 대지 윤리는 보전주의와 보존주의 사이에 위치하고 있으며, 오늘날 지속가능한 농업이라 불리는 개념을 지지한다. 이런 측면에서 감자 공원은 종의 감소가 야기하는 환경 문제에 대한 적절한 해결책일 수도 있다. 그러나 레오폴드가 남긴 "어떤 것이 생물 공동체의 통일성, 안정성, 아름다움을 보존하려는 의도에서 이루어진다면, 그것은 옳다고 할 수 있다. 이 외의 다른 것을 지향한다면 그것은 옳지 않다"는 명언을 생각하면서, 우리는 이러한 관점의 위험성에 대해서도 생각해봐야 한다. 다시 말해, 이 사례에서 무엇이 옳고 무엇이 그른가를 결정하는 이는 도대체 누구일까? 우리가 "생물 공동체의 통일성, 안정성, 아름다움"에 입각해 생물 종을 재도입할 때, 그 효과를 어떻게 측정할 수 있을까?

보존주의를 지지하든 보전주의를 지지하든 아니면 그 사이의 어떤 것을 지지하든, 인간이 종을 보호하고, 새로운 종을 창조하며, 기존의 존을 변경하는 과정에서 어떤 행위가 옳은가를 생각할 때마다 우리가 직면하는 윤리적 문제들은 상이하다.

### 생명공학기술

우리 모두가 즐기는 식품인 프렌치프라이를 공급하기 위해 균일한 적갈색 버뱅크 감자를 생산하는 데에는 많은 투입물이 필요하다. 또한 적갈색 버뱅크 감자는 전체 감자를 일소할 수 있는 감자병인 이른바 망형괴사병에 매우 취약하다. 그럼에도 감자 시장의 상당 부분이 패스트푸드 생산을 위해 공급되는 냉동 감자 시장이기 때문에, 개별 감자 생산업자들은 계속해서 적갈색 감자를 재배하는 것 이외에 다른 대안을 찾기가 거의 불가능하다. 기업체들은 이 종을 농부들에게, 그리고 환경적으로 더 친화적인 종으로 바꾸기 위해 생명공학기술을 사용하게 되었다. 그리고 그 결과 유전자변형(GM) 감자가 탄생하게 되었다.

이의 한 사례가 몬산토(Monsanto)사가 개발한 뉴리프(New Leaf)라는 품종이다. 이제는 사라진 뉴리프 감자는 기본적으로 적갈색 버뱅크 감자에 속하지만, 유전공학을 통해 감자 스스로 살충성분을 만들어낼 수 있도록 개발되었다. 상업용 감자에 치명적이었던 콜로라도감자잎벌레가 접근하지 못하도록 만들어진 이 감자는, 환경보호국에서 살충제로 등록한 나비세균(BT)이라는 박테리아 성분을 식물 전체에서 생성했다(Pollan, 2001).

살충제를 먹을 수도 있다는 불안감 — 자각하지는 못하지만, 사실 우리는 매일 아주 조금씩 살충제를 먹고 있다 — 은, 유전자변형 식품을 둘러싸고 벌어지는 수많은 논란 중 하나일 뿐이다. 이런 유기체는 연구실 안에서 개발되기 때문에, 기업체들은 이에 대한 특허권을 행사함으로써 자유로운 확산을 제한할 수 있다. 어떻게 보면 이는 유전자변형 식품이 다른 종을 '오염'시키는 것을 방지하는 좋은 행위라고 할 수 있지만, 남부 멕시코에서 유전자변형 옥수수가 널리 재배되는 상황을 보면 언제나 안심할 수는 없다. 유전자변형 식품에 대한 개발자의 안전 보증이 무색하게도, 그것은 실제로 토착종, 야생종, 심지어 다른 상업용 품종에 위협이 되고 있는 것이다. 더군다나 이러한 식물들은 특허를 받은 것들이기 때문에, 농부들이 매년마다 이 품종을 자유롭게 재배하는 것은 불가능하다. 법률적으로 따졌을 때, 농부들은 종자와 모종을 몬산토사로부터 매년 새로 구입해야 한다.

**게놈** 어떤 유기체나 종을 구성하는 전체 유전자 집합을 일컫는다.

안데스 산지의 원주민들이 교차재배를 통해 다양한 감자종을 유지해왔듯, 인류는 오랫동안 식물을 개량해왔다. 그리고 새로운 생명공학기술은 이를 게놈 수준에서 실행하고 있다. 윤리적 관점에서 우리는 다음과 같은 질문을 제기할 수 있다. 이것이 정말 옳은 행위인가? 감자와 같은 작물을 개량함으로써 인간에게 필요한 식량을 한층 효율적으로 생산할 수 있을지는 모르지만, 자연 세계에 대한 우리의 가치 평가를 기준으로 할 때 이 행위에 어느 정도의 값을 매길 수 있을까? 어떤 품종이, 어떤 목적을 위해 존재해야 하는가를 과연 누가 정하는 것일까? 이 새로운 사회적·자연적 사물은 자연세계에 어떤 영향을 끼칠까?

나비세균을 활용한 새로운 종이(가령 목화와 같은) 다소의 성공을 거두기는 했지만, 뉴리프 감자 자체는 그리 오래가지 않았다. 유전자변형 감자를 가장 많이 구입하던 맥도날드사가 소비자들의 항의를 받고 결국 2002년에 뉴리프 감자를 사용하지 않기로 결정했기 때문이었다. 표면적으로 볼 때, 소비자들은 아직 자신들의 배고픔을 싸구려 프렌치프라이로 때우려는 지경에까지는 다다르지 않은 것 같다.

## 프렌치프라이 퍼즐

이 장에서 우리가 살펴본 내용은 다음과 같다.

- 냉동 프렌치프라이에는 다른 식품과 마찬가지로 오랜 세월과 여러 대륙을 아우르는 긴 역사가 있다.
- 프렌치프라이의 대량생산은 1950년대 이후 패스트푸드 산업의 호황 및 확산과 밀접하게 연관되어 있다.
- 프렌치프라이는 아무 감자로나 만들 수 없다. 냉동 프렌치프라이의 대량생산을 위해서는 광범위한 재배를 가능케 하는 공간이 필요하며 상업적 농업의 조건들을 충족해야 한다. 적갈색 버뱅크 감자는 프렌치프라이 생산에 적합한 감자이지만, 재배 과정에서 화학물질, 물, 에너지 등 상당한 투입물을 필요로 한다.
- 위험 접근은 프렌치프라이의 환경 문제를 이해하는 일에서 우선 인간 신체의 측면에 초점을 둔다. 우리가 무엇을 먹을 것인가의 여부는, 그것이 잠재적으로 우리에게 미치는 부정적 결과가 무엇인가에 따라 결정된다. 위험에 대한 우리의 평가는 한층 넓은 사회적 맥락의 영향을 받는데, 이는 과학적 지식의 생산까지도 포괄한다.
- 정치경제학적 틀에서 본다면, 프렌치프라이의 소비는 온전히 개인적 선택이라고 하기 어렵다. 프렌치프라이는 식품의 생산과 소비에 영향을 미치는 더 넓은, 심지어 글로벌한 측면까지 포함하는 정치적·경제적 과정과 관련되어 있기 때문이다.
- 윤리적 접근에서는 상업적 목적을 위한 대량 공급에 적합한 적갈색 버뱅크 감자가 지배적으로 재배됨에 따라 야기되는 생물 종에 대한 비용을 강조한다. 우리는 잃어버린 종을 새롭게 복원함으로써 생태계를 보호할 수도 있을 것이다. 한편, 우리는 생명공학기술을 사용함으로써 적갈색 버뱅크 감자를 개량할 수도 있는데, 이는 종을 변형하고 새로운 종을 창조하는 것이기 때문에 많은 논란이 되고 있다.

## 검토 질문

1. 감자는 '콜럼버스적 교환'을 통해 유럽으로 전래되었다. 이를 설명해보자.
2. 프렌치프라이에 대한 과도한 소비가 어떤 환경 비용을 초래하는지를 기술해보자.
3. 1957년부터 지금까지 트랜스지방을 둘러싼 굴곡의 역사를 개관해보자.
4. 어째서 개발도상국의 '맥도날드화' 현상은 소농들에게 나쁜 소식일까? 새로운 레스토랑이 생겨나 농장에서 생산된 모든 감자를 구매한다고 가정할지라도 그러할까?
5. 매년 생산되는 전체 감자의 종이 줄어드는 것이 우리에게 어떤 문제가 될 수 있을까? 이러한 경향에 대응해 페루에서 진행하고 있는 정책에 대해 설명해보자.

## 연습 문제

우리는 이 장에서 프렌치프라이의 환경 퍼즐이 위험, 윤리학, 정치경제학의 측면에서 어떻게 설명될 수 있는지에 대해 검토해보았다. 제2장에서 논의한 바와 같이 시장이 사회적·환경적 선을 위해 통제될 수 있다면, 우리는 어떤 다른 방식으로 이 문제에 접근할 수 있을까? 가령, 프렌치프라이의 생산과 관련된 건강 및 환경에의 위험은 가격 통제나 마케팅의 관점에서 어떻게 논의될 수 있을까? 이런 대안에는 어떤 경제적 기회가 있을까? 이런 식품이나 식품생산체계가 감당할 수 없는 수요는 어느 정도일까? 어떻게 공급을 늘릴 수 있을까?

**■ 추천 문헌**


슐로서, 에릭(Eric Schlosse). 2001. 『패스트푸드의 제국: 패스트푸드가 당신의 생명을 노린다』. 김은령 옮김. 서울: 에코리브르.

크로스비, 앨프리드 W(Alfred W. Crosby). 2000. 『생태제국주의』. 안효상·정범진 옮김. 서울: 지식의 풍경.

클로펜버그, 잭(Jack Kloppenburg). 2007. 『농업생명공학의 정치경제: 시작은 씨앗부터』. 허남혁 옮김. 파주: 나남.

Goodman, D., and M. Watts. 2002. *Globalising Food: Agrarian Questions and Global Restructuring*. New York: Routledge.

Guthman, J. 2004. *Agrarian Dreams: The Paradox of Organic Farming in California*. Berkeley, CA: University of California Press.

# 용어풀이

**개념** concept

어떤 관념이 단어 또는 어구의 형태로 표현된 것을 가리킨다.

**거래 비용** transaction costs

계약 체결, 시장으로의 이동, 가격 협상과 같이 교환과 관련된 비용을 가리키는 경제학 용어이다. 다수의 경제 모형은 낮은 거래 비용을 가정하지만 현실적으로, 특히 큰 외부효과를 가진 경우 이것은 매우 높아질 수 있다.

**건착망 어업** purse-seine fishing

수면 가까이에 무리지어 다니는 종을 효과적으로 어획하는 방법으로 어획 대상 주변에 거대한 그물을 두른 후, 지갑의 줄처럼 그물 아랫부분을 좁혀 포획하는 방법이다.

**게놈** genome

어떤 유기체나 종을 구성하는 전체 유전자 집합을 일컫는다.

**게임이론** game theory

서로가 서로의 선택을 예측하는 전략적 상황에서, 사람의 행동을 모형화하고 예측하는 응용 수학의 한 형태이다.

**공간적 조정** spatial fix

자본주의에서 불가피하게 발생하는 주기적인 위기를 새로운 시장 개척, 새로운 자원 개발, 새로운 곳으로의 생산기지 이전 등을 통해 일시적으로 해결하려는 경향을 지칭한다.

**공공재** common property

비소유자들이 자원의 혜택을 향유할 수 있거나 소유자들이 다른 사람의 행동으로 인해 비용을 지불해야 하는, 완전한 봉쇄나 분할이 어려운 통신대역, 목초지, 바다와 같은 상품이나 자원을 말하며, 대개 창의적인 제도적 관리를 필요로 한다.

**공급 독점** monopoly

많은 구매자에 비해 판매자는 한 명이어서 재화나 서비스의 가격이 상도에서 벗어나 인위적으로 부풀려진 시장 상황을 말한다.

**공동생산** co-production

인간과 비인간이 상호작용과 상관관계를 통해 유무형의 생산물을 만들고 이것을 교환하는 필연적인 과정을 지칭한다.

**공리주의** utilitarian

특정 재화의 가치는, 오직 그것이 속한 사회에 가져다주는 유용성에 따라 정해져야 한다는 윤리론. 18세기 철학자 제레미 벤담에 따르면, 유용성이란 즐거움이나 행복을 최대화하고 고통이나 불행을 최소화함을 의미한다.

**공장식 농장** factory farms

가축을 집약적으로 사육하는 농업 방식. 공장식 농장은 가능한 최소의 공간에 최대의 가축을 사육함으로써 생산성을 향상시키는 것을 목표로 한다. 이 때문에 공장식 농장은 엄청난 대기오염과 수질오염을 동반한다.

**과잉생산** overproduction

정치경제학과 마르크스주의에서, 생산되는 재화와 서비스가 수요 및 소비 능력을 초과하는 경제 상황을 이른다. 이는 경기 후퇴를 일으키고 잠재적인 사회경제적 위기를 잉태한다.

**과잉축적** overaccumulation

마르크스주의 정치경제학에서 사용되는 용어로, 자본이 부유한 개인들과 같은 소수의 사람들과 은행과 같은 소수의 기업에 집중된 경향을 지칭한다. 이는 경기 후퇴를 일으키고 잠재적인 사회경제적 위기를 잉태한다.

**과학주의** scientism

사회의 의사결정이나 윤리적 판단의 근거로서 자연과학에 무비판적으로 의존하는 행위. 대개 조롱의 의미로 사용된다.

**광합성** photosynthesis

식물이 태양 에너지를 사용해 이산화탄소를 유기체, 주로 세포를 만드는 데 이용되는 당으로 전환하는 과정을 말한다.

**교란** disturbance

생태계를 어지럽히는 사건이나 충격으로, 이후 생태계는 천이를 통해 회복하거나 새로운 상태로 이동하게 된다.

**교환가치** exchange value

정치경제학(그리고 마르크스주의)에서 사용되는 용어로서, 상품의 질, 즉 교환할 때 자신이 받게 될 상대 상품의 양을 결정하는 상품의 질을 일컫는다. 사용가치와 대비된다.

**구매 독점** monopsony

많은 판매자에 비해 구매자는 한 명이어서 재화나 서비스의 가격이 상도에서 벗어나 인위적으로 낮아진 시장 상황을 말한다.

**구성주의** constructivist

개념, 이데올로기, 사회적 관행이 세계에 대한 우리의 이해와 활동에 영향을 미친다고 강조하는 입장을 말한다.

**국가환경정책법** NEPA

미국 정부에서 자연 환경을 보호하고 개선하기 위해 1970년에 제정한 법으로, 이에 따라 환경에 미치는 영향이 큰 정부 행동은 환경영향평가 보고서를 작성해야 한다.

**극상 식생** climax vegetation

특정 기후와 토양 환경에서 천이에 의해 최종적으

로 나타나는 이론적인 식물 군집을 이른다.

**기하급수적 성장** exponential growth

증가율이 현재의 값에 수학적으로 비례해 성장하면서 지속적인 비선형의 양적 성장으로 이어지는 상황으로, 인구의 기하급수적 성장이란 계속 가속화되는, 생태적 결핍을 동반한 악화일로의 성장을 뜻한다.

**남성성** masculinity

특정 사회 내에서 지지를 받는, 남성의 행동에서 나타나는 특성이다. 이것은 문화, 지역, 역사적 시기에 따라 각기 다른 형태를 띤다.

**내재적 가치** intrinsic value

자연적 대상물은 그 자체로 가치를 내재하고 있고, 그 가치는 수단이 아닌 목적으로 존재한다는 것을 일컫는다.

**녹색 소비** green consumption

의도적으로 환경 친화적인, 또는 환경에 덜 해로운 제품을 구입하는 것으로 기업이나 산업의 행동 변화를 규제보다 소비자 선택에 의존하는 모형이다.

**녹색 인증** green certification

유기 농법으로 기른 채소나 지속가능한 방법으로 벌목한 목재와 같이, 생태적 신용을 확인할 목적으로 상품을 인증하는 프로그램이다.

**녹색 혁명** green revolution

대학과 국제 연구센터에서 발전된 일련의 기술적 혁신은 1950년대에서 1980년대 사이에 농업에 적용되어 농업 생산을 엄청나게 증가시켰지만, 동시에 화학물질(비료와 농약) 투입이 늘고 물과 기계의 수요도 늘어나게 되었다.

**단일작물** monocrop

다른 작물의 수확을 완전히 배제하고 재배되는 한 종류의 작물을 가리킨다.

**담론** discourse

원래는 말이나 글을 통한 소통을 가리키는 용어이지만 여기에는 특정한 진술이나 기술이 단순히 물적 세계를 묘사할 뿐 아니라 권력의 힘으로 우리가 사는 세계를 만든다는 의미가 담겨 있기도 하다.

**담수화(탈염화)** desalinization

물에서(특히 해수에서) 염분과 다른 광물을 제거하는 기술을 가리킨다. 대체로 많은 비용이 필요하며, 최신 기술일수록 많은 에너지를 소비한다.

**도덕적 확대주의** moral extensionism

인간은 도덕의 범위를 인간 세계 너머까지 확대시켜야 한다는 윤리적 원리로, 지능이나 감성을 가진 동물들은 윤리적 주체가 될 가치가 있다는 주장이 이의 좋은 사례이다.

**돌고래 안전 참치** Dolphin safe tuna

부수어획으로 돌고래를 죽이지 않고 잡은 참치를 말한다.

**동물권** animal rights

인간 외의 동물, 특히 지능이 높은 포유류는 인간과 동등한, 최소한 유사한 윤리적 주체로서 권리를 누려야 한다는 윤리적 태도 및 사회적 운동이다.

**동물해방** animal liberation

피터 싱어의 1975년 책에서 유래한 용어로 식량, 의학 실험, 산업, 의류, 장식, 오락 등 어떠한 용도라 할지라도 모든 동물은 인간의 이용에서 자유로워야 한다는 급진적 사회운동이다.

**멸종위기** extinction crisis

동식물들이 인위적인 이유에서 역사적 평균 또는 정상 멸종 비율보다 1,000~1만 배가량 높은 비율로 멸종하고 있다고 추정되는 지금의 시대를 가리킨다.

**명령과 통제** command and control

정부의 법규와 기관에 의존해 규정을 강제하는 형태의 규제로, 오염의 제한 범위를 설정하거나 연료 효율성의 기준을 규정하는 것 등이 여기에 포함된다. 시장 기반이나 보상 기반 접근과 대비된다.

**문화이론** cultural theory

인류학자 매리 더글라스의 주장과 관련된 이론적 틀을 일컫는다. 그녀는 개별 인간의 인지(이를테면 위험에 대한)가 특정 집단의 사회적 역학 관계에 따라 강화되는 경향이 있으며, 이것은 사람이 문제를 인식하고 해결할 때 몇 가지의 대표적이고, 전형적이며, 서로 구분되는 방식 중 하나를 선택하도록 유도한다고 주장했다.

**배출 거래** emissions trading

온실가스와 같은 결정 물질을 정해진 양만큼 배출, 오염할 수 있는 권리를 교환하는 시스템이다. 이러한 권리나 신용은 배출자 간 교환이 가능하지만 전체적인 총량은 규제의 대상이다.

**배출권 거래제** cap and trade

환경오염 물질을 관리하기 위해 만들어진 시장 기반의 제도로, 일정 영역(지방, 국가, 세계 등) 내 모든 배출에 총량 제한을 설정한 뒤, 이 총량 중 양도할 수 있는 할당량을 개인이나 기업에게 나눠줌으로써 가장 효율적으로 전체 오염 수준을 유지, 축소할 수 있다는 관점이다.

**배타적 경제수역**
exclusive economic zones, EEZs

보편적으로 주권 국가가 해안으로부터 200해리의 범위 안에 있는 어류와 광물자원에 대한 소유권을 주장하는 해양 구역이다.

**보전** conservation

시간이 흐르더라도 자원의 생산성을 지속시킬 수 있는 자원 관리 시스템을 의미한다. 대개 어장이나 삼림과 같은 공동의 재화를 과학적으로 관리하고자 하며, 이러한 측면에서 보존과는 다른 개념이다.

**보전 생물학** conservation biology

동식물의 생물다양성을 연구하고 유지하는 데 초점을 둔 과학 생물학의 한 분과이다.

**보존** preservation

자원이나 환경은 그 자체로서 보호되어야 한다는 주장으로 보전과 대비되는 주장이다. 전형적인 사례로 야생 보존 운동을 들 수 있다.

**본원적 축적** primitive accumulation

마르크스주의에서 사용되는 용어로, 역사적으로 공동체에서 집단적으로 소유해온 자연자원이나 물건을 자본가들이 직접적으로 전유하는 것을 가리킨다. 예를 들어, 18세기 영국의 공유지는 부유한 엘리트 계급과 국가에 의해 사유지로 변모하게 되었다.

**부수어획** bycatch

상업적 어업에서 의도치 않게 우연히 잡히는 생물로 여러 어종뿐 아니라 다수의 새, 해양 포유동물, 바다거북 등을 포함한다.

**불균등 발전** uneven development

자본주의에서 각기 다른 장소에 매우 다른 종류의 경제적 상황(부유와 빈곤)과 경제적 활동(생산과 소비)을 야기하는 지리적 경향을 말한다.

**불확실성** uncertainty

어떤 결정의 결과나 상황에 대해 알지 못하는 정도를 뜻한다.

**사망률** death rate

일 년 동안 인구 1,000명당 사망자 수로 나타낸 인구 사망률 지표를 말한다.

**사용가치** use value

정치경제학(그리고 마르크스주의)에서 사용되는 용어로 상품의 질, 즉 수요나 목적을 충족시키는 개별 상품의 실제 유용성과 중요성으로부터 도출된 상품의 질을 일컫는다. 교환가치와 대비된다.

**사회구성주의** social construction

사람들이 특정 범주, 상태, 사물에 어떠한 특징이 있다고 '합의'하고, 이를 통해 대상을 이해하는 것을 일컫는다.

**사회 다윈주의** social Darwinism

다윈주의의 진화이론을 사회현상을 설명하는 데 사용한 것이다. 사회적 다윈주의는 인간을 자연적·유전적인 측면에서 경쟁적·이기적 존재로 보고, 전쟁과 빈곤, 계층적으로 분화된 사회 체제를 합리화했다.

**사회생태학** social ecology

머리 북친과 관련된 사상이나 운동의 총체를 가리킨다. 그는 환경 문제나 위기가 계층적 특성을 띠고, 국가에 의해 통제되며, 사람과 자연 모두에 대한 지배를 가정하고 있다는 점에서, 환경 문제와 위기는 지배적 사회구조와의 관계에 뿌리를 두고 있다고 주장한다.

**사회적 맥락** social context

특정 장소, 특정 시대에 속한 사회적 관계의 총체를 가리키는 것으로서, 신념 체계, 경제적 생산관계, 통치 제도 등을 포괄한다.

**사회적 재생산** social reproduction

보수 없는 노동, 특히 가사노동 등에 의존하는 경제 부문을 지칭한다. 이 경제 부문이 없다면 공식적인 화폐경제는 난관에 봉착하고 붕괴될 것이다.

**산성비** acid rain

산업용 배기가스로부터 대기 중에 배출된 이산화황과 질소산화물로 인해 비정상적으로 높은 산성을 띠는 비나 눈으로, 이러한 형태의 강수는 식물의 생장과 수중 생태계에 해롭다.

**삼림 복원 이론** forest transition theory

특정 지역에서 삼림을 자원으로 이용하거나 농업용 토지를 개간하기 위해 벌목이 이루어진 후, 경제가 변하거나 인구가 빠져나가거나 보전 성향이 나타나면서 삼림이 되돌아올 때까지의 기간을 예측하는 모형이다.

**상대주의** relativism

보편적으로 옳은 진술의 진실성을 의문시하는 태도로, 모든 신념, 진실, 사실이 근본적인 의미에서 특수한 사회관계의 산물이라고 인식한다.

**상품** commodity

그 본연의 모습이 아닌, 경제적 가치로 평가되는 대상(가령, 돼지고기가 특정한 돼지의 일부가 아니라 상품으로 인식되는 것처럼). 정치경제학(그리고 마르크스주의)은 이것을 교환을 위해 만들어진 대상으로 보고 있다.

**상품화** commodification

특정 가치를 내재한 대상이나 자원을 교환가치가 있는 것으로 포괄적으로 변형하는 것으로, 마르크스주의에서는 특정 사물의 교환가치가 사용가치를 능가할 정도로 부상하는 것을 가리킨다.

**생물다양성** biodiversity

지역, 생태계 또는 전 세계에 존재하는 생명체의 전체 다양성과 종류로 일반적으로 환경 체계의 건강함을 측정하는 척도로 사용한다.

**생산관계** relations of production

마르크스주의 정치경제학에서 사용되는 용어로, 특정 경제를 유지하는 데 반드시 필요한 사회적 관계를 일컫는다. 가령 봉건경제에서는 농노와 영주의 관계가, 자본주의에서는 근로자와 소유자가 필수적이다.

**생산수단** means of production

정치경제학(그리고 마르크스주의)에서 사용되는 용어로서 물건, 상품, 그리고 재화를 만들기 위해 필요한 기반시설, 도구, 기계 등을 말한다.

**생산조건** conditions of production

정치경제학(그리고 마르크스주의)에서 사용되는 용어로서, 특정의 경제가 기능하기 위해 필요한 물질 또는 환경 조건이다. 이것은 공정과정에 필요한 물에서 작업을 하는 노동자들의 건강에 이르기까지 다양한 것을 포함한다.

**생애주기 분석** life cycle analysis

특정 재화, 서비스, 대상물이 생산되고 버려지기까지의 모든 과정에서 만들어내는 환경 영향을 정밀하게 분석한 것으로, '요람에서 무덤까지 분석'으로도 알려져 있다.

**생태계 서비스** ecosystem services

식량 자원, 공기와 물의 정화, 수분(pollination), 생물다양성, 탄소 저장, 에너지, 영양소 순환 등을 포함한 유기체 시스템이 제공하는 혜택이다.

**생태 발자국** ecological footprint

한 개인, 집단, 체계, 조직을 유지하기 위해 요구되는 지표면의 이론적 공간 범위로, 환경 영향을 측정하는 지표 중 하나이다.

**생태중심주의** ecocentricism

생태적 중요성은 인간에 우선하며, 행위의 옳고 그름을 판단하는 데 중심이 되어야 한다고 주장하는 환경윤리 입장으로서 인간중심주의와 대비된다.

**생태학** ecology

유기체 간의, 그리고 유기체와 유기체의 서식처나 생태계 간의 상호작용에 관한 과학이다.

**서사** narrative

시작과 끝이 있는 이야기를 가리킨다. '생물학적 진화' 또는 '공유지의 비극'과 같은 환경 서사는 세계에 대한 이해와 구성에 도움을 준다.

**세계화** globalization

여러 지역의 경제, 사회, 문화가 전 세계에 구축된 네트워크를 통해 계속 통합되어 가고 있는 과정을 지칭한다.

**소비자 불매운동** consumer boycott

소비자들이 특정 물품을 사지 않도록 촉구해 대상 기업에 압력을 행사하고, 이를 통해 해당 기업이 관행을 변화시키도록 유도하는 항의 방법이다.

**수용력** carrying capacity

하나의 체계가 유지할 수 있는 인간이나 동물의 개체 수의 이론적 한계를 말한다.

**슈퍼펀드** superfund

유독성 폐기물 처리장의 문제를 해결하기 위해 구성된 미국의 환경 프로그램을 가리킨다.

**시장 반응 모형** market response model

자원의 부족이 가격 상승으로 이어져 해당 자원에 대한 수요의 감소나 공급의 증가 또는 양자 모두가 발생하는 형태의 경제적 반응이 나타날 거라고 예측하는 모형이다.

**시장 실패** market failure

재화 및 서비스의 생산이나 교환이 효율적이지 않은 상황. 독점이나 통제되지 않은 외부효과 같은 시장 문제로부터 발생하는 여러 잘못된 경제적 결과를 말한다.

**신맬서스주의자** neo-Malthusians
인구 증가가 한정된 자연자원을 추월하고, 환경 악화와 위기의 가장 큰 요인으로 작용한다는 19세기 맬서스의 주장을 오늘날까지 옹호하는 이들을 가리킨다.

**실용주의** pragmatism
19세기 북아메리카에서 등장한 철학의 하나로서, 진실과 실재란 현실 세계에서의 결과와 효과로 구성되어 있다고 본다.

**심층 생태학** deep ecology
'얕은' 주류 환경주의를 비판하며 '더 깊은', 진정한 의미의 생태중심적 관점을 주장하는 환경윤리 철학을 가리킨다.

**야생** wilderness
인간의 힘에 영향을 받지 않은 자연적인 땅의 상태를 의미한다. 최근 야생은 사회적 구성물로서 이해되고 있다.

**에코페미니즘** eco-feminism
가부장적 사회가 자연 환경과 여성의 사회적 지위 모두를 악화시키고 있음을 비판하는 이론의 총칭한다.

**영양 단계** trophic levels
생태적 먹이사슬 내에서 이루어지는 에너지 흡수와 전이의 평행 수준을 말한다. 지구 생태계에서 광합성 식물은 영양 단계의 기본을 형성하고, 초식동물, 육식동물이 차례로 그 상위의 먹이 그물 사슬을 연쇄적으로 형성한다.

**온실효과** greenhouse effect
수증기와 이산화탄소 등의 중요한 가스가 열을 차단, 흡수해 생명을 지속시킬 수 있는 온도를 만드는 지구 대기의 특성이다.

**외부효과** externality
공장의 산업 활동으로 발생한 오염이 부지 바깥으로까지 확산되는 경우 외부인이 입는 피해나 받는 이익을 말한다.

**위장 환경주의** greenwashing
제품, 상품, 서비스가 환경 친화적이라며 허위·과대광고를 하는 것.

**위해** hazard
생산 및 재생산의 측면에서 개인과 사회를 위협하는 특정한 대상, 조건 또는 과정을 뜻한다.

**위험** risk
위해와 관련된 특정한 결정이 야기할, 또는 야기할 수 있는 부정적 결과의 발생 가능성을 뜻한다.

**위험 소통** risk communication
사람에게 도움이 되는 위험 관련 정보를 표현, 전달하는 최선의 방법을 이해함으로써 최선의 합리적 결과에 도달하는 데 집중하는 연구 분야이다.

**위험 인지** risk perception
특정한 상황이나 결정으로 야기되는 위해에 대한

평가는 항상 합리적으로 이루어지는 것이 아니라 개인의 편견, 문화 또는 성향의 영향을 받는데, 이러한 현상 자체 또는 이를 다루는 학문 분야를 가리킨다.

**위험 평가** risk assessment
어떤 결정의 위험(바람직하지 않은 결과가 도출될 가능성)을 판단하기 위해 논리와 정보를 엄격하게 적용하는 것. 최선의 합리적 결과를 도출하기 위해 이용된다.

**유도된 집약화** induced intensification
농업 인구가 늘어나면 식량에 대한 수요는 기술적 혁신으로 이어져 같은 면적의 토지에서 생산되는 식량이 증가하게 된다고 예측하는 주장이다.

**유토피아/유토피아적** utopia/utopian
가공의 이상적인 사회적 상황으로, 경쟁보다는 협력을 유도하는 사회정치적 체계를 지향한다.

**윤리/윤리적** ethics/ethical
인간 행위에서 옳고 그름의 문제, 즉 도덕을 다루는 철학이다.

**의미화 실천** signifying practices
어떤 이야기를 말하기 위해, 어떤 개념을 사용하고 정의하기 위해, 또는 어떤 이데올로기에 관해 소통하기 위해 실행하는 모든 묘사의 양식과 방법을 일컫는다.

**이데올로기** ideologies
세계가 어떻게 구성되어 있고 어떻게 되어야 바람직한지에 대한 규범적이고 가치지향적인 세계관을 뜻한다.

**이동 경작** shifting cultivation
작물 재배를 위한 영양분을 얻기 위해 삼림을 태우고 개간하는 농업 형태. 화전 농업이라고도 하는 이 방법은 매우 조방적으로 이루어지는데, 대체로 삼림 지역을 단기간 사용한 후에 교대함으로써 이전에 사용했던 토지를 회복시킨다.

**이차 천이** secondary succession
산불 이후 삼림이 '극상 식생' 피복을 회복하는 것처럼, 특정 개간 지역이나 교란 지역에 식생이 재성장하고 생물 종이 복귀하는 것을 말한다.

**이해당사자** stakeholders
경쟁적 행동의 결과에 이해가 얽힌 개인이나 집단을 말한다.

**인간중심주의** anthropocentricism
자연에 대한 인간 행위의 옳고 그름을 따질 때 인간을 중심에 두는 윤리적 관점으로서 생태중심주의와 대비된다.

**인구변천모형** demographic transition model
근대화로 인한 사망률 감소는 산업화와 도시화에 따른 출생률 감소로 이어져, 인구 성장은 한동안 급작스레 증가하고 이후 안정화된다고 예측하는 인구 변화 모형이다.

**인종** race

사람들의 유형을 구분하는 상상적 범주로, 대개 피부색, 신체의 특징을 근거로 삼는다. 인종적 범주화는 문화적으로, 지역적으로, 역사적으로 매우 상이하게 나타난다.

**잉여가치** surplus value

정치경제학(그리고 마르크스주의)에서 사용되는 용어로서, 저임금 노동이나 환경에 대한 과도한 착취를 통해 생산된 가치가 소유자와 투자자에게 축적되는 것을 말한다.

**자본주의의 일차적 모순** first contradiction of capitalism

마르크스주의에서 사용되는 용어로, 스스로를 영속화하려는 자본주의 체제의 시도가 상품의 과잉생산, 잠재적 소비자에 대한 임금 삭감 등을 유발함으로써 도리어 스스로의 경제적 조건을 잠식하는 상황을 지칭한다. 마르크스주의는 이러한 과정이 최종적으로 자본주의에 대한 노동자들의 저항을 불러와 새로운 형태의 경제를 등장시킨다고 본다. 자본주의의 이차적 모순과 비교해볼 것.

**자본주의의 이차적 모순** second contradiction of capitalism

마르크스주의에서 사용되는 용어로, 스스로를 영속화하려는 자본주의 체제의 시도가 자연자원의 고갈이나 노동자의 건강 악화 등을 유발함으로써 도리어 환경 조건을 붕괴시키는 상황을 일컫는다. 마르크스주의는 이러한 과정이 최종적으로 자본주의에 저항하는 환경운동이나 노동운동을 낳아 새로운 형태의 경제를 등장시킨다고 본다. 자본주의의 일차적 모순과 비교해볼 것.

**자본 축적** capital accumulation

자본주의에서 이익, 자본재, 저축한 돈, 가치가 특정한 장소에 모임으로써 금전과 권력 모두가 중심화·집중화되는 경향을 말한다.

**'자연'** 'nature'

인간 활동의 산물을 제외한 모든 것을 아우르는 본연의 세계를 의미한다. 종종 '자연'처럼 인용 부호로 표현하는 경우가 있는데, 이는 세계를 자연적인 부분과 인간적인 부분으로 정확히 나누는 것이 불가능하기 때문이다.

**자연의 생산** production of nature

정치경제학적 용어로, 비록 예전에는 환경이 인간과 분리되었지만, 현재에는 그것이 인간의 산업과 활동의 산물이라고 보는 견해를 지칭한다.

**자연자원 관리** natural resource management

인간을 위한 도구적 효용에서 생태적 지속가능성에 이르는 다양한 사회적 목표를 위해 환경 상황, 상품, 서비스의 관리에 전념하는 전문적인 학문 분야이다.

**자연주의 오류** naturalistic fallacy

자연적 '사실'로부터 윤리적 '가치'를 도출하는 추론으로서 철학적으로 타당성이 없다.

**재야생화** rewilding

생태계 내의 자연적·생태적 기능과 진화 과정을 복원하는 것으로 재야생화는 종종 거대한 육식동물의 생태계 재도입이나 복원을 필요로 한다.

**적소** niche

대규모 생태계 내부에서 생태적 기능을 충족하는 유기체나 종의 입지를 가리키는 생태학 용어이다.

**전체론** holism

전체(예를 들어 생태계나 지구)가 부분의 합보다 크다는 사상을 담고 있는 이론을 총칭하는 용어이다.

**정상 멸종 비율** background extinction rate

보통 연간 동식물의 종 수로 나타내는, 장기적 지질연대 동안 벌어진 멸종(대량 멸종 제외)의 평균적인 추정 비율을 이른다.

**정동** affect

세계에 대한 감정이나 무의식적 반응을 지칭하며 의사결정에 영향을 끼친다.

**정점 포식자** apex predators

'정상부 육식동물'로 어떤 생태계건 영양 단계의 정상부를 차지하는 동물이다. 최상위 육식동물은 자연적 약탈자가 없다.

**정치생태학** political ecology

생태학적 관점과 광범위하게 정의된 정치경제학적 관점을 통합해 환경 문제에 접근하는 학문이다.

**제도** institutions

집단행동을 통제하는 규칙과 규범. 특히 강, 바다, 대기 등의 환경 공공재를 통제하는 규칙을 이른다.

**제로 인구 성장** zero population growth

출생자 수가 사망자 수와 같아져 순 증가가 없는 상황으로 과잉인구를 우려하는 사람들에게는 이상적인 인구 상황이다.

**제번스 패러독스** Jevons' Paradox

기존의 직관과 달리, 자원 이용의 효율을 높이는 기술은 해당 자원의 실제 소비율을 감소시키는 대신 증가시킨다는 현대 경제이론에 기초한 관점을 말한다.

**조화생태학** reconciliation ecology

인간이 사용하고, 여행하고, 살고 있는 땅에서 발생하는 서식지, 생산적 환경, 생물다양성을 상상하고, 창조하고, 유지하는 과학이다.

**죄수의 딜레마** prisoner's dilemma

자신들의 이익을 추구하는 다수의 개인이 반드시 모두에게 최적인 전체 결과를 만들어내는 것은 아니라는 게임이론적 상황의 비유적인 표현이다.

**주낙 어업** longliners

수백, 수천의 낚시에 미끼를 달아 바다 속에 펼치는 산업적 어업 방식으로, 이때 펼쳐지는 주낙은 보통 수 km에 달하며 빈번히 부수어획이 발생하게 된다.

**지배론** dominion thesis

성경의 창세기에서 시작되는 생각으로 인간은 모든 창조물 가운데 정점에 위치하고 있으며, 따라서 자연을 자신에게 유익한 방향으로 다스릴 수 있는 윤리적 자유를 가지고 있다는 믿음이다.

**지속가능한/지속가능성**
sustainable/sustainability

땅과 자원을 보존해 미래 세대가 이들을 이용할 수 있도록 하는 것을 말한다.

**지속가능한 최대 생산**
maximum sustainable yield

무한정 수확할 수 있는 특정 자연자원(가령 목재, 어류)의 계절별·연별 최대 생산량을 말한다.

**지식 / 권력** power/knowledge

철학자 미셸 푸코의 이론적 개념으로, 어떤 사회에서 지식이나 진실이라고 간주되는 것은 결코 권력과 무관하지 않다는 점을 강조한다. 그렇기 때문에 지식은 권력 관계를 강화하며, 반대로 권력 체계 역시 특수한 종류의 지식 체제와 관련을 맺고 있다.

**집단행동** collection action

공동의 목표와 결과를 얻기 위한 개인 간의 협력과 협조를 말한다.

**천이** succession

교란되었던 삼림 지역이 생물 종의 침입과 초지, 관목, 나무 피복 순으로 이어지는 성장의 단계를 통해 회복되는 이상적인 경향을 말한다.

**청지기의식** stewardship

어떤 대상이나 사람의 운명에 대해 책임감을 갖는 것을 뜻한다. 땅과 자연자원에 대한 청지기의식은 때때로 종교적인 맥락에서 '창조물 돌보기'와 같은 의미로 해석된다.

**초국적 기업**
transnational corporations, TNCs

시설을 두 개 국가 이상에서 운영하는 기업으로 보통 다국적 기업이라고도 불린다.

**출산율** fertility rate

일반적인 여성이 일생 동안 평균적으로 출산하는 자녀의 수를 나타내는 지표.

**출생률** birth rate

일 년 동안 인구 1,000명당 출생자 수로 나타낸 인구 자연증가 지표를 말한다.

**코스의 정리** Coase theorem

협상에 이르기까지의 거래 비용이 지나치게 크지 않다고 가정할 경우, 외부효과(가령 오염)는 당사자 간의 계약과 협상을 통해 가장 효율적으로 통제될 수 있다고 주장하는, 신고전주의 경제학에 기반을 둔 이론이다.

**콜럼버스적 교환** Columbian exchange

대서양을 사이에 두고 신세계와 구세계 간에 이루어진 다양한 생물 종의 이동을 가리키는데, 이는 생태학적으로 큰 변동을 야기했다.

**탄소 격리** carbon sequestration

식물의 광합성 같은 생물학적 수단이나 공학적 수단을 통해 대기 중의 탄소를 포획해 생물권이나 지권(geosphere)에 저장하는 작용을 일컫는다.

**탄소 순환** carbon cycle

탄소가 지구의 지권, 대기권 그리고 생물권을 통해 순환하는 과정으로, 구체적으로 지표면(석유)과 대기(이산화탄소)의 탄소가 연소를 통해 순환되는 것을 의미한다.

**포드주의** Fordism

20세기 초기 수십 년간 많은 산업 국가에 막강한 영향을 끼쳤던 생산관계로 대규모, 수직통합형 기업, 높은 임금과 빠른 소비 속도, 막강한 정부 권력 등의 특징을 갖고 있다.

**포스트포드주의** Post-Fordism

20세기 후반에 나타난 이래 대부분의 산업 국가에서 운용되는 현재의 생산관계로 분권화되고 전문화된, 때로는 하청에 의해 이루어지는 생산, 두드러진 초국적 기업, 감소된 정부 권력 등의 특징을 갖고 있다.

**환경 정의** environmental justice

인종, 민족, 성별과 무관하게 사람들은 공원, 맑은 공기, 건강에 유익한 환경과 같은 환경적 유익함과 오염, 재해, 폐기물과 같은 환경적 불리함을 모두 공평하게 분배받아야 한다는 점을 강조하는 원리이자 사상 및 연구의 총체. 반대로 환경 부정의는 약자일수록 더 건강에 나쁘거나 위험한 환경에서 생활하는 상태를 일컫는다.

**환경 쿠즈네츠 곡선**

Kuznets curve (environmental)

소득 불평등은 경제가 발전하는 동안 늘어나고 전체적으로 부유한 상태에 도달하면 감소한다는 이론에 기초해, 환경에 대한 영향도 발전 기간에 증가하다가 경제가 성숙한 이후에는 감소한다는 예측이다.

**IPAT**

인간의 영향(Impact)은 전체 인구(Population), 전체 부(Affluence) 그리고 기술(Technology)의 함수라는 이론적 공식. 이는 인구만이 영향에 비례한다는 단순한 가정에 대한 대안적 공식을 제공한다.

# 참고문헌


Anadu, E. C., and A. K. Harding. 2000. "Risk perception and bottled water use." *Journal of the American Water Works Association* 92(11): pp.82~92.

Andrews, R. N. L. 1999. *Managing the Environment, Managing Ourselves: A History of American Environmental Policy*. New Haven, CT: Yale University Press.

Apple, M. W. 1996. *Education Identity and Cheap French Fries*. New York: Teachers College Press.

Arvai, J. 2003. "Testing alternative decision approaches for identifying cleanup priorities at contaminated sites." *Environmental Science and Technology* 37(8): pp.1469~1476.

Back, W., E. R. Landa. et al. 1995. "Bottled water, spas, and early years of water chemistry." *Ground Water* 33(4): pp.605~614.

Bakker, K. 2004. *An Uncooperative Commodity: Privatizing Water in England and Wales*. Oxford: Oxford University Press.

Barclay, P. D. 2002. "A 'curious and grim testimony to a persistent human blindness': Wolf bounties in North America, 1630-1752." *Ethics, Place and Environment* 5(1): pp.25~34.

Barlow, C. 1999. "Rewilding for Evolution." *Wild Earth* 9(1): pp.53~56.

Barnes, T. J., and J. S. Duncan. 1992. "Introduction: Writing worlds." In T. J. Barnes and J. S. Duncan (eds.) *Writing Worlds: Discourse, Text, and Metaphor in the Representation of Landscape*. New York: Routledge, pp.1~17.

Beck, U. 1999. *World Risk Society*. Oxford: Blackwell Publishers.

Beder, S. 1996. "Charging the earth: The promotion of price-based measures for pollution control." *Ecological Economics* 16(1): pp.51~63.

Bender, K. 2006. "Men chained to tree to protest UC." Oakland, CA: *Oakland Tribune*.

Beverage Marketing Corporation. 2009. *Beverage Marketing's 2007 Market Report Findings*. International Bottled Water Association 2009 [cited April 3, 2009]. Retrieved April 3, 2009, from www.bottledwater.org/pub1ic/statistics_main.htm.

Bloomberg Newswire. 2008, 16 June. "Pacific Nations Ban Tuna Boats To Stop Stock Collapse." Retrieved April 11, 2009, from www.bloomberg.com/apps/news?pid= 20601101&sid=aqOdnF-HygH1k.

Blum, J. 2005. "Exxon Mobil profit soars 75%." *Washington Post*, October 28, p. D1.

Bonanno, A. and D. Constance. 1996. *Caught in the Net: The Global Tuna industry, Environmentalism and the State*. Lawrence, KS: University of Kansas.

Boserup, E. 1965. *Conditions of Agricultural Growth: The Economics of Agrarian Change under Population Pressure*. Chicago, IL: Aldine.

Brower, K. 1989. "The destruction of dolphins." *Atlantic Monthly* July: pp.35~58.

Bullard, R. D. 1990. *Dumping in Dixie: Race, Class, and Environmental Quality*. Boulder, CO: Westview Press.

Castree, N. and B. Braun. 1998. "The Construction of Nature and the Nature of Construction: Analytical and political tools for building survivable futures." In N. Castree and B. Braun (eds.) *Remaking Reality: Nature at the Millennium*. London: Routledge, pp.3~42.

Chambers, N., C. Simmons. et al. 2002. *Sharing Nature's Interest*. London: Earthscan.

Ciriacy-Wantrup, S. V. and R. C. Bishop. 1975. "Common Property as a Concept in Natural Resources Policy." *Natural Resources Journal* 15: pp.713~727.

Coase, R. H. 1960. "The Problem of Social Cost." *Journal of Law and Economics* 3(October): pp.1~44.

Cohen, S. E. 2004. *Planting Nature: Trees and the Manipulation of Environmental Stewardship in America*. Berkeley, CA: University of California Press.

Colapinto, C. K., A. Fitzgerald. et al. 2007. "Children's preference for large portions: Prevalence, determinants, and consequences." *Journal of the American Dietetic Association* 107(7): pp.1183~1190.

Commoner, B. 1988. "The Environment." In P. Borelli (ed.) *Crossroads: Environmental Priorities for the Future*. Washington, DC: Island Press, pp.121~169.

Commons, J. R. 1934. *Institutional Economics*. New York: Macmillan.

Constance, D., and A. Bonanno. 1999. "Contested terrain of the global fisheries: "Dolphin-safe" tuna, the Panama Declaration, and the Marine Stewardship Council." *Rural Sociology* 64(4): pp.597~623.

Cronon, W. 1995. "The trouble with wilderness; or, getting back to the wrong nature." In W. Cronon (ed.) *Uncommon Ground: Toward Reinventing Nature*. New York: W. W. Norton, pp.69~90.

Crosby, A. W. 1986. *Ecological Imperialism: The Biological Expansion of Europe, 900-1900*. New York: Cambridge University Press.

Cruz, R. V., H. Harasawa. et al. 2007. "Asia." In M. L. Parry, O. F. Canziani, J. P. Palutikof. et al. (eds.) *Climate Change 2007: Impacts, Adaptation and Vulnerability. Contribution of Working Group II to the Fourth Assessment Report of the Intergovernmental Panel on Climate Change*. Cambridge: Cambridge University Press, pp.469~506.

Davis, D. K. 2007. *Resurrecting the Granary of Rome: Environmental History and French Colonial Expansion in North Africa*. Athens, OH: Ohio University Press.

Delcourt, H. R. 2002. *Forests in Peril: Tracking Deciduous Trees from Ice-Age Refuges into the Greenhouse World.* Blacksburg, VA: McDonald and Woodward Publishing.

Demeny, P. 1990. "Population." In B. L. Turner, W. C. Clark, R. Kates. et al. (eds.) *The Earth as Transformed by Human Action.* Cambridge: Cambridge University Press.

Demeritt, D. 2001. "Being constructive about nature." In N. Castree and B. Braun (eds.) *Social Nature: Theory, Practice, and Politics.* Madden, MA: Blackwell.

Doria, M. F. 2006. "Bottled water versus tap water: Understanding consumers' preferences." *Journal of Water and Health* 4(2): pp.271~276.

Douglas, M., and A. Wildavsky. 1983. *Risk and Culture: An Essay on the Selection of Technological and Environmental Dangers.* Berkeley, CA: University of California Press.

Eckel, R. H., P. Kris-Etherton. et al. 2009. "Americans' awareness, knowledge, and behaviors regarding fats: 2006-2007." *Journal of the American Dietetic Association* 109(2): pp.288~296.

Ehrlich, P. R. 1968. *The Population Bomb.* New York: Ballantine Books.

Ehrlich, P. R. and J. Holdren. 1974. "Impact of population growth." *Science* 171(3977): pp.1212~1217.

Ellis, R. 2008. *Tuna: A Love Story.* New York: Knopf.

Emel, J. 1998. "Are you man enough, big and bad enough? Wolf eradication in the US." In J. Wolch and J. Emel (eds.) *Animal Geographies.* New York: Verso, pp.91~116.

Field, B. C. 2005. *Natural Resource Economics: An Introduction.* Long Grove, IL: Waveland Press.

Fischer, H. 1995. *Wolf Wars: The Remarkable Inside Story of the Restoration of Wolves to Yellowstone.* Helena, MT: Falcon Press.

Fischhoff, B., P. Slovic. et al. 1978. "How safe is safe enough? A psychometric study of attitudes towards technological risks and benefits." *Policy Sciences* 9(2): pp.127~152.

Food and Agriculture Organization. 2008. "International Year of the Potato." Retrieved April 2009, from www.potato2008.org/en/perspectives/mamani.html.

Foreman, D. 2004. *Rewilding North America.* Washington, DC: Island Press.

Foster, J. B. 2005. "The treadmill of accumulation: Schnaiberg's environment and Marxian political economy." *Organization and Environment* 18: pp.7~18.

Foucault, M. 1980. *Power/Knowledge.* New York: Pantheon.

Gosliner, M. L. 1999. "The tuna-dolphin controversy." In J. R. Twiss Jr. and R. R. Reeves (eds.) *Conservation and Management of Marine Mammals.* Washington, DC: Smithsonian Institution, pp.120~155.

Gottlieb, R. 1995. *Forcing the Spring: The Transformation of the American Environmental*

*Movement*. Washington, DC: Island Press.

Grainger, A. 2008. "Difficulties in tracking the long-term global trend in tropical forest area." *Proceedings of the National Academy of Sciences of the United States of America* 105(2): pp.818~823.

Grand Rapids Press. 2007. "Ruling dampens challenge to water rights: Group can't sue over Nestle's private land, court says." *Grand Raids Press*, July 26, p. A1.

Guthman, J. and M. DuPuis. 2006. "Embodying neoliberalism: Economy, culture, and the politics of fat." *Environment and Planning B: Society and Space* 24(3): pp.427~448.

Hacking, I. 1999. *The Social Construction of What?* Cambridge, MA: Harvard University Press.

Haraway, D. J. 1989. *Primate Visions*. New York: Routledge.

____________. 2003. *The Companion Species Manifesto: Dogs, People, and Significant Otherness*. Chicago, IL: Prickly Paradigm Press.

Hardin, G. 1968. "The Tragedy of the Commons." *Science* 162: pp.1243~1248.

Hartmann, B. 1995. *Reproductive Rights and Wrongs: The Global Politics of Population Control*. Boston, MA: South End Press.

Harvey, D. 1996. *Justice, Nature, and the Geography of Difference*. Cambridge, MA: Blackwell.

_________. 1999. *The Limits to Capital*. London: Verso.

Hornaday, W. 1904. *The American Natural History*. New York: Scribner's Sons.

Hunt. C. 2004. *Thirsty Planet*. New York: Zed Books.

Intergovernmental Panel on Climate Change. 2007. *The Physical Basis. Contribution of Working Group I to the Fourth Assessment Report of the Intergovernmental Panel on Climate Change*. S. Solomon, D. Qin, M. Manning. et al. Cambridge: Cambridge University Press.

Jackson, K. 1985. *The Crabgrass Frontier: The Suburbanization of the United States*. New York: Oxford University Press.

Johnson, B. B. 2002. "Comparing bottled water and tap water: Experiments in risk communication." *Risk: Health, Safety and Environment* 13: pp.69~94.

Johnson, G. P., R. R. J. Holmes. et al. 2004. The Great Flood of 1993 on the Upper Mississippi River: 10 Years Later. *US Geological Survey Fact Sheet 2004-3024*. Washington, DC: Department of the Interior.

Joseph, J. 1994. "The tuna-dolphin controversy in the Eastern Tropical Pacific: Biological, economic and political impacts." *Ocean Development and International Law* 25: pp.1~30.

Katz C. 2001. "Vagabond capitalism and the necessity of social reproduction." *Antipode* 33(4): pp.709~728.

Katz, E. 1997. *Nature as Subject: Human Obligation and Natural Community.* Lanham, MD: Rowman and Littlefield.

Kitman, J. L. 2000. "The secret history of lead." *The Nation* March 20: pp.11~30.

Klein, N. 2007. *The Shock Doctrine: The Rise of Disaster Capitalism.* New York: Metropolitan.

Kropotkin, P. 1888. *Mutual Aid: A Factor in Evolution.* Boston, MA: Porter Sargent.

Landi, H. 2008. "Bottled water report." *Beverage World* 127(4): pp.512~514.

Larson, N. I., M. T. Story. et al. 2009. "Neighborhood environments: Disparities in access to healthy foods in the US." *American Journal of Preventive Medicine* 36(1): pp.74~81.

Leopold, A. 1949. *A Sand County Almanac.* New York: Oxford University Press.

__________. 1987. *A Sand County Almanac, and Sketches Here and There.* New York: Oxford University Press.

Lohmann, L. 2006. "Carbon trading: A critical conversation on climate change, privatization, and power." *Development Dialogue* 48.

Malthus, T. R. 1992. *An Essay on the Principal of Population* (selected and introduced by D. Winch). Cambridge: Cambridge University Press.

Margulis, L., and M. F. Dolan. 2002. *Early Life: Evolution on the PreCambrian Earth* (2nd edn). Boston, MA: Jones and Bartlett.

Marketing Week. 2005. "Profits flow in from bottled-water market." *Marketing Week* 24.

Marx, K. 1990. *Capital: A Critique of Political Economy, Volume I.* New York: Penguin.

McKibben, B. 1990. *The End of Nature.* New York: Random House.

McKinley, J. 2008. "Berkeley tree protesters climb down." *The New York Times*, September 10.

Mech, L. D. 1970. *The Wolf.* Garden City, NY: Natural History.

Mech, L. D., and L. Boitani(eds.). 2003. *Wolves: Behavior, Ecology, and Conservation.* Chicago, IL: University of Chicago Press.

Naess, A. 1973. "The shallow and the deep, long-range ecology movement: A summary.' *Inquiry* 16: pp.95~100.

Napier, G. L. and C. M. Kodner. 2008. "Health risks and benefits of bottled water." *Primary Care* 35(4): pp.789~802.

Narcos, E. 2005. *Meat Market: Animals, Ethics, and Money.* Boston, MA: Brio Press.

National Petroleum News. 2007. "Convenience consumer: Bottled water." *National Petroleum News* 99(1): p.16.

Newbold, K. B. 2007. *Six Billion Plus: World Population in the Twenty-First Century.* Oxford:

Rowman and Littlefield.

Newsweek. 1990. "Swim with the dolphins." *Newsweek* 115(17): p.76.

Nie, M. A. 2003. *Beyond Wolves: The Politics of Wolf Recovery and Management.* Minneapolis, MN: University of Minnesota Press.

O'Conner, J. 1988. "Capitalism, nature, socialism: A theoretical introduction." *Capitalism, Nature, Socialism* 1: pp.11~38.

Ostrom, E. 1990. *Governing the Commons: The Evolution of Institutions for Collective Action.* Cambridge: Cambridge University Press.

________. 1992. *Crafting Institutions for Self-Governing Irrigation Systems.* San Francisco, CA: Institute for Contemporary Studies.

Ostrom, E.(ed.). 2002. *The Drama of the Commons.* Washington, DC: National Academy Press.

Owusu, J. H. 1998. "Current convenience, desperate deforestation: Ghana's adjustment program and the forestry sector." *Professional Geographer* 50(4): pp.418~436.

Parayil, G.(ed.). 2000. *Kerala: The Development Experience.* London: Zed Books.

Paster, P. 2009. "Exotic bottled water." Retrieved April3, 2009, from www.triplepundit.com/pagesjaskpabloexotic-1.php.

Pearce, F. 2007. *With Speed and Violence: Why Scientists Fear Tipping Points in Climate Change.* Boston, MA. Beacon Press.

Perz, 5. G. 2007. "Grand theory and context-specificity in the study of forest dynamics: Forest transition theory and other directions." *Professional Geographer* 59(1): pp.105~114.

Pimentel, D., Doughty, R., Carothers, C., Lamberson, S., Bora, N., and Lee, K. 2002. "Energy inputs in crop production in developing and developed countries." In R. Lal, D. 0. Hansen, N. Uphoff, and S. A. Slack (eds.) *Food Security and Environmental Quality in the Developing World.* Bora Raton, FL: CRC Press.

Plummer, C. 2002. "French fries driving globalization of frozen potato industry." *Frozen Food Digest* 18(2): pp.12~15.

Pollan, M. 2001. *The Botany of Desire: A Plant's Eye View of the World.* New York: Random House.

Population Reference Bureau. 2008. World Population Data Sheet. Retrieved October 7, 2009, from www.prb.org/Pub1ications/Datasheets/2008/2008wpds.aspx.

Poundstone, W. 1992. *Prisoner's Dilemma.* New York: Anchor Books.

Proctor, J. 1998. "The social construction of nature: Relativist accusations, pragmatic and realist responses." *Annals of the Association of American Geographers* 88(3): pp.353~376.

Ranganathan, J., R. J. R. Daniels, M. D. S. Chandran, P. R. Ehrlich, and G. C. Daily. 2008.

"Sustaining biodiversity in ancient tropical countryside." *Proceedings of the National Academy of Sciences of the United States of America* 105(46): pp.17852~17854.

Rees, J. 1990. *Natural Resources: Allocation, Economics, and Policy*. New York: Routledge.

Richards, J. F. 1990. "Land transformation." In B. L. T. Turner, W. C. Clark, R. W. Kates. et al. (eds.) *The Earth as Transformed by Human Action*. Cambridge: Cambridge University Press, pp.163~178.

Robbins, P. 2004. *Political Ecology: A Critical Introduction*, New York: Blackwell.

_________. 2007. *Lawn People: How Grasses, Weeds, and Chemicals Make Us Who We are*. Philadelphia, PA: Temple University Press.

Robertson, M. M. 2006. "The nature that capital can see: Science, state, and market in the commodification of ecosystem services." *Environment and Planning D: Society and Space* 24(3): pp.367~387.

Rogers, P. 1996. *America's Water. Boston*, MA: MIT Press.

Rorty, R. 1979. *Philosophy and the Mirror of Nature*. Princeton, NJ: Princeton University Press.

Rosenzweig, M. L. 2003. *Win-Win Ecology: How the Earth's Species Can Survive in the Midst of Human Enterprise*. Oxford: Oxford University Press.

Safina, C. 2001. "Tuna conservation." In B. A. Block and E. D. Slovens (eds.) *Tuna: Physiology, Ecology, and Evolution*. San Diego, CA: Academic Press, pp.413~459.

Schlosser, E. 2001. *Fast Food Nation: The Dark Side of the All-American Meal*. Boston, MA: Houghton Mifflin.

Seager, J. 1996. "'Hysterical housewives' and other mad women: Grassroots environmental organizing in the United States." In D. Rocheleau, B. Thomas-Slayter, and E. Wangari (eds.) *Feminist Political Ecology: Global Issues and Local Experiences*. New York: Routledge, pp.271~283.

Sessions, G. 2001. Ecocentrism, wilderness, and global ecosystem processes. In M. E. Zimmerman, J. B. Callicott, C. Sessions. et al. (eds.) *Environmental Philosophy: From Animal Rights to Radical Ecology*. Upper Saddle River, NJ: Prentice Hall, pp.236~252.

Shrader-Frechette, K. S. 1993. *Buying Uncertainty: Risk and the Case against Geological Disposal of Nuclear Waste*. Berkeley, CA: University of California Press.

Simon, J. L. 1950. "Resources, population, environment: An oversupply of false bad news." *Science* 208(4451): pp.1431~1437

Singer, P. 1975. *Animal Liberation: A New Ethics for our Treatment of Animals*. New York: New York Review (distributed by Random House).

Slovic, P. 2000. *The Perception of Risk*. London: Earthscan.

Sluyter, A. 1999. "The making of the myth in postcolonial development: Material-conceptual landscape transformation in sixteenth century Veracruz." *Annals of the Association of American Geographers* 89(3): pp.377~401.

Smith, D. W. and C. Ferguson. 2005. *Decades of the Wolf: Returning the Wild to Yellowstone.* Guilford, CT: Lyons.

Smith, N. 1984. *Uneven Development: Nature Capital, and the Production of Space.* New York: Blackwell.

________. 1990. *Uneven Development: Nature, Capital, and the Production of Space.* (2nd edn). Oxford: Blackwell.

________. 1996. "The production of nature." In G. Robertson, M. Mash, L. Tickner. et al. (eds.) *Future/Natural: Nature/Science/Culture.* New York: Routledge, pp.35~54.

Stone, C. D.. 1974. *Should Trees Have Standing? Towards Legal Rights for Natural Objects.* Los Altos, CA: William Kaufmann.

Sullins, T. 2001. *ESA: Endangered Species Act.* Chicago, IL: American Bar Association.

Terborgh, J., J. A. Estes. et al. 1999. "The role of top carnivores in regulating terrestrial ecosystems." In J. Terborgh and M. E. Soulf (eds.) *Continental Conservation: Scientific Foundations for Regional Reserve Networks.* Washington, DC: Island Press, pp.39~64.

TerraChoice Environmental Marketing Inc. 2007. *The Six Sins of Greenwashing: A Study of Environmental Claims in North American Consumer Markets.* Reading, PA: Author.

Thompson, A. 2006. "Management under Anarchy: The international politics of climate change." *Climatic Change* 78(1): pp.7~29.

Tierney, J. 1990. "Betting on the planet." *The New York Times*, December 2, pp.52~53, 76~81.

Tiffin, M., M. Motimore. et al. 1994. *More people, Less Erosion.* New York: John Wiley and Sons.

Turner, B. L. II, and S. B. Brush(eds.). 1987. *Comparative Farming Systems.* New York: Guilford Press.

Twain, M. 1981. *Life on the Mississippi.* New York: Bantam Books.

United States Fish and Wildlife Service. 2008. *Factsheet: American Alligator: Alligator mississippiensis.* Arlington, VA: Author.

van Mantgem, P. J., N. L. Stephenson. et al. 2009. "Widespread increase of tree mortality rates in the western United States." *Science* 323(5913): pp.521~524.

Vandernmeer, J., and I. Perfecto. 2005. *Breakfast of Biodiversity: The Truth about Rainforest Destruction* (2nd edn). Oakland, CA: Food First.

Watts, M. J. 1983. "On the Poverty of Theory: Natural Hazards Research in Context." In K. Hewitt (ed.) *Interpretations of Calamity*. Boston, MA: Allen and Unwin, pp.231~262.

White, G. F. 1945. *Human Adjustments to Floods: A Geographical Approach to the Flood Problem in the United States*. Chicago, IL: University of Chicago, Dept. of Geography, Research paper no. 29.

White, Jr., L. 1968. "The historical roots of our ecologic crisis." In L. T. White, *Machina Ex Deo: Essays in the Dynamism of Western Culture*. Cambridge, MA: MIT, pp.57~74.

Whynott, D. 1995. *Giant Bluefin*. New York: Farrar Straus Giroux.

Williams, R. 1976. *Keywords: A Vocabulary of Culture and Society*. New York: Oxford University Press.

Williams, T. 2000. "Living with wolves." *Audubon* 102(6): pp.50~57.

Wilson, E. O. 1993. *The Diversity of Life*. New York: W.W. Norton.

__________. 2002. *The Furure of Life* (1st edn). NewYork: Alfred A. Knopf.

Wilson, R. S., and J. L. Arvai. 2006. "When less is more: How affect influences preferences when comparing low and high-risk options." *Journal of Risk Research* 9(2): pp.165~178.

World Resources Institute. 2007. *Earth Trends Data*. Retrieved October 7, 2009, from http://earthtrends.wri.org/.

Yen, I. H., T. Scherzer. et al. 2007. "Women's perceptions of neighborhood resources and hazards related to diet, physical activity, and smoking: Focus group results from economically distinct neighborhoods in a mid-sized US city." *American Journal of Health Promotion* 22(2): pp.98~106.

Young, S. P., and E. A. Goldman. 1944. *The Wolves of North America, Part I*. London: Constable.

# 찾아보기

## 용어 · 개념

## 인명

## 지은이

**· 폴 로빈스(Paul Robbins)**

위스콘신 대학교(메디슨 캠퍼스) 넬슨환경연구소 소장이다. 최근의 주된 연구 분야는 개인과 환경행위자, 그리고 이들을 연계시키는 제도 간의 관계이다. 주요 저서로는 『정치생태학: 비판적 개론』(2008), 『Lawn People: How Grasses Weeds and Chemicals Make us Who We Are』(2007) 등이 있다.

**· 존 힌츠(John Hintz)**

펜실베이니아 블룸스버그 대학교 지리/지구과학과 조교수이다. 최근의 주된 연구 분야는 토지이용 갈등, 환경 정책, 미국의 환경운동이다. 최근에 저널 ≪Capitalism Nature Socialism Ethics≫와 ≪Place and Environment≫에 논문을 게재한 바 있다.

**· 세라 무어(Sarah A. Moore)**

위스콘신 대학교(메디슨 캠퍼스) 지리학과 조교수이다. 최근의 주된 연구 분야는 미국과 라틴아메리카의 도시발전정치, 도시환경문제, 그리고 환경 정의이다. 최근에는 저널 ≪Professional Geographer≫, ≪Society and Natural Resources≫에 논문을 게재한 바 있다.

## 옮긴이

**· 권상철**

제주대학교 사범대학 지리교육전공 교수이다. 최근의 주된 연구 분야는 지역 차원의 정치생태학, 지역개발과 국제협력 등이다. 주요 역서로 『현대 촌락지리학』(2014), 『정치생태학: 비판적 개론』(2008) 등이 있다.

**· 박경환**

전남대학교 사범대학 지리교육과 교수이다. 주요 연구 분야는 사회이론과 인문지리학의 접점에 있으며, 최근 개발론과 국제개발협력에 초점을 두고 있다. 주요 저역서로 『현대 촌락지리학』(2014), 『현대 문화지리의 이해』(2013), 『포스트식민주의의 지리』(2011) 등이 있다.

한울아카데미 1655
환경 퍼즐
이산화탄소에서 프렌치프라이까지

지은이 | 폴 로빈스·존 힌츠·세라 무어
옮긴이 | 권상철·박경환
펴낸이 | 김종수
펴낸곳 | 도서출판 한울

편집책임 | 김경아
편집 | 박준규

초판 1쇄 인쇄 | 2014년 7월 11일
초판 1쇄 발행 | 2014년 7월 25일

주소 | 413-756 경기도 파주시 광인사길 153 한울시소빌딩 3층
전화 | 031-955-0655
팩스 | 031-955-0656
홈페이지 | www.hanulbooks.co.kr
등록번호 | 제406-2003-000051호

Printed in Korea.
ISBN 978-89-460-5655-8 93330(양장)
978-89-460-4892-8 93330(반양장)

* 가격은 겉표지에 표시되어 있습니다.
* 이 도서는 강의를 위한 학생판 교재를 따로 준비했습니다.
강의 교재로 사용하실 때에는 본사로 연락해주십시오.